Material A

Reiz-Reaktions-Schema

1 Beschreibe die Situation in Bild 1.

2 Gib an, welche Wege der verbalen und non-verbalen Kommunikation erkennbar sind.

3 Erstelle zu der Situation ein Reiz-Reaktions-Schema. Berücksichtige dabei auch die Signalweiterleitung und die Verarbeitung im Gehirn.

1 Streit unter Freundinnen

Material B

Kindchenschema

Großer Kopf, große Augen, kleine Nase, eine hohe vorgewölbte Stirn, Pausbäckchen, kurze Arme und Beine – die bei Kleinkindern typischen Merkmale nennt man Kindchenschema. Um die Wirkung der Schlüsselreize zu untersuchen, hat man Personen drei Foto eines Kindes gezeigt. → 2 Foto 2 zeigt das Kind so, wie es tatsächlich aussieht. Bei Foto 1 wurden die Schlüsselreize abgeschwächt und bei Foto 3 wurden sie verstärkt. Die Personen sollten die Niedlichkeit beurteilen und ihre Motivation, sich um das Kind zu kümmern, einschätzen.

2 Schlüsselreize bei einem Kleinkind

3 Versuchsergebnisse

1 Erkläre, was ein Schlüsselreiz ist.

2 Beschreibe den Versuch.

3 Werte das Versuchsergebnis aus. → 3

4 Beurteile die biologische Bedeutung des Kindchenschemas.

Material C

Tricks aus der Werbung

Damit Werbung erfolgreich ist, muss sie wirken. Gezielt wird das Wissen um die menschliche Kommunikation eingesetzt, um mit der Werbung bestimmte Gruppen oder Altersklassen anzusprechen. Dabei helfen zum Beispiel Schlüsselreize und Gerüche. Auch Farben werden ganz gezielt eingesetzt, denn sie werden mit verschiedenen Vorstellungen verknüpft. → 8

Schwarz	Lila	Blau	Grün	Rot	Rosa	Orange	Gelb
• luxuriös • stark • modern • edel • elegant • sachlich	• luxuriös • weiblich • geheimnisvoll • kreativ • beruhigend	• sachlich • vertrauenswürdig • zuverlässig • seriös • kühl	• natürlich • beruhigend • zufrieden • jung • frisch • hoffnungsvoll	• energievoll • warm • leidenschaftlich • dringend	• weiblich • verspielt • jugendlich • romantisch	• warm • energievoll • spaßig • freundlich • günstig	• freundlich • heiter • lebendig • optimistisch • jugendlich

8 Farben und die damit verbundenen Vorstellungen

1 Beschreibe die Werbungen in den Bildern 4–7.

2 Stelle Vermutungen an, wodurch die Werbungen jeweils zum Kauf anregen sollen. Analysiere sie dazu im Hinblick auf die eingesetzten Schlüsselreize und Farben. Nutze hierfür auch die Angaben aus Bild 8.

3 Denke an eine Werbung, die dir besonders im Gedächtnis geblieben ist. Beurteile, was dich dabei angesprochen hat.

4 „Steuere das limbische System der Menschen und damit ihre Gefühle, dann kaufen sie dein Produkt." Erkläre die Aussage. → 9

Unser Kaufverhalten wird mehr von unseren Gefühlen geleitet als von unserer Vernunft. Für unsere Gefühle ist ein bestimmter Bereich des Gehirns zuständig, den man limbisches System nennt. Wird der Bereich angeregt, werden Hormone ausgeschüttet, die beispielsweise den Herzschlag erhöhen. Wir sind dann aufgeregt, wenn wir das Produkt in den Händen halten.

9

Materialseiten

... vor allem zum Anwenden und Üben

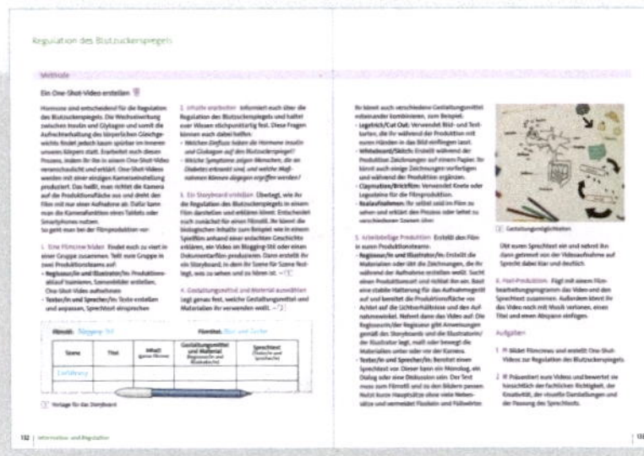

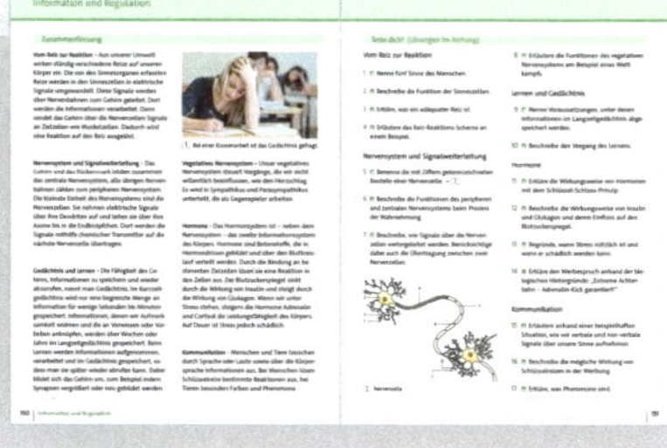

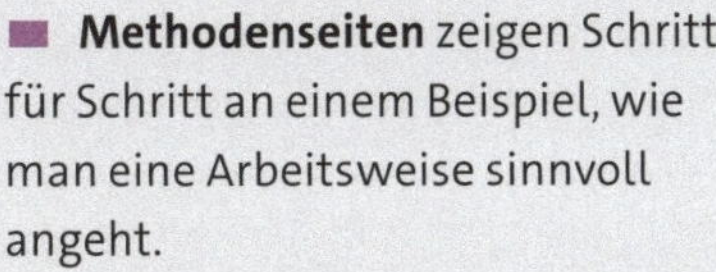

Methodenseiten zeigen Schritt für Schritt an einem Beispiel, wie man eine Arbeitsweise sinnvoll angeht.

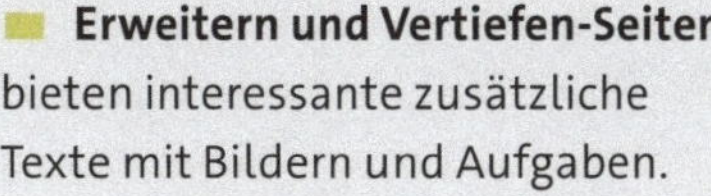

Erweitern und Vertiefen-Seiten bieten interessante zusätzliche Texte mit Bildern und Aufgaben.

Die **Zusammenfassung** gibt einen Überblick über die Lerninhalte des Kapitels.

Die Aufgaben der **Teste-dich!-Seiten** helfen dir, dein Wissen selbst einzuschätzen. Die Lösungen der Aufgaben findest du im Anhang.

Biologie 7/8

Cornelsen

NATUR UND TECHNIK
Biologie 7/8 Nordrhein-Westfalen

Autorinnen und Autoren: Ulrike Austenfeld, Marit Kastaun, Dr. Monique Meier, Kristin Menke, Cornelia Pätzelt, Kathrin Sliwka

Mit Beiträgen von: Myriam Backes, Steven Bauer, Carsten Kuck, Sandra Krechel, Julia Maaß, Sabine Ohliger, Judith Röder, Norbert Schröder, Reinhard Sinterhauf, Dr. Matthias Stoll, Anne Weiler

Redaktion: Christina Utermann, Sandra Penack

Umschlaggestaltung: SOFAROBOTNIK GbR, Augsburg & München

Layout und technische Umsetzung: Typo Concept GmbH, Hannover

Begleitmaterialien zum Lehrwerk:

Handreichungen für den Unterricht	ISBN 978-3-06-015263-6
Kopiervorlagen	ISBN 978-3-06-015262-9
Begleitmaterialien im Unterrichtsmanager plus online oder auf dem USB-Stick	ISBN 978-3-06-015297-1

www.cornelsen.de

Dieses Werk enthält Vorschläge und Anleitungen für Untersuchungen und Experimente.
Vor jedem Experiment sind mögliche Gefahrenquellen zu besprechen.
Beim Experimentieren sind die Richtlinien zur Sicherheit im Unterricht einzuhalten.

1. Auflage, 1. Druck 2020

Alle Drucke dieser Auflage sind inhaltlich unverändert und können im Unterricht nebeneinander verwendet werden.

© 2020 Cornelsen Verlag GmbH, Berlin

Das Werk und seine Teile sind urheberrechtlich geschützt.
Jede Nutzung in anderen als den gesetzlich zugelassenen Fällen bedarf der vorherigen schriftlichen Einwilligung des Verlages. Hinweis zu §§ 60 a, 60 b UrhG:
Weder das Werk noch seine Teile dürfen ohne eine solche Einwilligung an Schulen oder in Unterrichts- und Lehrmedien (§ 60 b Abs. 3 UrhG) vervielfältigt, insbesondere kopiert oder eingescannt, verbreitet oder in ein Netzwerk eingestellt oder sonst öffentlich zugänglich gemacht oder wiedergegeben werden. Dies gilt auch für Intranets von Schulen.

Soweit in diesem Lehrwerk Personen fotografisch abgebildet sind und ihnen von der Redaktion fiktive Namen, Berufe, Dialoge und Ähnliches zugeordnet oder diese Personen in bestimmte Kontexte gesetzt werden, dienen diese Zuordnungen und Darstellungen ausschließlich der Veranschaulichung und dem besseren Verständnis des Inhalts.

Druck: Firmengruppe APPL, aprinta Druck, Wemding

ISBN 978-3-06-015857-7 (Schülerbuch)
ISBN 978-3-06-015858-4 (E-Book)

PEFC zertifiziert
Dieses Produkt stammt aus nachhaltig bewirtschafteten Wäldern und kontrollierten Quellen.

www.pefc.de

Inhaltsverzeichnis

Ökosysteme und ihre Veränderung 8

Kompetenzen aus dem Medienkompetenzrahmen werden auf den mit [MK] gekennzeichneten Seiten bearbeitet. Auf den Seiten selbst werden die betreffenden Inhalte ebenfalls mit einem [MK] gekennzeichnet.

Information und Regulation

100

Kampf gegen Krankheiten

152

Sexualität des Menschen 206

Zum Nachschlagen 254

Ökosysteme und ihre Veränderung

Oft kann man auf Lichtungen und an Waldrändern Rehe und Hirsche beim Fressen beobachten. Hier finden sie andere Pflanzen als im Wald. Warum ist das so?

Fressen und gefressen werden: Die Lebewesen in Wäldern und Gewässern sind über vielfältige Nahrungsbeziehungen verbunden. Welchen Einfluss haben diese auf die Ökosysteme?

Der Mensch greift in Ökosysteme ein und verändert sie – oft mit negativen Folgen. Wir tragen die Verantwortung für unsere Erde. Was können wir für den Schutz unserer Umwelt tun?

Der Wald – ein Ökosystem

1 Leben im Wald: **A** Waldohreule, **B** Waldmaus, **C** Waldmeister

Wenn man in den Wald geht, sieht man viele verschiedene Pflanzen und Tiere, aber auch den Boden, Laub, Nadeln und Steine. Man spürt den Wind und die Sonne. Welche Zusammenhänge gibt es zwischen diesen Faktoren und wie beeinflussen sie sich gegenseitig?

Basiskonzept

System
→ Umschlag hinten
Das Ökosystem Wald ist eine Einheit aus dem Lebensraum und der Lebensgemeinschaft. Die Bestandteile des Ökosystems beeinflussen sich gegenseitig.

Umweltfaktoren • Die Waldohreule brütet ihre Eier in verlassenen Nestern anderer Vögel aus. Sie hält sich am Waldrand auf. Nachts jagt sie kleine Vögel und verschiedene Mäusearten. Das Vorhandensein oder Fehlen von Bäumen, leeren Nestern und Mäusen sowie die Dunkelheit beeinflussen das Überleben der Eule. Faktoren, die das Überleben eines Lebewesens beeinflussen, nennt man Umweltfaktoren.

Lebensraum • Die Waldohreule jagt nur in der Dämmerung oder in der Nacht. Würde die Sonne auch nachts scheinen, hätte das einen negativen Einfluss auf den Jagderfolg und auf das Überleben der Eule. Sonnenlicht, Temperatur, Niederschlag, Wind sowie die Neigung eines Hanges oder Berges – all das sind Umweltfaktoren. Diese Umweltfaktoren sind nicht lebendig. Deshalb spricht man von abiotischen (nicht lebenden) Umweltfaktoren. Alle abiotischen Umweltfaktoren an einem bestimmten Standort zusammen ergeben einen Lebensraum. Dieser wird auch als Biotop bezeichnet. → 2

Lebensgemeinschaft • Im Wald leben Waldohreulen auf den Bäumen und Borkenkäfer leben unter der Rinde der Bäume. Auf der Rinde wächst Moos. Rehe leben am Boden und ernähren sich von Gräsern, Kräutern und zarten Baumtrieben. Der Dachs hat seinen Bau im Boden. Dort leben viele lichtscheue Lebewesen wie Regenwürmer, Asseln und Tausendfüßer.
Jedes Lebewesen wird von anderen Lebewesen beeinflusst. Deshalb sind Lebewesen auch Umweltfaktoren für andere Lebewesen. Zum Beispiel kann die Eule das Leben einer Maus schnell beenden, indem sie diese fängt und frisst. Die Eule ist auf die Mäuse als Nahrung angewiesen.
Lebewesen sind biotische (lebende) Umweltfaktoren. Alle Lebewesen, die im selben Lebensraum leben, bilden eine Lebensgemeinschaft. Man sagt dazu auch Biozönose. → 2

der Umweltfaktor
das Biotop
die Biozönose
das Ökosystem
die Biosphäre

2 Ökosystem Wald

Ökosystem • In Wäldern herrschen andere abiotische Umweltfaktoren als auf einer Wiese. Zum Beispiel ist der Wiesenboden Wind, Sonne und Niederschlägen viel mehr ausgesetzt als der Waldboden, wo die Baumkronen Schutz bieten. Auf der Wiese findet man andere Lebewesen als im Wald. Man sieht Gräser und Blütenpflanzen, aber kaum Bäume. Man sieht häufiger Kaninchen und Heuschrecken, aber keine Rehe und Füchse. Die Umweltfaktoren beeinflussen sich gegenseitig. Daher enthält jedes Biotop eine ganz bestimmte Biozönose. Die Einheit aus dem Biotop und der dort lebenden Biozönose nennt man auch Ökosystem. → 2 Alle Ökosysteme der Welt bilden zusammen die Biosphäre.

Alle abiotischen Umweltfaktoren bilden den Lebensraum, das Biotop. Lebewesen beeinflussen sich gegenseitig und sind daher biotische Umweltfaktoren. Die Lebewesen, die im selben Biotop vorkommen, bilden eine Lebensgemeinschaft, eine Biozönose. Die Einheit aus dem Biotop und der dortigen Biozönose wird als Ökosystem bezeichnet.

Aufgaben

1 ☑ Nenne jeweils zwei abiotische und biotische Umweltfaktoren.

2 ☒ Erläutere die Fachbegriffe Biotop, Biozönose und Ökosystem.

Der Wald – ein Ökosystem

Material A

Ökosystem – ja oder nein?

Die drei Bilder zeigen Orte, die du kennst: ein Aquarium, den Mond und einen Schulhof.

1 ◪ Ordne dem Aquarium und dem Schulhof jeweils zwei abiotische Umweltfaktoren und zwei biotische Umweltfaktoren zu.

2 ⊠ Begründe, ob es sich bei einem Aquarium, dem Mond und einem Schulhof jeweils um ein Ökosystem handelt oder nicht.

1 Aquarium

2 Mond

3 Schulhof

Material B

Untersuchung abiotischer Umweltfaktoren

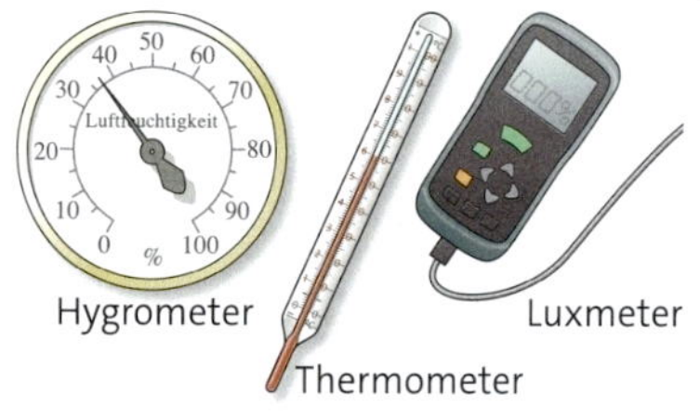

4 Geräte

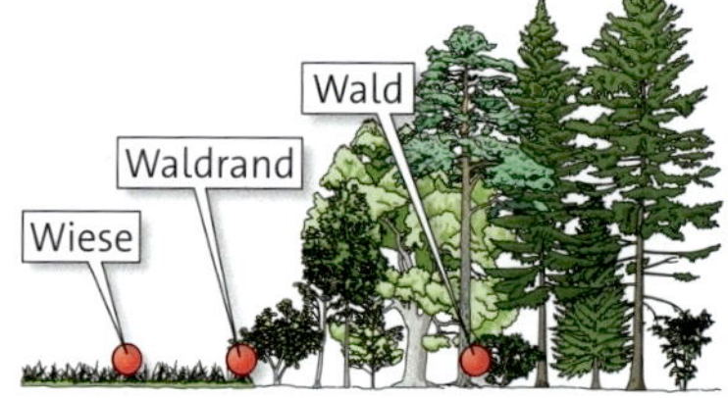

5 Standorte

Um die Lebensbedingungen in einem Ökosystem beurteilen zu können, misst man die abiotischen Umweltfaktoren. Besonders aussagekräftig sind Messungen, wenn man sie an unterschiedlichen Standorten vornimmt und miteinander vergleicht.

1 Miss an drei Standorten jeweils die Luftfeuchtigkeit mit einem Hygrometer und die Temperatur mit einem Thermometer. → 4 5 Platziere die Geräte immer in einer Höhe von einem Meter. Warte drei Minuten, bevor du die Werte abliest.

2 Miss die Lichtstärke mit einem Luxmeter oder mit einem Smartphone mit einer Luxmeter-App an drei Standorten. → 4 5 Du kannst die Werte sofort ablesen.

3 ◪ Stelle deine Messwerte in einer Tabelle dar.

4 ⊠ Beschreibe, wie sich die Standorte in der Luftfeuchtigkeit, Temperatur und Lichtstärke unterscheiden.

5 ⊠ Stelle Vermutungen an, wie die untersuchten Umweltfaktoren die Tiere und Pflanzen beeinflussen.

Material C

Laubstreu untersuchen

Die oberste Schicht des Waldbodens nennt man Laubstreuschicht. Sie wird jedes Jahr wieder durch mehrere Tonnen herabfallendes Laub gebildet. Tausendfüßer, Asseln, Würmer, Spinnentiere, Schnecken und viele weitere Bodenlebewesen ernähren sich von den herabgefallenen Laubblättern und bauen sie dadurch ab.

Materialliste: Laubstreu, Messbecher (500 ml), Binokular und Lupe, weiße Wanne, Petrischale, Pinsel, Einweghandschuhe

1 Fülle einen Messbecher mit 500 ml Laubstreu. Gib die Laubstreu in eine weiße Wanne, verteile sie darin großflächig und suche nach kleinen Lebewesen. Nimm dazu den Pinsel.

2 Setze die gefundenen Tiere vorsichtig in die Petrischale.

3 Betrachte nun die Tiere mit der Lupe. Bei ganz kleinen Tieren kannst du auch ein Binokular benutzen. Bestimme die Tiere mithilfe der Angaben aus Bild 6 und Bild 7.

4 Ermittle die Anzahl von Tieren der verschiedenen Arten in deiner Probe. Stelle die Ergebnisse in einem Säulendiagramm dar.

5 Bringe die Laubstreu und die Tiere wieder zurück in die Natur. Reinige die genutzten Materialien und wasche dir die Hände.

Beine	Körper		Tiergruppe
> 8 Beine			**Tausendfüßer**
8 Beine			**Spinnentiere**
6 Beine	Körper wurmartig langgestreckt		**Larven von Insekten**
	Körper in 3 Teile gegliedert		**Insekten, Springschwänze**
0 Beine	gegliederter Körper		**Ringelwürmer**
	ungegliederter Körper	keine Fühler	**Fadenwürmer**
		mit Fühlern	**Schnecken**

6 Merkmale verschiedener Bodenlebewesen

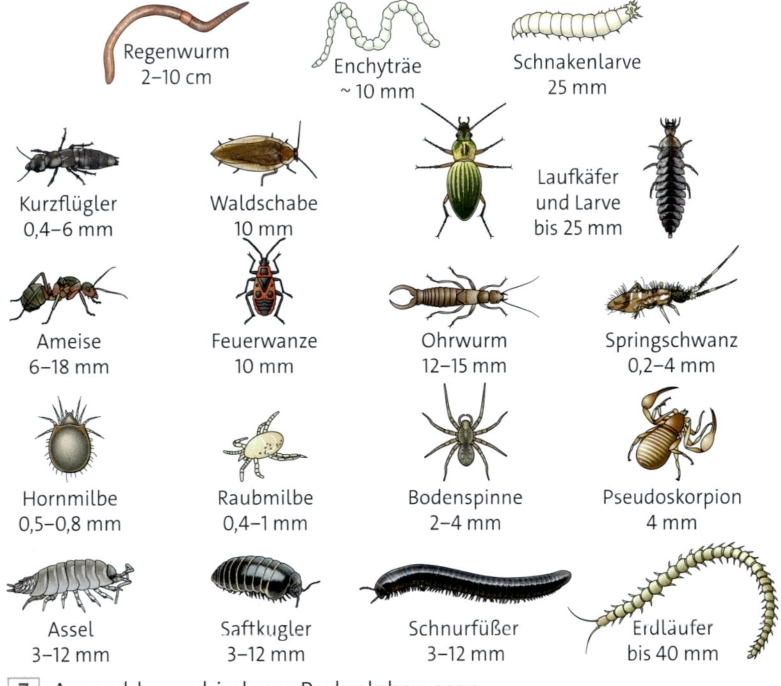

7 Auswahl verschiedener Bodenlebewesen

Wälder sind verschieden

1 Verschiedene Wälder: **A** Nadelwald, **B** Mischwald

Beim Begriff Wald denken viele an eine Fläche, die eng mit Bäumen bewachsen ist. Aber Wald ist nicht gleich Wald und auch der Mensch nimmt einen Einfluss auf die Eigenschaften von Wäldern, da er sie zur Produktion von Holz nutzt. Welche Unterschiede gibt es?

2 Waldfläche: **A** vor 5000 Jahren, **B** heute

Vom Urwald zum Forst • Unberührte Urwälder gibt es bei uns nicht mehr. Die heutigen Wälder werden durch den Einfluss des Menschen bestimmt. Vor 12 000 Jahren begann der Mensch, die unberührten Urwälder großflächig abzuholzen, weil die Bevölkerung wuchs und Ackerflächen, Bauholz und Brennholz benötigt wurden. → 2 Später hat man abgeholzte Flächen wieder mit neuen Bäumen bepflanzt. Dabei verwendete man häufig Nadelbäume wie Fichten, Kiefern und heute auch amerikanische Douglasien. → 1 Sie wachsen schneller und liefern so mehr Holz als Laubbäume wie Eichen und Buchen, die unter natürlichen Bedingungen eigentlich auf den Flächen wachsen würden. Ein solcher Nutzwald, in dem Bäume zur Produktion von Holz gezielt angepflanzt und dann regelmäßig gefällt werden, wird als Forst bezeichnet. → 3

der Forst
der Mischwald
die Renaturierung

Forst • Durch das Anpflanzen anderer Baumarten verändert der Mensch das Ökosystem ganz erheblich. Die dicht gepflanzten Nadelbäume verdunkeln den Wald. → 1 Unter ihnen können nur wenige andere Pflanzen wachsen. Tiere finden hier kaum Nahrung oder Verstecke. Daher weist ein Forst eine geringe Artenvielfalt auf. Der Wind weht ungehindert durch den Forst und Schädlinge wie der Borkenkäfer, der vor allem Nadelbäume befällt, können sich schnell ausbreiten. Beides kann große Schäden verursachen.

3 Holzproduktion in einem Forst

Naturnaher Wald • In den meisten naturnahen Wäldern wachsen Laubbäume wie Eiche, Buche und Ahorn. Es gibt auch viele naturnahe Wälder, in denen sowohl Laubbäume als auch Nadelbäume wie Fichten, Tannen und Kiefern wachsen. → 1 Man spricht dann von einem Mischwald. Hier wechseln sich Lichtungen, Gewässer, Hügel, Schluchten und Hänge ab. So bietet der Mischwald eine Vielfalt an unterschiedlichen Lebensräumen. Deshalb leben hier viele verschiedene Tierarten und Pflanzenarten.

Renaturierung • Erst seit Anfang des 19. Jahrhunderts gibt es eine geregelte Forstwirtschaft. Unsere Forste werden heute schonender genutzt als früher. Man versucht außerdem immer mehr Forste in naturnahe Wälder zurückzuführen. Diese Maßnahme wird als Renaturierung bezeichnet. Dazu werden Baumarten angepflanzt, die natürlicherweise vorkommen würden. Zudem nimmt man in Bereichen des Waldes keinen Einfluss mehr, damit die natürlichen Lebensbedingungen des Ökosystems wieder einsetzen. Dadurch steigt die Artenvielfalt und die Forste sind weniger anfällig gegenüber Windschäden und Schädlingen.

Forste sind Nutzwälder mit gezielt angepflanzten Bäumen. Naturnahe Wälder zeichnen sich durch eine Vielfalt an Lebensräumen und Tierarten und Pflanzenarten aus.

Aufgaben

1 Erkläre, was ein Forst ist.

2 Beschreibe zwei Unterschiede zwischen einem Forst und einem naturnahen Mischwald.

3 Erkläre, welche Bedeutung die Renaturierung für die Artenvielfalt hat.

Wälder sind verschieden

Material A

Forst und Mischwald

1 ☒ Vergleiche die Bilder. → 1 2 Beachte vor allem die Artenvielfalt der Pflanzen.

2 ☒ Beschreibe, wie sich die Bewirtschaftung durch den Menschen auf die Artenvielfalt der Pflanzen und Tiere im Wald auswirkt.

3 ☒ Begründe, weshalb in einem naturnahen Mischwald mehr Tiere leben als in einem Forst.

1 Forst

2 Naturnaher Mischwald

Material B

Wind am Waldrand

Der Waldrand eines naturnahen Waldes nimmt langsam an Höhe zu. Dieser fließende Übergang vom offenen Gelände zum Wald bietet vielen Tieren und Pflanzen Lebensraum. Zudem bildet er einen Windschutz, da der Wind über die Baumkronen abgeleitet wird. → 3 Dadurch wird die Windstärke im Wald vermindert. Bei einem Forst gibt es dagegen keinen langsamen Übergang vom offenen Gelände.

1 ☒ Vergleiche anhand von Bild 3, wie der Waldrand naturnahen Mischwaldes und eines Forstes aussieht.

2 ☒ Erkläre, welche Auswirkungen die unterschiedliche Gestalt des Waldrands von naturnahem Wald und Forst auf den Wind hat.

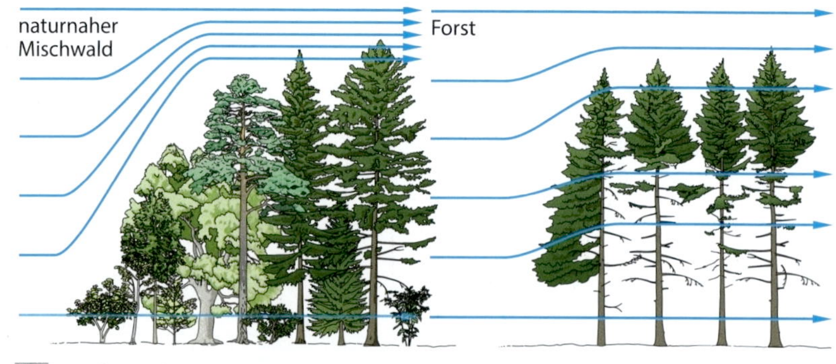

3 Einfluss des Umweltfaktors Wind

Material C

Licht am Waldboden

Licht ist ein entscheidender Umweltfaktor im Ökosystem Wald. Nur wenn genug Licht bis zum Waldboden vordringt, können unter den Bäumen andere Pflanzen wachsen. Die Lichtmenge am Boden hängt davon ab, ob Laubbäume oder Nadelbäume vorherrschen und wie dicht die Bäume beieinander stehen. Daher erkennt man bei verschiedenen Waldtypen Unterschiede.

1 ☒ Vergleiche die Waldtypen im Hinblick auf den Anteil der Lichtmenge am Boden im März und August. → 4

2 ☒ Erkläre die Unterschiede im März und August im Buchen- und Eichenwald.

3 ☒ Erkläre die Unterschiede im Fichtenforst.

4 ☒ Erkläre, warum man die Lichtmenge im Freiland als Bezugsgröße braucht.

Waldtypen	Anteil der Lichtmenge am Boden in Prozent	
	im März	im August
Buchenwald	70	4
Eichenwald	75	12
Kiefernwald	7	16
Fichtenforst	1	1
Freiland	100	100

4 Waldtypen und Lichtmenge

Material D

Lebewesen im Wald

Die Anzahl der Pflanzen und Tiere in einem Wald hängt stark davon ab, wie sich der Wald zusammensetzt. Um das zu untersuchen, kann man die Verteilung der Biomasse heranziehen. Als Biomasse wird die gesamte Masse aller Lebewesen bezeichnet. Dazu zählen die Blätter, Äste und Stämme aller Pflanzen ebenso wie die Körper aller Tiere, die im Wald leben.

1 ☒ Vergleiche die Artenvielfalt der Tiere in einem Mischwald und einem Forst. → 5

2 ☒ Erkläre, was man unter Biomasse versteht.

3 ☒ Vergleiche die Verteilung der Biomasse im Mischwald und im Forst. → 5

4 ☒ Stelle Vermutungen zu den Ursachen für die Unterschiede in der Artenvielfalt und Verteilung der Biomasse zwischen Mischwald und Forst an.

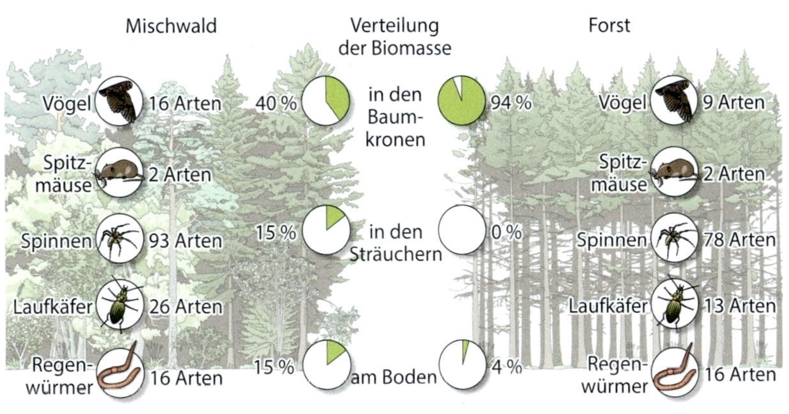

5 Verteilung der Biomasse in zwei Wäldern

Stockwerke des Waldes

1 Sonneneinstrahlung in einem naturnahen Mischwald

In einem naturnahen Wald wachsen Pflanzen in unterschiedlichen Höhen. Schaut man genau hin, erkennt man, dass sie dadurch verschiedene Bereiche bilden. Wie ist ein Wald strukturiert?

Stockwerke • Bäume ragen viele Meter in die Höhe, während Moose am Boden nur wenige Millimeter hoch wachsen. Durch die unterschiedliche Höhe von Bäumen, Sträuchern, Kräutern und Moosen entstehen Bereiche, die man als Stockwerke bezeichnet. Sie unterscheiden sich in den abiotischen Umweltfaktoren und im Vorkommen von Pflanzen und Tieren.

Wurzelschicht • Der Boden besteht aus verschiedenen Bestandteilen wie Laub, Ausscheidungen, Ton und Sand. Die Zusammensetzung und auch die Temperatur und Feuchtigkeit sind je nach Bodentyp sehr verschieden. Die Pflanzen sind mit ihren Wurzeln im Boden verankert, halten ihn aber auch zusammen und verhindern, dass er durch Wind verweht oder durch Regen weggespült wird. Die Wurzelschicht ist der Lebensraum vieler Bodentiere.

Moosschicht • Moose bilden am Boden dichte Polster. Darin leben Einzeller wie Pantoffeltierchen und Vielzeller wie Spinnen, Asseln und Würmer. Wenig Licht dringt bis in die Moosschicht vor. → 3 Viele Arten der Moose speichern Wasser. Daher ist die Feuchtigkeit in diesem Stockwerk hoch. Durch die Dunkelheit und die Feuchtigkeit ist es außerdem kalt.

die Wurzelschicht
die Moosschicht
die Krautschicht
die Strauchschicht
die Baumschicht

Krautschicht • Pflanzen, die keine verholzte Sprossachse aufweisen, werden Kräuter genannt. Sie sind eine wichtige Nahrungsquelle für Pflanzenfresser wie dem Reh. Die Kräuter bilden die etwa 1 Meter hohe Krautschicht, in der man auch Pilze und Ameisennester findet. → 3 Bekannte Pflanzen der Krautschicht sind Farne, Heidelbeere und Waldmeister. Die Ausprägung der Krautschicht hängt von der Lichtmenge ab. In lichten Wäldern ist sie oft dicht. In dunklen Wäldern wachsen dagegen nur wenige Kräuter, die auch mit einer geringen Lichtmenge überleben. In der Krautschicht ist es etwas wärmer und trockener als in der Moosschicht.

Strauchschicht • Pflanzen mit vielen verholzten Zweigen werden Sträucher genannt. Sie bilden zusammen mit jüngeren Bäumen die Strauchschicht. Junge Bäume und Sträucher wie Hasel und Holunder sind mit ihren Früchten eine wichtige Nahrungsquelle für viele Vögel und Insekten. Die Strauchschicht ist etwa 5 Meter hoch. Sie ist oft dicht bewachsen. Hier ist es wärmer, heller und windiger als in der Krautschicht.

Baumschicht • In den Bäumen leben viele Insekten wie Wanzen und Käfer sowie einige Vögel, die man am Boden fast nie sieht. An den Baumstämmen suchen Vögel wie Kleiber und Spechte nach Nahrung. Die Höhe der Baumschicht hängt von den Baumarten, vom Boden und vom Klima ab. Die Baumkronen sind dem Wind und der Sonne vollständig ausgesetzt.

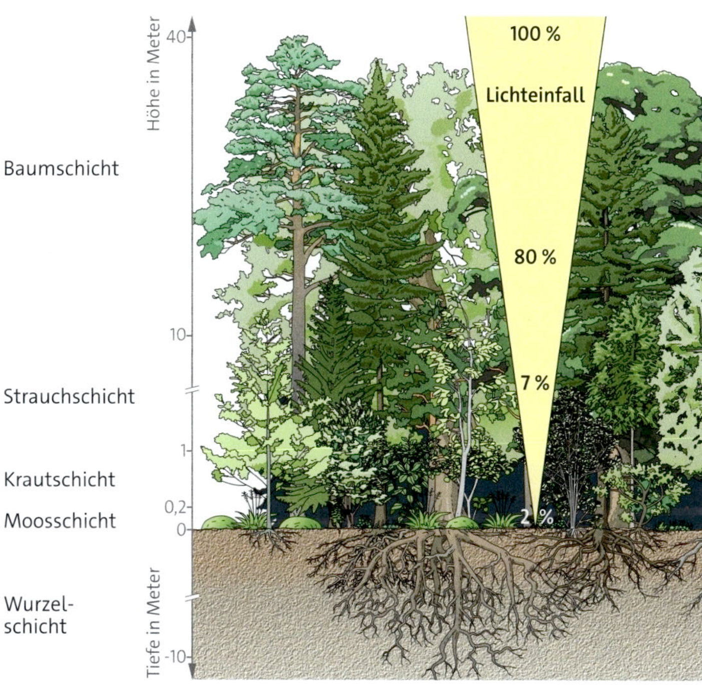

2 Stockwerke und Lichteinfall im Wald

Der Wald gliedert sich in Wurzel-, Moos-, Kraut-, Strauch- und Baumschicht. Jedes Stockwerk ist durch typische Lebewesen und abiotische Umweltfaktoren gekennzeichnet.

Aufgaben

1 Nenne die verschiedenen Stockwerke des Waldes.

2 Beschreibe mithilfe von Bild 2 die Veränderung des Umweltfaktors Licht von der Baumschicht bis zur Moosschicht.

3 Erkläre die unterschiedlichen Temperaturen in der Krautschicht und der Moosschicht.

Stockwerke des Waldes

Material A

Pflanzen des Waldes

1 ☑ Ordne die abgebildeten Pflanzen den Stockwerken des Waldes zu. Begründe deine Zuordnung.

40 m Stieleiche
34 m Bergahorn
30 m Hainbuche
42 m Rotbuche
32 cm Bärlauch
5 m Schwarzer Holunder
3,5 m Hasel
2 m Esche als junger Baum
90 cm Tollkirsche (giftig!)
20 cm Waldmeister
17 cm Maiglöckchen (giftig!)
12 cm Buche als Keimling

1 Verschiedene Pflanzenarten

Material B

Umweltfaktor Licht

In Bild 2 ist ein junger Mischwald dargestellt und in Bild 3 derselbe Mischwald etwa 20 Jahre später. Die Lichtmenge wurde jeweils in drei Höhen gemessen.

1 ☑ Vergleiche die Ausprägung der Stockwerke. → 2 3

2 ☒ Erkläre die unterschiedliche Ausprägung der Krautschicht und Strauchschicht. Beachte dafür die Angaben zum Lichteinfall.

2 Junger Mischwald

3 Mischwald

Material C

Moose als Wasserspeicher

Der Waldboden ist oft von einer dichten Moosschicht überzogen, besonders an Bachläufen und Quellen. Moose können so viel Wasser speichern, dass ihr Gewicht um ein Vielfaches steigt.

Materialliste:

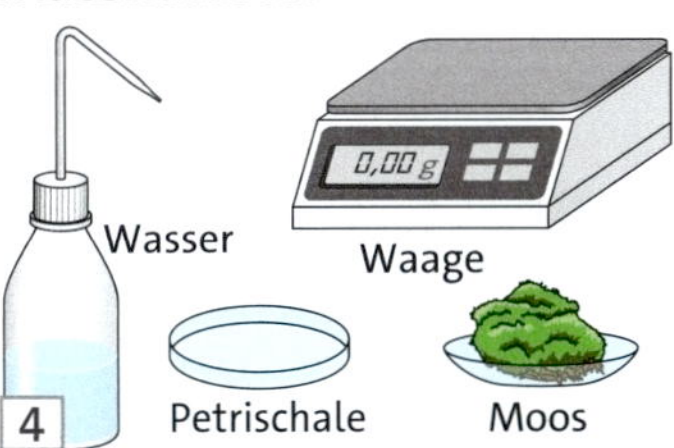

4

1 ⊠ Plane einen Versuch zur Fähigkeit von Moos Wasser zu speichern. Notiere eine Fragestellung, skizziere den Versuchsaufbau und beschreibe die Durchführung.

2 ⊠ Vergleicht eure Pläne in der Klasse. Formuliert gemeinsam Kriterien für einen guten Versuch und gebt euch gegenseitig Tipps, um eure Pläne zu verbessern.

3 ⊠ Führe deinen Versuch durch und beschreibe deine Beobachtungen.

5 Drossel mit Moos

4 ⊠ Werte deinen Versuch aus. Stelle deine Ergebnisse in geeigneter Form dar.

5 ⊠ Erläutere, wie sich die Fähigkeit der Moose Wasser zu speichern auf das Biotop und die Biozönose auswirkt.

Material D

Wo leben Asseln?

Der Lebensraum von Asseln wird durch abiotische Umweltfaktoren wie Lichtmenge und Feuchtigkeit bestimmt.

Materialliste:

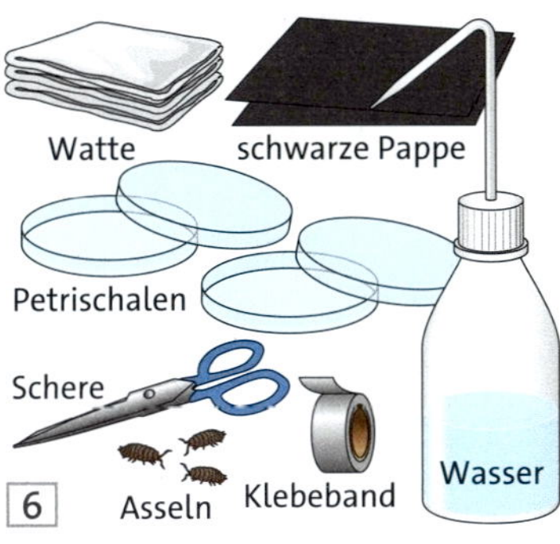

6

Achtung • Asseln sind Lebewesen! Behandle sie sorgsam und bringe sie nach dem Versuch wieder ins Freiland.

1 ⊠ Plane einen Versuch, um zu prüfen, welchen Lebensraum Asseln bevorzugt aufsuchen. Notiere eine Fragestellung, skizziere den Versuchsaufbau und beschreibe die Durchführung.

2 ⊠ Führe deinen Versuch durch und beschreibe deine Beobachtungen zum Verhalten der Asseln.

7 Assel außerhalb ihres natürlichen Lebensraums

3 ⊠ Werte deinen Versuch aus und beschreibe anhand deiner Versuchsergebnisse, den bevorzugten Lebensraum von Asseln.

4 ⊠ Leite aus den Versuchsergebnissen ab, an welchen Stellen im Wald man Asseln auffinden kann.

Der Wald in den Jahreszeiten

1 Laubwald: **A** im Frühjahr, **B** im Herbst

Laubwälder und Mischwälder sind mal lichtdurchflutet und mal schattig. Es ist mal kälter und mal wärmer. Wie wirken sich die Jahreszeiten im Wald aus?

Umweltfaktoren verändern sich • Wir erkennen Frühling, Sommer, Herbst und Winter an abiotischen Umweltfaktoren wie der Temperatur, den Lichtverhältnissen und den Niederschlägen. Die Jahreszeiten bestimmen die Lebensbedingungen im Wald.

Frühjahr • Im Frühjahr erscheinen mit den ersten hellen Sonnenstrahlen und der steigenden Wärme die Frühblüher am Waldboden. Die Pflanzen keimen aus Samen oder aus Überwinterungsorganen wie Zwiebeln. An Bäumen und Sträuchern keimen die Blätter und Knospen. Zugvögel kehren aus dem Süden zurück und Tiere, die ihren Winterschlaf, ihre Winterruhe oder Winterstarre beenden, kommen aus den Verstecken. Sie pflanzen sich fort und erste Jungtiere werden geboren.

Sommer • Im warmen, oft trockenen Sommer sind die Baumkronen dicht geschlossen und es dringt weniger Licht bis zum Waldboden durch. In der Krautschicht und Strauchschicht finden die Tiere Nahrung und Verstecke. Die Jungtiere entwickeln sich.

Herbst • Im Herbst fallen die Temperaturen und der Wind nimmt zu. In den Bäumen und Sträuchern werden die Nährstoffe aus Blättern und Ästen in den Stamm gezogen. Die Blätter verfärben sich und fallen ab.

Winter • Der Winter ist kalt und häufig verschneit. In dieser Jahreszeit sieht man im Wald nur wenige Tiere. Vögel, die sich von Früchten, Insekten und Weichtieren ernähren, ziehen als Zugvögel in wärmere Regionen. Es bleiben nur die Vögel, die sich vor allem von Samen ernähren. Tiere, die aktiv überwintern, sind durch ein dickes Winterfell oder Gefieder vor Kälte geschützt.

Die abiotischen Umweltfaktoren verändern sich im Jahresverlauf. Das wirkt sich auf die Pflanzen und Tiere im Wald aus.

Basiskonzept

Entwicklung
→ Umschlag hinten
Das Ökosystem Wald verändert sich im Verlauf eines Jahres.

Aufgabe

1 Fasse zusammen, welche Beobachtungen man in den einzelnen Jahreszeiten im Wald machen kann.

die Frühblüher
die Zugvögel

Material A

Tiere im Winter

1 ☒ Erkläre, warum man im Winter nur wenige Tiere im Wald sieht.

2 Der Kleiber ist ein Vogel, den man auch im Winter im Wald antreffen kann. → 2
☒ Beschreibe Angepasstheiten, die der Kleiber an das Leben im Winter aufweisen muss.

Tiere, die aktiv überwintern, müssen Energie sparen. Sie bewegen sich nur zur Nahrungssuche oder Flucht. Oft sehen wir nur ihre Spuren am Boden.

3 ☒ Stelle Vermutungen an, von welchen Tieren die Spuren in Bild 3 stammen.

4 ☒ Erkläre, weshalb man besonders im Winter keine Tiere aufschrecken sollte.

2

3

Material B

Licht und Temperatur

1 ☒ Gib an, welche jahreszeitlichen Veränderungen in Bild 4 dargestellt werden.

2 ☒ Beschreibe, wie sich die Belaubung der Bäume im Jahresverlauf verändert.

3 ☒ Vergleiche, wie sich die Lichtintensität und die Temperatur jeweils oberhalb der Baumkronen und am Waldboden im Jahresverlauf verändern.

4 ☒ Erläutere die Zusammenhänge zwischen Belaubung, Lichtintensität und Temperatur am Waldboden.

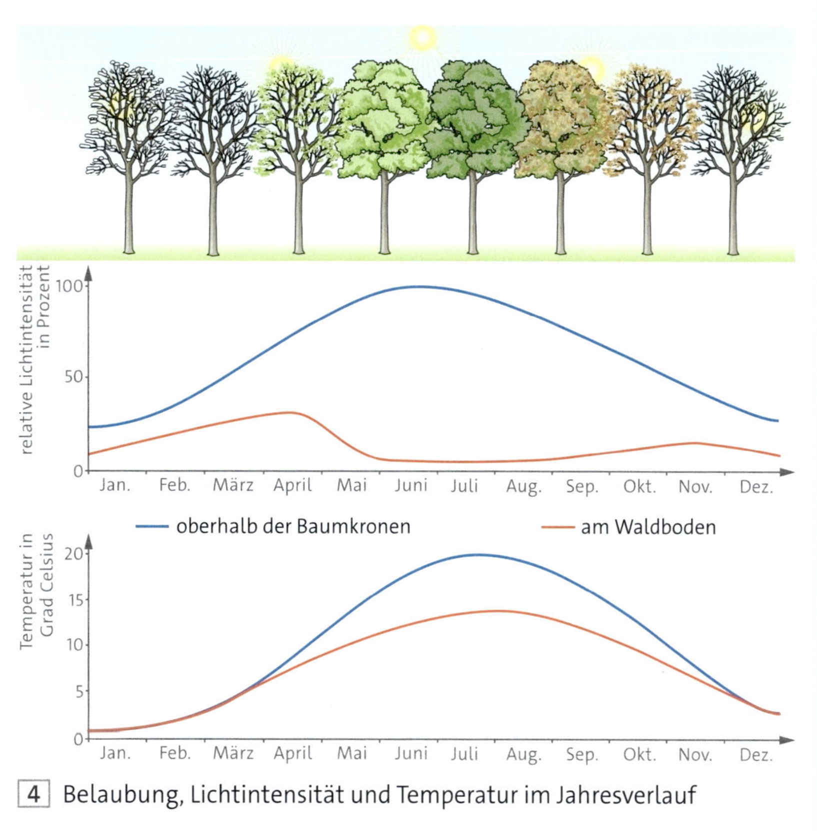

4 Belaubung, Lichtintensität und Temperatur im Jahresverlauf

Der Wald in den Jahreszeiten

Methode

Eine Langzeit-Untersuchung durchführen

Du hast jahreszeitliche Veränderungen in der Natur selbst bemerkt und auch schon einiges darüber gelernt. Um deine bisherigen Kenntnisse mit der Wirklichkeit abzugleichen, sollst du nun einen Bereich im Wald über mehrere Monate regelmäßig untersuchen. Dabei erfasst du abiotische Umweltfaktoren sowie Veränderungen bei den Pflanzen und Tieren. Durch die Langzeit-Untersuchung kannst du die zeitliche Abfolge von biologischen Erscheinungen erkennen und daraus Gesetzmäßigkeiten ableiten. Um deine Untersuchungsergebnisse festzuhalten, erstellst du ein Waldtagebuch.

So gehst du bei diesem Projekt vor:

1. Untersuchungsbereich auswählen Gehe in den Wald und wähle einen Bereich aus, den du untersuchen möchtest. Der Bereich sollte etwa 10 Meter lang und breit sein. Du kannst deinen Fokus auch eingrenzen, zum Beispiel auf die Pflanzen eines Stockwerks oder einer Art.

[1] Skizze eines Untersuchungsbereichs

Erstelle eine verkleinerte Skizze und Fotos von deinem Bereich. → [1] Bestimme möglichst viele Pflanzen mit einem Bestimmungsbuch oder einer App. Notiere die Arten in der Skizze und beschreibe deinen Bereich.

2. Untersuchungen planen Formuliere eine Fragestellung, die du mit den Ergebnissen der Untersuchung beantworten möchtest. Damit legst du das Thema deines Waldtagebuchs fest. Überlege dann, welche Daten du dafür erfassen musst und welches Material du benötigst. Wichtig ist, dass die Fragestellung anhand der Ergebnisse wirklich beantwortet werden kann und dass es für dich machbar ist, die nötigen Daten zu erheben. Überdenke die Planung, bis beides zutrifft. Erstelle dann ein Protokoll, in das du die erfassten Daten bei jeder Untersuchung ordentlich einträgst. So kannst du verhindern, dass Daten verloren gehen und deine Mühe umsonst war. Stelle dann einen Zeitplan auf. Lege darin fest, über welchen Zeitraum und wie oft du die Untersuchung durchführst. Du solltest mindestens einmal im Monat und im Frühjahr und Herbst alle zwei Wochen vor Ort sein.
Beispiel: Die Fragestellung könnte sein: „Wie verändern sich Kastanienbäume im Verlauf der Jahreszeiten?“ Um sie zu beantworten, kann man zum Beispiel anschauliche Fotos von bestimmten Merkmalen der Kastanienbäume erstellen, ein Herbar mit Blättern aus verschiedenen Monaten anlegen, die Entwicklung der Knospen durch Wiegen bestimmen sowie Blatt- und Blütenanlagen untersuchen.

Um Informationen über mögliche Ursachen für die Veränderungen zu erhalten, kann man Daten zur Tageslänge im Internet suchen und die Temperatur vor Ort messen.

3. Untersuchungen durchführen Suche gemäß deinem Zeitplan in regelmäßigen Abständen deinen Untersuchungsbereich auf. Führe dort deine geplanten Beobachtungen und Messungen durch. Die Messungen muss man jedes Mal an den gleichen Stellen und auf die gleiche Weise durchführen, damit man die Ergebnisse miteinander vergleichen kann. Trage die Ergebnisse immer sofort mit Datum in dein Protokoll ein. Halte auch weitere Beobachtungen als Notizen fest.

2 Nahaufnahmen von Kastanienbäumen

4. Daten auswerten Nachdem du deine Beobachtungen und Messungen abgeschlossen hast, wertest du die Daten aus, um deine ursprüngliche Fragestellung zu beantworten. Du kannst zum Beispiel die beobachteten Veränderungen anhand deiner Fotos beschreiben und die Messwerte in Diagramme übertragen und beschreiben. Anschließend solltest du mögliche Zusammenhänge deuten. Es kann dabei hilfreich sein, zusätzliche Informationen zu recherchieren. Wenn du zum Beispiel weißt, dass der Blattfall bei Laubbäumen im Zusammenhang mit sinkenden Temperaturen und abnehmenden Tageslängen im Herbst steht, kannst du prüfen, ob dies aus deinen Daten erkennbar wird. Überlege auch, wie sich die beobachteten Veränderungen auf die anderen Lebewesen im Ökosystem auswirken.

5. Reflexion Bei jedem Projekt kann es passieren, dass Fehler unterlaufen oder sich im Nachhinein Mängel in der Planung zeigen. Wichtig ist, dass man dies erkennt. Überdenke daher zum Schluss nochmal deine Langzeit-Untersuchung. Beschreibe, was gut gelaufen ist und was du hättest anders machen sollen.

6. Waldtagebuch fertigstellen Stelle alle deine Texte, Skizzen, Fotos, Diagramme und sonstigen Materialien ordentlich und in einer sinnvollen Reihenfolge im Waldtagebuch zusammen.

Aufgabe

1 ⊠ Wähle eine Fragestellung, plane eine Untersuchung und erstelle ein Waldtagebuch nach den beschriebenen Schritten.

Lebendiger Waldboden

1 Bodenlebewesen: **A** Dachs, **B** Regenwurm, **C** Wühlmaus, **D** Weinbergschnecken mit Eiern

Der Waldboden erscheint auf den ersten Blick unbelebt. Doch das trügt: der Boden weist eine riesige Vielfalt an Lebewesen auf. Woraus besteht der Boden und welche Bedeutung hat er als Lebensraum?

Aufbau eines Bodens • Ein Waldboden besteht aus verschiedenen Schichten, die mehrere Meter tief reichen → 2

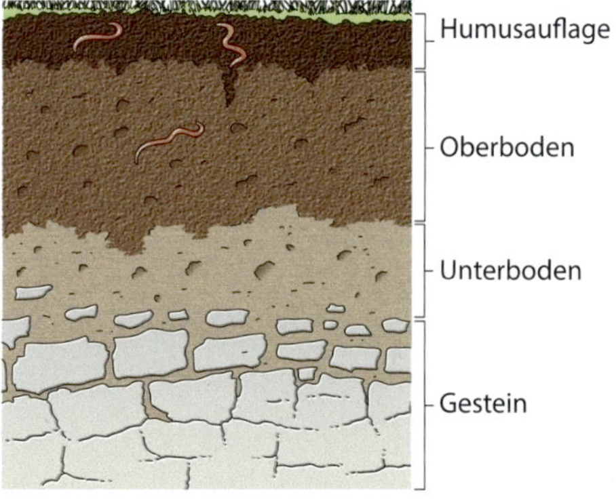

2 Aufbau eines Bodens

Die dunkelbraune, krümelige Humusauflage wird durch die Zersetzung abgestorbener Tiere und Pflanzenteile stetig neu gebildet. Sie wird, wie der Oberboden unter ihr, stark von den Pflanzen durchwurzelt und von vielen Tieren belebt. Dagegen dringen in den helleren Unterboden kaum Wurzeln oder Tiere vor. Unterhalb des Bodens befindet sich Gestein. Obwohl man von oben keine Unterschiede erkennt, sind die Böden verschiedener Standorte nicht völlig gleich. Sie können zum Beispiel verschiedene Anteile an Ton und Sand enthalten. Die Eigenschaften des Bodens beeinflussen, welche Pflanzen dort wachsen.

Lebensraum Waldboden • Nah an der Bodenoberfläche wachsen Kräuter, Moose und Pilze. Hier suchen Mäuse, Igel und Füchse nach Nahrung und

die Humusauflage
die Zersetzung

manche Vogelarten bauen ihre Nester am Boden. An der Bodenoberfläche und in der Humusauflage findet man viele Insekten, Schnecken, Käfer und Würmer sowie Bakterien und andere Einzeller. Wirbeltiere wie Dachse und Wühlmause graben ihre Gänge und Höhlen im Boden. Dadurch wird er aufgelockert und durchlüftet. So entstehen gute Wachstumsbedingungen für die Wurzeln. Über diese nehmen die Pflanzen Wasser und Mineralstoffe aus dem Boden auf.

Zersetzung • In einem Wald fallen riesige Mengen abgestorbener Pflanzenteile, toter Tiere und Kot auf den Boden. Eigentlich müsste das Material eine immer höhere Schicht bilden. Das passiert jedoch nicht, denn Milliarden von Lebewesen zersetzen es ständig. Dazu gehören Milben, Larven, Würmer und Schnecken sowie Pilze, Bakterien und andere Einzeller. Wenn ein Blatt auf den Boden gefallen ist, fressen zunächst Springschwänze und Milben kleinste Löcher hinein. → 3 Dieses Stadium nennt man Fensterfraß. Wenn die Löcher nach und nach vergrößert werden, spricht man von Lochfraß. Letztlich ist das gesamte Blattgewebe bis auf die Blattadern verschwunden. Das Stadium nennt man Skelettfraß.

Der Boden besteht aus mehreren Schichten. In den oberen Schichten leben viele Lebewesen, die abgestorbene Pflanzenteile, tote Tiere und Kot zersetzen.

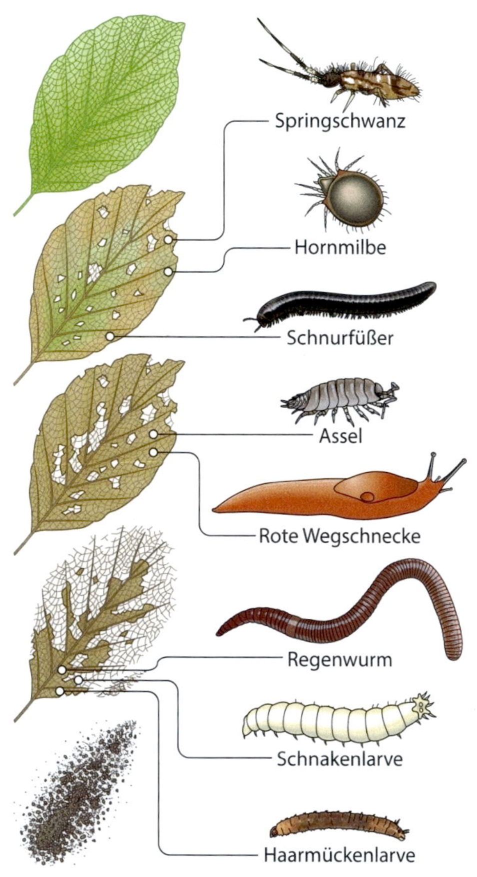

3 Zersetzung eines Blattes

Aufgaben

1 Beschreibe den Aufbau des Bodens. → 2

2 Erkläre, wieso die Schicht des jährlich anfallenden Herbstlaubs nicht immer höher wird.

3 Beschreibe den Vorgang der Zersetzung eines Laubblatts. → 3

4 Nimm Stellung zu der Aussage: „Boden ist doch nur Dreck.“

Lebendiger Waldboden

Material A

Zersetzungsstadien

Suche auf dem Waldboden Laubblätter, die unterschiedlich stark zersetzt sind.

Materialliste: Laubblätter, Zeitungspapier, DIN-A4-Papier, durchsichtige Klebefolie, Küchenpapier, Bücher

1 Säubere und trockne die Laubblätter vorsichtig. Lege sie einzeln zwischen Zeitungspapier. Achte darauf, dass sie nicht geknickt werden. Staple mehrere Bücher auf dem Zeitungspapier. Warte dann einige Tage, bis die Laubblätter gepresst sind, und klebe sie mit Klebefolie auf Papier.

2 Erstelle eine Reihe der verschiedenen Zersetzungsstadien und beschrifte sie.

1 Skelettfraß

3 Ordne jedem Stadium mindestens zwei typische Lebewesen zu, die an dem Blatt gefressen haben.

Material B

Tiere des Bodens

Mit einer Berlese-Apparatur sammelt man Kleintiere des Bodens. In einem Versuch wurde die Apparatur mit und ohne Licht aufgebaut.

1 Beschreibe den Versuchsaufbau. → 2A 2B

2 Vergleiche die Versuchsergebnisse. → 2A 2B

3 Erkläre, wie es zu den unterschiedlichen Ergebnissen kommt.

4 Stelle den in Bild 2 gezeigten Versuch nach und vergleiche deine Ergebnisse.

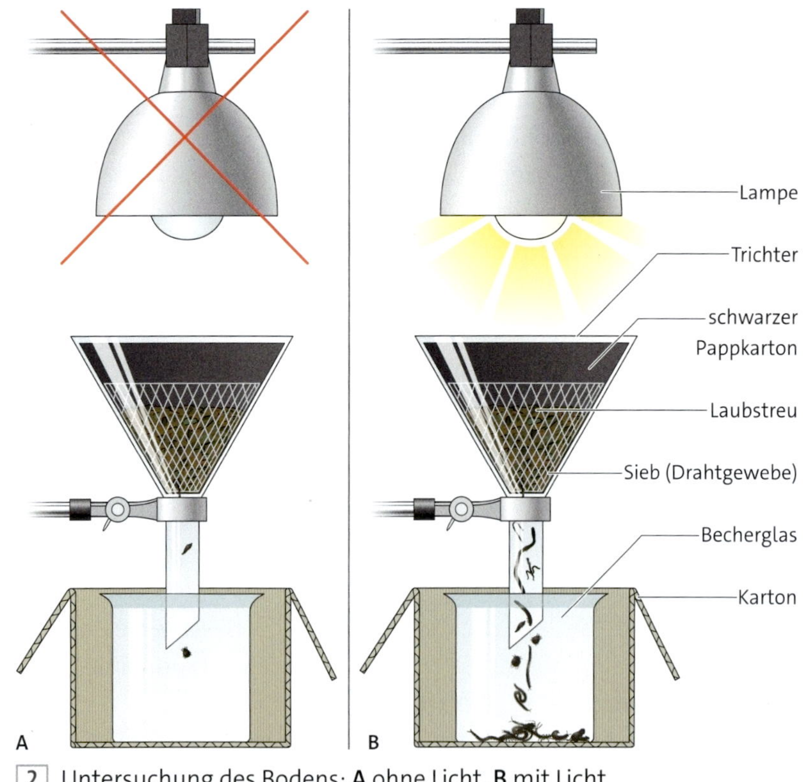

2 Untersuchung des Bodens: **A** ohne Licht, **B** mit Licht

Material C

Wasserhaltefähigkeit

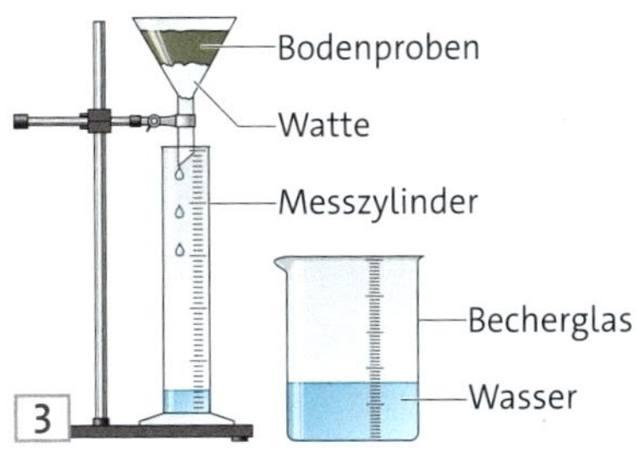

3

Die Fähigkeit von Böden Wasser zu speichern, bezeichnet man als Wasserhaltefähigkeit.

Materialliste: Bodenproben (Waldboden, Sand, Kies), Stativ, Trichter, Messzylinder, Becherglas, Watte, Wasser

	Waldboden	**Sand**	**Kies**
eingefüllte Wassermenge	100 ml	100 ml	100 ml
ausgetropfte Wassermenge	...	...	...

4 Versuchsergebnisse

1 Baue den abgebildeten Versuchsaufbau nach. → 3

2 Befülle den Trichter jeweils bis zur gleichen Höhe mit einer Bodenprobe. Gieße 100 ml Wasser darauf und warte, bis kein Wasser mehr aus dem Trichter läuft.

3 ☒ Stelle die Werte in einer Tabelle dar und vergleiche die eingefüllte und die ausgetropfte Wassermenge der Bodenproben. → 4

Material D

Zersetzer im Boden

5 Nadelwald

6 Mischwald

	Säuregrad	**Humusauflage**
Nadelwald	sauer	sehr hoch
Mischwald	etwas sauer	hoch
Wiese	kaum sauer	sehr niedrig

7 Säuregrad und Humusauflage an drei Standorten

Lebewesen, die abgestorbene Pflanzenteile, tote Tiere und Kot zersetzen, kommen vor allem im Boden vor. Je mehr dieser Zersetzer im Boden leben, desto schneller wird das Material abgebaut. Ist der Boden sauer, können dort kaum Lebewesen leben. Dann wird abgestorbenes Material nur langsam zersetzt und es bildet sich eine hohe Humusauflage.

1 ☒ Beurteile anhand der Humusauflage, ob in einem Nadelwald oder einem Mischwald mehr Zersetzer im Boden leben. → 5 – 7

2 ☒ Erkläre den Zusammenhang zwischen dem Säuregrad des Bodens, dem Vorkommen von Zersetzern und der Höhe der Humusauflage.

3 ☒ Begründe, warum man bei einer Wiese nur eine sehr niedrige Humusauflage feststellt.

Erweitern und Vertiefen

Pilze – sonderbare Lebewesen

1 Steinpilze

2 Baumpilze

Pilze wachsen im Boden • Pilze bilden im Boden ein oft kilometerweites Geflecht feiner Zellfäden, das man als Myzel bezeichnet. Die einzelnen Zellfäden nennt man Hyphen. Bei vielen Pilzarten wächst aus dem Myzel zu bestimmten Zeiten ein Stiel mit Hut. → 1 Dies ist der Fruchtkörper. Er dient der Fortpflanzung des Pilzes. Wir sehen am Waldboden also nur einen kleinen Teil des Pilzes. Der Großteil des Pilzes ist im Boden verborgen.

Weder Pflanze noch Tier • Die Zellen der Pilze weisen Zellwände und Vakuolen auf, wie die Zellen der Pflanzen. Anders als die Pflanzen besitzen Pilze jedoch nicht den grünen Farbstoff Chlorophyll und können nicht die Energie des Sonnenlichts aufnehmen. Stattdessen nehmen sie zur Energiegewinnung Nährstoffe aus der Umwelt auf, wie die Tiere. Aufgrund ihrer Merkmale sind Pilze weder Pflanzen noch Tiere, sondern eine eigene Gruppe von Lebewesen.

Fortpflanzung • Der Fruchtkörper besteht bei vielen Pilzarten aus einem Hut, der auf einem Stiel sitzt. Pilze verbreiten sich unter anderem durch Sporen, die sich in Sporenträgern an der Unterseite des Huts befinden. Diese werden durch den Wind verbreitet. Fallen sie auf den Waldboden, keimen sie zu Hyphen aus.

Pilze „zerlegen" Baumstämme • Pilze erfüllen viele wichtige Aufgaben im Wald. Sie wirken bei der Zersetzung von abgestorbenen Pflanzenteilen, toten Tieren und Kot mit. Besonders Baumpilze zersetzen auch schwer abbaubares Material wie abgestorbene Baumstämme. → 2 Einige Pilzarten befallen sogar lebende Bäume und bringen sie langsam zum Absterben. Die Pilze durchziehen das Holz mit ihrem Myzel, ernähren sich davon und zersetzen es dadurch. Dabei setzen sie unter anderem Mineralstoffe frei, die dann von den Pflanzen wieder aus dem Boden aufgenommen werden.

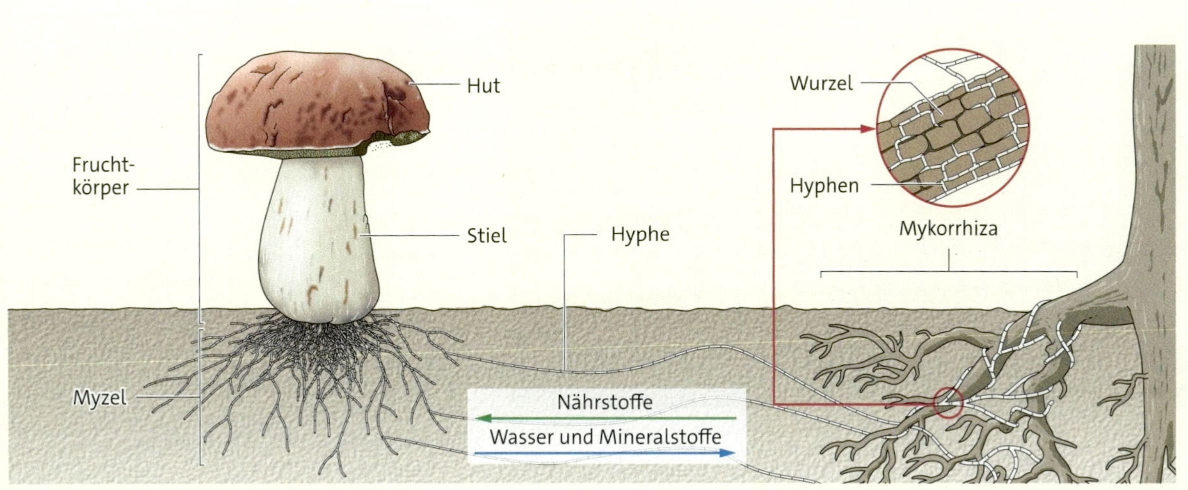

3 Verbindung zwischen Pilz und Baum

Mykorrhiza • Viele Pilze gehen mit Pflanzen eine Verbindung zu beiderseitigem Nutzen ein, die man Mykorrhiza (griech. mykes: der Pilz, rhiza: die Wurzel) nennt. → 3 Dabei tritt das Myzel in engen Kontakt mit den Wurzeln der Pflanze und wächst sogar zwischen die Zellen der Wurzel. Der Pilz wird dabei von der Pflanze mit Nährstoffen versorgt, die von der Pflanze während der Fotosynthese aufgebaut werden. Die Pflanze erhält ihrerseits vom Pilz Wasser und Mineralstoffe. Durch das weitreichende Myzel des Pilzes wird die Fläche, über die eine Pflanze Wasser aufnehmen kann, deutlich vergrößert.

Pilze sind ein Geflecht von Hyphen im Boden oder Holz, das als Myzel bezeichnet wird. Stiel und Hut bilden den Fruchtkörper des Pilzes. Er dient der Fortpflanzung. Pilze erfüllen als Zersetzer oder Mykorrhiza-Pilze wichtige Aufgaben im Wald.

Aufgaben

1 Nenne die Aufgaben der Pilze im Wald.

2 Begründe, dass Pilze weder Tiere noch Pflanzen sind.

3 Erkläre, was an dieser Aussage nicht ganz richtig ist: „Guck mal, auf dem Boden wächst ein Pilz."

4 Erkläre mithilfe von Bild 3, was auf dem folgenden Bild zu sehen ist und welche Bedeutung diese Verbindung hat.

4

Angepasst an den Lebensraum

1 Baummarder im Sprung

Der Baummarder lebt und jagt in den Baumkronen. Warum sucht er diesen unzugänglichen Lebensraum auf?

Ökologische Nische • Auf der Jagd nach Beutetieren klettert und springt der Baummarder in der Dämmerung und Nacht von Ast zu Ast. Er braucht dafür einen Lebensraum, in dem die Bäume eng genug zusammenstehen. Tagsüber schläft er in verlassenen Baumhöhlen oder Kobeln, wo er vor Feinden geschützt ist. Wenn es im Winter kalt wird, hält sich der Baummarder am Boden auf. Dort ist es wärmer als in den Baumkronen. Alle abiotischen und biotischen Umweltfaktoren, die der Baummarder zum Überleben braucht, bilden gemeinsam seine ökologische Nische. Mit dem Begriff meint man keinen Raum, sondern die Gesamtheit der Beziehungen zwischen einer Art und ihrer Umwelt.

Toleranzbereich • Jede Tierart und Pflanzenart hat bestimmte Ansprüche an die Umweltfaktoren, um leben zu können. Bei Waldameisen bestimmt zum Beispiel die Lichtintensität den Lebensraum. Sie bauen ihre Hügel bevorzugt an besonnten Stellen des Waldrands. Ist es schattiger, überleben sie zwar auch, doch sie pflanzen sich weniger fort. Für jeden Umweltfaktor gibt es einen Toleranzbereich, in dem eine Art leben kann. Liegen Umweltfaktoren außerhalb des Toleranzbereichs einer Art, ist sie in diesem Ökosystem nicht lebensfähig.

Konkurrenz • In jedem Ökosystem leben Arten zusammen, die auf gleiche oder ähnliche Umweltfaktoren angewiesen sind. Dachse und Baummarder ernähren sich von Würmern, Insekten, kleinen Säugetieren und Vögeln. Sie stehen in Konkurrenz um Nahrung. Unterschiedliche ökologische Nischen verringern die Konkurrenz. Der Dachs jagt am Boden und der Baummarder in den Baumkronen. Die Unterschiede machen es möglich, dass die Arten dauerhaft zusammenleben.

Die ökologische Nische einer Art wird durch die Gesamtheit aller Umweltfaktoren gebildet, die ihr Überleben beeinflussen.

Aufgabe

1 ☒ Erläutere den Begriff ökologische Nische am Beispiel des Baummaders.

die ökologische Nische
der Toleranzbereich

Material A

Ökologische Nische

1 Gib die Gemeinsamkeiten und Unterschiede der ökologischen Nische von Waldohreule und Habicht an. → 2

2 Erkläre, wie die Waldohreule und der Habicht im gleichen Wald leben können.

3 Die ökologische Nische wird manchmal mit einem Raum gleichgesetzt.
Erläutere am Beispiel der beiden Greifvögel, dass dies falsch ist.

	Waldohreule	Habicht
Aufenthaltsort	Rand von Mischwäldern und Nadelwäldern mit angrenzenden Wiesen und Feldern	Laubwälder und Mischwälder mit angrenzenden Wiesen und Feldern
Brutplatz	verlassene Nester von Greifvögeln, Krähen oder Elstern	Kronen hoher alter Bäume
Nahrung	kleine Vögel, Feld- und Rötelmäuse	kleine Vögel, Feld- und Rötelmäuse
Aktivitätszeit	Dämmerung, Nacht	Tag
Körperbau	bis 370 g, bis 36 cm	bis 1 500 g, bis 63 cm

2 Ökologische Nischen von zwei Greifvögeln

Material B

Toleranzbereiche

1 Beschreibe den Toleranzbereich der Sumpfdotterblume. → 3

2 Vergleiche die Toleranzbereiche der drei Pflanzenarten.

3 Beschreibe das mögliche Vorkommen der Arten an Standorten, wo die Umweltfaktoren im Toleranzbereich mehrerer Arten liegen.

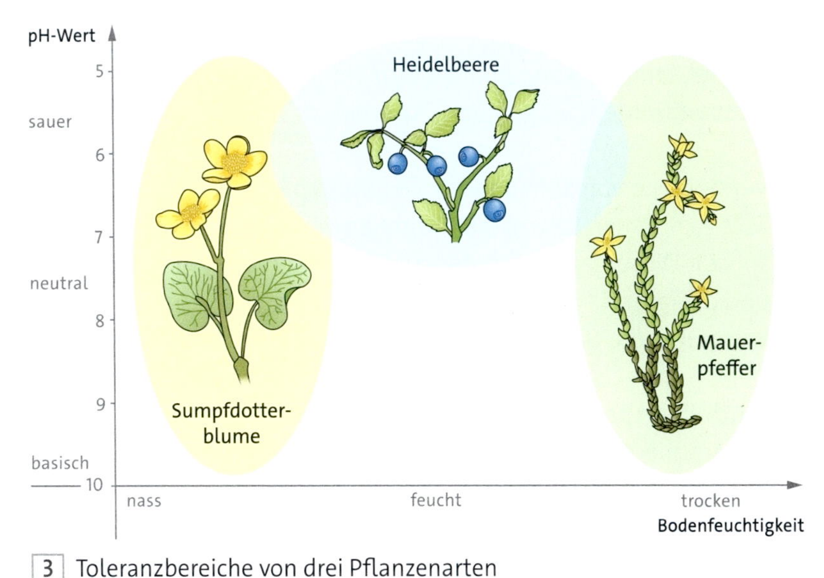

3 Toleranzbereiche von drei Pflanzenarten

Angepasst an den Lebensraum

Erweitern und Vertiefen

1 Buntspecht

2 Grünspecht

Spechte – Spezialisten des Waldes

Angepasstheiten • Wie alle Spechte krallt sich der Buntspecht mit seinen Kletterfüßen am Baumstamm fest. Zwei Zehen sind nach vorne gerichtet und zwei nach hinten. Mit seinem Stützschwanz stützt er sich am Baumstamm ab. Mit dem Meißelschnabel legt er die Gänge von Insektenlarven im Holz frei. Beutetiere spießt der Buntspecht mit der Spitze seiner langen Schleuderzunge auf. Mit seinem Meißelschnabel kann er auch Bruthöhlen in Baumstämme schlagen und trommeln.

Vermeidung von Konkurrenz • Der Buntspecht teilt sich seinen Lebensraum mit dem Grünspecht. Dieser jagt am Boden nach Insekten und dringt mit seiner Schleuderzunge zum Beispiel in die Gänge von Ameisenhaufen ein. Der Grünspecht brütet in den verlassenen Bruthöhlen anderer Spechte. Wegen dieser Unterschiede stehen der Grünspecht und der Buntspecht nicht in direkter Konkurrenz um Nahrung oder Brutplätze.

3 Angepasstheiten des Buntspechts

Mit Meißelschnabel, Kletterfuß, Stützschwanz und Schleuderzunge kann der Buntspecht sehr gut auf Bäumen leben.

Aufgabe

1 ☒ Beschreibe die Angepasstheiten des Buntspechts an das Leben im Wald.

Symbiose und Parasitismus

Symbiose • Viele Blütenpflanzen sind zur Fortpflanzung darauf angewiesen, dass Insekten ihre Blüten besuchen und sie bestäuben. → 4 Die Insekten ernähren sich vom Nektar und bestäuben die Blüte nebenbei. Eine solche Beziehung, die für beide Lebewesen einen Vorteil bringt, bezeichnet man als Symbiose. Ein weiteres Beispiel für eine Symbiose bieten Blattläuse und Ameisen: Blattläuse sind kleine Insekten, die sich von Pflanzensäften ernähren. Dafür stechen sie mit ihrem Stechrüssel in die Sprossachsen der Pflanzen. Überschüssigen Zucker scheiden die Blattläuse wieder aus. Das lockt Ameisen an, die sich von diesem Honigtau ernähren. Oft kann man Ameisen beim „Melken" der Blattläuse beobachten. → 5 Die Ameisen schützen ihre Nahrungsquelle, indem sie die Blattläuse gegen Angreifer verteidigen.

Parasitismus • Zecken leben im hohen Gras. Sie beißen sich an der Haut größerer Tiere fest und ernähren sich vom Blut. Dabei können auch Krankheitserreger übertragen werden. Eine solche Beziehung zwischen Lebewesen, bei der nur ein Lebewesen einen Vorteil hat, das andere Lebewesen dagegen geschädigt wird, nennt man Parasitismus.
Eine andere Form des Parasitismus betreibt der Kuckuck: Er legt seine Eier in die Nester anderer Vögel. Die brüten das Küken aus und ziehen es groß. → 6 Der Kuckuck muss keine Energie in den Nestbau und die Brutfürsorge stecken, während die anderen Vögel fremde Nachkommen statt ihrer eigenen versorgen.

4 Biene an einem Wiesensalbei

5 Rote Ameise mit Blattläusen

6 Teichrohrsänger mit Kuckuck-Küken

Aufgabe

1 ☒ Erkläre den wesentlichen Unterschied zwischen Symbiose und Parasitismus.

Fressen und gefressen werden

1 Europäische Wildkatze mit Beute

Nachdem sie lange bejagt wurde und man viele Wälder abholzte, war die Europäische Wildkatze in Deutschland fast ausgestorben. Nun kehrt sie vermehrt in die Wälder zurück. Sie ist eine geschickte Jägerin. Welche Tiere sind ihre Beute und wird sie auch zur Beute?

Räuber und Beute • Wildkatzen jagen vor allem kleine Säugetiere, zum Beispiel Ratten. → 1 In dieser Beziehung sind die Wildkatzen die Räuber und die Ratten die Beute. Zwischen dem Vorkommen von Räubern und Beute im Ökosystem besteht ein Zusammenhang, der sich vereinfacht so erklären lässt: Je mehr Ratten im Wald leben, desto größer ist das Nahrungsangebot für die Wildkatzen. Diese vermehren sich dann. Wenn es mehr Wildkatzen gibt, die Ratten jagen, sinkt die Anzahl der Ratten im Wald. Da das Nahrungsangebot dadurch kleiner wird, nimmt die Anzahl der Wildkatzen ab. Dann vermehren sich die Ratten wieder.

Basiskonzept

System
→ Umschlag hinten
Lebewesen sind voneinander abhängig und beeinflussen sich gegenseitig.

Nahrungsnetz • Eine einzelne Räuber-Beute-Beziehung ist nur ein Ausschnitt der Wirklichkeit. Wildkatzen fressen auch andere Tiere, wie Vögel und Eidechsen, und werden selbst zur Beute von Luchsen und Wölfen. Auch Ratten fressen etwas, zum Beispiel Samen, Früchte und Insekten. Sie werden auch zur Beute von Marder und Fuchs. Eine Nahrungsquelle wird immer von verschiedenen Lebewesen genutzt. Die einzelnen Nahrungsketten überlappen und kreuzen sich also an vielen Stellen und bilden ein Nahrungsnetz.

Pflanzenfresser und Fleischfresser • Die Pflanzen sind die Grundlage für alle Nahrungsketten. Sie sind in der Lage Glukose zu bilden, die in pflanzliches Material umgebaut wird. Pflanzen werden von den Pflanzenfressern gefressen, die wiederum von den Fleischfressern gefressen werden. Viele Tiere fressen sowohl Pflanzen als auch Tiere. Man nennt sie Allesfresser.

Alle Lebewesen eines Ökosystems sind über ein Nahrungsnetz miteinander verbunden. Räuber und Beute beeinflussen sich gegenseitig in ihrer Anzahl.

Aufgaben

1 ◩ Beschreibe die Beziehung zwischen der Wildkatze und der Ratte.

2 ⊠ Erläutere den Begriff Nahrungsnetz an einem Beispiel.

der **Räuber**
die **Beute**
die **Nahrungskette**
das **Nahrungsnetz**

Material A

Nahrungsnetz

1 Ordne die Tiere aus Bild 2 in einer Tabelle in Fleischfresser, Pflanzenfresser und Allesfresser.

2 Notiere alle Lebewesen auf einzelnen kleinen Zetteln.
a Ordne einige Lebewesen in einer Nahrungskette an. Zeige mit Pfeilen, was/wer von wem gefressen wird.
b Ordne alle Lebewesen in einem Nahrungsnetz an. Stelle die Nahrungsbeziehungen mit Pfeilen dar.

3 Erkläre, warum Pflanzen die Grundlage des Nahrungsnetzes bilden.

4 Beschreibe die Folge für den Eichenwickler, wenn man alle Eichen fällt.

Stieleiche

Wildschwein
Früchte, Wurzeln, Insekten, Larven, Mäuse, Jungvögel, Aas

Haselmaus
Eicheln, Bucheckern, Früchte

Grüner Eichenwickler
junge Eichenblätter

Blaumeise
Insekten, Larven, Spinnen, im Winter Samen und kleine Früchte

Schwarzer Holunder

Reh
Gräser, Knospen, Kräuter

Wildkatze
Mäuse, Jungvögel, Kaninchen, Amphibien, Insekten, Eidechsen, Aas

Wolf
Rehe, Hirsche, Wildschweine, Früchte, Mäuse, Eichhörnchen, Aas

2 Lebewesen des Waldes

Material B

Räuber-Beute-Beziehung

In einem Modell wurde die Abhängigkeit zwischen der Anzahl an Individuen einer Art von Räubern und einer Art von Beute in einem Ökosystem nachgestellt. → 3 Das Modell setzt voraus, dass der Räuber nur diese Beute frisst und die Beute selbst ausreichend Nahrung findet.

1 Beschreibe die im Modell dargestellte Abhängigkeit. Nutze die Formulierung: *Je mehr/weniger ..., desto ...*

2 Begründe, weshalb die Individuenanzahl der Beute im Modell etwas früher steigt als die des Räubers.

3 Erläutere am Beispiel von Wildkatze und Ratte, wieso die Wirklichkeit nicht mit dem Modell übereinstimmt.

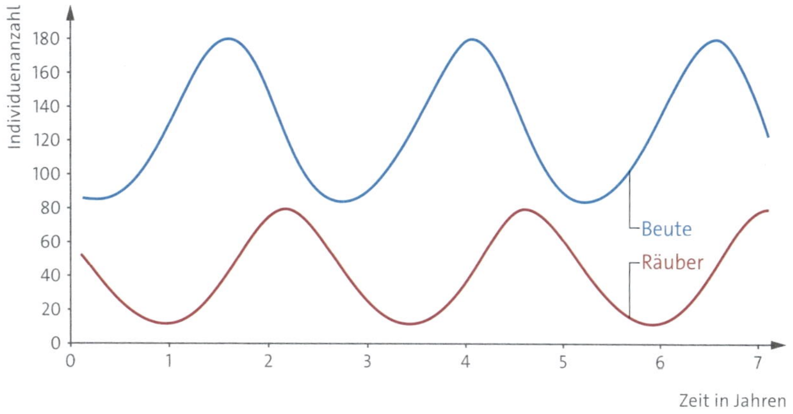

3 Modell zur Räuber-Beute-Beziehung

Fressen und gefressen werden

Erweitern und Vertiefen

Der Wolf – zurück im Wald

Rückkehr • Der Wolf wurde weltweit lange Zeit bejagt und war in Deutschland komplett ausgerottet. Man fürchtete ihn als gefährliches Raubtier, das Haustiere, Nutztiere und Menschen tötet. Der letzte bei uns heimische Wolf wurde gegen Ende des 19. Jahrhunderts erschossen. Danach sind vereinzelt Wölfe eingewandert, die aber auch erschossen wurden. Seit 1990 ist der Wolf in Deutschland eine gesetzlich geschützte Tierart. → 2 Seitdem wandert der Wolf langsam wieder bei uns ein, vor allem aus Osteuropa. Dabei nutzt er seine alten Wanderwege von Ost nach West. Er ist mittlerweile in zwölf Bundesländern wieder heimisch. Einige Bundesländer durchwandert er auf der Suche nach einem Revier.

Lebensweise • Wölfe leben im Rudel. Dieses gleicht einer Familie, in der die Elterntiere mit bis zu acht Jungtieren zusammenleben. Die jungen Wölfe verlassen das Rudel, sobald sie geschlechtsreif sind. Dann suchen sie sich auf kilometerweiten Wanderungen ein eigenes Revier und einen Partner. Wölfe sind scheue Tiere und leben zurückgezogen im Wald. Oft wird ihre Anwesenheit nur durch eine Wildkamera, Kot, Pfotenabdrücke und Beutereste nachgewiesen.

Erfolg des Naturschutzes • Der Naturschutz hat in den letzten 100 Jahren Bedingungen geschaffen, unter denen der Wolf wieder in unseren Wäldern leben kann. Seine Rückkehr ist als Erfolg zu sehen, da der Wolf von selbst einwanderte und nicht ausgesetzt wurde.

1 Wolf im Wald

§ 44 BNatSchG
(1) Es ist verboten,
1. wild lebenden Tieren der besonders geschützten Arten nachzustellen, sie zu fangen, zu verletzen oder zu töten [...].
2. wild lebende Tiere der streng geschützten Arten [...] während der Fortpflanzungs-, Aufzucht-, [...], Überwinterungs- und Wanderungszeiten erheblich zu stören [...].

2 Auszug aus dem Bundesnaturschutzgesetz

Der Wolf macht unsere Wälder wieder vollständiger. Er ist ein typischer großer Räuber dieser Ökosysteme, der gemeinsam mit dem Luchs an der Spitze der Nahrungskette steht. Er jagt und frisst alte, kranke und verletzte Tiere. Durch sein Jagdverhalten kontrolliert er auch die Anzahl der Rehe, die sonst die Triebe junger Bäume fressen und diese so zum Absterben bringen.

Zusammenleben ohne Konflikte • Zahme Nutztiere wie Schafe, die in großen Herden auf Weiden nah an Waldgebieten gehalten werden, sind eine leichte Beute für den Wolf. Er passt sich schnell an das Nahrungsangebot in seiner Umgebung an. Um Angriffe zu verhindern, müssen Maßnahmen zum Schutz der Herden ergriffen werden. Auf den Weiden werden zum Beispiel Zäune aufgestellt und Hunde eingesetzt. In manchen Ländern hält man auch Esel in Schafherden. → 3 Diese können sich gut verteidigen und Untersuchungen zeigten, dass sie Wölfe in Schafherden erfolgreich vertreiben. Wenn doch mal ein Nutztier vom Wolf gerissen wird, haben die Tierhalter einen Anspruch auf finanzielle Entschädigung.

Auch viele Menschen befürchten einen Angriff durch Wölfe, wenn sie sich im Wald aufhalten. Doch Wölfe meiden den Menschen und ziehen sich in der Regel zurück, wenn sie auf Menschen treffen. Kommt es zu negativen Erlebnissen mit einem Wolf, liegt der Grund meistens am unvernünftigen Verhalten des Menschen. Manche füttern Wölfe an, laufen oder fahren ihnen hinterher oder treiben sie in die Enge, um aus nächster Nähe gute Fotos zu machen. In solchen Situationen reagiert der Wolf, wie jedes wilde Tier reagieren würde: er wird aggressiv und verteidigt sich. Das lässt sich verhindern, wenn auch der Mensch Rücksicht nimmt, vor allem in Gebieten, in denen auf Wölfe hingewiesen wird. → 4 Man kann sich bei Naturschützern und Jägern zu Wolfsgebieten und zum Verhalten beim Antreffen eines Wolfs informieren.

3 Esel zum Schutz einer Schafherde

Wolfsgebiet
Abstand halten,
nicht füttern,
Kinder beaufsichtigen
und Hunde anleinen

4 Beispiel für ein Hinweisschild

Aufgaben

1 ◪ Erkläre, warum der Wolf bejagt wurde.

2 ☒ Beschreibe, wie du dich verhalten solltest, wenn du im Wald auf einen Wolf triffst.

3 ☒ Ermittle Vorteile und mögliche Herausforderungen im Zusammenhang mit der Rückkehr des Wolfs in heimische Wälder.

Fotosynthese und Zellatmung

1 Reife, süße Heidelbeeren

In jedem Frühjahr bilden Pflanzen Blätter und Blüten. Im Sommer reifen aus den Blüten die Früchte heran. Sie schmecken süß. Wie gelangt Zucker in die Früchte?

Fotosynthese • Alle grünen Pflanzen wandeln die Lichtenergie der Sonne in chemische Energie um. Sie nehmen die Lichtenergie mit ihrem grünen Blattfarbstoff auf, dem Chlorophyll. Mithilfe der Lichtenergie stellen sie aus Kohlenstoffdioxid und Wasser energiereichen Traubenzucker her. Dieser wird Glukose genannt. → 2 Dabei wird Sauerstoff gebildet. Einen Teil der Glukose nutzen die Pflanzen zur Herstellung von Baustoffen für ihre Gewebe. Weil sich die Glukose vor allem in den Früchten ansammelt, schmecken Heidelbeeren süß. Die übrige Glukose wird in Stärke umgewandelt, die in den Knollen oder Samen gespeichert wird. Da dieser Vorgang ohne Licht nicht abläuft, nennt man ihn Fotosynthese, was Licht-Stoffaufbau bedeutet.

Ort der Fotosynthese • Nur Zellen, die den grünen Blattfarbstoff Chlorophyll in den Chloroplasten enthalten, betreiben Fotosynthese. Der Vorgang läuft also nur in grünen Pflanzenteilen ab, vor allem in den Laubblättern.

Transportwege • Das Kohlenstoffdioxid, das für die Fotosynthese nötig ist, wird über die Spaltöffnungen der Blätter aus der Luft aufgenommen. Das ebenfalls benötigte Wasser wird durch die Wurzeln aus dem Boden entnommen und über Leitungsbahnen in die Blätter transportiert. Der Sauerstoff, der bei der Fotosynthese entsteht, wird durch die Spaltöffnungen der Blätter an die Luft abgegeben. Die Glukose wird über Leitungsbahnen in der Pflanze verteilt.

die Glukose
die Fotosynthese
die Zellatmung

Bedeutung der Fotosynthese • Pflanzen stellen in der Fotosynthese Glukose her, die als Baustoff für neue Gewebe dient. Dabei geben sie Sauerstoff ab. Die Nährstoffe und den Sauerstoff brauchen andere Lebewesen wie Tiere und Menschen zum Leben.

Zellatmung • Die Zellatmung ist der Umkehrprozess der Fotosynthese. Während bei der Fotosynthese aus Kohlenstoffdioxid und Wasser Glukose und Sauerstoff entstehen, ist es bei der Zellatmung genau umgekehrt: Aus Sauerstoff und Glukose entstehen Wasser und Kohlenstoffdioxid. → 3 Und auch mit der Energie verhält es sich umgekehrt. Für die Fotosynthese ist Energie notwendig, während bei der Zellatmung Energie freigesetzt wird. Die Zellatmung läuft in Pflanzen und auch in Tieren und Menschen ab, und zwar in den Mitochondrien der Zellen.

Bedeutung der Zellatmung • Tiere und Menschen benötigen Energie unter anderem für die Versorgung von Muskeln und Gehirn und für Vorgänge wie die Verdauung. Sie müssen die Energie in Form von Glukose mit der Nahrung aufnehmen und durch den Abbau der Glukose in der Zellatmung freisetzen. Pflanzen brauchen zum Beispiel für das Wachstum und das Austreiben der Blätter und Blüten im Frühjahr Energie. Sie nehmen nachts Sauerstoff durch die Spaltöffnungen auf und nutzen ihn mit der in der Fotosynthese gebildeten Glukose für die Zellatmung. Sie geben dabei Wasser und Kohlenstoffdioxid ab.

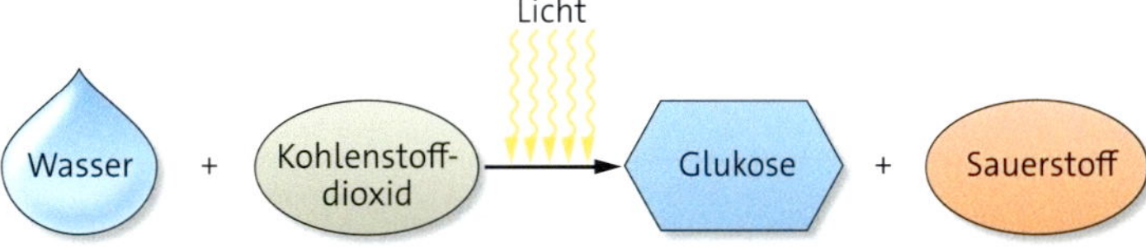

2 Wortgleichung der Fotosynthese

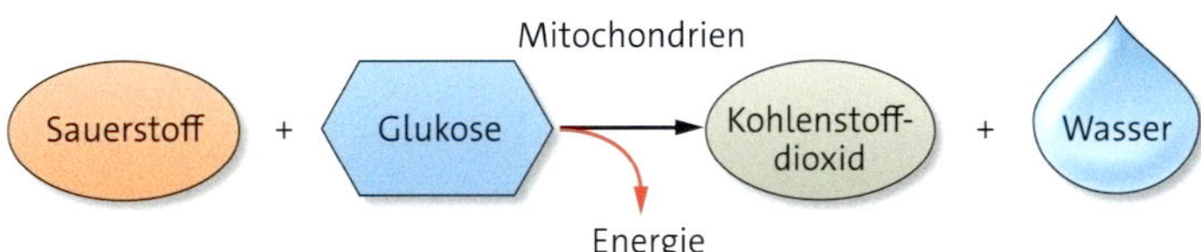

3 Wortgleichung Zellatmung

Pflanzen stellen mithilfe von Lichtenergie aus Kohlenstoffdioxid und Wasser energiereiche Glukose her. Bei der Zellatmung wird Glukose abgebaut und Energie freigesetzt.

Aufgaben

1 Erkläre, warum die Fotosynthese in den Blättern einer Pflanze stattfindet und nicht im Stamm.

2 Übertrage die Tabelle zum Vergleich von Fotosynthese und Zellatmung ins Heft und fülle sie aus.

	Fotosynthese	Zellatmung
Ausgangsstoffe	...	Sauerstoff, Glukose
Endstoffe	...	...
Findet statt in ...	...	...

3 Beschreibe die Bedeutung der Fotosynthese und der Zellatmung.

Fotosynthese und Zellatmung

Material A

Historische Versuche

Der Naturwissenschaftler und Theologe Joseph Priestley (1733–1804) führte zahlreiche Versuche durch. Zunächst stellte er eine brennende Kerze unter eine luftdicht verschlossene Glasglocke. Die Kerze erlosch nach wenigen Sekunden. Er schloss daraus, dass etwas in der Luft war, das für den Brennvorgang nötig ist, und dass die brennende Kerze die Luft unter der Glasglocke verschlechtert hat. Die Zusammensetzung der Luft war damals noch nicht bekannt. Er erweiterte seine Versuche auf Lebewesen. → 1

1 Beschreibe den Versuch mit der brennenden Kerze im Hinblick auf die Durchführung, Beobachtung und Schlussfolgerung.

2 Stelle eine Hypothese auf, warum die Kerze unter der Glasglocke erlischt.

3 Beschreibe die Versuche von Priestley, die er mit Lebewesen unter einer Glasglocke durchführte. → 1 Gehe auf die Durchführung, Beobachtung und Schlussfolgerung von Priestley ein.

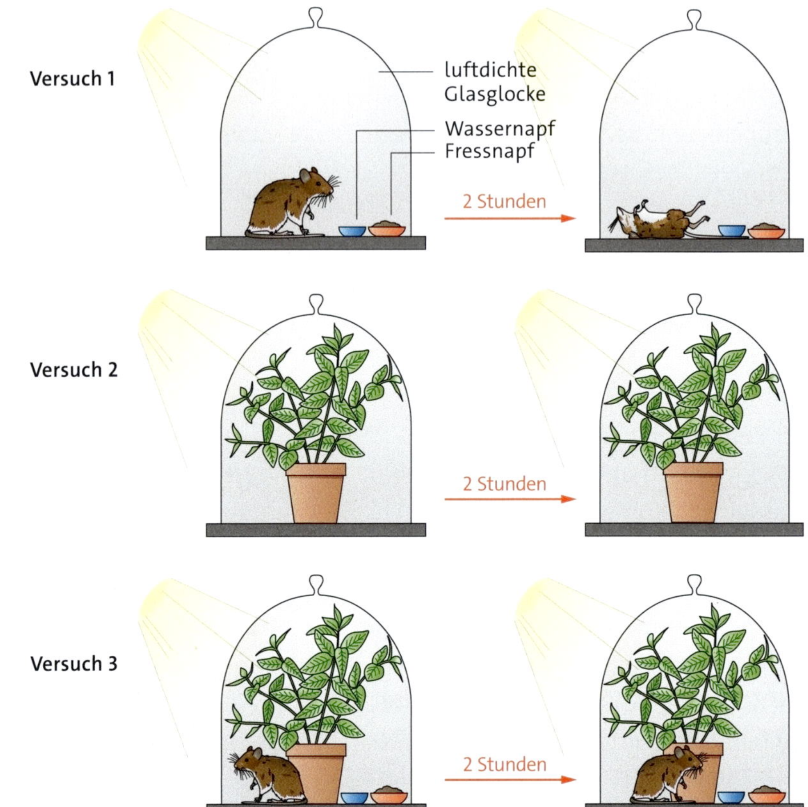

Priestleys Schlussfolgerung: Die Maus „verschlechtert" die Luft und die Pflanze „verbessert" die Luft.

1 Priestleys Versuche mit Lebewesen unter einer Glasglocke

4 Erkläre anhand heutiger Kenntnisse, dass die Maus innerhalb von zwei Stunden gestorben ist, die Pflanze dagegen nicht.

5 Beurteile die Schlussfolgerung von Priestley zum Überleben der Maus mit der Pflanze unter der Glasglocke. → 1

6 Stelle eine Hypothese zu den Ergebnissen auf, wenn man eine brennende Kerze unter die Glasglocke mit der Maus und unter die Glasglocke mit der Pflanze stellt.

7 Stelle eine Hypothese zum Ergebnis auf, wenn der Versuch 3 bei Dunkelheit stattfinden würde.

Material B

Fotosynthese und Licht

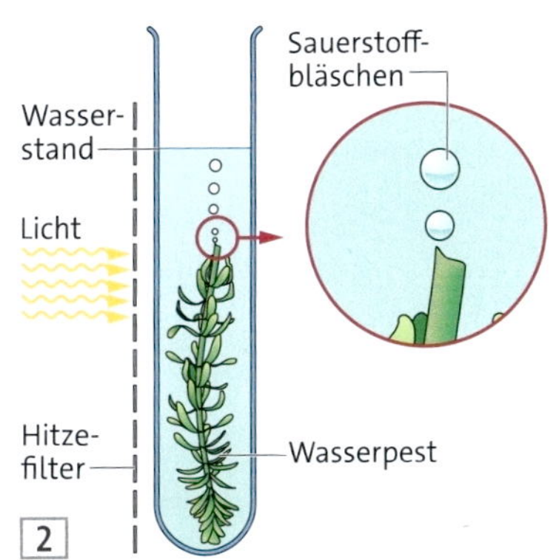

2

In sieben mit Leitungswasser gefüllten Reagenzgläsern wird jeweils eine Sprossachse der Wasserpest „kopfüber" eingesetzt. → 2 Die Sprossachsen haben etwa die gleiche Länge und gleich viele Blätter. Dann wird jedes Reagenzglas mit einer anderen Beleuchtungsstärke belichtet. Dabei werden die abgegebene Sauerstoffbläschen gezählt.

1 Beschreibe den Versuch.

2 Erstelle ein Diagramm mit den Ergebnissen. → 3

3 Beschreibe anhand des Diagramms die Veränderung in der Anzahl der Sauerstoffbläschen in Abhängigkeit von der Beleuchtung.

4 Erkläre das Ergebnis.

Reagenzglas	**1**	**2**	**3**	**4**	**5**	**6**	**7**
Beleuchtungsstärke in lux	200	1000	4000	8000	16000	24000	32000
Sauerstoffbläschen pro Minute	0	0	4	8	12	13	13

3 Versuchsergebnis

Material C

Keimende Erbsen

Gequollene Erbsen werden in ein Glasgefäß gefüllt. → 4 Zudem wird ein Thermometer hineingesteckt. Das Gefäß wird mit feuchter Watte verschlossen und mit Aluminiumfolie umwickelt, um das Licht abzuhalten. Alle zwei Stunden wird die Temperatur notiert.

1 Beschreibe den Versuch.

2 Erstelle ein Diagramm mit den Ergebnissen. → 4

3 Beschreibe anhand des Diagramms die Veränderung der Temperatur im Verlauf der Zeit.

3 Erkläre das Ergebnis.

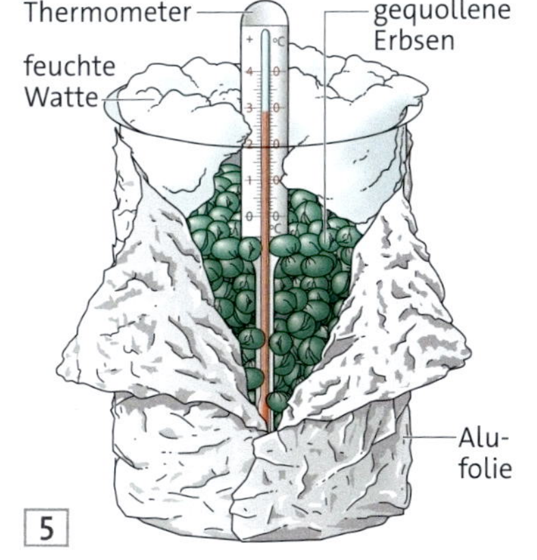

5

Zeit in Stunden	0	2	4	6	8	10	12	14
Temperatur in Grad Celsius	22	23,5	25,4	26	26,8	27,2	27,8	28,4

4 Versuchsergebnis

Stoffkreislauf und Energiefluss im Wald

1 Freunde am Lagerfeuer

An einem Lagerfeuer kann man sich wärmen und Essen grillen. Beim Verbrennen des Holzes wird Energie frei. Wie kam die Energie in das Holz?

Produzenten • Grüne Pflanzen stellen in der Fotosynthese mithilfe der Lichtenergie der Sonne Glukose her und aus der Glukose andere energiereiche Stoffe wie Holz, Stärke und Fette. → 2 Daher bezeichnet man grüne Pflanzen als Erzeuger oder Produzenten. Sie benötigen die Stoffe für Lebensvorgänge wie Keimung und Wachstum.

Kohlenstoffdioxid
Lichtenergie
chemische Energie
Glukose
Holz
Wasser
Sauerstoff

2 Energieumwandlung bei Pflanzen

Die gesamte Masse, aus der eine Pflanze oder ein anderes Lebewesen besteht, wird als Biomasse bezeichnet.

Konsumenten • Tiere und Menschen müssen für die Aufnahme von Energie und für den Aufbau körpereigener Stoffe die Biomasse von anderen Lebewesen als Nahrung aufnehmen. Sie werden deshalb Verbraucher oder auch Konsumenten genannt. Pflanzenfresser sind Konsumenten 1. Ordnung. Sie werden von kleinen Fleischfressern, den Konsumenten 2. Ordnung, gefressen. Große Fleischfresser sind Konsumenten 3. Ordnung. In den Konsumenten wird die aufgenommene Biomasse verdaut und die Energie wird durch den Abbau der Glukose in der Zellatmung freigesetzt. Dazu müssen die Konsumenten Sauerstoff aus der Luft aufnehmen und sie geben Kohlenstoffdioxid, Wasser, Reststoffe und Wärmeenergie dabei ab.

Destruenten • Totes Material wie Falllaub, Kot und Aas wird von Tieren wie Regenwürmern und Asseln zerkleinert. Bakterien und Pilze bauen das Material dann zu Mineralstoffen, Kohlenstoffdioxid und Wasser ab. Man nennt diese Lebewesen Zersetzer oder Destruenten.

Stoffkreislauf • Die Abbaustoffe der Destruenten werden von Produzenten wieder aus dem Boden und der Luft aufgenommen. → 3 So entsteht ein Kreislauf: Pflanzen bauen Biomasse auf, die von anderen Lebewesen als Nahrung aufgenommen wird.

der Produzent
der Konsument
der Destruent
der Stoffkreislauf
der Energiefluss

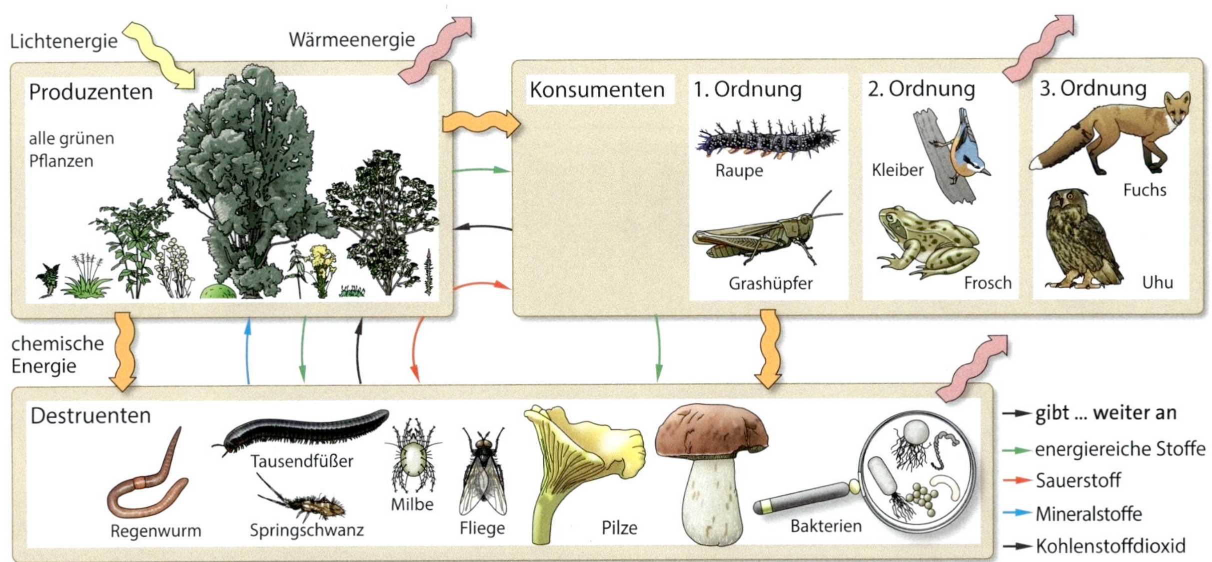

3 Stoffkreislauf und Energiefluss im Wald

Tote Biomasse wird zu Stoffen zersetzt, die den Pflanzen wieder zum Aufbau neuer Biomasse zur Verfügung stehen. Man spricht dabei vom Stoffkreislauf.

Energiefluss • Die Sonne liefert große Mengen an Energie. Grüne Pflanzen wandeln einen Teil der Lichtenergie in chemische Energie um. Die chemische Energie wird in Form von Biomasse über die Nahrungskette von Stufe zu Stufe weitergegeben. → 3 Man spricht dabei von einem Energiefluss. In jedem Lebewesen wird allerdings nur ein Teil der aufgenommenen Energie in neue Biomasse umgewandelt. Ein großer Teil der Energie wird für Lebensvorgänge wie die Verdauung genutzt und der Rest wird ausgeschieden oder als Wärmeenergie an die Umgebung abgegeben. Den Konsumenten und Destruenten steht daher von Stufe zu Stufe weniger Energie zur Verfügung.

Pflanzen stellen als Produzenten energiereiche Stoffe her. Sie werden von Konsumenten mit der Nahrung aufgenommen. Destruenten bauen tote Biomasse zu Mineralstoffen und Kohlenstoffdioxid ab. Beides wird wieder von Pflanzen aufgenommen. Mit der Biomasse wird Energie über die Nahrungskette weitergegeben.

Aufgaben

1 ◩ Erkläre die Begriffe Produzenten, Konsumenten und Destruenten.

2 ⊠ Beschreibe den Stoffkreislauf. → 3

3 ⊠ Beschreibe den Energiefluss entlang der Nahrungskette. → 3

4 ⊠ Beurteile die Aussage: „Ohne Pflanzen kein Leben!“

Stoffkreislauf und Energiefluss im Wald

Material A

Stoffkreislauf

1 ◩ Ordne den Zahlen 1–5 die passenden Fachbegriffe zu.

2 ◩ Erkläre die Weitergabe von Biomasse, Sauerstoff und Kohlenstoffdioxid. Nutze dein Wissen zur Fotosynthese und Zellatmung.

3 ⊠ Erläutere die möglichen Folgen, wenn in einem Wald keine Destruenten vorhanden wären.

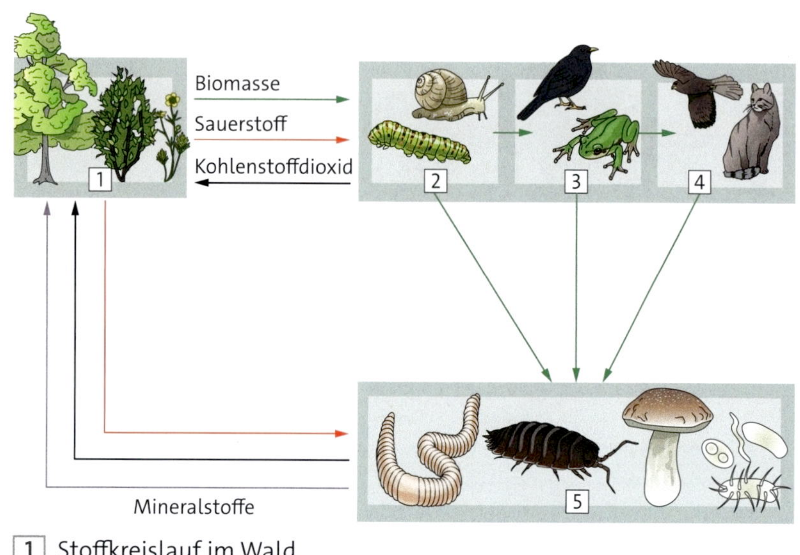

1 Stoffkreislauf im Wald

Material B

Nahrungspyramide

Die Biomasse und die Anzahl der Lebewesen im Ökosystem nimmt von den Produzenten bis zu den Konsumenten 3. Ordnung ab. Dies kann man mit einer Pyramide darstellen.

1 ◩ Beschreibe den Aufbau der Pyramide. → 2

2 ◩ Beschreibe, wie die verschiedenen Gruppen voneinander abhängen.

3 ⊠ Erläutere die Abnahme der Biomasse und Anzahl der Lebewesen.

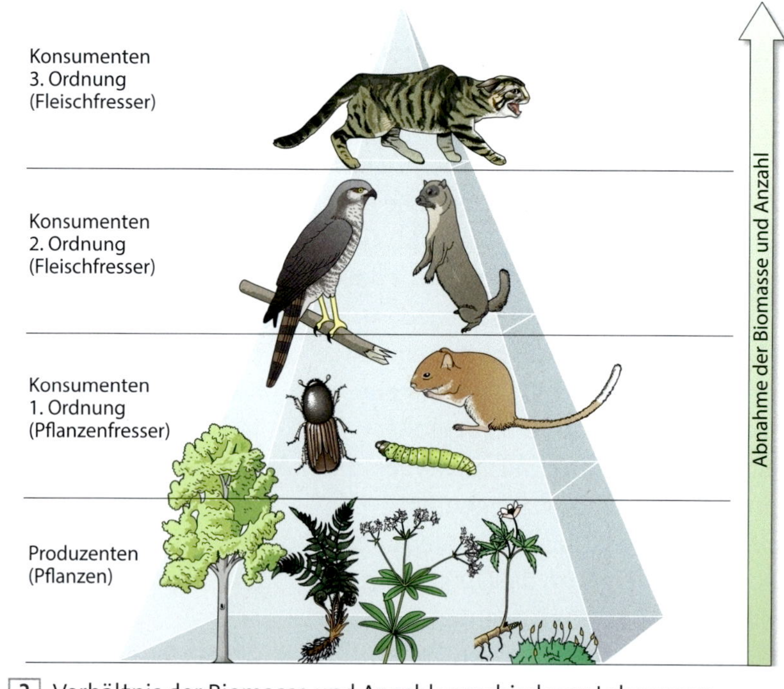

2 Verhältnis der Biomasse und Anzahl verschiedener Lebewesen

Material C

Energiefluss

1 ☒ Beschreibe die Nahrungskette. → 3

2 ☒ Beschreibe den Vorgang der Energieumwandlung, der in Pflanzen wie einer Eiche abläuft.

3 ☒ Erkläre den Zusammenhang zwischen der Weitergabe von Biomasse und Energie.

4 ☒ Erläutere den Energiefluss am Beispiel dieser Nahrungskette.

5 ☒ Erkläre, inwiefern der Energiefluss mit einer Einbahnstraße vergleichbar ist.

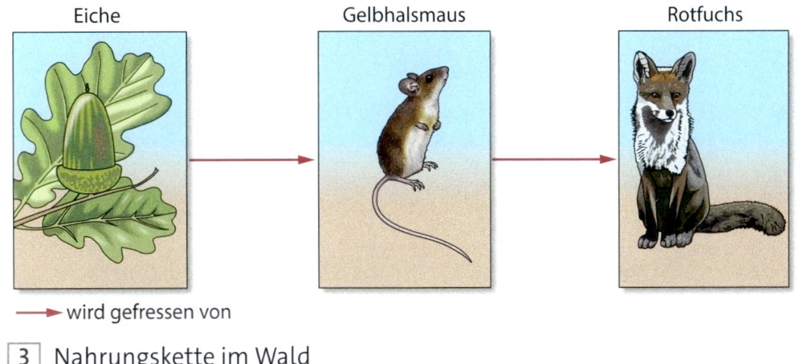

3 Nahrungskette im Wald

Material D

Der Mensch hat Einfluss

Der Mensch nimmt durch sein Handeln großen Einfluss auf den Stoffkreislauf und daher auch auf den Energiefluss im Wald. → 4 Welche Folgen hat das für die Lebewesen und wie könnte man entgegenwirken?

1 ☒ Beschreibe anhand von Bild 4, wie der Mensch in das Ökosystem Wald eingreift.

2 ☒ Beurteile, wie sich die menschlichen Eingriffe jeweils auf den Stoffkreislauf im Wald auswirken.

3 ☒ Leite aus deiner Antwort zu Aufgabe 2 ab, wie sich die menschlichen Eingriffe auf den Energiefluss im Wald auswirken.

4 ☒ Ermittle Maßnahmen, die den Auswirkungen des Menschen entgegenwirken.

4 Eingriffe des Menschen im Wald

Energie-Entwertung

1 Erlegtes Wildschwein

Das Wildschwein gehört zu den am häufigsten gejagten Tieren im Wald. Es kann ein Gewicht von bis zu 190 Kilogramm erreichen. Dafür muss es etwa 1900 Kilogramm Gräser, Kräuter, Würmer, Schnecken und Aas fressen. Warum ist das so?

Energie-Entwertung • Pflanzen wandeln nur 10 Prozent der aufgenommenen Lichtenergie in chemische Energie um, die in ihrer Biomasse enthalten ist. Frisst ein Wildschwein eine Pflanze, nutzt es ebenfalls nur 10 Prozent der Energie zum Aufbau eigener Biomasse. Die restliche Energie wird für Lebensvorgänge genutzt, ausgeschieden oder als Wärmeenergie abgegeben. Der Großteil der Energie wird also nicht an die nächste Stufe der Nahrungskette weitergegeben. Stattdessen nimmt die nutzbare Energie der Biomasse von Stufe zu Stufe ab. Man spricht dabei von Energie-Entwertung.

Die Biomasse des Wildschweins mit der darin enthaltenen Energie steht der nächsten Stufe der Nahrungskette zur Verfügung, zum Beispiel dem Wolf, dem Luchs oder auch dem Menschen.

Fleischproduktion • Um unsere große Nachfrage nach Fleisch zu befriedigen, werden unzählige Nutztiere gehalten. Sie müssen zum Aufbau von Biomasse eine vielfache Menge an pflanzlicher Biomasse aufnehmen, da nur ein Teil der darin enthaltenen Energie umgewandelt wird. Zum Beispiel werden für die Produktion von 1 Kilogramm Rindfleisch ungefähr 9 Kilogramm Getreide sowie Soja und Raps verfüttert. Etwa die Hälfte des weltweit produzierten Getreides wird jedes Jahr als Futter für Nutztiere verbraucht. Um den großen Bedarf zu decken, wird das Getreide auf riesigen Ackerflächen angebaut, die sich oft in Entwicklungsländern befinden. Dort leiden viele Menschen an Hunger, weil die Ackerflächen nicht für den Anbau eigener Nahrungsmittel zur Verfügung stehen. Weitere Probleme der Fleischproduktion sind der hohe Wasserverbrauch und die Entsorgung der tierischen Ausscheidungen.

Nur ein Teil der mit der Nahrung aufgenommenen Energie wird für den Aufbau neuer Biomasse genutzt.

Aufgabe

1 ☒ Erläutere den Begriff Energie-Entwertung an einem Beispiel.

Material A

Zehn-Prozent-Regel

Wenn ein Tier ein anderes Lebewesen frisst, nimmt es nur 10 Prozent der Energie auf, die dieses Lebewesen zuvor aufgenommen hat, da nur dieser Teil in der Biomasse enthalten ist. 90 Prozent der Energie wurden in Lebensvorgängen verbraucht oder ausgeschieden. Dieser Anteil wird nicht weitergegeben.

1 ◩ Beschreibe die in Bild 2 gezeigte Nahrungskette und den Energiefluss.

2 ⊠ Erkläre, was man im Zusammenhang mit dem Energiefluss mit der Zehn-Prozent-Regel meint.

3 ⊠ Begründe, dass es sich bei dem Energiefluss nicht um einen Kreislauf handelt.

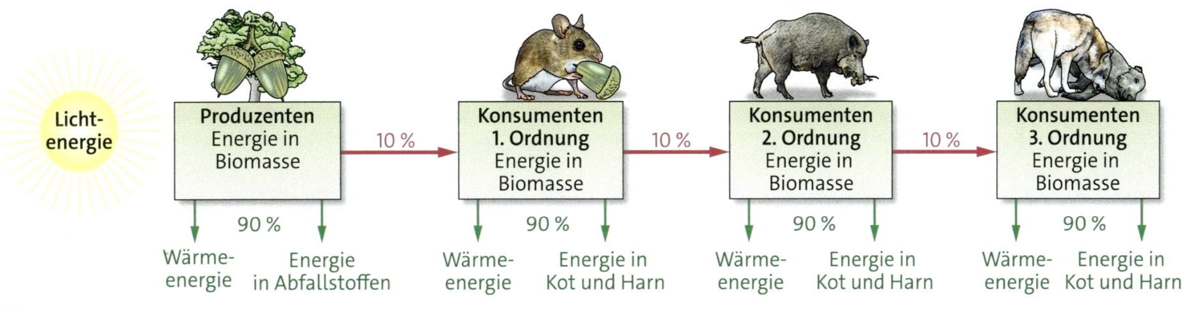

2 Nahrungskette und Energiefluss

Material B

Futterpflanzen und Fleisch

1 ◩ Beschreibe die Nahrungspyramide in Bild 3.

2 ⊠ Vergleiche die Mengen an produziertem Fleisch und verbrauchtem Getreide.

3 ⊠ Begründe, ob mit dem Fleisch oder dem Getreide mehr Menschen satt werden.

4 ⊠ Beurteile die Fleischproduktion im Hinblick auf die Energie-Entwertung.

3 Nahrungspyramide

Bedeutung und Gefährdung des Waldes

1 Wandern im Wald

2 Waldschäden

Ein Wald ist nicht nur ein Lebensraum für Pflanzen und Tiere. Er wird auch von Menschen zur Erholung aufgesucht und wirtschaftlich genutzt. Welche Folgen hat das für den Wald?

Erholung • Joggen, wandern, Mountainbike fahren, Pilze oder Beeren sammeln, Vögel beobachten, reiten oder mit dem Hund spazieren gehen – viele Menschen gehen im Wald ihren Hobbys nach. → 1 Andere wollen einfach nur die Ruhe, die saubere Luft oder die Natur genießen. Gemeinsam haben sie alle ein Ziel: dem Alltag entfliehen und sich entspannen. Dem Wald kommt dadurch eine wichtige Erholungsfunktion zu.

Forstwirtschaft • Wälder sind auch von großer wirtschaftlicher Bedeutung. Holz ist ein wichtiger Rohstoff, der unter anderem als Brennstoff, als Baustoff und für die Herstellung von Möbeln und Papier genutzt wird. In Deutschland arbeiten mehr als eine Millionen Menschen in der Forstwirtschaft und in Betrieben, die Holz verarbeiten. So schafft der Wald Arbeitsplätze. Durch das Abholzen großer Baumbestände und das Anpflanzen anderer Baumarten werden jedoch weltweit viele Wälder gestört.

Luftqualität • So wie alle grünen Pflanzen produzieren die Bäume im Wald Sauerstoff. Gleichzeitig binden sie Kohlenstoffdioxid, das in großen Mengen durch die Verbrennung von Brennstoffen wie Kohle und Benzin gebildet wird, sowie Staub und Abgase. → 3 Das verbessert die Luftqualität.

der Wetterschaden
der Schädling

Wasserhaushalt • Nach Regenfällen gelangt das Wasser über Blätter, Äste und Stämme zum Waldboden. Dieser speichert genau wie die Moospolster große Mengen Wasser und verhindert so Überschwemmungen. → 3 Durch die Verdunstung von Wasser aus den Wäldern wird wiederum die Luftfeuchtigkeit erhöht. Der Waldboden wirkt außerdem wie ein Filter und reinigt das Wasser von Schadstoffen, während es versickert. So fördern Wälder die Qualität des Trinkwassers.

Schutzfunktionen • Die Pflanzen des Waldes halten mit ihren Wurzeln den Boden fest. Dadurch wird er auch bei starkem Regen nicht weggespült. Der Wind wird von Wäldern ausgebremst, wodurch Sturmschäden verhindert werden können. In Gebirgen schützen Wälder die Bergdörfer vor Lawinen. Wälder vermindern zudem die Übertragung von Lärm. → 3

Wetterschäden • Neben massiven Eingriffen durch den Menschen sind für die Schädigung von Bäumen häufig extreme Wetterlagen verantwortlich. Frost und Hitze bewirken den Verlust von Laubblättern, Nadeln, Blüten und Früchten. Durch anhaltende Dürre oder Überflutungen können Bäume absterben. Stürme und Waldbrände können große Waldflächen schädigen oder vernichten. → 2 Sturmschäden betreffen besonders Forste, in denen großflächig Nadelbäume angepflanzt wurden, da diese nur flach mit ihren Wurzeln im Boden verankert sind.

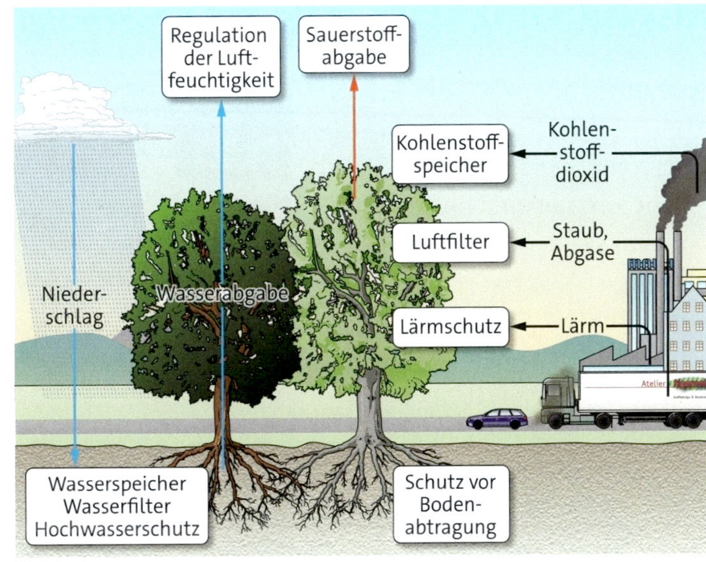

3 Funktionen des Waldes

Schädlinge • Auch Schädlinge sind eine Gefahr für Wälder. Kranke und verletzte Bäume können von Borkenkäfern befallen werden, die Gänge in den Stamm fressen und dort ihre Eier ablegen. → 4 5 Die Raupen vieler Schmetterlinge fressen junge Laubblätter. Sie können große Gebiete kahl fressen. Auch Pilze können zum Baumsterben führen.

4 Borkenkäfer

Der Wald bietet einen Lebensraum, Erholung und Holz. Er reinigt die Luft, speichert Wasser und schützt vor Bodenabtragung und Lärm. Er kann durch extreme Wetterlagen und Schädlinge gefährdet werden.

5 Borkenkäferbefall

Aufgabe

1 Beschreibe mithilfe von Bild 3 die Funktionen des Waldes.

Bedeutung und Gefährdung des Waldes

Material A

Nutzungsansprüche

1 Nenne verschiedene Nutzungsansprüche an einen Wald. → 1 – 4

2 Ermittelt, wofür ihr den Wald am meisten nutzt. Notiert dafür verschiedene Zwecke an der Tafel und fragt dann ab, wer den Wald für die Zwecke nutzt.

3 Erläutere an einem Beispiel, dass unterschiedliche Nutzungsansprüche zum Konflikt führen können.

1

2

3

4

Material B

Bodenabtragung

1 Beschreibe anhand der Tabelle den Zusammenhang zwischen der Bodenbedeckung und der Bodenabtragung.

2 Erkläre, warum eine hohe Bodenbedeckung durch den Bewuchs mit Pflanzen die Bodenabtragung verhindert.

3 Beurteile, welche Risiken das Abholzen von Wäldern für den Bau von Skipisten in Gebirgen hat.

	Bodenbedeckung durch Bewuchs	Bodenabtragung durch Wasser
naturnaher Mischwald	> 70 %	< 1 %
Maisfeld	50 %	25 %
offene Fläche ohne Pflanzen	0 %	45 %

5 Bodenbedeckung und Bodenabtragung

6 Weggespülter Boden auf einem Feld

Material C

Waldschäden

An den Baumkronen erkennt man, ob und wie stark Bäume geschädigt sind.

1 Beschreibe anhand der Tabelle die verschiedenen Schadstufen. → 9

2 Erläutere, welche Auswirkungen der Verlust an Nadeln oder Laubblättern auf einen Baum hat.

3 Bild 7 zeigt die Anteile der Schadstufen aller Bäume in NRW in den Jahren 1985 und 2018.
Werte die Diagramme aus und beschreibe die Entwicklung.

4 Beschreibe, wie sich der durchschnittliche Verlust an Nadeln und Laubblättern aller Bäume in NRW seit 1985 entwickelt hat. → 8

5 Der Zustand der Wälder in NRW ist auf ganz Deutschland übertragbar.
Stelle Vermutungen zu den Ursachen der zunehmenden Waldschäden an.

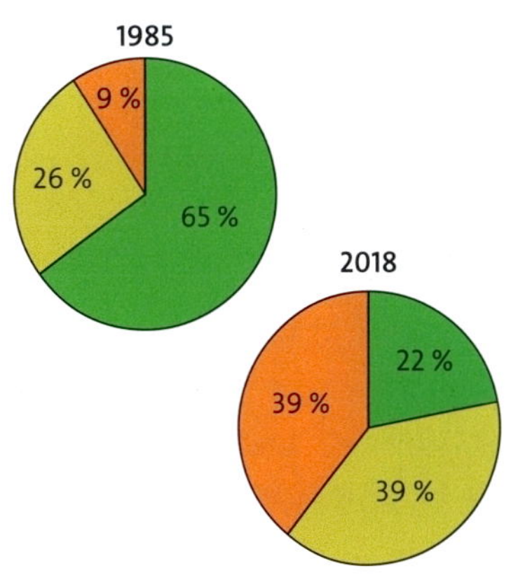

7 Schadstufen in NRW

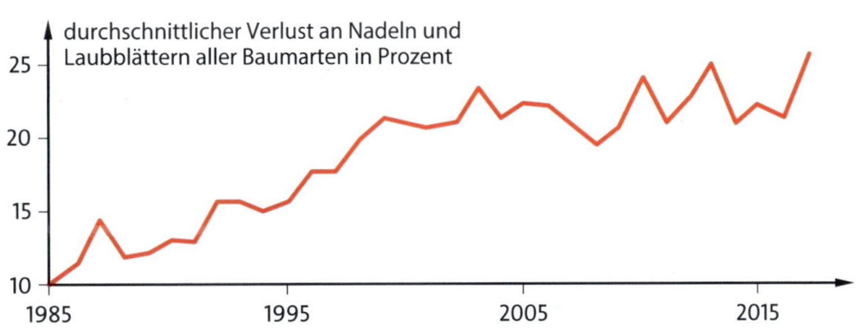

8 Durchschnittlicher Verlust an Nadeln und Laubblättern in NRW

Zustand der Baumkrone					
Verlust an Nadeln	0–10 %	11–25 %	26–60 %	61–99 %	100 %
Schadstufe	ohne Schaden 0	schwach geschädigt 1	mittelstark geschädigt 2	stark geschädigt 3	abgestorben 4

9 Schadstufen am Beispiel der Fichte

Vielfalt der Gewässer

1 Verschiedene Gewässer: **A** See, **B** Fluss, **C** Meer

Beim Begriff Gewässer denkst du bestimmt an einen See, einen Fluss oder an das Meer. Wodurch unterscheiden sich diese Gewässer?

Stehende Gewässer • Ein See wird als stehendes Gewässer bezeichnet. Bei diesen Gewässern weist das Wasser keine Fließbewegung auf. Auch Teiche, Pfützen, Tümpel und Weiher zählen zu diesem Gewässertyp. Die stehenden Gewässer erhalten ihr Wasser durch den Regen oder durch Flüsse. Manche Seen sind wichtige Trinkwasserspeicher oder werden zur Energiegewinnung genutzt. Sie sind oft künstlich angelegt.

Fließgewässer • Flüsse und Bäche sind natürlich entstandene Fließgewässer. Bei diesen Gewässern fließt das Wasser in eine Richtung. Fließgewässer tragen zur Trinkwasserversorgung bei und dienen als Transportwege für Schiffe. Um Fließgewässer zu vernetzen und den Transport zu erleichtern, werden künstliche Wasserwege angelegt, die man als Kanäle bezeichnet.

Süßwasser und Salzwasser • Die Meere bedecken den größten Teil der Erdoberfläche. Sie enthalten Salzwasser. Dagegen enthalten die Gewässer des Festlands Süßwasser.

Seen sind stehende Gewässer. Sie werden oft als Trinkwasserspeicher und zur Energiegewinnung genutzt. Flüsse sind Fließgewässer, die oft der Trinkwasserversorgung und als Transportwege dienen.

Aufgabe

1 Vergleiche die Eigenschaften eines Sees und eines Flusses.

das stehende Gewässer
das Fließgewässer

Material A

Vielfalt und Nutzung

Gewässer sind fast überall auf der Welt in vielfältigen Formen vorhanden. Viele Gewässer sind natürlich entstanden. Oft greift aber auch der Mensch in die Umwelt ein und legt künstliche Gewässer an.
Die Bilder 2–9 zeigen unterschiedliche Gewässer und Möglichkeiten, wie sie vom Menschen genutzt werden.

1 ◪ Ordne den Gewässern die Bezeichnungen „stehende Gewässer" oder „Fließgewässer" zu. Begründe deine Zuordnung.

2 ⊠ Beurteile, welche der Gewässer natürlich entstanden sind und welche künstlich angelegt wurden.

3 ⊠ Beschreibe, für welche unterschiedlichen Zwecke die Gewässer von Menschen genutzt werden.

4 ⊠ Finde eine Erklärung dafür, dass es viele Menschen im Urlaub oder in der Freizeit ans Wasser zieht. Du kannst auch deine eigenen Gefühle berücksichtigen oder jemanden fragen, dem es so geht.

Gewässer sind Ökosysteme

1 Ausblick auf einen See

An einem See sieht man verschiedene Pflanzen und Tiere. Man spürt den Wind und die Sonne. Wie beeinflussen sich diese Faktoren gegenseitig?

Umweltfaktoren • Die Stockente sucht im Wasser nach Nahrung. Sie legt ihre Eier versteckt am Boden zwischen den Pflanzen des Ufers ab. Das Überleben einer Stockente wird durch das Vorhandensein oder Fehlen von Nahrung und Verstecken sowie die Temperatur und Sauberkeit des Wassers beeinflusst. Solche Faktoren, die das Überleben eines Lebewesens beeinflussen, bezeichnet man als Umweltfaktoren.

Lebensraum • Stockenten leben an stehenden und fließenden Gewässern. Sie suchen tagsüber Nahrung. Nachts ruhen sie am Ufer. Die Strömung und das Tageslicht sind Umweltfaktoren. Da diese nicht lebendig sind, spricht man von abiotischen (nicht lebenden) Umweltfaktoren. Alle abiotischen Umweltfaktoren an einem Gewässer ergeben zusammen den Lebensraum. Dieser wird auch als Biotop bezeichnet.

Lebensgemeinschaft • Frösche sitzen am Ufer und fangen Insekten. Libellen fliegen über das Wasser und grenzen ihr Revier ab. Jedes Lebewesen wird von anderen Lebewesen beeinflusst. Daher sind Lebewesen auch Umweltfaktoren. Weil sie lebendig sind, nennt man sie biotische (lebende) Umweltfaktoren. Alle Lebewesen, die im selben Lebensraum vorkommen, bilden eine Lebensgemeinschaft. Man sagt dazu auch Biozönose.

Ökosystem • Im Wasser herrschen ganz andere abiotische Umweltfaktoren als am Ufer. Zum Beispiel ist der Boden am Ufer Sonne und Wind mehr ausgesetzt als der Seeboden. An Land findet man auch andere Pflanzen und Tiere als im Wasser. Man findet hier Heuschrecken, aber keine Fische. Die Umweltfaktoren beeinflussen sich also gegenseitig und jedes Biotop enthält eine bestimmte Biozönose. Die Einheit aus einem Biotop und der dort lebenden Biozönose heißt Ökosystem. Alle Ökosysteme der Welt bilden zusammen die Biosphäre.

Ein Ökosystem ist die Einheit aus einem Biotop und der Biozönose.

Basiskonzept

System
→ Umschlag hinten
Das Ökosystem Gewässer ist eine Einheit aus dem Lebensraum und der Lebensgemeinschaft. Die Bestandteile des Ökosystems beeinflussen sich gegenseitig.

Aufgabe

1 Erkläre, was Umweltfaktoren sind.

der Umweltfaktor
das Biotop
die Biozönose
das Ökosystem
die Biosphäre

Material A

Biotop, Biozönose und Ökosystem

1 ◩ Nenne abiotische und biotische Umweltfaktoren, die in den Bildern 2–7 zu sehen sind.

2 ⊠ Erläutere mithilfe der Beispiele aus den Bildern 2–7 die Begriffe Biotop und Biozönose.

3 ⊠ Erkläre, warum ein See ein Ökosystem ist.

Material B

Untersuchung abiotischer Umweltfaktoren

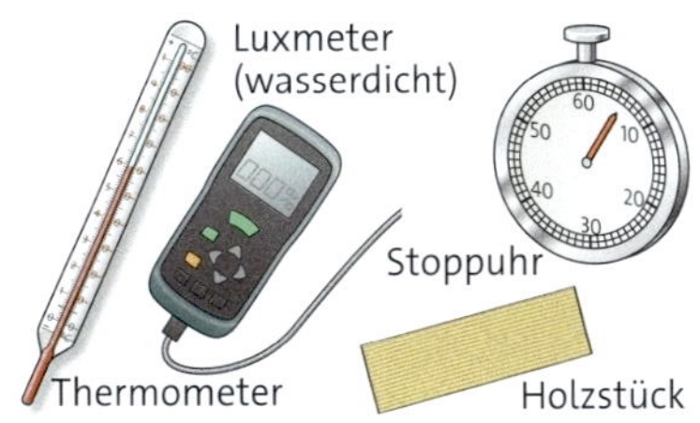

8 Geräte

Um die Lebensbedingungen im Ökosystem zu beurteilen, misst man die abiotischen Umweltfaktoren. Dabei ist es sinnvoll, an mehreren Stellen zu messen und dann die Ergebnisse zu vergleichen. Tipp: Wenn man ein Gewässer untersucht, sollte man Gummistiefel tragen.

1 Miss an drei Stellen des Gewässers die Temperatur des Wassers mit einem Thermometer. → 8 Halte es immer gleich tief ins Wasser. Warte drei Minuten, bevor du die Werte abliest. Notiere sie.

2 Miss an den drei Stellen mit einem wasserdichten Luxmeter die Lichtstärke. → 8 Miss die Lichtstärke jeweils in drei verschiedenen Tiefen, damit du die Veränderung feststellen kannst. Du kannst die Werte sofort ablesen. Notiere sie dir.

3 An einem Fluss oder Bach kannst du auch die Fließgeschwindigkeit messen. Lasse dazu ein Holzstück über eine festgelegte Strecke treiben und miss die Zeit mit der Stoppuhr. → 8 Notiere die Fließgeschwindigkeit als Meter pro Sekunde.

4 ◩ Stelle deine Messwerte in einer Tabelle dar.

5 ⊠ Beschreibe die Ergebnisse.

6 ⊠ Stelle Vermutungen an, wie die untersuchten Umweltfaktoren die Tiere und Pflanzen beeinflussen.

Zonen des Sees

1 Ufer eines Sees

Geht man an einem naturnahen See über einen Steg, entdeckt man mit zunehmender Entfernung zum Ufer immer andere Pflanzen neben dem Steg. Warum wachsen viele Pflanzen nur an bestimmten Stellen im See und welche Unterschiede gibt es noch?

Ökosystem See • Zum Lebensraum See gehören das Ufer, der Seeboden und das Freiwasser. Untersucht man die abiotischen Umweltfaktoren in unterschiedlichen Wassertiefen eines Sees, kann man Veränderungen feststellen. → 2 Je tiefer man in das Wasser eintaucht, desto weniger Sonnenlicht fällt ein. Das Wasser wird kälter und meistens nimmt auch der Sauerstoffgehalt des Wassers ab, weil für die Pflanzen nicht genügend Licht für die Fotosynthese zur Verfügung steht. Diese Unterschiede in den abiotischen Umweltfaktoren führen zu unterschiedliche Lebensbedingungen für Pflanzen und Tiere. Deshalb unterscheidet man bei einem See mehrere Zonen, in denen jeweils Pflanzen und Tiere vorkommen, die an die Umweltfaktoren angepasst sind.

Zonen des Sees • Die verschiedenen Zonen des Sees sind nach den Pflanzen benannt, die dort wachsen. → 3 In der Bruchwaldzone wachsen Bäume, die an den feuchteren Boden angepasst sind, zum Beispiel Weiden und Erlen. Daran grenzen die Seggenzone und die Röhrichtzone an. Hier findet man Pflanzen, deren Halme teilweise unter Wasser wachsen. Sie sind sehr biegsam und werden so nicht durch Wind und Wellen beschädigt.

die Bruchwaldzone
die Schwimmblattzone
die Tauchblattzone
die Freiwasserzone

In der nachfolgenden Schwimmblattzone wachsen Pflanzen wie Seerosen, deren Blätter auf der Oberfläche des Wassers schwimmen. Die Pflanzen sind mit den Wurzeln im Seeboden verankert. Mit zunehmender Wassertiefe folgt die Tauchblattzone mit Pflanzen wie der Wasserpest, die komplett unter Wasser wachsen. Die Freiwasserzone ist zu tief für das Wachstum von Pflanzen, da nur wenig Licht bis zum Seeboden vordringt. Hier findet man nur Algen, die nicht im Seeboden verwurzelt sind, sondern frei im Wasser treiben.

Tiere in den Zonen des Sees • Der See und sein Ufer bietet auch für Tiere einen vielfältigen Lebensraum. In den ufernahen Zonen leben viele Vögel, die zwischen den Pflanzen Verstecke und Brutplätze finden. Im Wasser der ufernahen Zonen ist eine große Vielfalt an Tieren zu finden, zum Beispiel Insekten und ihre Larven, Schnecken, Würmer, Krebse, Frösche und Molche. Auf der Wasseroberfläche leben nur wenige Tiere. Neben Wasservögeln wie Enten entdeckt man hier vor allem bestimmte Insekten, die Wasserläufer. Im weiter vom Ufer entfernten Freiwasser schwimmen Fische.

Der See wird in verschiedene Zonen unterteilt. Diese unterscheiden sich durch abiotische Umweltfaktoren wie Sonnenlicht, Temperatur und Sauerstoffgehalt des Wassers sowie durch das Vorkommen von Pflanzen und Tieren.

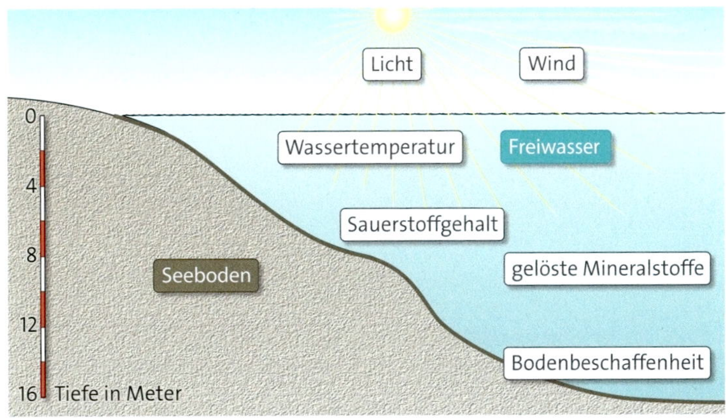

2 Verschiedene Umweltfaktoren am und im See

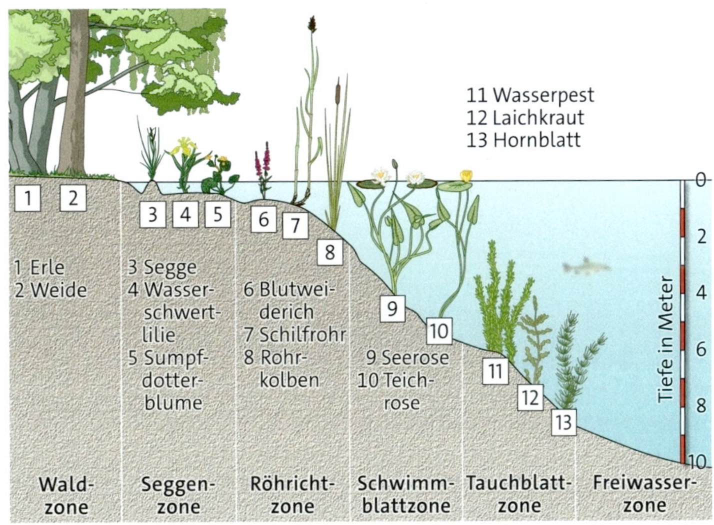

3 Zonen des Sees

Aufgaben

1 Beschreibe die Bedingungen in den verschiedenen Zonen des Sees und die Pflanzen, die dort wachsen.

2 Stelle Vermutungen an, wie sich der Sauerstoffgehalt des Wassers und das Licht auf einen Fisch und auf eine Seerose auswirken.

Zonen des Sees

Material A

Zonen eines Sees

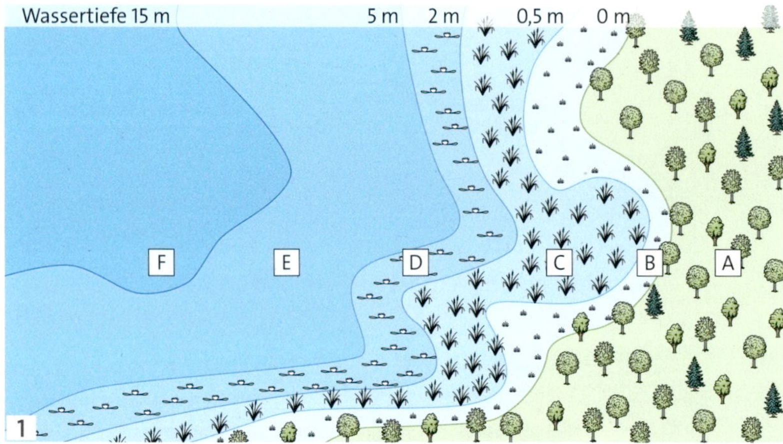

1

1 Nenne die Fachbegriffe für die Zonen A bis F. → 1

2 Ordne die Bilder 2 und 3 begründet den Zonen zu.

3 Vergleiche die Umweltfaktoren Licht und Sauerstoffgehalt des Wassers in den Zonen B und E.

4 Erkläre den Zusammenhang zwischen Licht und Sauerstoffgehalt im Wasser.

2

3

Material B

Nester von Vögeln

Am Wasser brüten viele Vögel. Ihre Eier müssen vor Nässe geschützt sein. Doch vor allem bei kleineren Gewässern kann der Wasserstand schwanken.

1 Betrachte die beiden Nester. → 4 5

a Beschreibe die Nester.

b Begründe, in welcher Zone die Vögel jeweils brüten.

c Erkläre, wie die Eier vor Nässe geschützt sind.

2 Beurteile, welche Vorteile die Nester noch bieten.

4 Nest eines Teichrohrsängers

5 Nest eines Haubentauchers

Material C

6 Blätter: **A** Schwimmblattpflanze (Seerose), **B** Unterwasserpflanze (Wasserpest), **C** Landpflanze (Buche)

Angepasstheiten von Pflanzen

1 ◩ Nenne die Zonen eines Sees, in denen Seerosen und die Wasserpest vorkommen.

2 ⊠ Vergleiche die Laubblätter A–C im Hinblick auf die Spaltöffnungen, die Kutikula und die Hohlräume.

3 ⊠ Erläutere die Funktion der Hohlräume im Seerosenblatt.

4 Die Blättchen der Wasserpest sind sehr dünn und haben keine Kutikula.
⊠ Erkläre die Vorteile dieser Angepasstheiten.

5 Die Spaltöffnungen befinden sich beim Seerosenblatt auf der Oberseite, beim Buchenblatt dagegen auf der Unterseite.
⊠ Erkläre die Vorteile dieser Angepasstheiten.

Spaltöffnungen In Blättern von Land- und Schwimmblattpflanzen befinden sich kleine Löcher, die Spaltöffnungen. Über sie nimmt die Pflanze Kohlenstoffdioxid für die Fotosynthese auf und gibt Sauerstoff ab. Eine Wachsschicht, die Kutikula, schützt die Pflanze vor Wasserverlust durch Verdunstung. Die Wasserpest kann durch ihre dünnen Blättchen Gase aus dem Wasser aufnehmen und an das Wasser abgeben.

Nahrungsbeziehungen im See

1 Ein Blässhuhn fängt einen Fisch.

Das Blässhuhn lebt an flachen stehenden Gewässern. Es ernährt sich von Pflanzen, Muscheln und Insekten. Außerdem jagt es kleinere Fische. Welche Nahrungsbeziehungen gibt es zwischen den Lebewesen im See?

Das Blässhuhn – ein Allesfresser • Das Blässhuhn hat besondere Ansprüche an seinen Lebensraum: Es brütet nur an Gewässern mit einer ausgeprägten Röhrichtzone und ernährt sich von Pflanzen wie Schilf. Es nimmt aber auch Insektenlarven sowie pflanzliche und tierische Mikroorganismen auf, indem es mit geöffnetem Schnabel durch den Schlamm am Gewässerboden zieht. Man nennt dies Gründeln. Bei geschlossenem Schnabel wird das Wasser hinausgedrückt. Dabei bleibt die Nahrung wie in einem Sieb hängen und wird dann verschluckt.

Räuber und Beute • Das Blässhuhn jagt auch kleine Fische. → 1 In dieser Beziehung sind die Blässhühner die Räuber und die Fische die Beute. Es gibt einen Zusammenhang zwischen dem Vorkommen von Räubern und Beute im Ökosystem, der sich vereinfacht so erklären lässt: Je mehr kleine Fische in einem See leben, desto größer ist das Nahrungsangebot für die Blässhühner. Diese vermehren sich dann. Gibt es mehr Blässhühner, die Fische jagen, sinkt die Anzahl der Fische im See. Das Nahrungsangebot wird somit kleiner und weniger Blässhühner finden ausreichend Nahrung. Als Folge nimmt die Anzahl der Blässhühner ab. Dann vermehren sich die Fische wieder stärker.

Plankton • Im See leben viele Lebewesen, die man mit bloßem Auge kaum erkennt, da sie mikroskopisch klein sind. Sie schweben im Wasser und werden von der Strömung bewegt.

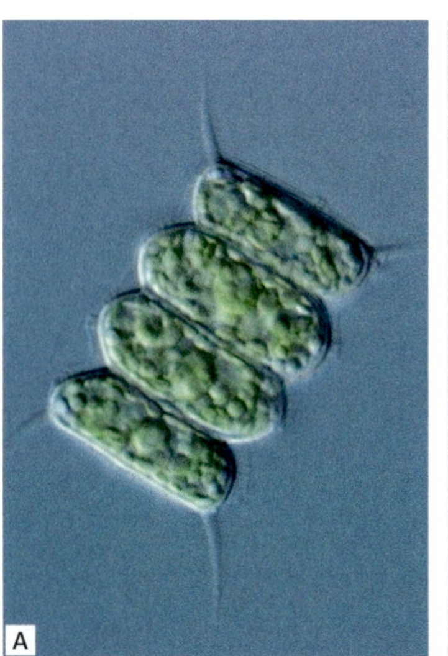

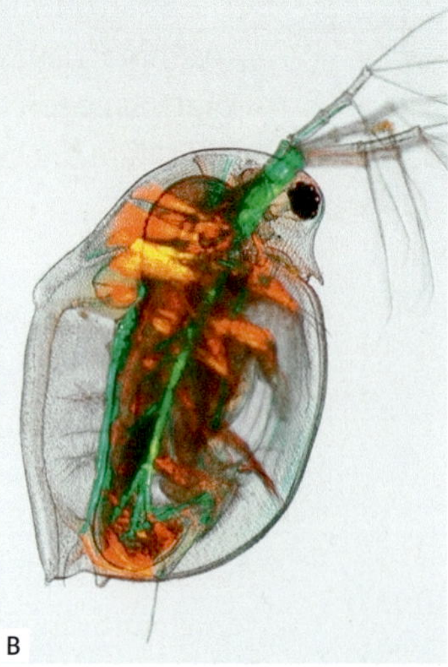

2 Plankton: **A** Gürtelalge, **B** Wasserfloh

der Räuber
die Beute
das Plankton
die Nahrungskette
das Nahrungsnetz

Man nennt sie Plankton (griech.: das Umhergetriebene). → 2 Es gibt sowohl pflanzliches als auch tierisches Plankton. Heute sind über 40 000 Arten bekannt. Plankton kann sich in einem Gewässer sehr stark vermehren.

Nahrungsnetz • Wasserpflanzen und pflanzliches Plankton sind die Nahrungsgrundlage für pflanzenfressende Insekten und tierisches Plankton wie dem Wasserfloh. → 3 Diese werden von kleinen Fleischfressern wie Blässhühnern gefressen, die wiederum von größeren Fleischfressern wie Hechten gefressen werden. Solche Nahrungsbeziehungen, bei denen ein Lebewesen die Nahrung für ein anderes Lebewesen ist, nennt man Nahrungskette.
Eine einzelne Nahrungskette ist aber nur ein Ausschnitt der Wirklichkeit. Die meisten Tiere nutzen nicht nur eine Nahrungsquelle. Blässhühner fressen nicht nur Fische, sondern auch Pflanzen und andere Tiere und sie selbst zählen zur Beute von Raubvögeln und Raubfischen. → 3 Daher sind die Nahrungsketten im Ökosystem an vielen Stellen zu einem Nahrungsnetz verknüpft.

Konkurrenz • Oft nutzen mehrere Lebewesen die gleichen Nahrungsquellen. Da das Angebot an Nahrung begrenzt ist, stehen die Lebewesen in Konkurrenz. Der Graureiher und der Hecht fressen Fische wie Rotaugen. Graureiher jagen in Ufernähe, Hechte jagen dagegen in tieferem Wasser. Da sie die Nahrungsquellen unterschiedlich nutzen, können beide im selben Lebensraum leben.

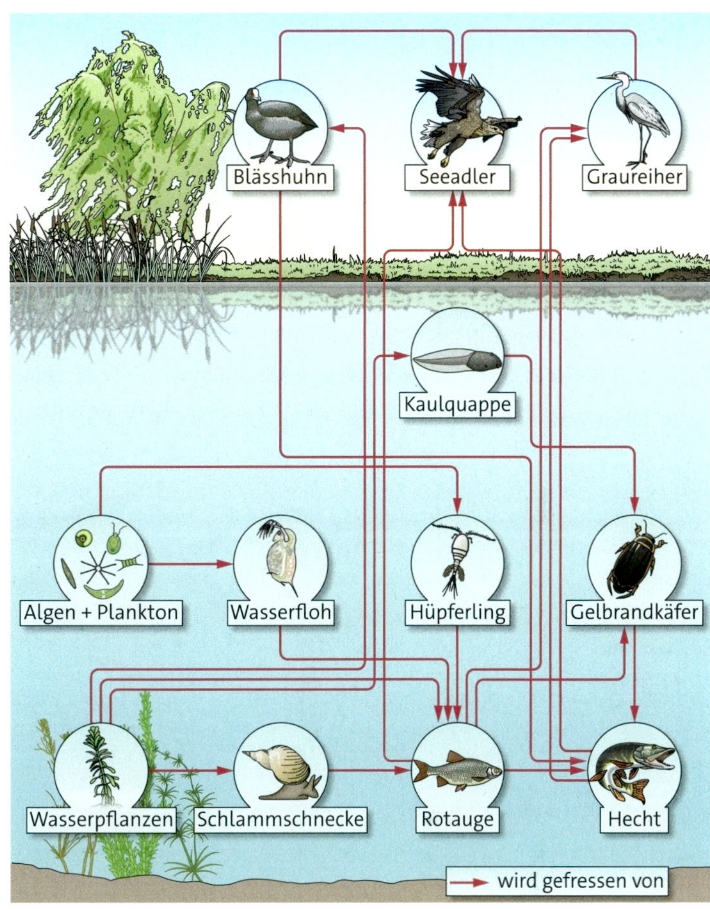

3 Nahrungsbeziehungen im See

Alle Lebewesen eines Ökosystems sind über ein Nahrungsnetz miteinander verbunden. Räuber und Beute beeinflussen sich gegenseitig in ihrer Anzahl.

Aufgaben

1 Beschreibe die Beziehung zwischen Blässhuhn und Fisch. → 1

2 Erläutere den Begriff Nahrungsnetz an einem Beispiel.

Nahrungsbeziehungen im See

Material A

Rotfeder
Nahrung:
kleine Wassertiere
und Pflanzen

Gelbrandkäfer
Nahrung:
kleine Insektenlarven

Großlibellenlarve
Nahrung:
kleine Insektenlarven

Haubentaucher
Nahrung:
kleine Fische,
Schnecken

Grünalgen

Armleuchteralge

Brachse
Nahrung:
kleine Wassertiere
und Pflanzen

Flussbarsch
Nahrung:
kleine Fische

Wasserpest

Schlammschnecke
Nahrung:
Wasserpflanzen

Zuckmückenlarve
Nahrung:
Grünalgen

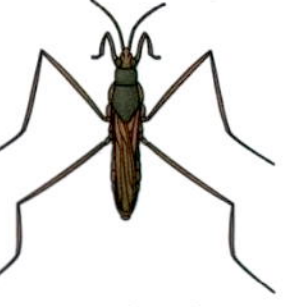

Wasserläufer
Nahrung:
kleine Insekten

1 Lebewesen im See

Nahrungsbeziehungen

1 Ordne die Tiere aus Bild 1 in Fleischfresser, Pflanzenfresser und Allesfresser.

2 Notiere alle Lebewesen aus Bild 1 auf einzelnen kleinen Zetteln.

a Bilde zwei verschiedene Nahrungsketten mit jeweils mindestens drei Gliedern. Zeige mit Pfeilen, was/wer von wem gefressen wird. Übertrage die Nahrungsketten in dein Heft.

b Beschreibe deine beiden Nahrungsketten.

c Ordne alle Lebewesen in einem Nahrungsnetz an. Stelle die jeweiligen Nahrungsbeziehungen zwischen den verschiedenen Lebewesen mit Pfeilen dar.

3 Begründe, wieso Pflanzen und pflanzliches Plankton wie Algen die Grundlage von Nahrungsketten sind.

4 Stelle dir vor, in einem See würden alle Pflanzen absterben. Beschreibe die möglichen Auswirkungen auf die Zuckmückenlarven, die Rotfedern sowie die Haubentaucher im See.

Material B

Konkurrenz

Die Reiherente und die Löffelente können im gleichen See vorkommen.
Sie suchen beide im See nach Nahrung, bauen ihre Nester im Schilf in der Nähe des Ufers und brüten die Jungtiere am See aus. Obwohl die beiden Enten denselben Lebensraum nutzen, stehen sie kaum in Konkurrenz.

1 Enten im Vergleich

a ☒ Vergleiche die Nahrung und die Orte der Nahrungssuche. → 4 – 5

b ☒ Vergleiche die Brutzeiten und Aufzuchtzeiten. → 6

c ☒ Beurteile, in welchen Bereichen die beiden Enten in Konkurrenz stehen und in welchen nicht.

2 ☒ Begründe, weshalb beide Entenarten dauerhaft im selben Lebensraum leben können.

3 ☒ Stelle Vermutungen an, welche Folgen es für die beiden Entenarten haben könnte, wenn an einem See ein Großteil der Muscheln und Schnecken durch einen Krankheitserreger vernichtet werden würde.

2 Reiherente

3 Löffelente

	Reiherente	Löffelente
Pflanzen	10	50
Schnecken/Muscheln	60	50
andere Kleinsttiere	30	0

4 Zusammensetzung der Nahrung (in Prozent)

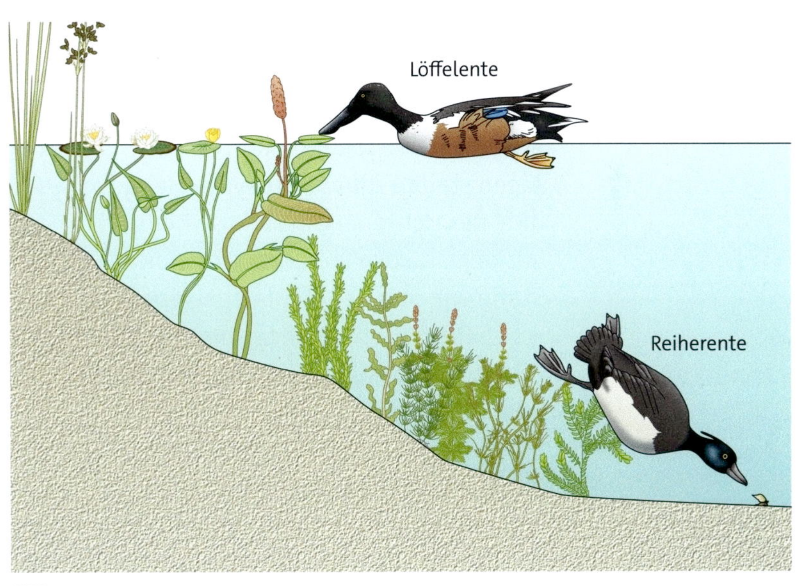

5 Orte der Nahrungssuche

Monate	April	Mai	Juni	Juli	August
Reiherente		Brut (ab Mitte Mai)	Brut	Aufzucht der Jungen	Aufzucht der Jungen
Löffelente		Brut	Aufzucht der Jungen	Aufzucht der Jungen	

6 Brutzeiten und Aufzuchtzeiten

Stoffkreislauf und Energiefluss im See

1 Ein Graureiher fängt einen Fisch aus einem See.

Ein Graureiher fängt einen Fisch aus einem See. Welchen Einfluss hat dies auf das Ökosystem?

Produzenten • Grüne Pflanzen und Algen stellen durch Fotosynthese mithilfe der Lichtenergie Glukose her und aus der Glukose andere energiereiche Stoffe wie Stärke und Blattgewebe. → 2 Deshalb bezeichnet man die Pflanzen und Algen auch als Erzeuger oder Produzenten. Sie benötigen die Stoffe für ihre Lebensvorgänge wie die Keimung und das Wachstum.

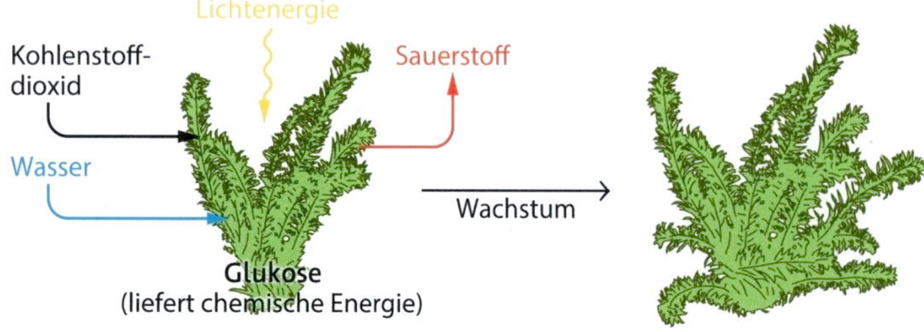

2 Energieumwandlung bei Pflanzen

Die gesamte Masse, aus der eine Pflanze oder ein anderes Lebewesen besteht, wird als Biomasse bezeichnet.

Konsumenten • Tiere müssen für die Aufnahme von Energie und für den Aufbau körpereigener Stoffe die Biomasse von anderen Lebewesen als Nahrung aufnehmen. Man nennt sie daher Verbraucher oder Konsumenten. Die Pflanzen sind die Nahrungsgrundlage für alle Pflanzenfresser des Sees, wie Wasserflöhe und Kaulquappen. Sie sind die Konsumenten 1. Ordnung und werden von kleinen Fleischfressern wie Enten und kleinen Fischen gefressen. Das sind die Konsumenten 2. Ordnung. Größere Fleischfresser, wie Hecht und Graureiher, sind die Konsumenten 3. Ordnung. → 1 In den Konsumenten wird die aufgenommene Biomasse verdaut und die Energie wird durch den Abbau der Glukose in der Zellatmung freigesetzt. Für den Vorgang müssen die Konsumenten Sauerstoff aus der Umwelt aufnehmen und sie geben Kohlenstoffdioxid, Wasser, Reststoffe und Wärmeenergie dabei ab.

Destruenten • Besonders am Boden des Gewässers kommen viele Lebewesen wie Bakterien und Einzeller vor, die sich von abgestorbenen Pflanzenteilen, Kot und toten Tieren ernähren. Man nennt sie Zersetzer oder Destruenten. Sie bauen das Material zu Mineralstoffen, Kohlenstoffdioxid und Wasser ab.

Stoffkreislauf • Die Abbaustoffe der Destruenten werden wieder von den

der Produzent
der Konsument
der Destruent
der Stoffkreislauf
der Energiefluss

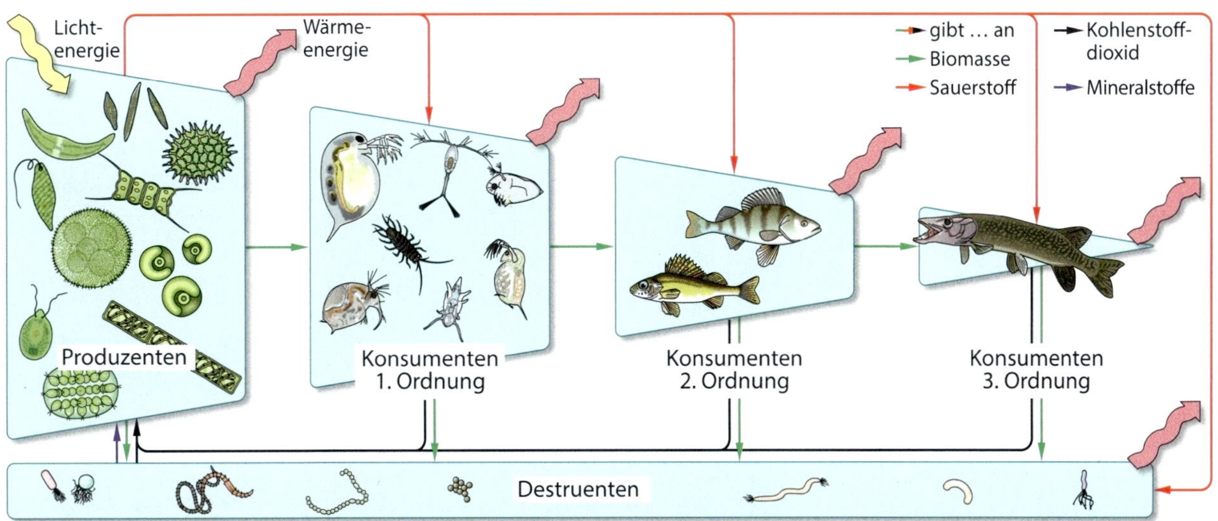

3 Energiefluss und Stoffkreislauf im See

Produzenten aufgenommen. → 3 So entsteht ein Kreislauf: Die Pflanzen bauen Biomasse auf, die von anderen Lebewesen als Nahrung aufgenommen wird. Kot und tote Biomasse werden zu Stoffen zersetzt, die den Pflanzen wieder zum Aufbau neuer Biomasse zur Verfügung stehen. Man spricht dabei vom Stoffkreislauf.

Energiefluss • Grüne Pflanzen wandeln einen Teil der aufgenommenen Lichtenergie in chemische Energie um. Die chemische Energie wird in Form von Biomasse über die Nahrungskette wie in einer Einbahnstraße von Stufe zu Stufe weitergegeben. → 3 Das bezeichnet man als Energiefluss. In den Lebewesen wird nur ein Teil der Energie zum Aufbau neuer Biomasse genutzt. Der größere Teil wird für Lebensvorgänge wie die Verdauung genutzt und der Rest wird ausgeschieden oder als Wärmeenergie abgegeben. Den Konsumenten und Destruenten steht daher von Stufe zu Stufe weniger Energie zur Verfügung.

Produzenten wandeln Lichtenergie in energiereiche Biomasse um. Die Konsumenten nehmen Energie auf, indem sie Lebewesen fressen. Die Destruenten bauen tote Biomasse zu Mineralstoffen und Kohlenstoffdioxid ab. Beides wird wieder von Pflanzen aufgenommen. Mit der Biomasse wird Energie weitergegeben.

Aufgaben

1 Erläutere die Begriffe Produzent, Konsument und Destruent.

2 Beschreibe den Stoffkreislauf. → 3

3 Beschreibe den Energiefluss anhand einer Nahrungskette. → 3

Stoffkreislauf und Energiefluss im See

Material A

Stoffkreislauf im See

1 ☒ Ordne den Zahlen 1–5 die passenden Fachbegriffe zu.

2 ☒ Erkläre die Weitergabe von Biomasse, Sauerstoff und Kohlenstoffdioxid. Nutze dein Wissen zur Fotosynthese und Zellatmung.

3 ☒ Erläutere die möglichen Folgen, wenn in einem See keine Destruenten leben würden.

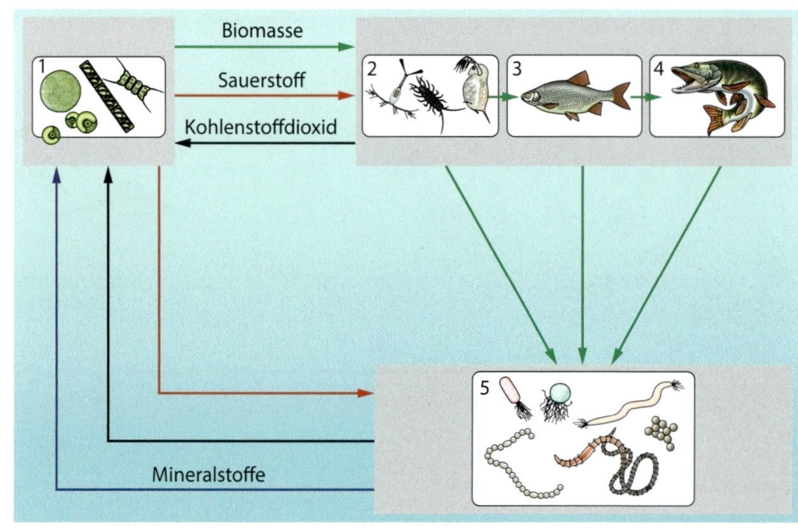

1 Stoffkreislauf im See

Material B

Energiefluss im Teich

Bild 2 zeigt eine mögliche Nahrungskette, die man auch in einem Teich beobachten könnte.

1 ☒ Beschreibe die Nahrungskette. → 2

2 ☒ Beschreibe den Vorgang der Energieumwandlung, der in Pflanzen wie der Wasserpest abläuft.

3 ☒ Erkläre den Zusammenhang zwischen der Weitergabe von Biomasse und Energie.

4 ☒ Erläutere den Energiefluss an diesem Beispiel.

5 ☒ Begründe, dass es sich beim Energiefluss nicht um einen Kreislauf handelt und der Energiefluss stattdessen mit einer Einbahnstraße vergleichbar ist.

2 Nahrungskette im Teich

Material C

Stoffverteilung im See

In einem See sind Sauerstoff und Kohlenstoffdioxid nicht gleich verteilt.

1 ◩ Beschreibe die Verteilung von Sauerstoff und Kohlenstoffdioxid. → 3

2 ⊠ Erkläre, warum sich pflanzliches Plankton nur in den oberen Wasserschichten befindet.

3 ⊠ Erkläre die Verteilung des Sauerstoffs. Beachte die Rolle des pflanzlichen Planktons.

4 ⊠ Erkläre die Verteilung des Kohlenstoffdioxids im See. Beachte die Rolle der Destruenten.

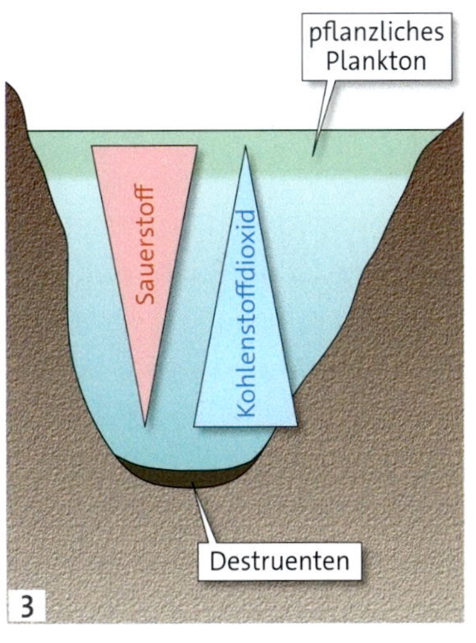

3

Material D

Plankton mikroskopieren

4

Materialliste: Planktonnetz, Spritzflasche mit Wasser, kleine Schale, Pipette, Blockschälchen, Objektträger, Deckgläschen, Binokular, Mikroskop, Bilder von Planktonarten

1 Fange an einem Teich oder See Plankton, indem du das Planktonnetz mehrfach an der Wasseroberfläche durch das Wasser ziehst. Stülpe das Netz um und spüle die daran haftenden Lebewesen vorsichtig mit etwas Wasser in eine Schale.

2 Übertrage mit der Pipette einige Tropfen deiner Probe in ein Blockschälchen und betrachte die Lebewesen mit dem Binokular.

3 ◩ Beschreibe, wie sich die Lebewesen bewegen.

4 Übertrage mit der Pipette einen Tropfen deiner Probe auf einen Objektträger und lege ein Deckgläschen auf. Betrachte die Lebewesen mit dem Mikroskop.

5 ⊠ Fertige von zwei Lebewesen Zeichnungen an.

6 ◩ Zähle, wie viele Lebewesen du in dem einzelnen Tropfen der Probe findest.

7 ⊠ Zähle, wie viele Arten du unterscheiden kannst.

8 ⊠ Bestimme einige Arten anhand von Bildern. → 4

Von der Quelle zur Mündung

1 Drei Zonen eines Fließgewässers: **A** Oberlauf, **B** Mittellauf, **C** Mündung

Aus einer Quelle entspringt ein Bach. Er wird zu einem immer breiteren Fluss, der schließlich in einen See oder ins Meer mündet. Wie verändern sich die abiotischen Umweltfaktoren im Verlauf des Fließgewässer?

Zonierung eines Fließgewässers • Im Verlauf eines Flusses von der Quelle bis zur Mündung ändern sich viele Umweltfaktoren, die für Lebewesen wichtig sind. Dazu gehören der Sauerstoffgehalt und die Temperatur des Wassers sowie der Untergrund, den man auch als Bett bezeichnet. Zudem verändern sich die Fließgeschwindigkeit und der Nährstoffgehalt des Wassers. Wegen dieser Unterschiede teilt man Fließgewässer in Zonen ein: Quelle, Oberlauf, Mittellauf, Unterlauf und Mündung. → 1 2

In den verschiedenen Zonen eines Fließgewässers kommen jeweils bestimmte Fischarten häufiger vor. Sie sind an die dort herrschenden Umweltfaktoren gut angepasst.

Quelle • In der Nähe der Quelle strömt der Bach schnell. Die Temperatur des Wassers ist niedrig und der Sauerstoffgehalt ist hoch. Im Bachbett finden sich grobe Steine. Wegen der starken Strömung kommen an der Quelle nur wenig Lebewesen vor. Ein typischer Fisch dieser Zone ist die Bachforelle.

Oberlauf • Weiter stromabwärts wird der Bach breiter. Die Fließgeschwindigkeit nimmt ab, die Temperatur bleibt niedrig und der Sauerstoffgehalt hoch. Im Bachbett gibt es grobe und feinere Steine. Hier kommt die Äsche oft vor.

die **Quelle**
der **Oberlauf**
der **Mittellauf**
der **Unterlauf**
die **Mündung**

Mittellauf • Der Bach fließt allmählich langsamer, wird breiter und wird dann zum Fluss. Die Fließgeschwindigkeit und der Sauerstoffgehalt nehmen ab. Die Temperatur nimmt zu. Das Flussbett wird feiner und besteht aus Kies und Sand. Der Fluss windet sich durch die Landschaft. An manchen Stellen entstehen Sandbänke und Inseln. Eine typische Fischart der Zone ist die Barbe.

Unterlauf • Der Fluss wird breiter und fließt immer langsamer. Das Wasser wird wärmer und der Sauerstoffgehalt nimmt ab. Im Flussbett ist grober und feiner Sand zu finden. Im Unterlauf von Flüssen kommt oft die Brasse vor.

Mündung • In der Nähe der Mündung, wo der Fluss in einen See oder ins Meer übergeht, fließt der Fluss sehr langsam. Der Sauerstoffgehalt des Wassers ist niedrig, die Temperatur des Wassers ist hoch. Das Flussbett besteht aus feinem Sand und Schlamm. Manchmal ist an der Mündung der Einfluss des Meeres zu spüren. Das Wasser des Flusses kann salzhaltig sein und der Wasserstand sinkt und steigt mit Ebbe und Flut. Ein typischer Fisch für diese Zone ist die Flunder, die sowohl im Fluss als auch im Meer lebt.

In einem Fließgewässer verändern sich die abiotischen Umweltfaktoren wie Sauerstoffgehalt, Temperatur und Fließgeschwindigkeit von der Quelle bis zur Mündung. Das wirkt sich auf das Vorkommen der Lebewesen im Fließgewässer aus.

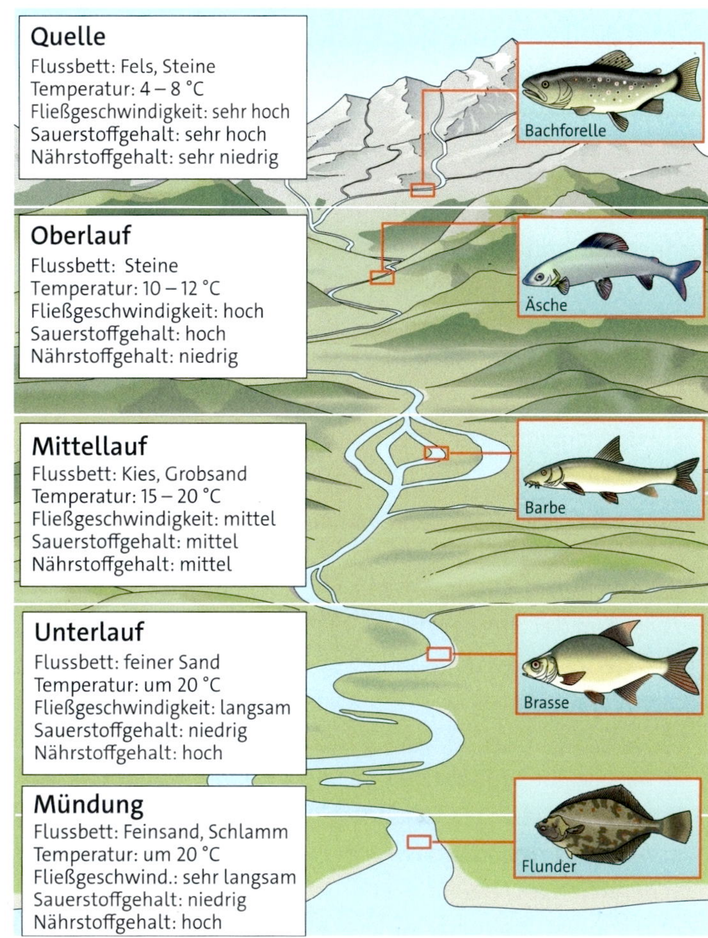

2 Zonen und Umweltfaktoren eines Fließgewässers

Aufgaben

1 Nenne die fünf Zonen, in die ein Fließgewässer unterteilt wird.

2 Wähle aus Bild 2 zwei Umweltfaktoren aus und beschreibe, wie sich diese von der Quelle bis zur Mündung verändern.

3 Erkläre, warum man in den Zonen verschiedene Fischarten findet.

Von der Quelle zur Mündung

Material A

Umweltfaktoren

In einem Fließgewässer wurden die Fließgeschwindigkeit, die Temperatur und der Sauerstoffgehalt untersucht.

1 Nenne die Zonen mit der höchsten und niedrigsten Fließgeschwindigkeit aus dem Diagramm. → 1

2 Beschreibe anhand der Tabelle den Zusammenhang zwischen der Temperatur und dem Sauerstoffgehalt des Wassers. → 1

3 Beschreibe anhand des Diagramms und der Tabelle den Zusammenhang zwischen Fließgeschwindigkeit und Sauerstoffgehalt. → 1

4 Erkläre den Zusammenhang zwischen Fließgeschwindigkeit und Sauerstoffgehalt.

Der Kaulbarsch und die Groppe sind zwei typische Fischarten in Fließgewässern. → 2 3

5 Ordne die Fischarten anhand ihrer Lebensweise begründet der Zone des Fließgewässers zu, in der sie leben.

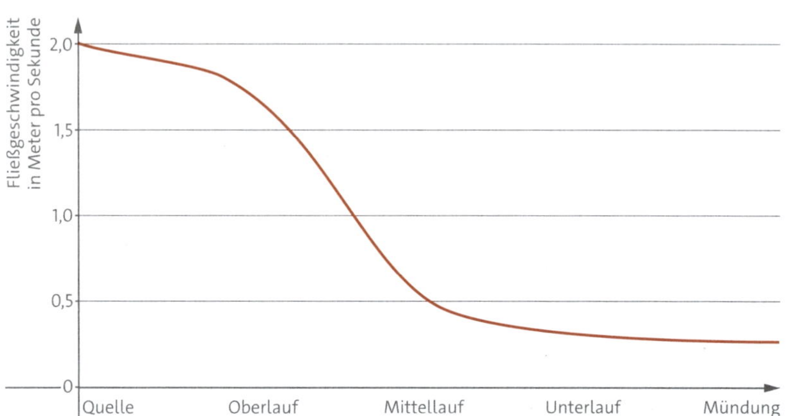

	Quelle	Oberlauf	Mittellauf	Unterlauf	Mündung
Temperatur in Grad Celsius	8	13	17	20	22
Sauerstoffgehalt in Milligramm Sauerstoff pro Liter	12	19	8	6	5

1 Umweltfaktoren eines Fließgewässers

2

Kaulbarsch
Größe: bis 18 cm
Vorkommen: Fluss und Meer
Lebensweise: kann in Salzwasser und in Süßwasser leben, bevorzugt langsam fließende Gewässer, ernährt sich räuberisch von Kleinstlebewesen wie Flohkrebsen oder auch von Fischeiern

3

Groppe
Größe: bis 15 cm
Vorkommen: Bäche
Lebensweise: benötigt Wasser mit hohem Sauerstoffgehalt, kalten und steinigen Untergrund, Beutefisch von Forellen, lebt räuberisch und frisst Kleinstlebewesen in Bodennähe, besitzt keine Schwimmblase

Güteklasse	Grad der organischen Belastung	Beispiele wichtiger Zeigerarten	Ökologischer Zustand nach EU-Richtlinie (2000)
I	unbelastet bis sehr gering belastet	Larven von Eintagsfliegen, Steinfliegen	1 (sehr gut)
I–II	gering belastet	Strudelwürmer, Eintagsfliegen, Hakenkäfer	2 (gut)
II	mäßig belastet	Posthornschnecke, Flussnapfschnecke	
II–III	kritisch belastet	Eiförmige Schlammschnecke, Plattegel, Flussflohkrebs	3 (mäßig)
III	stark verschmutzt	Spitze Blasenschnecke, Rollegel, Wasserassel	4 (unbefriedigend)
III–IV	sehr stark verschmutzt	Zuckmückenlarve	5 (schlecht)
IV	übermäßig verschmutzt	Schlammröhrenwurm (Tubifex)	

4 Gewässergüteklassen

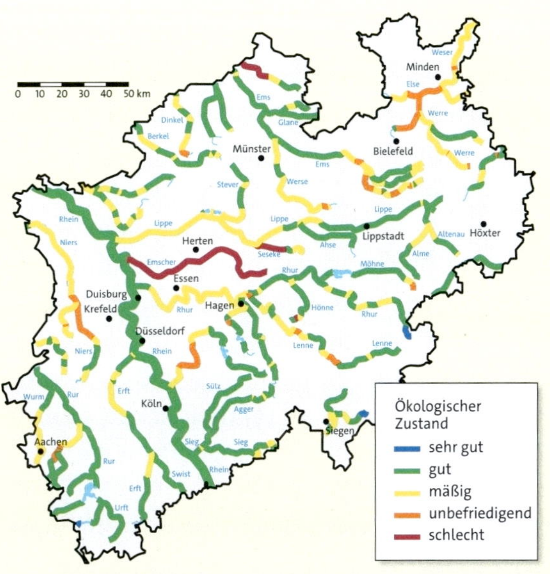

5 Gewässergütekarte für Nordrhein-Westfalen

Gewässergüte

Zeigerarten • Die Lebewesen eines Fließgewässers vertragen Gewässerbelastungen unterschiedlich gut. Steinfliegenlarven sind zum Beispiel auf sauberes und sauerstoffreiches Wasser angewiesen. Andere Tiere wie die Zuckmückenlarven können hingegen auch im verschmutzten, sauerstoffarmen Wasser leben. Anhand der Lebewesen, die man in einem Fließgewässer findet, kann man auf seine Qualität schließen. Die Arten, die man dafür heranzieht, bezeichnet man als Zeigerarten.

Gewässergüte • Anhand der Zeigerarten lässt sich die Qualität eines Fließgewässers besonders leicht bestimmen. Die aktuelle Wasserqualität kann aber auch mithilfe von Labormethoden ermittelt werden. Diese Wasserqualität nennt man Gewässergüte. Für jede Güteklasse gibt es spezifische Zeigerarten. Es werden mehrere Güteklassen unterschieden, die von „unbelastet" bis „übermäßig verschmutzt" reichen. → 4 Aus den Daten zur Güteklasse können Gewässergütekarten erstellt werden. → 5

Die Qualität von Gewässern und anderen Lebensräumen kann man anhand der Lebewesen bewerten, die dort vorkommen. Diese nennt man Zeigerarten.

Aufgaben

1 ☒ Erläutere den Begriff Zeigerarten.

2 ☒ Beurteile die Gewässergüte von Nordrhein-Westfalen anhand der Karte. → 5

Von der Quelle zur Mündung

Methode

Fließgewässer anhand von Zeigerarten untersuchen

In naturnahen Gewässern, die nicht durch den Menschen beeinflusst wurden, ist das Wasser nahezu unbelastet. Doch viele Fließgewässer werden durch den Menschen verschmutzt. Das geschieht zum Beispiel durch das Einleiten von Schadstoffen mit dem Abwasser aus unseren Haushalten und aus der Industrie. Auch der Eintrag von Mineralstoffen wie Stickstoff und Phosphor ist ein großes Problem. Dies passiert vor allem, wenn in der Landwirtschaft zu viele Düngemittel auf die Felder gebracht werden, die dann vom Regen in ein Gewässer gespült werden. Die übermäßigen Mineralstoffe führen dazu, dass sich die Lebewesen im Gewässer stark vermehren und dem Wasser immer mehr Sauerstoff entzogen wird, was wiederum zum Absterben der Lebewesen führt. In belasteten Fließgewässern kommen daher nur wenige Pflanzenarten und Tierarten vor.

Zeigerarten Neben verschiedenen chemischen und physikalischen Untersuchungen gibt auch das Vorkommen von Lebewesen Aufschluss über den Zustand eines Gewässers. Vor allem wirbellose Tiere wie Insekten und Schnecken können leicht untersucht werden. → 1 Bestimmte Arten sind an spezielle Umweltbedingungen wie das Nahrungsangebot oder den Sauerstoffgehalt angepasst. Findet eine Art geeignete Bedingungen vor, kommt sie in einem Gewässer gehäuft vor. Das Vorkommen der Art zeigt also bestimmte Umweltbedingungen an. Jeder Art wird ein Indikatorwert zugeordnet. → 2 Mithilfe der Indikatorwerte wird dann die Belastung des Gewässers ermittelt. → 3

So gehst du bei der Untersuchung eines Fließgewässers vor:

1. Sammle alle Wassertiere unter mindestens fünf faustgroßen Steinen. Du kannst auch Tiere von der Unterseite größerer Steine absammeln. Wenn es die Stelle, an der du Tiere sammelst, zulässt, kannst du auch einen Kescher langsam und vorsichtig durch die Pflanzen, den Sand oder den Schlamm am Boden ziehen. Löse die Tiere mit einem Pinsel aus dem Kescher, um sie nicht zu verletzen. Wenn du mehrere Stellen eines Fließgewässers untersuchst, musst du immer die gleiche Vorgehensweise einhalten.

2. Setze die Tiere vorsichtig in eine Schale, die mit Flusswasser oder Bachwasser gefüllt ist.

3. Bestimme die Tiere mithilfe von Bild 1. Zähle, wie viele Tiere von jeder Art vorkommen.

4. Addiere die Anzahl aller gefangenen Tiere. Multipliziere die Anzahl der Tiere für jede Art mit ihrem Indikatorwert. → 2 Addiere alle Indikatorwerte. → 3 Teile dann die Summe der Indikatorwerte durch die Summe aller Tiere. So erhältst du die Gewässergüte.

5. Setze die Tiere vorsichtig zurück ins Gewässer.

Aufgabe

1 ☒ Suche leicht begehbare Stellen an einem Fluss oder Bach. Sammle und bestimme die dortigen Tiere und ermittle die Gewässergüte.

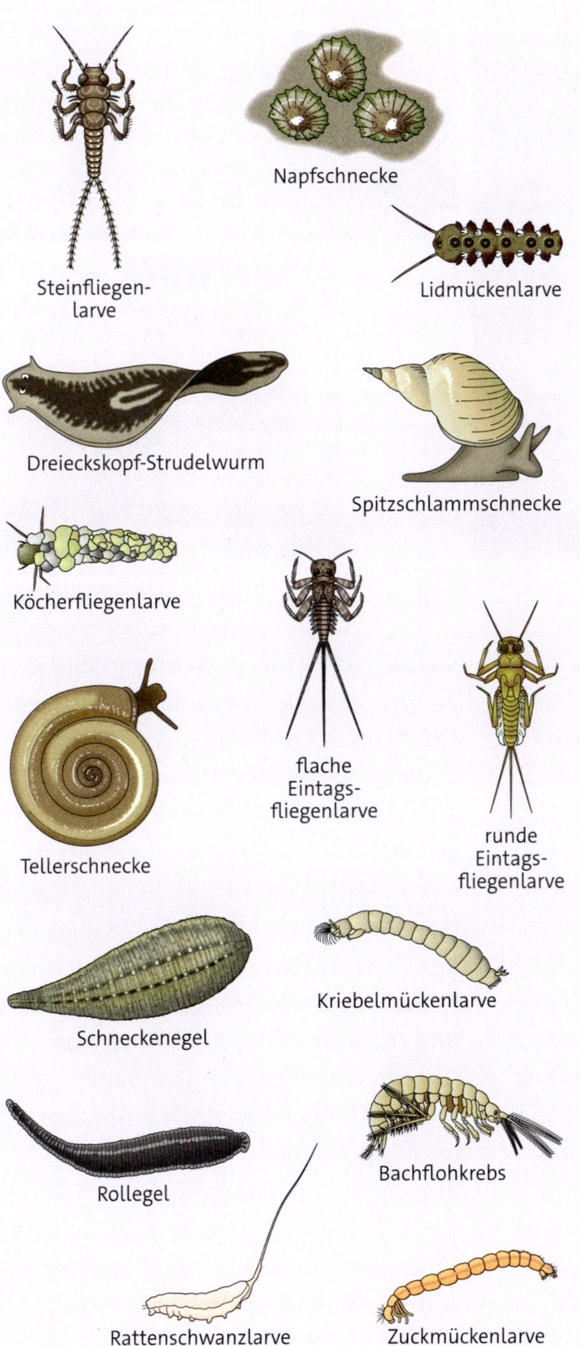

1 Zeigerarten im Fließgewässer

Zeigerart	Indikatorwert
Steinfliegenlarve	1
Eintagsfliegenlarve, flach	1
Lidmückenlarve	1
Köcherfliegenlarve	1,5
Dreieckskopf-Strudelwurm	1,5
Tellerschnecke	2
Spitzschlammschnecke	2
Eintagsfliegenlarve, rund	2
Napfschnecke	2
Bachflohkrebs	2
Schneckenegel	2,5
Kriebelmückenlarve	2,5
Rollegel	3
Rote Zuckmückenlarve	3,5
Rattenschwanzlarve	4

2 Indikatorwerte von Zeigerarten

Name des Gewässers: Emscher

Ort: Dortmund Datum: 17. 05. 20....

Tierart	Anzahl	Indikator-wert	Produkt
Steinfliegenlarve	12	x1	12
Lidmückenlarve	3	x1	3
Köcherfliegenlarve	18	x1,5	27
Tellerschnecke	4	x2	8
Bachflohkrebs	1	x2	2
	Summe: 38		Summe: 52

Berechnung:

Summe Produkt : Summe Anzahl = **Gewässergüte**

52 : 38 = 1,2

3 Untersuchungsbogen

Gewässer in Gefahr

1 Wir haben Einfluss: **A** Belastetes Gewässer, **B** Entsorgung einer Plastikflasche, **C** Gesichtspflege beim Duschen

Große Mengen Plastikmüll und Schadstoffe gelangen in die Gewässer. Was haben wir alle damit zu tun und wodurch sind die Gewässer noch belastet?

Plastikmüll • Plastik ist für uns wegen seines geringen Gewichts, der Formbarkeit und Haltbarkeit nahezu unverzichtbar. Doch immer wieder gelangt es als Müll in Flüsse, Seen und Meere. → 1 Es wird nicht abgebaut, sondern zerfällt in kleinste Teilchen, das Mikroplastik. Auch in Kleidung, Putzmitteln und Pflegemitteln wie Peelings und Duschgel ist Mikroplastik enthalten, das mit dem Abwasser über die Kanalisation in die Gewässer gelangt. Für die Lebewesen ist es sehr schädlich: Pflanzen nehmen es mit dem Wasser über die Wurzeln auf und Tiere fressen es, da sie es mit Plankton verwechseln. So reichert es sich in Nahrungsketten an und schädigt oder tötet Lebewesen. Durch den Verzehr von Fisch nehmen auch wir Menschen Mikroplastik auf.

Schadstoffe • Auch durch den Eintrag von Schadstoffen sind viele Gewässer belastet. Viele Schadstoffe gelangen aus den privaten Haushalten durch Waschmittel, Putzmittel, Pflegemittel und Medikamente in das Abwasser. Obwohl das Abwasser gereinigt wird, bleiben darin Schadstoffe enthalten, die in die Gewässer geleitet werden. Auch in der Industrie werden Schadstoffe freigesetzt, zum Beispiel beim Färben von Kleidung. Viele Landwirte setzen auf den Feldern Gülle, Dünger und Pflanzenschutzmittel ein. Davon werden oft Rückstände durch den Regen in angrenzende Gewässer gespült.

Basiskonzept

System
→ Umschlag hinten
Wenn man in ein Ökosystem eingreift, kann es aus dem Gleichgewicht geraten.

das Mikroplastik
die Begradigung
die Renaturierung

Dünger • Bringen Landwirte Dünger auf den Felder auf, kann dieser durch den Regen in angrenzende Gewässer gespült werden. Somit werden auch die Pflanzen im Gewässer gedüngt, wodurch sie wachsen und sich stark vermehren. Weil damit das Nahrungsangebot steigt, nimmt auch die Anzahl der Konsumenten und Destruenten zu. In dem Gewässer fällt mehr tote Biomasse an, die von den Destruenten zersetzt wird. Weil sie dabei Sauerstoff verbrauchen, kommt es nach einiger Zeit zum Sauerstoffmangel und zum Absterben vieler Lebewesen.

2 Flusslauf: **A** naturnah gewunden, **B** künstlich begradigt

Begradigung von Flussläufen • Der Mensch hat viele Flüsse verändert, um mehr Flächen für Siedlungen und für die Landwirtschaft zu schaffen und um den Schiffsverkehr zu erleichtern. Zu diesen Zwecken wurden gewundene Flussläufe begradigt, Staudämme und Kanäle gebaut und Ufer befestigt. → 2 Diese Veränderungen beeinflussen das Ökosystem enorm: Wird ein Fluss begradigt, nimmt die Fließgeschwindigkeit zu. Außerdem wird die natürliche Überschwemmungsfläche des Flusses zerstört. Durch diese Maßnahmen wird der Lebensraum so verändert, dass die Anzahl der Lebewesen und Arten deutlich sinken kann. Außerdem steigt die Hochwassergefahr für den Menschen, wenn die Überschwemmungsfläche trockengelegt und bebaut wird.

Gewässerschutz • Heute wird viel für den Gewässerschutz getan. Strengere Regelungen sollen den Eintrag von Schadstoffen vermindern. Begradigte Flussläufe werden an vielen Stellen wieder in einen naturnahen Zustand mit Biegungen versetzt. Man spricht dann von Renaturierung. Ufer werden mit Bäumen und Röhricht bepflanzt. Die Pflanzen nehmen Schadstoffe über ihre Wurzeln auf, wodurch diese nicht in das Gewässer gelangen.

Der Mensch belastet die Gewässer durch Plastikmüll, Schadstoffe und Baumaßnahmen. Heute werden Maßnahmen zum Gewässerschutz und zur Renaturierung ergriffen.

Aufgaben

1 Beschreibe Ursachen für die Belastung von Gewässern.

2 Erkläre die Auswirkungen von Dünger in einem Gewässer.

Gewässer in Gefahr

Material A

Mikroplastik

1 ☒ Beschreibe die Entstehung von Mikroplastik aus einer Plastikflasche. → 1

2 Mikroplastik entsteht nicht nur aus Plastikmüll.
☒ Beschreibe weitere Wege, über die Mikroplastik in ein Gewässer gelangen kann.

3 ☒ Erkläre, wie Mikroplastik über die Nahrungskette weitergegeben wird.

4 ☒ Erkläre, wie auch wir Menschen Mikroplastik aufnehmen können. → 1

5 ☒ Beurteile, wie du selbst zur Vermeidung von Mikroplastik beitragen kannst.

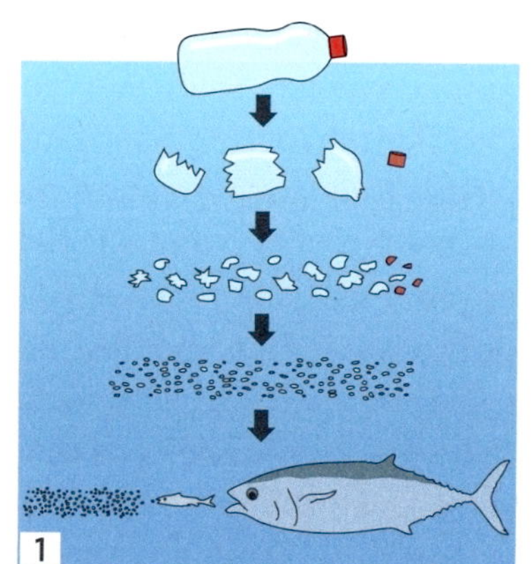

1

Material B

Ein Fluss wird verändert

Der Rhein wurde begradigt, ausgebaggert und zum Teil kanalisiert. Das hat Folgen: Es kommt immer wieder zu Überschwemmungen, die große Schäden verursachen. Heute versetzt man Teile des Rheins wieder in einen naturnahen Zustand.

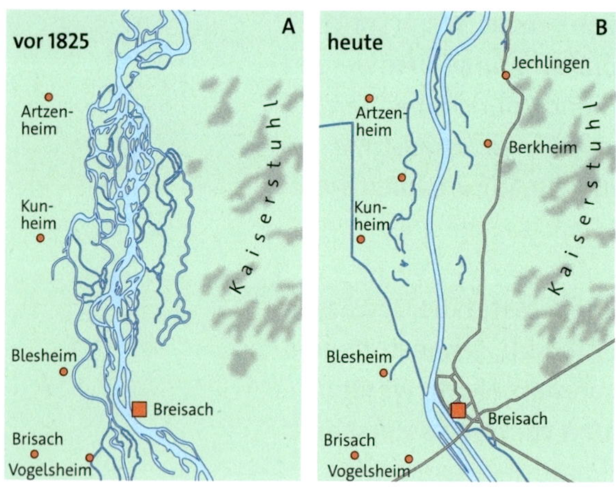

2 Verlauf des Rheins: **A** vor 1825, **B** heute

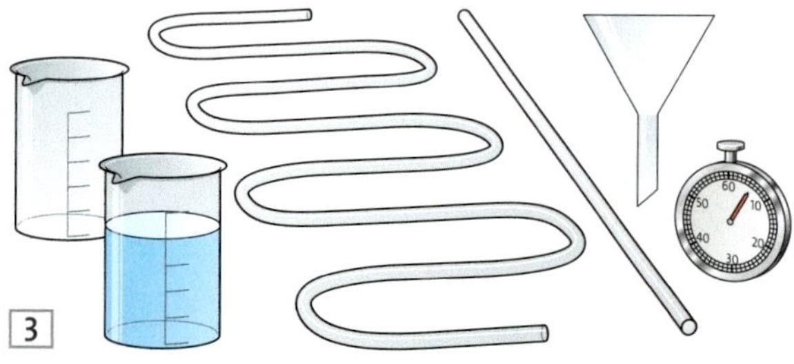

3

1 ☒ Beschreibe den Flussverlauf des Rheins vor 1825 und heute. → 2

2 Mit einem einfachen Versuch kann man den Zusammenhang zwischen dem Flussverlauf und der Fließgeschwindigkeit überprüfen.

a ☒ Plane einen Versuch mit den verfügbaren Materialien. → 3

b ☒ Überlege, welches Versuchsergebnis zu erwarten ist.

c ☒ Erkläre den Zusammenhang zwischen Flussverlauf und Fließgeschwindigkeit anhand des Versuchsergebnisses.

3 ☒ Stelle Vermutungen an, welche Folgen eine erhöhte Fließgeschwindigkeit für das Ökosystem Fließgewässer haben kann.

Material C

Kläranlage

Die Abwässer der Haushalte und der Industrie fließen durch die Kanalisation in Kläranlagen, wo sie gereinigt werden. → 4

1 ☒ Beschreibe die Reinigungsstufen der Kläranlage. → 4 5

2 ☒ Das Wasser, das die Kläranlage verlässt, ist sauber, aber nicht rein. Begründe.

3 ☒ Plane mit den Materialien in Bild 6 ein Modell für die Reinigung von Wasser, das mit Kies, Sand und Tinte „verschmutzt" ist.

4 Stelle zu deinem Modell die folgenden Überlegungen an:

a ◩ Was wird aus dem Wasser entfernt?

b ☒ Welcher Reinigungsstufe der Kläranlage entspricht das?

6

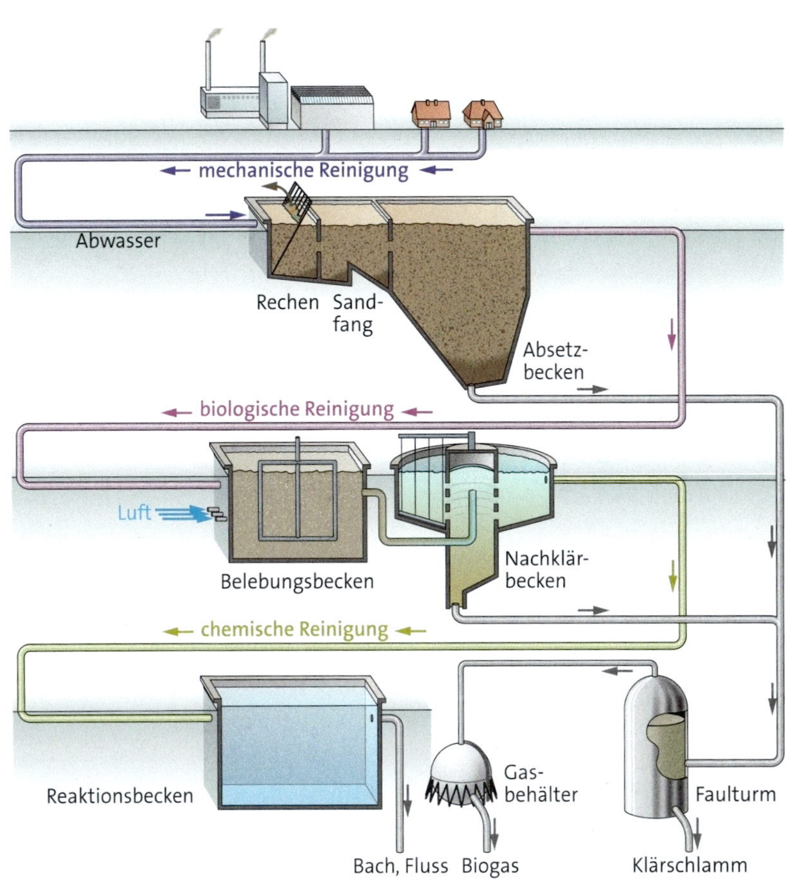

4 Abwasserreinigung in einer Kläranlage

Die mechanische Reinigungsstufe entfernt grobe Verschmutzungen. Dazu strömt das Wasser durch drei Becken. Im ersten Becken entfernt ein Rechen größere Bestandteile. Kleinere Bestandteile setzen sich im Sandfang ab. Durch das Vorklärbecken fließt das Wasser sehr langsam, sodass sich feine Schwebstoffe absetzen. In der biologischen Reinigungsstufe bauen Mikroorganismen bestimmte Verschmutzungen ab. Im Nachklärbecken setzen sich die Bakterien mit den nicht abgebauten Resten ab. Der Bakterienschlamm wird in Faultürme geleitet und zu Klärschlamm oder Biogas verarbeitet. In der chemischen Reinigungsstufe werden einige Chemikalien entfernt. Viele Schadstoffe und auch Mikroplastik können nicht entfernt werden.

5

Fremde Arten breiten sich aus

1 Ochsenfrosch am Gartenteich

Der Ochsenfrosch stammt aus Amerika. Mittlerweile ist er auf der ganzen Welt verbreitet – auch bei uns. Wie ist er zu uns gekommen und wieso gilt er als Problem für heimische Ökosysteme?

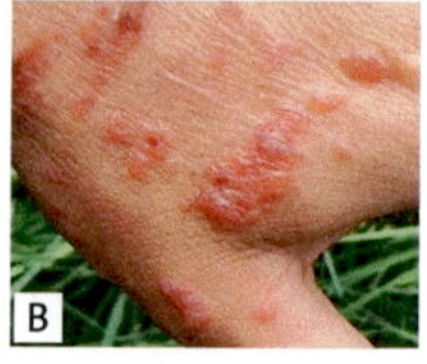

2 **A** Riesen-Bärenklau, **B** Wunde

Ein Frosch wird zur Bedrohung • Der Ochsenfrosch wurde vom Menschen in Europa eingeführt, weil er gerne an Gartenteichen gesehen war, um ihn zur Insektenbekämpfung einzusetzen und um die Froschschenkel zu essen. Doch er breitete sich aus und wurde zur Bedrohung: Der Ochsenfrosch wird bis zu 30 Zentimeter groß und frisst alles, was er erlegen kann. Das ist ein Problem für heimische Amphibien, die den Lebensraum mit ihm teilen.

Neobionten • Breitet sich eine Tierart oder Pflanzenart in einem Gebiet aus, in dem sie vorher nicht heimisch war, nennt man sie Neobiont. Oft hat der Mensch die Ausbreitung ermöglicht oder verstärkt. Das passiert absichtlich, zum Beispiel mit dem Wunsch nach exotischen Arten, oder unabsichtlich durch den weltweiten Warentransport. Bei uns gibt es mehr als 2000 solcher Arten. Sie sind sehr anpassungsfähig und haben im neuen Ökosystem keine natürlichen Feinde oder Konkurrenten. Daher vermehren sie sich ungehindert.

Unerwünschte Nebenwirkungen • Oft haben Neobionten keine negativen Auswirkungen. Es gibt aber auch viele Neobionten, die heimische Arten verdrängen und das Gleichgewicht im Ökosystem belasten. Sie ernähren sich manchmal auch von Arten, die schon gefährdet oder vom Aussterben bedroht sind. Manche Neobionten sind auch giftig, wie der Riesen-Bärenklau. → 2 Die Pflanzenart wurde hier in Parks und Gärten angepflanzt. Von dort breitete sie sich stark aus – und wurde zum Problem: Bei Tageslicht gibt die Pflanze Giftstoffe ab, die bei Hautkontakt zu Wunden führen. Neobionten, die einen negativen Einfluss auf Arten, Ökosysteme oder den Menschen haben, heißen invasive Arten.

Neobionten sind Arten, die sich in einem Gebiet ausbreiten, in dem sie nicht heimisch sind. Meistens hat der Mensch dazu beigetragen.

Aufgabe

1 Erläutere den Begriff Neobiont an einem Beispiel.

Material A

Springkraut verdrängt heimische Arten

Das Springkraut wurde als Zierpflanze in Europa eingeführt. Heute wachsen die Pflanzen an vielen Flussufern dicht und bis zu zwei Meter hoch. Das Springkraut ist einjährig, das heißt die Pflanzen sterben im Herbst ab. Dann sind die Ufer bis ins Frühjahr ohne Bewuchs. Wenn man die reifen Samenkapseln der Pflanzen berührt, schleudern sie ihre Samen meterweit.

1 Beschreibe die Einfuhr des Springkrauts in Europa und die anschließende Ausbreitung. → 3

2 Erkläre, wie das Springkraut heimische Pflanzenarten verdrängt.

3 Beurteile, ob man das Springkraut als invasive Art bezeichnen kann.

4 Beurteile, welche Folgen die Ausbreitung des Springkrauts für das Ökosystem hat.

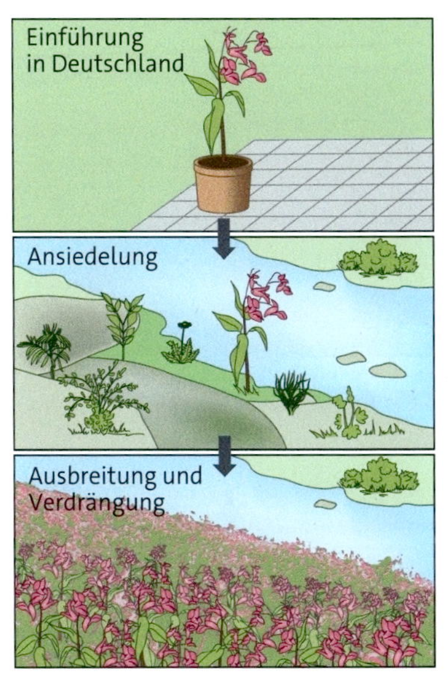

3 Ausbreitung des Springkrauts

Material B

Waschbär

1 Erkläre das Vorkommen und die Ausbreitung des Waschbären bei uns. → 4

2 Beschreibe, wie sich der Waschbär auf andere Lebewesen im Wald auswirkt.

3 Vogelkundler behaupten: „Wälder verstummen, sobald Waschbären kommen." Erkläre die Aussage.

4 Der Waschbär wird bejagt. Diskutiert die Maßnahme in der Klasse.

Streit um den Waschbär Immer häufiger sieht man Waschbären im Wald oder im eigenen Garten. Das Tier stammt aus Amerika und wurde für den Pelzhandel nach Europa gebracht. Immer wieder sind Tiere aus ihren Käfigen ausgebrochen oder wurden absichtlich ausgesetzt. „Da er sehr anpassungsfähig ist und in unseren Wäldern keine natürlichen Feinde hat, breitet sich der Waschbär ungehindert aus. Er frisst nahezu alles, was er findet: Nüsse, Beeren, Insekten, Frösche, Vögel und ihre Eier und kleine Säugetiere", erklärt eine Expertin aus dem Naturschutz. Damit er die heimischen Raubtiere und Vögel nicht verdrängt, wird der Waschbär intensiv bejagt. Das gefällt nicht jedem: „Die Auswirkungen des Waschbären sind nicht deutlich durch Studien belegt und das Fehlen natürlicher Feinde ist keine Rechtfertigung für das Töten durch den Menschen", argumentiert ein Vertreter einer Tierschutzorganisation.

4 Zeitungsartikel zum Streitthema Waschbär

Klima im Wandel

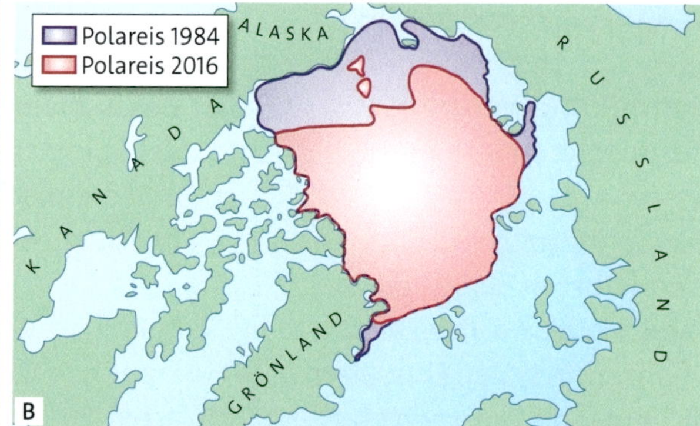

1 Vom Klimawandel bedroht: **A** Eisbär, **B** Rückgang der Polareis-Fläche am Nordpol

Seit Jahrzehnten verringert sich am Nordpol die Polareis-Fläche. Dadurch verändert sich der ursprüngliche Lebensraum der Eisbären. Das ist nur ein Beispiel für die Folgen des Klimawandels. Was sind die Ursachen?

Klima • Der Zustand der Atmosphäre zu einem bestimmten Zeitpunkt wird als Wetter bezeichnet. Man kann es zum Beispiel mit der Temperatur und der Niederschlagsmenge beschreiben. Beobachtet man das Wetter über einen Zeitraum von mindestens 30 Jahren, ermittelt man das Klima eines Ortes.

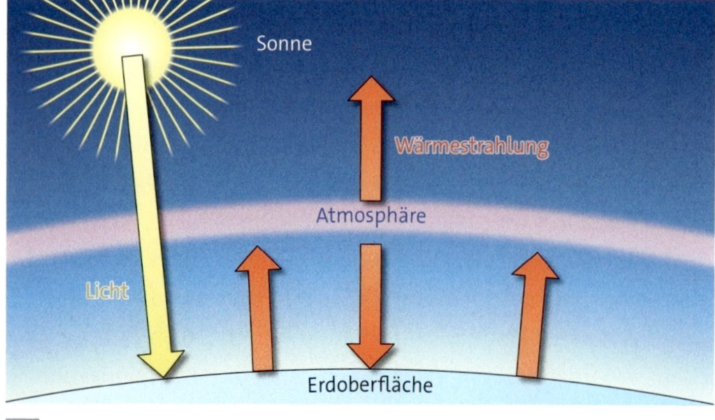

2 Natürlicher Treibhauseffekt

Das Klima hat einen großen Einfluss auf Ökosysteme. Am Äquator herrscht zum Beispiel ein warmes und feuchtes Klima. Unter den Bedingungen konnten Regenwälder mit einer großen Artenvielfalt entstehen. Der Nordpol bietet dagegen wegen der Kälte und geringen Sonneneinstrahlung nur wenigen Lebewesen einen Lebensraum.

Treibhauseffekt • Die Sonne hat den größten Einfluss auf das Weltklima. Ihre Strahlung trifft als Licht auf die Erde. → 2 Dadurch wird die Erdoberfläche erwärmt und gibt Wärmestrahlung ab, die von der Atmosphäre aufgenommen wird. Die Atmosphäre besteht aus Gasen wie Stickstoff, Sauerstoff, Wasserdampf und Kohlenstoffdioxid. Sie wird durch die Wärmestrahlung der Erde erwärmt und gibt daher selbst Wärmestrahlung in alle Richtungen ab. Ein Teil dieser Strahlung trifft wieder auf die Erdoberfläche und führt hier zur weiteren Erwärmung. Dies wird als natürlicher Treibhauseffekt bezeichnet. Ohne ihn läge die durchschnittliche Temperatur der Erde nur bei –19 °C.

das Klima
der Treibhauseffekt
der Klimawandel

Veränderung des Weltklimas • Das Klima unterliegt immer natürlichen Schwankungen. Doch in den letzten Jahren steigen die Temperaturen auf der Erde deutlich. Vor 150 Jahren lag die durchschnittliche Temperatur bei 13,7 °C. Heute messen wir im Durchschnitt deutlich über 14 °C. → 3
Eine der Ursachen ist die steigende Konzentration von Kohlenstoffdioxid, das durch die Verbrennung von fossilen Brennstoffen wie Kohle, Erdöl und Erdgas frei wird. Das Gas sammelt sich in der Atmosphäre und verstärkt den Treibhauseffekt. Weil die Atmosphäre mehr Wärmestrahlung abgibt, steigen die Temperaturen auf der Erde. Dies führt zur weltweiten Erwärmung. Die Veränderung des Weltklimas wird als Klimawandel bezeichnet.

Folgen • Wissenschaftler vermuten, dass sich die Erde bis zum Jahr 2100 um weitere 3° C erwärmt. Was nach wenig klingt, hat weitreichende Folgen. Schon heute beobachtet man, dass die Eisschichten der Erde schmelzen. → 1
Das führt zu einem Anstieg der Meeresspiegel, wodurch viele Lebensräume in Küstengebieten zerstört werden und die Gefahr von Sturmfluten steigt. In Küstengebieten gelangt Salzwasser in das Grundwasser, was zur Versalzung der Trinkwasserquelle führen kann.
Die Meere werden wärmer. Außerdem löst sich das Kohlenstoffdioxid aus der Luft im Wasser, wodurch Kohlensäure entsteht. Dadurch sinkt der pH-Wert der Meere, was für viele Lebewesen negative Folgen hat.

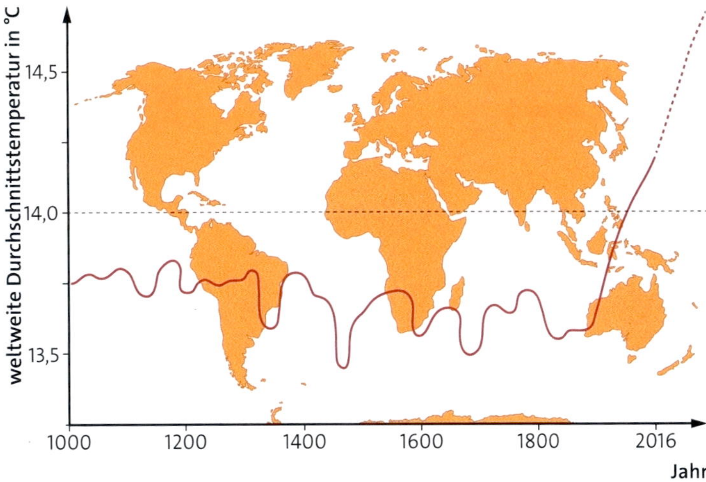

3 Veränderung der weltweiten Durchschnittstemperatur

Der Klimawandel verursacht auch, dass Wetterextreme wie Hitze, Dürren, Starkregen und heftige Stürme wie Hurricanes häufiger auftreten.

Die weltweite Durchschnittstemperatur steigt. Eine Ursache ist der Ausstoß von Kohlenstoffdioxid, das den Treibhauseffekt verstärkt. Der Klimawandel hat Folgen für Ökosysteme und den Menschen.

Aufgaben

1 Beschreibe, wie sich der Lebensraum der Eisbären innerhalb von 30 Jahren verändert hat. → 1

2 Beschreibe die Entwicklung der weltweiten Durchschnittstemperatur im letzten Jahrtausend. → 3

3 Erläutere eine Ursache für die weltweite Erwärmung.

Klima im Wandel

Material A

Folgen der weltweiten Erwärmung

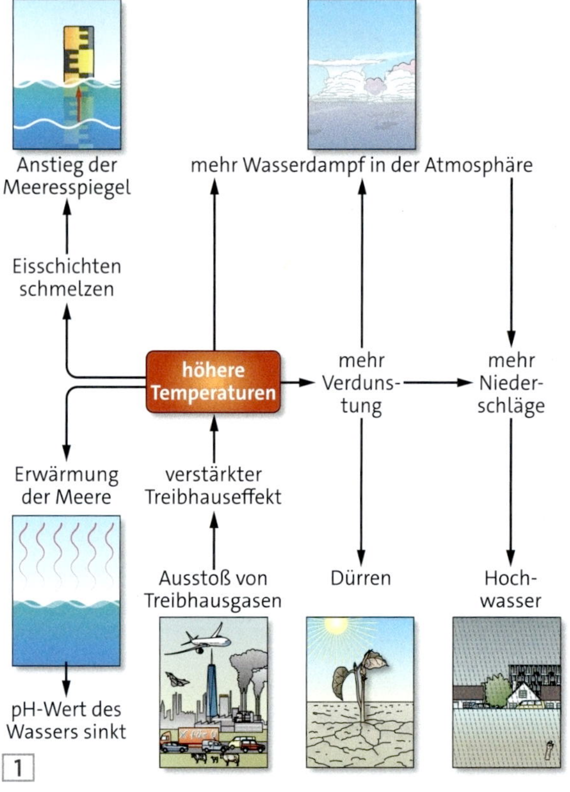

1

1 ◩ Nenne Folgen des Klimawandels.

2 Man bezeichnet Kohlenstoffdioxid auch als Treibhausgas.
☒ Erläutere den Begriff. Bedenke, wie Kohlenstoffdioxid in der Atmosphäre wirkt.

3 ◩ Nenne Ursachen für den Ausstoß von Kohlenstoffdioxid.

4 ☒ Erkläre den Zusammenhang zwischen der weltweiten Erwärmung und dem Ausstoß von Treibhausgasen.

5 ☒ Erkläre die Auswirkungen der weltweiten Erwärmung anhand von Bild 1.

6 ☒ Stellt gemeinsam in der Klasse Vermutungen an, zu welchen Veränderungen der Klimawandel führen kann:
- an den Eisflächen am Nordpol
- an den Nordseeinseln
- in warmen Regionen in Südeuropa

Material B

Kohlenstoffdioxid und Erwärmung

Zwei Colaflaschen wurden unter eine Wärmelampe gestellt. Eine Flasche wurde am Vortag geöffnet, die andere direkt vor dem Versuch. In jeder Flasche steckte ein Thermometer. Dann wurde ermittelt, wie sich die Luft in den Colaflaschen erwärmt.

1 ☒ Beschreibe die Auswirkung des Kohlenstoffdioxids im Versuch.

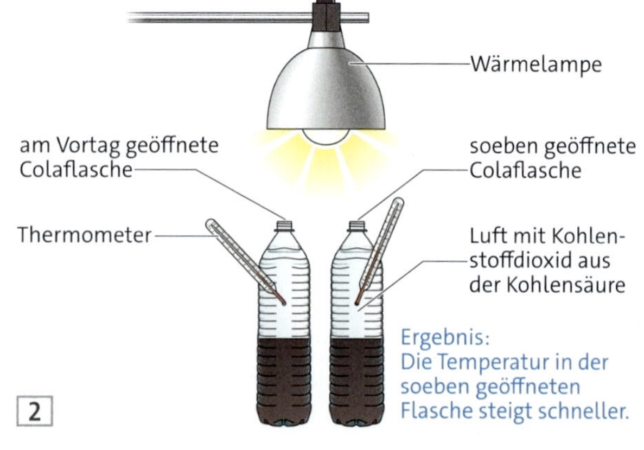

2

Material C

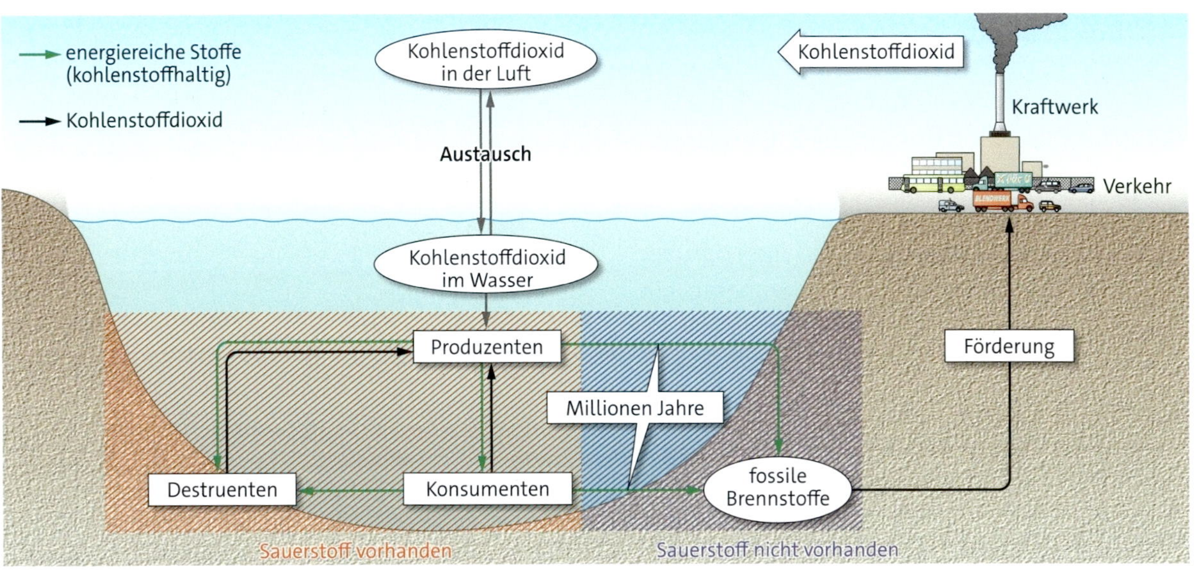

3 Kohlenstoffkreislauf

Kohlenstoffkreislauf

Kohlenstoff liegt unter anderem als Kohlenstoffdioxid in der Luft und im Wasser sowie gebunden in der Biomasse von Lebewesen vor. Er unterliegt einem Kreislauf, an dem die Produzenten, Konsumenten und Destruenten beteiligt sind. Sterben in einem Gewässer zu viele Lebewesen, die von den Destruenten nicht schnell genug abgebaut werden können, lagert sich am Boden immer mehr Biomasse ab. Im Laufe von Millionen von Jahren wird die tote Biomasse unter Druck und Sauerstoffmangel in fossile Brennstoffe wie Kohle umgewandelt. Wird diese zur Energiegewinnung verbrannt, wird wieder Kohlenstoffdioxid freigesetzt.

1 Erkläre, wozu Produzenten wie Pflanzen Kohlenstoffdioxid nutzen.

2 Beschreibe den Kohlenstoffkreislauf. → 3

Kohlenstoffsenken Bäume nehmen Kohlenstoffdioxid aus der Luft auf und speichern den Kohlenstoff in der Biomasse.
Deshalb bezeichnet man einen Wald als Kohlenstoffsenke. So nennt man ein Reservoir, das zeitweise oder dauerhaft Kohlenstoff aufnimmt und speichert.
Auch Ozeane und Moore nehmen große Mengen Kohlenstoffdioxid auf und speichern es.

4

3 Erkläre, wie der Mensch den natürlichen Kohlenstoffkreislauf beeinflusst. → 3

4 Kohlenstoffsenken wie Moore, Wälder und Ozeane speichern Kohlenstoff. → 4

a Erkläre, wie Wälder zu Kohlenstoffsenken werden.

b Begründe, dass der Schutz von Kohlenstoffsenken wichtig für das Weltklima ist.

Klima im Wandel

Erweitern und Vertiefen

Klima-Modelle

Wissenschaftler vermuten, dass sich die Erde bis zum Jahr 2100 um weitere 3 °C erwärmt. Wie kommen sie zu solchen Aussagen?

Mathematische Modelle • Aussagen darüber, wie sich die durchschnittliche Temperatur in Zukunft wahrscheinlich verändert, werden aus mathematischen Modellen abgeleitet. Dabei lassen Wissenschaftler verschiedene Faktoren, die das Klima beeinflussen, in hochkomplexe Gleichungen einfließen. Zu den Faktoren zählen Sonneneinstrahlung, Vulkanausbrüche sowie menschliche Einflüsse. → 1

Verlässlichkeit • Manche Menschen zweifeln die Verlässlichkeit von Klima-Modellen an. Sie kritisieren, dass das Klima von vielen weiteren Faktoren abhängt und daher nicht berechnet werden kann. Manche befürchten auch, dass bewusst übertrieben wird. Fakt ist: Klima-Modelle sind wie alle Modelle vereinfachte Abbildungen der Wirklichkeit. Sie beruhen auf Annahmen für die Zukunft, die mit großer Wahrscheinlichkeit zutreffen. Obwohl dabei Unsicherheiten bleiben, ist es falsch, Klima-Modelle als unglaubwürdig abzutun.

1 Faktoren für Klima-Modelle (Auswahl)

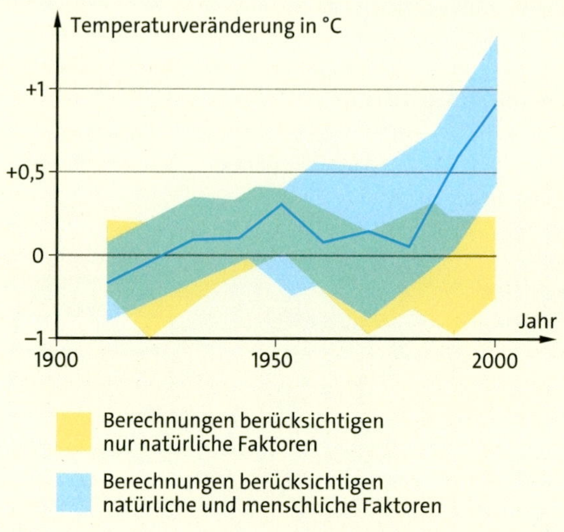

2 Berechnete und gemessene Werte im Vergleich

Weltweit arbeiten Tausende Wissenschaftler an der Erstellung und stetigen Verbesserung der Modelle. Die Modelle werden außerdem auf Fehler überprüft. Dabei kam man zu dem Ergebnis, dass Abweichungen zwischen den Modellen und der Wirklichkeit auf zufällige Schwankungen des Klimas zurückzuführen sind und nicht auf falsche Modelle.

Aufgaben

1 Nenne Faktoren, die in die Berechnung von Klima-Modellen einfließen. → 1

2 Beurteile, wie genau das Klima-Modell die Veränderung der Temperatur in Europa vorausgesagt hat. → 2

3 Begründe, weshalb Klima-Modelle die Zukunft nur mit einer gewissen Wahrscheinlichkeit abbilden können.

Material D

Sind wir wirklich schuld?

Über die Medien bekommt man unzählige verschiedene Meinungen zu Themen wie dem Klimawandel mit. Die meisten Wissenschaftler sind sich darüber einig, dass der Mensch eine große Rolle beim Klimawandel spielt. Doch es gibt auch andere Meinungen. Die Vielfalt der Informationen ist groß und es ist dabei gar nicht so einfach richtige und falsche Informationen voneinander zu unterscheiden. Deshalb ist es wichtig, alle Informationen kritisch zu betrachten und zu vergleichen, die Informationsquellen richtig einzuordnen und sich selbst eine Meinung auf der Grundlage von Fakten zu bilden.

„Der Anstieg der weltweiten Durchschnittstemperatur ist zum größten Teil auf den Ausstoß von Gasen wie Kohlenstoffdioxid durch den Menschen zurückzuführen, die den Treibhauseffekt verstärken. Das Problem ist also vom Menschen gemacht."
Expertin eines internationalen Klimaforschung-Ausschusses A

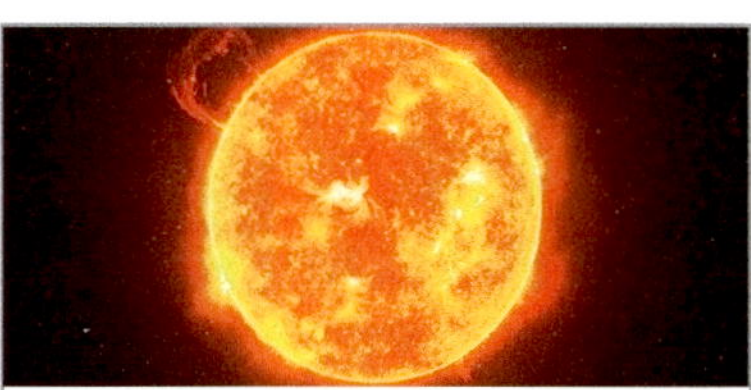

„Es gibt Hinweise darauf, dass nicht Kohlenstoffdioxid sondern andere Faktoren wie die Sonne schuld am Klimawandel sind."
Vertreter der Automobilbranche B

„Der Treibhauseffekt ist doch ein ganz natürlicher Vorgang und sollte daher nicht als Problem angesehen werden."
Schülerin C

„Schon immer unterlag das Klima auf der Erde Schwankungen. Nach dem Ende der letzten Eiszeit befinden wir uns nun in einer Zeit, in der die Temperatur steigt. Der Grund ist also das Ende der Eiszeit und nicht der Mensch."
Professor für Erdgeschichte D

3 Verschiedene Meinungen zu den Ursachen des Klimawandels

1 Gib an, ob bei den Aussagen A–D jeweils der Mensch für den Klimawandel verantwortlich gemacht wird oder nicht.

2 Fasse die in den Aussagen genannten Ursachen für den Klimawandel in jeweils einem Satz zusammen.

3 Beschreibe, aus welchen Quellen die verschiedenen Aussagen stammen.

4 Beurteile begründet, welchen Aussagen du aufgrund der Quelle eher vertraust und welchen nicht.

5 Beschreibe, was du zur Überprüfung der Aussagen tun könntest.

6 Erkläre der Person, von der die Aussage C stammt, dass sie mit ihrer Schlussfolgerung falsch liegt.

7 Begründe, dass wissenschaftliche Themen auch umstritten sein können.

Verlust der Vielfalt

1 Weltweit vom Aussterben bedrohte Tierarten (Auswahl):
A Borneo Orang-Utan, **B** Panayhornvogel, **C** Sumatra-Tiger, **D** Südlicher Blauflossenthun, **E** Asiatischer Löwe, **F** Java-Nashorn

Die Vielfalt an Arten, Lebensräumen und Ökosystemen sinkt. Was sind die Ursachen und Folgen?

Vielfalt geht verloren • Weltweit gelten zahlreiche Arten als gefährdet oder vom Aussterben bedroht. Experten gehen davon aus, dass jeden Tag über 100 Arten aussterben. Daher nimmt die Artenvielfalt ab. Auch die Vielfalt der Lebensräume und Ökosysteme sinkt.

Ursachen • Viele Arten sind bedroht, weil der Mensch sie zu stark für seine Bedürfnisse nutzt. Ein Beispiel ist die Überfischung der Meere: Fische wie Thunfische, die viele Menschen gerne essen, werden oft in großen Mengen mit riesigen Schleppnetzen gefangen. Dabei werden auch Tiere gefangen, die sich nicht zum Verzehr eignen. Eine weitere Bedrohung ist die Einführung fremder Arten durch den Menschen, die heimische Arten verdrängen.

Viele Lebensräume werden zerstört, um die Flächen zu bebauen oder landwirtschaftlich zu nutzen. Oft werden in der Landwirtschaft giftige Pflanzenschutzmittel eingesetzt und einzelne Pflanzenarten großflächig angebaut. Das senkt die Vielfalt der Wildpflanzen und bedroht viele Insekten, die durch die Gifte getötet werden oder keine Nahrung finden. Der Klimawandel trägt ebenfalls zum Verlust der Vielfalt bei, weil er Lebensräume stark verändert.

Folgen • Wenn eine Tier- oder Pflanzenart ausstirbt, hat das Folgen für die Ökosysteme, in denen sie gelebt hat. Mit ihr können auch andere Arten gefährdet sein, die mit dieser Art in engen Beziehungen standen.
Auch für den Menschen hat der Verlust Folgen. Viele Arten sind die Grundlage unserer Ernährung und wichtige Rohstoffe. Der Anbau vieler Nutzpflanzen ist auf die Bestäubung durch Insekten angewiesen. Das Fehlen von Insekten führt hier zu großen Problemen.

Die Vielfalt der Arten, Lebensräume und Ökosysteme nimmt weltweit ab. Das hat dramatische Folgen, auch für den Menschen.

Aufgaben

1 Nenne Ursachen für den Verlust der Vielfalt.

2 Beschreibe mögliche Folgen des Artensterbens.

die Vielfalt
die Überfischung

Material A

Auch hier ein Problem ...

Auch bei uns sind zahlreiche Arten gefährdet oder vom Aussterben bedroht. In Bild 2 sind die Zahlen der in Deutschland vorkommenden Tiere und Pflanzen dargestellt. Aus dem Diagramm kannst du ablesen, wie hoch der Anteil der bedrohten Arten in den verschiedenen Gruppen ist.

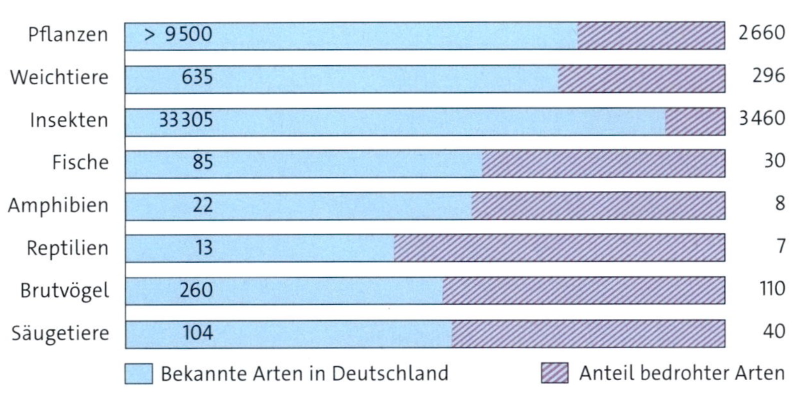

2 Bedrohung der Artenvielfalt in Deutschland

1 Nenne die Gruppe mit den meisten bekannten Arten in Deutschland.

2 Vergleiche die Gruppen der Insekten und Reptilien im Hinblick auf Anzahl und Anteil der bedrohten Arten.

3 Stellt gemeinsam in der Klasse Vermutungen zu den jeweiligen Ursachen der Bedrohung der Gruppen an.

Material B

Insektensterben

Viele Menschen finden Insekten lästig. Doch ihre Bedeutung ist riesig. Sie bestäuben Blüten, dienen als Nahrungsgrundlage und tragen zur Fruchtbarkeit der Böden bei. Seit Jahrzehnten stellt man ein Insektensterben fest. Erhebungen an mehreren deutschen Standorten ergaben, dass die Zahl an Fluginsekten wie Bienen und Schmetterlinge in den letzten 30 Jahren um bis zu 80 Prozent zurückging.

1 Beschreibe die Bedeutung von Insekten für Ökosysteme.

2 Erkläre, welche Folgen der Rückgang der Insekten hat. Bedenke andere Lebewesen im Ökosystem und den Menschen. → 3

3 Die Ursachen des Insektensterbens sehen Experten vor allem in der Landwirtschaft.

a Beschreibe mögliche Ursachen.

b Erläutere, was sich in der Landwirtschaft zum Schutz der Insekten ändern müsste.

4 Ermittelt Maßnahmen, mit denen ihr zum Insektenschutz beitragen könnt.

3 Insekten sind wichtige Bestäuber: **A** Schmetterling, **B** Biene

Nachhaltigkeit

1 Wir alle tragen die Verantwortung.

Wir greifen in vielfältiger Weise in unsere Umwelt ein. Wie können wir sie schützen und erhalten?

Nachhaltigkeit • Alle Stoffe, die wirtschaftlich genutzt werden, bezeichnet man als Ressourcen. Ein gutes Beispiel dafür ist Holz. Während des Mittelalters wurden in Europa zahlreiche Wälder abgeholzt. Zum einen wurden so Flächen für Viehweiden und Felder gewonnen, zum anderen diente das Holz als Bau- und Brennmaterial. Anfang des 19. Jahrhunderts gab es nur noch Waldreste in Europa und man musste erkennen: Soll auch in Zukunft Holz verfügbar sein, dann kann nur so viel abgeholzt werden, wie auch wieder nachwächst. Diese achtsame wirtschaftliche Nutzung einer Ressource auf lange Sicht bezeichnet man als Nachhaltigkeit.

Wasser • Viele Menschen haben keinen Zugang zu sauberem Wasser, obwohl das Wasser der Welt ausreicht, um den Bedarf zu decken. Doch die Vorräte sind ungleich verteilt: In Wüstengebieten in Afrika oder Asien steht den Menschen viel weniger Wasser zur Verfügung als in Europa, wo es viele Flüsse und Seen gibt. In Deutschland verbraucht ein Mensch pro Tag ungefär 120 Liter Wasser zum Duschen, Trinken oder Putzen. Auch für die Herstellung von Lebensmitteln und Konsumgütern wie Kleidung und Smartphones wird Wasser benötigt. Dieses wird als virtuelles Wasser bezeichnet. So ergibt sich ein täglicher Wasserverbrauch von durchschnittlich 4 000 Litern pro Person in Deutschland. Ein weiteres Problem ist die Verschmutzung von Wasser durch Schadstoffe aus privaten Haushalten und der Industrie und durch Dünger und Pflanzenschutzmittel. Um die Wasserressourcen der Erde nachhaltig zu nutzen, muss die Übernutzung und Verschmutzung verhindert oder zumindest vermindert werden.

Plastik und Aluminium • Plastik wird aus Erdöl gewonnen, Aluminium aus dem Mineral Bauxit. Diese Ressourcen sind nur in begrenzten Mengen auf der Erde vorhanden. Viele unserer Alltagsprodukte bestehen aus Plastik oder Aluminium oder sind in Plastik verpackt, wobei viel Müll anfällt. → 3 Man kann sparsam mit den Ressourcen umgehen, indem man Einwegprodukte aus Plastik und Aluminium vermeidet, Alternativen aus anderen Materialien nutzt und die Produkte möglichst lange verwendet.

die Ressource
die Nachhaltigkeit
das virtuelle Wasser
das Recycling

Außerdem ist es wichtig, Produkte sorgfältig zu entsorgen, denn die Ressourcen können zur Herstellung neuer Produkte verwendet werden. Man spricht dabei von Recycling, da die Ressourcen so in einen Kreislauf geführt werden.
Aus unserem täglich anfallenden Müll werden Plastik, Glas, Metalle und Papier wiederverwendet und aus Elektroschrott wie einem kaputten Laptop oder Smartphone werden wertvolle Metalle zurückgewonnen. Wir tragen durch die Mülltrennung zum Recycling bei, da die Ressourcen dann nicht aufwändig industriell getrennt werden müssen.

Verschiedene Interessen • Viele unserer Alltagsgegenstände können nicht zu 100 % nachhaltig produziert werden. Trotzdem wollen wir oft nicht darauf verzichten. Um unsere Lebensgrundlage langfristig zu erhalten, müssen wir nach dem Prinzip der Nachhaltigkeit handeln. → 3 Dieses besagt, dass wir Ressourcen wie Wasser und Boden schonend nutzen müssen, sodass die Menschen auch in Zukunft gut leben können. Dabei müssen verschiedene Interessen berücksichtigt werden: das ökologische Gleichgewicht, die wirtschaftliche Sicherheit und die soziale Gerechtigkeit.

Unsere Verantwortung • Wir müssen alle zum Schutz unserer Umwelt beitragen. Dazu gehört, dass wir Müll vermeiden und richtig entsorgen, schadstoffarme und nachhaltig hergestellte Produkte bevorzugen und statt des Autos öffentliche Verkehrsmittel nutzen.

2 Plastik und Aluminium im Müll

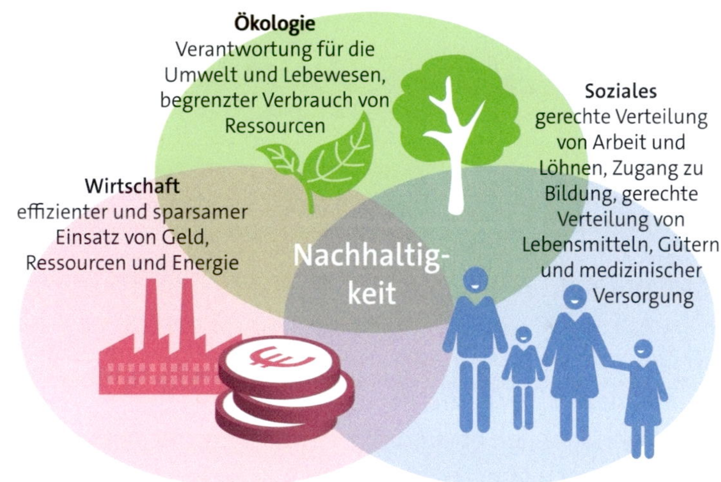

3 „Drei-Kreise-Modell" der Nachhaltigkeit

Nachhaltiges Handeln schont Ressourcen. Dabei werden die Interessen der Umwelt, Wirtschaft und Menschen berücksichtigt.

Aufgabe

1 ☒ Erläutere an einem Beispiel, was man unter Nachhaltigkeit versteht. Nimm Bild 3 zu Hilfe.

Nachhaltigkeit

Material A

Schütze deine Umwelt!

1 Die Bilder 1 A–D zeigen Maßnahmen zum Umweltschutz.
a Nenne die Maßnahmen.
b Erläutere die Wirkung der Maßnahmen an zwei Beispielen.

2 Überlege dir weitere Maßnahmen.

3 Leite Verhaltensregeln für dich ab.

1 Wir alle tragen die Verantwortung.

Material B

Badeenten

Im Jahr 1992 kam es zu einem Schiffsunglück, bei dem drei Containerladungen über Bord gingen, die sich öffneten. Darin befanden sich Badeenten aus Plastik. Monate später fand man Badeenten an den Küsten Amerikas und Australiens. → 2 Über 10 Jahre später wurden sie auch an der Küste Englands gefunden. Wissenschaftler nutzen dieses Beispiel als Beweis dafür, dass Plastikmüll sich über die Meere weltweit verteilt.

1 Beschreibe das Schiffsunglück.

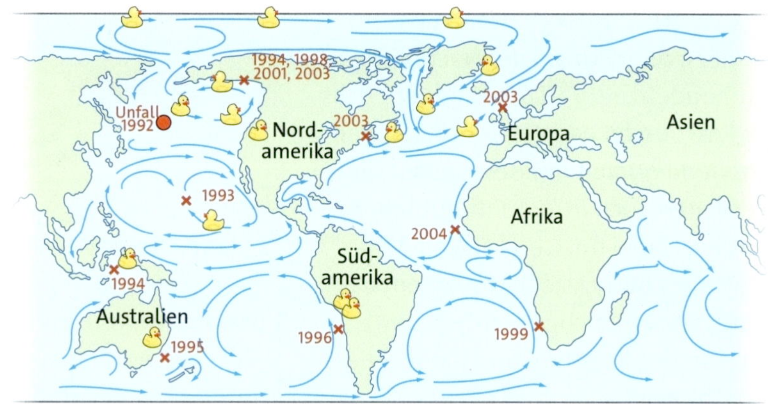

2 Verbreitung der Badeenten in den Weltmeeren

2 Beschreibe die Folgen des Schiffsunglücks mithilfe der Karte. → 2

3 Erkläre, was der Vorfall bewiesen hat.

4 Du beobachtest am Strand eine Person, die ihre Plastikflasche in den Sand wirft und weitergeht.
Bewerte das Verhalten der Person.

Material C

Virtuelles Wasser

Das virtuelles Wasser ist die Gesamtmenge des Wassers, die bei der Herstellung von Produkten benötigt wird. Der Begriff virtuell drückt aus, dass man dem Produkt nicht ansieht, wie viel Wasser für die Herstellung eingesetzt wurde.

1 Jeans → 3

a ◩ Erkläre den hohen Wasserverbrauch bei der Herstellung einer Jeans.

b ⊠ Beurteile, wie sich die Jeansherstellung auf die Wasserresourcen auswirkt.

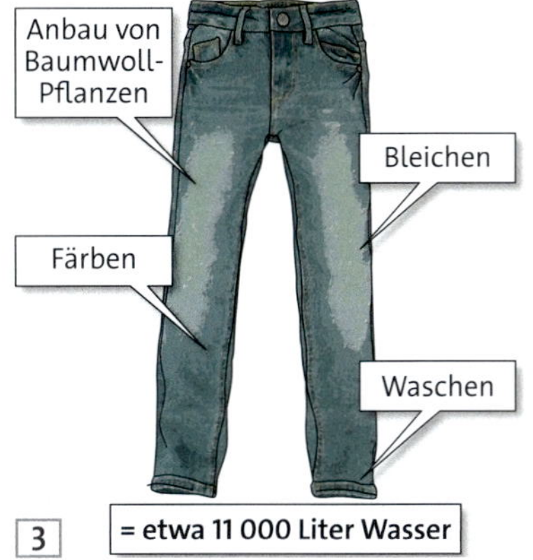

3

4

2 Weizen und Fleisch → 4

a ◩ Vergleiche den Wasserverbrauch von Weizen und Rindfleisch.

b ⊠ Stelle Vermutungen zu den Ursachen an.

3 ⊠ Leite Verhaltensregeln ab, um deinen Wasserverbrauch zu verringern.

Material D

Ökologischer Rucksack

Jedes Produkt verbraucht Energie und Ressourcen, die man auf den ersten Blick nicht gleich erkennt. Dies gilt für den gesamten Lebensweg des Produkts: von der Rohstoffgewinnung über Herstellung, Verpackung, Transport und Gebrauch bis zur Entsorgung. Der gesamte Verbrauch ergibt den „ökologischen Rucksack" des Produkts. Er hilft uns zu verstehen, wie viel „Natur" wir durch unser Konsumverhalten „verbrauchen" und wie wir schonend damit umgehen können.

1 Betrachte Bild 5.

a ◩ Vergleiche die Werte der verschiedenen Produkte.

b ⊠ Wähle zwei Produkte aus. Stelle Vermutungen zu den unterschiedlich schweren ökologischen Rucksäcken an.

2 Jeder ist verantwortlich.

a ⊠ Leite Verhaltensregeln aus Bild 4 ab. Wie kannst du deinen persönlichen Verbrauch verringern?

b ⊠ Diskutiert Verhaltensregeln in der Klasse.

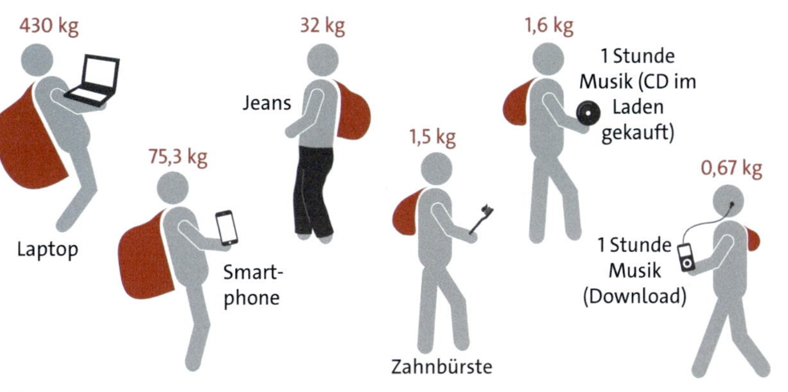

5 Ökologischer Rucksack von Produkten (Ressourcenverbrauch in kg)

Methode

Umweltkonflikte lösen

In Zeitungen oder im Internet liest man oft von Umweltkonflikten, die das eigene Umfeld betreffen. → 1 Viele Menschen haben sofort eine Meinung dazu, ohne sich die Argumente für und gegen eine geplante Maßnahme anzuhören. Viele Menschen weichen nicht von ihrer Meinung ab. Sie lehnen es ab, andere Argumente zu prüfen. Dann erhärtet sich der Konflikt. Mögliche Lösungen zeichnen sich erst dann ab, wenn die Befürworter und Gegner sich gegenseitig zuhören. So geht man vor, wenn man einen Umweltkonflikt lösen will:

Verhärtete Fronten!

In der Stadt wird gestritten. Stadtplaner möchten ein neues Gewerbegebiet bauen. Sie erwarten dadurch viele neue Arbeitsplätze. Auch Einkaufsmöglichkeiten und Freizeiteinrichtungen sowie Straßen und Bushaltestellen für eine bessere Verkehrsanbindung sollen entstehen. Für den Bau des Gewerbegebiets müsste jedoch ein Wald abgeholzt werden. Vor allem Naturschützer sind gegen das Projekt. Durch die Abholzung werden die Nistplätze des Uhus zerstört. Viele Bürger befürchten, dass mehr Verkehr in die Stadt kommt. Sie fürchten um ihre Ruhe und Gesundheit. Außerdem gehen viele Menschen in dem Wald wandern. Doch es mangelt an Alternativen: Das Trockenlegen des Sumpfgebiets lehnen die Naturschützer auch ab und die Reinigung eines alten Militärgeländes ist sehr teuer.

1

1. Argumente sammeln Befürworter und Gegner sammeln zunächst Argumente für ihre jeweiligen Meinungen. Die Argumente sollten sich auf Fakten beziehen und gut verständlich präsentiert werden.
Beispiele:
- Befürworter: „Das Gewerbegebiet ist notwendig, da so neue Arbeitsplätze geschaffen werden."
- Gegner: „Lebensräume müssen zum Schutz der Artenvielfalt erhalten bleiben. Der Wald soll daher nicht abgeholzt werden."

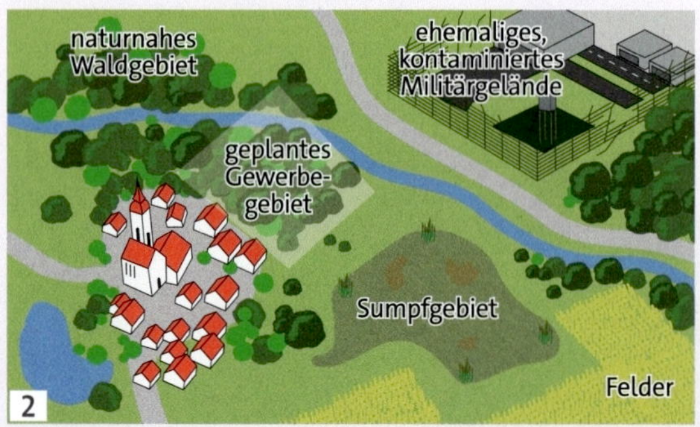

2

2. Argumente prüfen Die Argumente werden auf ihre Sachlichkeit überprüft. Am besten kann man die Pro- und Kontra-Argumente in einer Tabelle gegenüberstellen.

3. Lösungsansätze aufzeigen Sowohl die Befürworter als auch die Gegner einer geplanten Maßnahme haben berechtigte Interessen. Ziel muss es sein, beide Interessen zu wahren und so einen Kompromiss zu finden. Ein Lösungsansatz sollte sich daher am „Drei-Kreise-Modell" der Nachhaltigkeit orientieren.

Aufgaben

1 ◩ Arbeitet zu zweit. Sammelt Argumente für und gegen den Bau des Gewerbegebiets.

2 ⊠ Findet eine Lösung für den Konflikt. Nutzt dazu auch die Karte in Bild 2.

3

Regenwälder in Gefahr

Bedeutung • Die tropischen Regenwälder in Südamerika, Afrika und Südostasien werden als die „grüne Lunge“ der Erde bezeichnet. Durch ihre Größe nehmen sie riesige Mengen Kohlenstoffdioxid aus der Atmosphäre auf und geben sehr viel Sauerstoff ab. Sie haben daher einen Einfluss auf das Klima der Erde. Mit mehr als 50 Prozent aller bekannten Tier- und Pflanzenarten zählen die Regenwälder zu den artenreichsten Lebensräumen der Erde. Fast täglich werden hier neue Arten entdeckt.

Bedrohung • Trotz ihrer großen Bedeutung werden die Regenwälder großflächig zerstört. Die Gründe sind vielfältig. Um Ackerflächen und Viehweiden zu gewinnen, werden große Flächen abgeholzt. Oft werden die Bäume auch durch Feuer beseitigt. Dies nennt man Brandrodung. Dabei verbrennen auch viele Tiere qualvoll. Auf den freien Flächen werden Plantagen für Kakao, Kaffee, Tabak, Bananen und Palmöl angelegt. Diese Produkte werden weltweit verkauft. Palmöl wird zum Beispiel in der Herstellung von Lebensmitteln, Pflegemitteln und Putzmitteln eingesetzt. Auch der Bergbau bedroht die Regenwälder. Im afrikanischen Kongo werden große Flächen zerstört, um an das Erz Coltan zu gelangen, das in jedem Smartphone enthalten ist. Durch das feuchte Klima in den Tropen ist das Holz der Bäume aus den Regenwäldern besonders beständig. Daher wird es in Europa gerne für teure Möbel und Bodenbeläge verwendet. Pro Minute geht Regenwald auf einer Fläche in der Größe von 35 Fußballfeldern für immer verloren – mit schlimmen Folgen: Je weniger Bäume, desto weniger Kohlenstoffdioxid wird aufgenommen. So verbleibt das Kohlenstoffdioxid in der Atmosphäre und verstärkt den Treibhauseffekt und damit die weltweite Erwärmung. Die Zerstörung der Regenwälder bedroht außerdem das Überleben Tausender Pflanzenarten und Tierarten.

Aufgaben

1 Nenne Gründe, warum der Mensch die Regenwälder zerstört.

2 Überlege für dich Möglichkeiten, wie du in deinem Umfeld helfen kannst, die Regenwälder zu schützen.

Ökosysteme und ihre Veränderung

Zusammenfassung

Ökosysteme • Das Überleben eines Lebewesens wird durch Umweltfaktoren beeinflusst. Alle abiotischen (nicht lebendigen) Umweltfaktoren an einem Standort, wie Sonnenlicht, Temperatur und Feuchtigkeit, ergeben zusammen einen Lebensraum, ein Biotop. Die Gesamtheit der Lebewesen, die im Biotop vorkommen, wird als Lebensgemeinschaft oder Biozönose bezeichnet. Auch Lebewesen nehmen Einfluss auf das Überleben anderer Lebewesen. Deshalb gelten sie als biotische (lebendige) Umweltfaktoren. Ein Biotop und die dort vorkommende Biozönose bilden zusammen ein Ökosystem. Beispiele für Ökosysteme sind Wälder, Seen und Flüsse.

1 Ökosysteme: **A** Wald, **B** Fluss und Meer

Stockwerke im Wald • Durch die unterschiedliche Höhe von Bäumen, Sträuchern, Kräutern und Moosen entstehen im Wald mehrere Stockwerke, die sich in abiotischen Umweltfaktoren wie der Lufttemperatur und dem Sonnenlicht und auch im Vorkommen von Pflanzen und Tieren, die an die jeweiligen Umweltfaktoren angepasst sind, unterscheiden. Auch der Boden ist ein wichtiger Lebensraum mit einer riesigen Artenvielfalt.

Zonen in Seen und Flüssen • Seen und Flüsse werden in verschiedene Zonen eingeteilt, die sich durch abiotische Umweltfaktoren wie Temperatur und Sauerstoffgehalt des Wassers und durch das Vorkommen von Pflanzen und Tieren, die an die jeweiligen Umweltfaktoren angepasst sind, unterscheiden. Beim See unterscheidet man den Seeboden, das Freiwasser und das Ufer mit den verschiedenen Pflanzenzonen. Beim Fluss unterscheidet man verschiedene Zonen von der Quelle bis zur Mündung.

Lebewesen sind angepasst • Alle abiotischen und biotischen Umweltfaktoren, die das Überleben einer Art beeinflussen, bilden zusammen die ökologische Nische, an die diese Art angepasst ist. Die Art weist für jeden Umweltfaktor einen Toleranzbereich auf. Liegen Umweltfaktoren dauerhaft außerhalb ihres Toleranzbereichs, kommt die Art in dem Ökosystem nicht vor. Sind zwei Arten auf gleiche oder ähnliche Umweltfaktoren angewiesen, stehen sie in Konkurrenz. Unterschiedliche Angepasstheiten können die Konkurrenz zwischen den Arten verringern und so das Zusammenleben ermöglichen.

Nahrungsbeziehungen • Die Pflanzen und Tiere eines Ökosystems sind über ein Nahrungsnetz miteinander verbunden. Dabei bilden Pflanzen die Nahrungsgrundlage für Pflanzenfresser, die wiederum zur Beute von Fleischfressern werden. Je größer das Angebot an Beute im Lebensraum ist, desto stärker vermehren sich die Räuber.

Fotosynthese und Zellatmung • Grüne Pflanzen stellen mithilfe der Lichtenergie der Sonne aus Kohlenstoffdioxid und Wasser energiereiche Glukose her. Dabei wird Sauerstoff gebildet. Einen Teil der Glukose nutzen die Pflanzen zum Aufbau ihrer Biomasse. Tiere und Menschen müssen Energie in Form von Glukose mit der Nahrung aufnehmen und durch den Abbau der Glukose in der Zellatmung freisetzen. Auch die Pflanzen betreiben Zellatmung zum Abbau der energiereichen Glukose.

2 Aufnahme von Biomasse und Energie

Stoffkreislauf • Pflanzen sind Produzenten, da sie durch die Fotosynthese ihre Biomasse aufbauen und dabei Sauerstoff abgeben. Pflanzenfresser und Fleischfresser sind Konsumenten, die sich von der Biomasse anderer Lebewesen ernähren müssen. Destruenten bauen tote Biomasse und Kot zu Mineralstoffen und Kohlenstoffdioxid ab. Die Abbaustoffe der Destruenten werden wieder von Produzenten aufgenommen und zum Aufbau neuer Biomasse genutzt. So entsteht ein Stoffkreislauf.

Energiefluss • Mit der Biomasse wird chemische Energie von Stufe zu Stufe über die Nahrungskette weitergegeben. Man spricht dabei vom Energiefluss. In jedem Lebewesen wird nur ein Teil der Energie in neue Biomasse umgewandelt. Ein großer Teil der Energie wird für Lebensvorgänge genutzt und der Rest wird ausgeschieden oder als Wärmeenergie abgegeben. Daher steht den Konsumenten und Destruenten von Stufe zu Stufe weniger Energie zur Verfügung. Das nennt man Energie-Entwertung.

Veränderungen • Ökosysteme verändern sich, zum Beispiel im Verlauf der Jahreszeiten. Aber auch der Mensch führt zu Veränderungen, zum Beispiel indem er naturnahe Wälder abholzt, Flüsse für den Schiffsverkehr begradigt, Mikroplastik, Schadstoffe und Dünger in Gewässer einleitet oder fremde Arten einführt, die heimische Arten verdrängen. Auch der Klimawandel verändert Ökosysteme. Eine Ursache für den Anstieg der weltweiten Durchschnittstemperatur ist der Ausstoß von Kohlenstoffdioxid bei der Verbrennung von Kohle und Erdöl.

Nachhaltigkeit • Wir müssen alle zum Schutz unserer Umwelt beitragen. Dazu gehört, dass wir Ressourcen wie Wasser und Boden schonend nutzen, sodass die Menschen auch in Zukunft gut leben können. Für uns heißt das zum Beispiel: Müll vermeiden und richtig entsorgen, schadstoffarme Produkte bevorzugen und weniger mit dem Auto fahren.

3

Ökosysteme und ihre Veränderung

Teste dich! (Lösungen im Anhang)

Wälder, Seen und Flüsse sind Ökosysteme

1 ☑ Erläutere die Begriffe Biotop, Biozönose, Ökosystem und Biosphäre.

2 ☑ Nenne zwei abiotische und zwei biotische Umweltfaktoren, die auf Lebewesen im Wald oder im Gewässer einwirken.

3 ☒ Erkläre die Aussage: Die Arten sind an ihre jeweiligen ökologischen Nischen angepasst.

4 ☒ Erläutere, wodurch Konkurrenz entsteht und wodurch sie verhindert wird.

Nahrungsbeziehungen

5 ☑ Erstelle aus dem Nahrungsnetz in Bild 1 zwei möglichst lange Nahrungsketten und beschreibe eine davon.

6 ☒ Beschreibe mögliche Folgen, wenn sich die Zahl der Eichenwicklerraupen stark verringern würde. → 1

7 Räuber-Beute-Beziehung

a ☑ Beschreibe die Beziehung zwischen der Spitzmaus und dem Waldkauz mit den Begriffen Räuber und Beute. → 1

b ☒ Beschreibe am Beispiel des Waldkauzes und der Spitzmaus ein vereinfachtes Modell zum Zusammenhang zwischen der Anzahl von Beutetieren und Räubern im Ökosystem.

Fotosynthese und Zellatmung

8 ☑ Nenne die Wortgleichung der Fotosynthese.

9 ☑ Beschreibe, wozu Pflanzen die Glukose nutzen, die sie in der Fotosynthese bilden.

10 ☑ Nenne die Wortgleichung der Zellatmung.

11 ☒ Stelle den Zusammenhang zwischen der Fotosynthese und der Zellatmung dar.

12 ☒ Begründe, dass Pflanzen aufgrund ihrer Fähigkeit zur Fotosynthese die Grundlage in jedem Nahrungsnetz bilden.

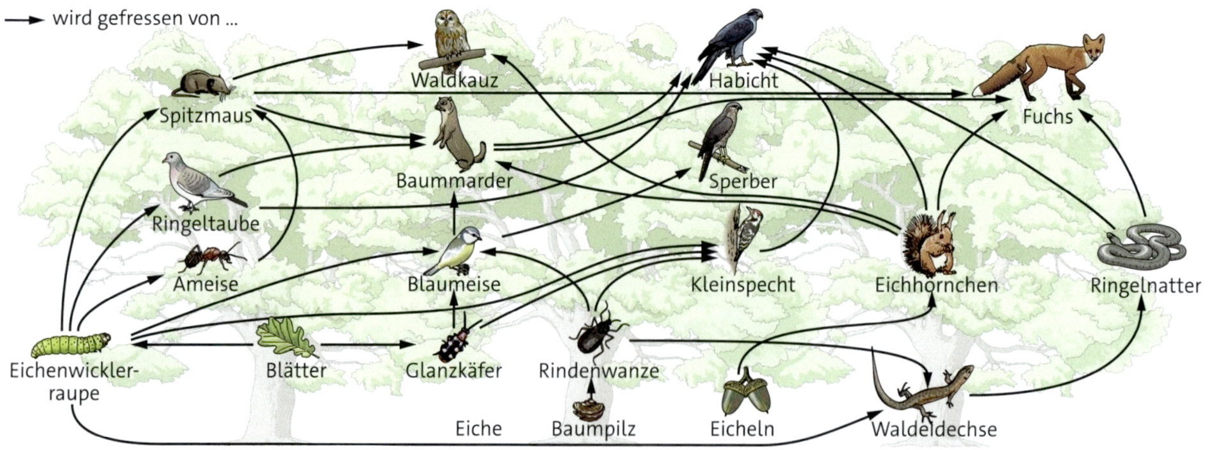

1 Nahrungsnetz im Wald

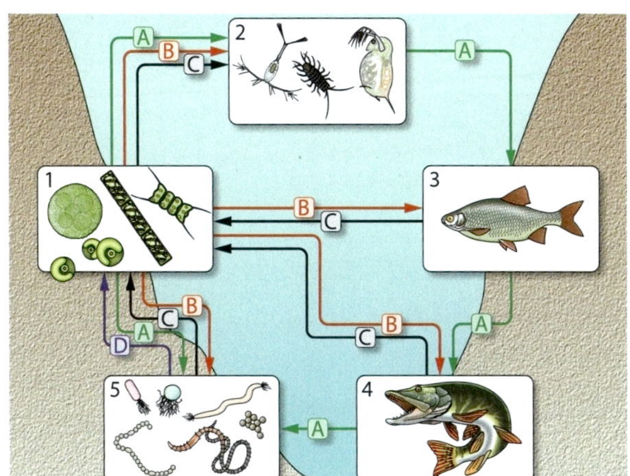

2 Stoffkreislauf im See

Stoffkreislauf und Energiefluss

13 Betrachte Bild 2.

a Ordne den Nummern 1–5 die Begriffe zu: Konsumenten 1. Ordnung, Produzenten, Konsumenten 3. Ordnung, Destruenten, Konsumenten 2. Ordnung.

b Ordne den mit Buchstaben markierten Pfeilen die Stoffe zu: Mineralstoffe, Sauerstoff, Kohlenstoffdioxid, energiereiche Stoffe.

14 Erläutere den Energiefluss an einem Beispiel aus Bild 1 oder Bild 2.

Veränderungen in Ökosystemen

15 Beschreibe natürliche Veränderungen bei den Pflanzen und Tieren im Ökosystem Wald im Verlauf der Jahreszeiten.

16 Erläutere am Beispiel Wald und Forst, See und Teich oder Fluss und Kanal den Unterschied zwischen naturnahen Ökosystemen und „künstlichen" Ökosystemen.

17 Die Bilder 3 A und 3 B zeigen dasselbe Fließgewässer zu unterschiedlichen Zeitpunkten.

a Begründe, welches Bild den ursprünglichen Flussverlauf zeigt.

b Beschreibe, wie sich der veränderte Flussverlauf auf das Ökosystem auswirkt.

18 Beschreibe Möglichkeiten, wie Neobionten in heimische Ökosysteme gelangen.

19 Erkläre, wann man bei Neobionten von invasiven Arten spricht.

20 Erläutere eine Ursache des Klimawandels.

21 Beschreibe Folgen des Klimawandels für die Natur und den Menschen.

Unsere Verantwortung für die Umwelt

22 Erkläre das Prinzip der Nachhaltigkeit.

23 Zähle Maßnahmen auf, mit denen auch du in deinem Alltag einen Beitrag zum Schutz unserer Umwelt leisten kannst.

3 Fließgewässer in zwei Zuständen

Information und Regulation

Ob Lasershow, laute Musik oder Gedränge – auf einem Livekonzert ist man ununterbrochen vielen Einflüssen ausgesetzt. Wie kann man sie wahrnehmen?

Was wir sehen, wird im Gehirn verarbeitet. Die Informationen werden über Nervenzellen von den Augen zum Gehirn geleitet. Welche Vorgänge laufen in den Nervenzellen ab?

Fast pausenlos tauschen wir untereinander Informationen aus, bewusst und auch unbewusst. Wie kommunizieren wir?

Vom Reiz zur Reaktion

1 Vorfreude beim Anblick einer Pizza

Schon der Anblick einer Pizza löst eine Vielzahl von Reaktionen im Körper aus, ohne dass wir darüber nachdenken. Was passiert dabei im Körper? Welche Strukturen sind daran beteiligt?

Reize • Eine Pizza erkennen wir am Aussehen, Geschmack und Geruch. An einer heißen Pizza können wir uns die Finger verbrennen. Wenn wir sie gemeinsam mit Freuden essen, hören wir deren Stimmen und Gelächter. Solche Einflüsse, die wir aus unserer Umwelt aufnehmen, bezeichnet man als Reize. Sie gehen von einer Reizquelle aus und stehen als Auslöser am Anfang der meisten Reaktionen. Zum Beispiel kann der Magen knurren, wenn wir Hunger haben und eine Pizza sehen. Die verschiedenen Reize werden in chemische und physikalische Reize unterteilt. → 2

Sinne, Sinnesorgane, Sinneszellen • Zur Aufnahme von Reizen stehen uns unsere Sinne zur Verfügung. Hierzu zählen der Sehsinn, der Geruchssinn, der Geschmackssinn, der Tastsinn und der Gehörsinn. Die Aufnahme der Reize erfolgt durch unsere Sinnesorgane. Dazu gehören die Augen, die Ohren, die Nase, die Zunge und die Haut. Die Sinnesorgane enthalten Sinneszellen, die auf bestimmte Reize spezialisiert sind. Eine Sinneszelle ist somit nur für einen bestimmten Reiz empfindlich. Man spricht von einem adäquaten Reiz. Zum Beispiel sind die Sinneszellen der Nase für chemische Geruchsstoffe empfindlich, aber nicht für Licht. → 2 Radiowellen, Röntgenstrahlen und radioaktive Strahlung bemerken wir nicht. Dies sind keine Reize für uns, weil wir keine passenden Sinneszellen besitzen. Man kann sie nur mit Messgeräten erkennen.

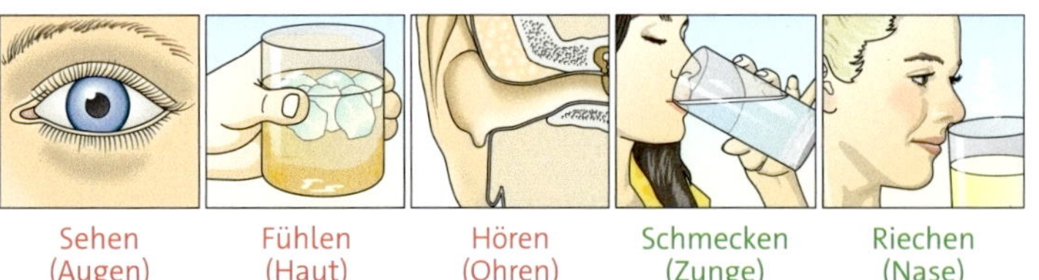

2 Reize, Sinne und Sinnesorgane

der adäquate Reiz
die Sinneszelle
die Wahrnehmung
das Reiz-Reaktions-Schema

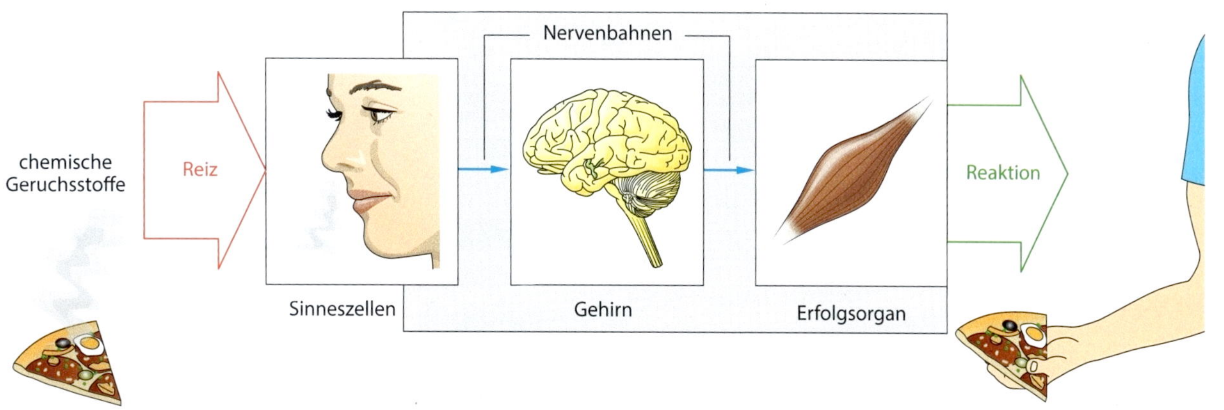

3 Reiz-Reaktions-Schema

Verarbeitung im Gehirn • Die Sinne ermöglichen es, dass wir auf Reize aus unserer Umwelt reagieren können. Der Weg von einem Reiz zu einer Reaktion verläuft immer nach einem ähnlichen Schema: Von einer Pizza gehen Reize aus, zum Beispiel chemische Geruchsstoffe. → 3 Die Geruchsstoffe werden von der Nase aufgenommen und in den Sinneszellen in elektrische Signale umgewandelt. Nervenbahnen leiten die elektrischen Signale zum Gehirn weiter, wo sie verarbeitet werden. Dabei werden Vorlieben und Erfahrungen berücksichtigt. Dieses Zusammenspiel aus der Aufnahme und Verarbeitung von Reizen nennt man Wahrnehmung. Das Gehirn sendet elektrische Signale über Nervenbahnen an Erfolgsorgane, zum Beispiel an bestimmte Muskeln. Dies löst die Reaktion aus. Du greifst nach der Pizza. Der gesamte Vorgang folgt dem Reiz-Reaktions-Schema.

Adäquate Reize werden in den Sinneszellen in elektrische Signale umgewandelt, die dann im Gehirn verarbeitet werden. Die Reaktion auf einen Reiz wird im Gehirn geplant und vom Erfolgsorgan umgesetzt.

Aufgaben

1 Übertrage die Tabelle in dein Heft und ergänze die fehlenden Inhalte.

Sinn	Sinnesorgan	Reiz
Geruchssinn	Nase	chemische Geruchsstoffe
...	...	...

2 Erkläre, was Wahrnehmung ist.

3 Erläutere das Reiz-Reaktions-Schema mithilfe von Bild 3.

Vom Reiz zur Reaktion

Material A

Reize des Alltags

1 Beschreibe, welchen Reizquellen und von ihnen ausgehenden Reizen die Personen in den Bildern ausgesetzt sind. → 1 – 4

2 Begründe, weshalb der menschliche Körper Höchstarbeit verrichtet.

1

2

3

4

Material B

Ohne Sehsinn

Materialliste: Augenbinde

1 Findet euch jeweils zu zweit zusammen. Einer Person werden die Augen verbunden. Die andere Person führt sie langsam über den Schulhof und schreitet bei Gefahr sofort ein. Tauscht die Rollen. Nenne alle Reize, die du mit verbundenen Augen aus der Umwelt wahrnehmen kannst.

2 Vergleiche deine Wahrnehmung mit verbundenen Augen und ohne Augenbinde.

3 Stelle Vermutungen an, welche Herausforderungen Blinde im Alltag erleben.

4 Erläutere, wie Blinde sich orientieren und welche Hilfsmittel es gibt. → 5 – 7

Blinde Menschen orientieren sich vor allem mit dem Gehörsinn und dem Tastsinn. Ihre Sinneszellen reagieren empfindlicher auf Reize. Die Informationen werden im Gehirn zusätzlich in dem Bereich verarbeitet, der für den Sehsinn zuständig wäre.

5

6 Blindenampel mit Tonsignal

7 Blindenschrift im Aufzug

Material C

Torschuss abwehren

1 Beschreibe die Situation in Bild 8.

2 Übertrage die Pfeildiagramme in dein Heft. → 9

3 Trage die Aussagen aus Bild 8 in der richtigen Reihenfolge in das obere Pfeildiagramm ein. → 9 A

4 Trage die Begriffe in der richtigen Reihenfolge in das untere Pfeildiagramm ein: Weiterleitung über Nervenbahnen (2×), Reaktion durch Erfolgsorgane, Aufnahme und Umwandlung im Sinnesorgan, Verarbeitung im Gehirn, Reiz. → 9 B

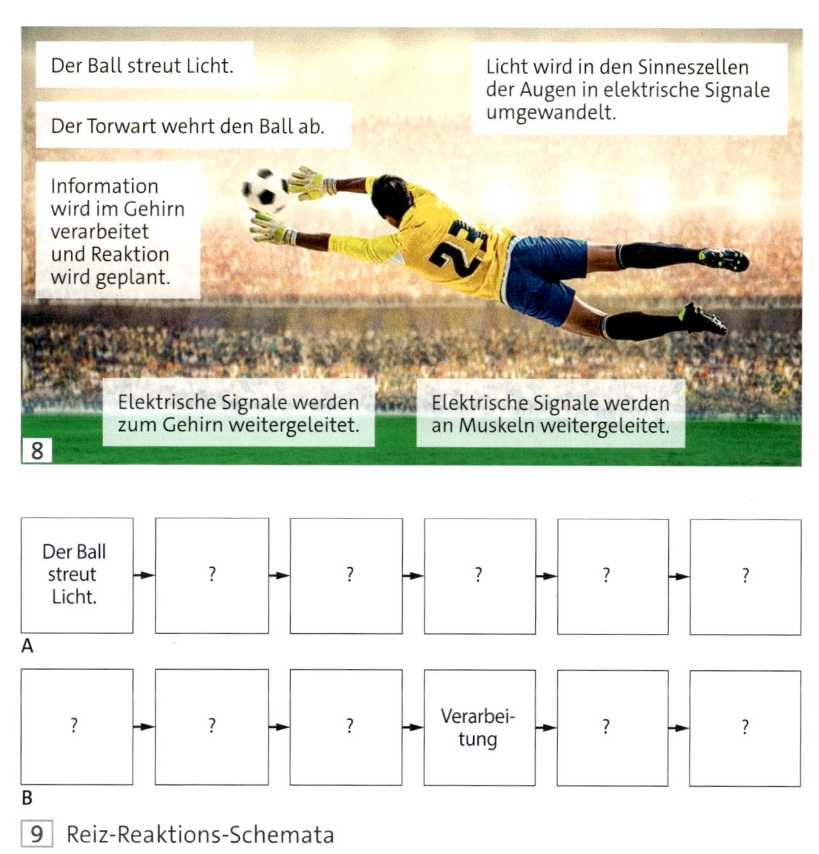

9 Reiz-Reaktions-Schemata

Material D

Mückenstich

Juckende Mückenstiche sind lästig. Wenn man eine Mücke rechtzeitig bemerkt, kann man sie verscheuchen, bevor sie sticht. Doch häufig nimmt man eine anfliegende Mücke gar nicht bewusst wahr.

1 Beschreibe die Situation in Bild 10.

2 Nenne drei Reize und die jeweiligen Sinnesorgane, durch die man eine Mücke wahrnehmen kann.

3 Erstelle für die Situation ein Reiz-Reaktions-Schema.

4 Erläutere anhand deiner Erfahrungen, unter welchen Bedingungen man Mücken wahrnimmt oder nicht.

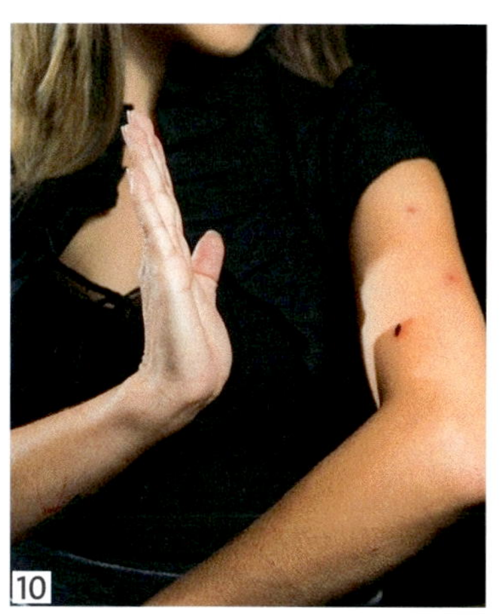

10

Unser Nervensystem

1 Angriffsschlag beim Volleyball

Volleyballspielen ist eine Sportart, die Schnelligkeit, Kraft, Ausdauer und auch Genauigkeit verlangt. Welche Teile des Körpers wirken an den komplexen Bewegungsabläufen mit?

Zentrales Nervensystem • Gehirn und Rückenmark bilden zusammen das zentrale Nervensystem (ZNS). → 2 Hier sind besonders viele Nervenzellen gebündelt. Das zentrale Nervensystem steuert alle wichtigen Vorgänge im Körper. Hier werden alle Informationen verarbeitet, die als Reize aus der Umwelt auf uns einwirken. Zudem werden hier alle Bewegungen des Körpers gesteuert. Neben den unbewussten Vorgängen wie der Steuerung der Organtätigkeit ist das zentrale Nervensystem auch der Ort für das Lernen, die Gefühle und das Denken.

2 Das menschliche Nervensystem

Peripheres Nervensystem • Alle Nervenbahnen, die außerhalb des zentralen Nervensystems verlaufen, bilden zusammen das periphere Nervensystem (PNS). → 2 Vom Rückenmark ausgehend verzweigen sich Nervenbahnen im gesamten Körper, also auch bis in die Fingerspitzen. Dazu zählen die Nervenbahnen, die elektrische Signale von den Sinneszellen der Sinnesorgane zum zentralen Nervensystem leiten und auch die Nervenbahnen, die elektrische Signale vom zentralen Nervensystem zu Muskeln, Organen und Drüsen leiten.

Das Gehirn • Das beim Menschen im Durchschnitt 1,3 kg schwere Gehirn besteht aus über 100 Milliarden Nervenzellen. Jede Nervenzelle kann mit bis zu 10 000 weiteren verbunden sein. Dieses dichte Geflecht ermöglicht eine schnelle Weiterleitung von elektrischen Signalen. Das Gehirn ist vollständig vom Schädelknochen umgeben. → 3 Weiteren Schutz bieten die Hirnhäute, die sich zwischen dem Schädelknochen und dem Gehirn befinden.

das zentrale Nervensystem
das periphere Nervensystem
das Großhirn

Zusätzlich ist das Gehirn von einer Flüssigkeit umgeben. Dadurch ist es vor Erschütterungen geschützt. Es ist in verschiedene Teile gegliedert, die unterschiedliche Funktionen erfüllen.

Großhirn und Kleinhirn • Den größten Teil des Gehirns umfasst das Großhirn. → 3 Seine äußere Schicht ist von Furchen durchzogen, wodurch die Oberfläche stark vergrößert ist. Dadurch haben hier viele Nervenzellen Platz. Das Großhirn besteht aus zwei Hälften. Sie sind durch den Balken verbunden und haben verschiedene Funktionen: der sprachliche Ausdruck und das logische Denken werden vor allem von der linken Großhirn-Hälfte gesteuert. Die rechte Großhirn-Hälfte ist unter anderem für das räumliche Vorstellungsvermögen zuständig.
Im Bereich des Hinterkopfs befindet sich das Kleinhirn. Das ist der zweitgrößte Teil des Gehirns. Hier werden die Bewegungsabläufe gesteuert.

Zwischenhirn, Mittelhirn, Nachhirn • Unter dem Großhirn liegt das Zwischenhirn. → 3 Es steuert zusammen mit dem Großhirn Gefühle wie Angst und Wut und lebenswichtige Vorgänge wie den Erhalt der Körpertemperatur. Das Zwischenhirn ist mit der erbsengroßen Hirnanhangsdrüse verbunden, die man auch Hypophyse nennt. Beide zusammen regulieren Vorgänge im Hormonsystem.
Unter dem Zwischenhirn befindet sich das Mittelhirn. Dieses leitet elektrische Signale von den Sinneszellen weiter zum Zwischenhirn und Großhirn. Neben dem Mittelhirn liegt das Nachhirn. Es steuert Vorgänge, die wir nicht bewusst beeinflussen, wie die Atmung und den Herzschlag.

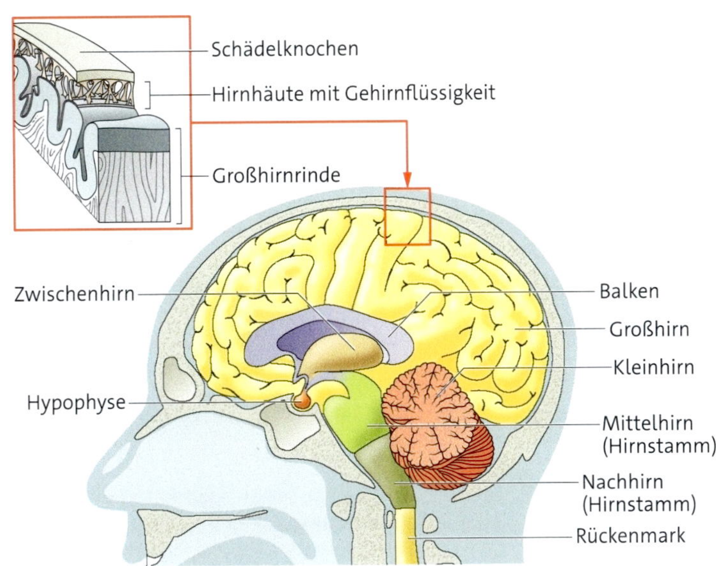

3 Bau des Gehirns

Das Nervensystem dient der Weiterleitung von Signalen und steuert alle Vorgänge im Körper. Rückenmark und Gehirn bilden zusammen das zentrale Nervensystem (ZNS), alle übrigen Nervenbahnen zählen zum peripheren Nervensystem (PNS).

Aufgaben

1 Nenne drei Schutzeinrichtungen des Gehirns.

2 Vergleiche das zentrale und das periphere Nervensystem im Hinblick auf die Strukturen und Funktionen.

Unser Nervensystem

Material A

Organe und Nervensysteme

1 ◩ Übertrage das Schema aus Bild 1 in dein Heft.

2 ◩ Ordne den Buchstaben A–D diese Strukturen zu: Auge, Gehirn, Muskeln, Haut, Rückenmark, Nervenbahnen (2×), Drüsen.

3 ⊠ Ordne den Buchstaben A–D diese Funktionen zu: Reaktionen ausführen, Reize aufnehmen und umwandeln, Signale verarbeiten und Vorgänge steuern, Signale weiterleiten.

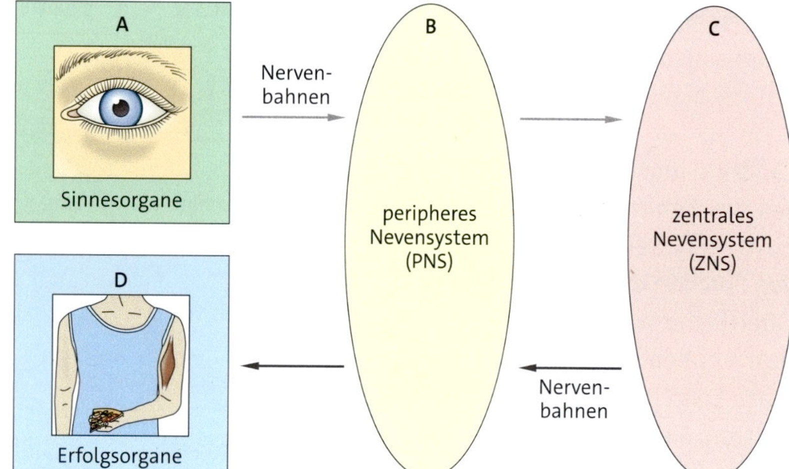

1 Zusammenwirken von peripherem und zentralem Nervensystem

4 ⊠ Beschreibe, wie die Organe und Nervensysteme miteinander verbunden sind und zusammenwirken.

5 ⊠ Stelle eine Vermutung an, welchen Vorteil zwei verschieden arbeitende Nervensysteme haben.

Material B

Richtig oder falsch?

In den Texten A–F stehen Aussagen über das zentrale und periphere Nervensystem.

1 ⊠ Beurteile, welche Aussagen richtig sind und welche falsch sind. Begründe deine Urteile.

2 ⊠ Formuliere die falschen Aussagen so um, dass sie fachlich richtig sind.

A Das Gehirn ist der wichtigste Teil des zentralen Nervensystems.

B Das periphere Nervensystem umfasst alle Nervenbahnen, die nicht im Rückenmark liegen.

C Das Gehirn steuert auch unbewusste Vorgänge.

D Die Nervenbahnen des peripheren Nervensystems gehen vom Rückenmark aus.

E Das Kleinhirn reguliert die Atmung und den Herzschlag.

F Alle von den Sinneszellen gesendeten Signale werden im zentralen Nervensystem verarbeitet.

Material C

Gehirnteile

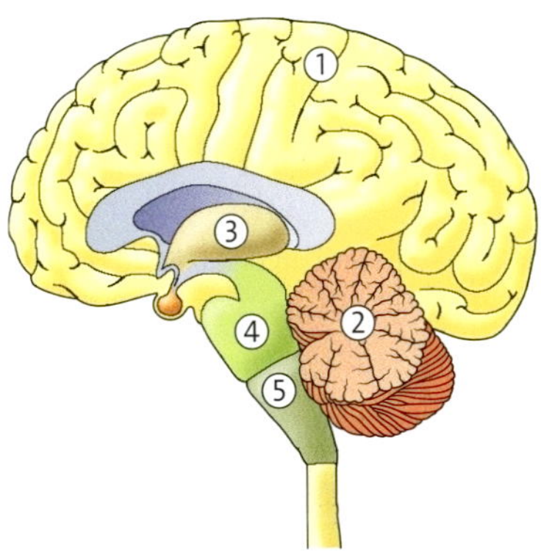

2 Gehirnteile

1 Benenne die mit den Zahlen 1–5 gekennzeichneten Gehirnteile in Bild 2.

2 Ordne den Gehirnteilen ihre jeweiligen Funktionen aus den Textboxen A–E zu.

3 Erkläre, warum Krankheiten oder Verletzungen, die das Gehirn betreffen, verschiedene Auswirkungen auf den Menschen haben können.

A Verschaltung von Sinneszellen und Großhirn

B Denken, Sprache, räumliches Vorstellungsvermögen

C Erlernen und Abstimmung von Bewegungsabläufen

D Steuerung der Atmung und des Herzschlags

E Steuerung lebenswichtiger Körperfunktionen, Gefühle

Material D

Gehirnfelder

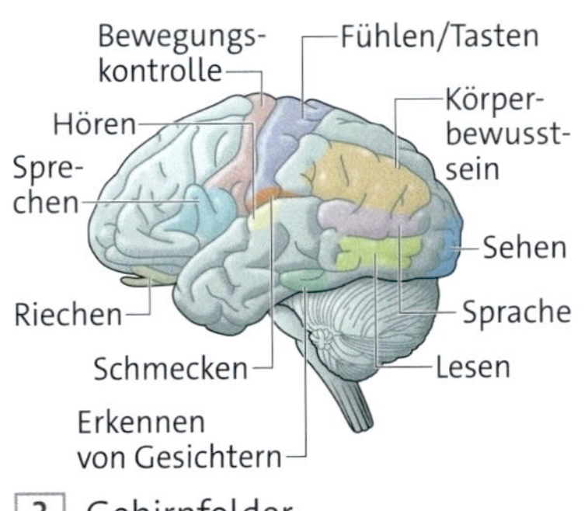

3 Gehirnfelder

Die äußere Schicht des Großhirns, die Großhirnrinde, lässt sich in verschiedene Felder einteilen. Beim Sprechen ist ein anderes Feld aktiv als beim Sehen. → 3 Bei komplexen Tätigkeiten sind mehrere Felder aktiv. Mit einer besonderen Technik lassen sich Bereiche der Großhirnrinde, die besonders aktiv sind, sichtbar machen. → 4

1 Beschreibe Bild 3.

2 Auf den Bildern 4 A und B sind verschiedene aktive Bereiche der Großhirnrinde dargestellt.
Ordne die Situationen A und B dem jeweils passenden Bild zu und begründe deine Auswahl.

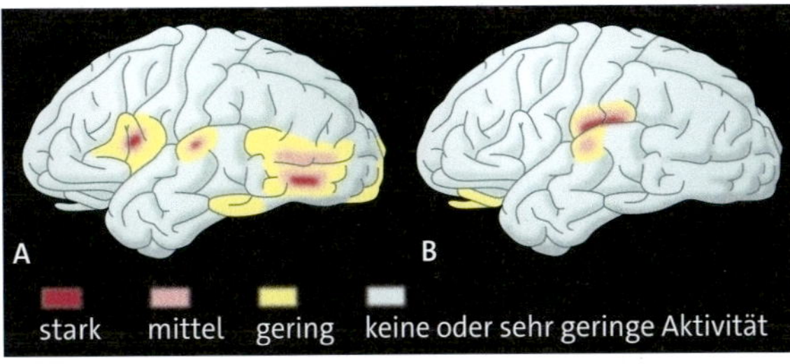

4 Gehirnaktivität

A Jonas liegt gemütlich auf seinem Bett und hört Musik. Dabei isst er ein Stück Pizza.

B Sandra und Judith lesen sich ihre Notizen durch, weil morgen ein Test geschrieben wird. Sie versuchen sich gegenseitig die Funktion des Nervensystems zu erklären.

Signalweiterleitung

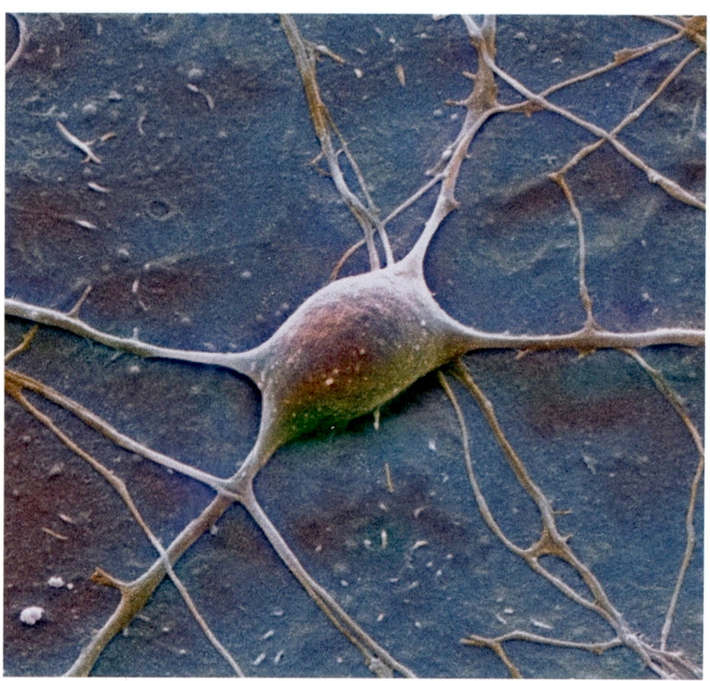

1 Einzelne Nervenzelle im Elektronenmikroskop

Mit unseren Sinnesorganen nehmen wir Reize aus der Umwelt auf. Die Informationen werden dann über die Nervenzellen an das Gehirn weitergeleitet. Wie erfolgt diese Weiterleitung durch den Körper?

Nervenzellen • Alle Nervenzellen des Körpers sind ähnlich aufgebaut. → 2 Sie besitzen einen Zellkörper mit zahlreichen fein verästelten Fortsätzen, die man als Dendriten bezeichnet. Diese stehen mit den Sinneszellen oder mit anderen Nervenzellen in Kontakt. Vom Zellkörper geht ein langer, dünner Fortsatz ab, das Axon. Es grenzt mit den Endknöpfchen an benachbarte Nervenzellen oder an bestimmte Zielzellen, zum Beispiel Muskelzellen. An dieser Stelle werden Informationen auf die angrenzende Zelle übertragen.

Erregung und Weiterleitung • Werden die Sinneszellen durch Reize angeregt, geben sie elektrische Signale ab. Die Nervenzellen nehmen die Signale über die Dendriten auf. Man bezeichnet dies als Erregung von Nervenzellen. Über den Zellkörper einer Nervenzelle gelangen die Signale zum Axon. Über das Axon werden die Signale wie in einer Einbahnstraße immer in eine Richtung zum Endknöpfchen geleitet.

Hüllzelle
Schnürring
Axon
Muskelfaser
Dendrit
Synapse
Zellkörper
Endknöpfchen
Synapse
Zellkern
Signalweiterleitung

2 Bau von Nervenzellen

Basiskonzept

Struktur und Funktion
→ Umschlag hinten
Nervenzellen leiten Informationen weiter. Ihre Struktur ist an ihre Funktion angepasst.

die Nervenzelle
die Erregung
die Synapse
der Transmitter

Das Axon ist von Hüllzellen umwickelt. → 2 Sie dienen, wie bei einem Kabel, der elektrischen Isolierung. Zwischen den Hüllzellen bleiben Lücken frei, die man als Schnürringe bezeichnet. Die elektrischen Signale springen von Schnürring zu Schnürring. Dadurch werden sie schneller weitergeleitet als ohne die isolierenden Hüllzellen.

Übertragung • Am Endknöpfchen einer Nervenzelle werden die elektrischen Signale auf die nachfolgende Nervenzelle übertragen. Diese Kontaktstelle zwischen den Zellen heißt Synapse. Dazwischen befindet sich ein Spalt, der synaptische Spalt. → 3
Die Übertragung der Signale über den synaptischen Spalt hinweg erfolgt über chemische Überträgerstoffe. Diese befinden die sich in kleinen Bläschen im Endknöpfchen und werden Transmitter genannt. Kommen elektrische Signale am Endknöpfchen einer Nervenzelle an, verschmelzen die Bläschen mit der Zellmembran. → 3A Dadurch werden die Transmitter in den synaptischen Spalt abgegeben. Sie durchqueren den Spalt und lagern sich an Empfängerstellen der nächsten Nervenzelle an, die als Rezeptoren bezeichnet werden. Die Bindung löst in dieser Nervenzelle elektrische Signale aus. So werden die Informationen übertragen.
Dann lösen sich die Transmitter wieder von den Rezeptoren und werden von Enzymen in Bruchstücke zerlegt. Diese werden wieder in das Endknöpfchen aufgenommen und zum Aufbau neuer Transmitter genutzt. → 3B

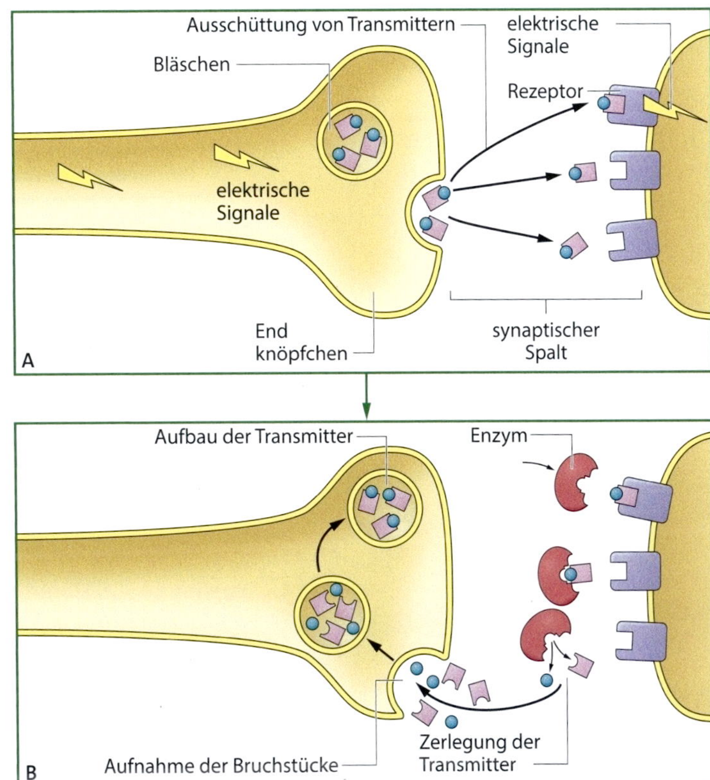

3 Signalübertragung an einer Synapse

Die Sinneszellen übersetzen Reize in elektrische Signale. Diese werden über Nervenzellen weitergeleitet. An der Synapse zwischen zwei Nervenzellen erfolgt die Übertragung der Signale mit Transmittern.

Aufgaben

1 Beschreibe die Weiterleitung von elektrischen Signalen entlang einer Nervenzelle vom Dendriten bis zum Endknöpfchen. → 2

2 Erkläre die Bedeutung der Hüllzellen für die Signalweiterleitung.

Signalweiterleitung

Material A

Signalweiterleitung beim Hören

Beim Hören werden Schallwellen in elektrische Signale umgewandelt.

1 ◪ Bringe die Aussagen aus Bild 1 in die richtige Reihenfolge. Erstelle ein Fließschema und notiere es in deinem Heft.

... ⟶ ... ⟶

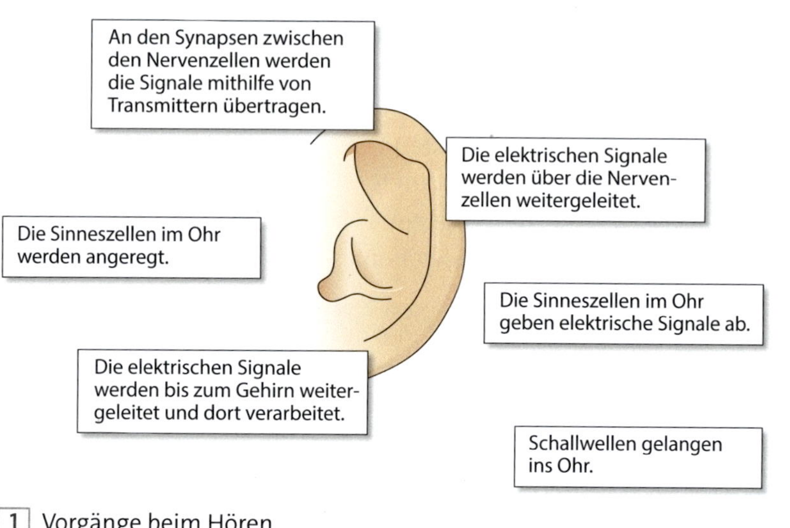

1 Vorgänge beim Hören

Material B

Bau der Nervenzelle

1 ◪ Benenne die mit Zahlen gekennzeichneten Bauteile der Nervenzelle. → 2

2 ⊠ Beschreibe die jeweiligen Funktionen der Bauteile. Lege dazu eine Tabelle an.

3 ⊠ Erkläre die Aussage: Die Signalweiterleitung erfolgt wie in einer Einbahnstraße.

4 ⊠ Beschreibe, welchen Vorteil es hat, dass jede Nervenzelle zahlreiche, fein verästelte Dendriten besitzt.

5 Bei der Krankheit Multiple Sklerose werden die Hüllzellen der Nervenzellen angegriffen und langsam zerstört.

⊠ Stelle Vermutungen an, welche Auswirkungen dies auf die Wahrnehmung und Bewegung einer erkrankten Person hat.

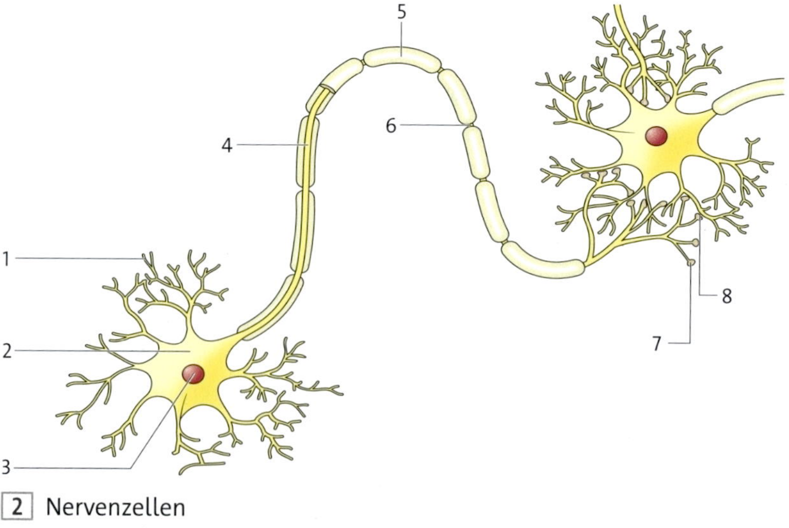

2 Nervenzellen

Material C

Synapse

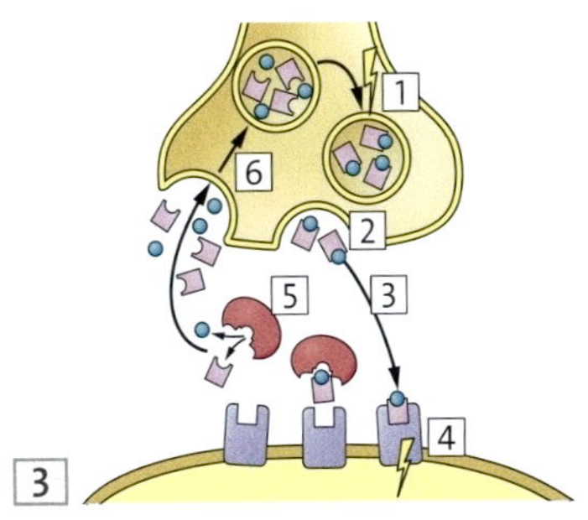

3

1 Ordne den Zahlen in Bild 3 die passenden Textbausteine zu. Notiere sie in der richtigen Reihenfolge im Heft.

A Elektrische Signale bewirken, dass die Bläschen mit den Transmittern mit der Zellmembran des Endknöpfchens verschmelzen.

B An der Zielzelle werden elektrische Signale ausgelöst.

C Die Bruchstücke der Transmitter werden wieder ins Endknöpfchen aufgenommen und zum Aufbau neuer Transmitter genutzt.

D Die Transmitter werden in den synaptischen Spalt freigesetzt.

E Die Transmitter lösen sich von den Rezeptoren und werden von Enzymen zerlegt.

F Die Transmitter gelangen über den synaptischen Spalt zu den Rezeptoren der Zielzelle und lagern sich an.

Material D

Nervengifte

Botulinumtoxin (Botox) Dieses Gift stammt von bestimmten Bakterien. Es verhindert, dass die Bläschen mit den Transmittern mit der Zellmembran des Endknöpfchens verschmelzen. Botox bewirkt, dass sich die Muskeln nicht mehr anspannen.

Curare Dieses Gemisch aus Pflanzengiften nutzen die Ureinwohner Südamerikas zum Jagen. Curare blockiert die Rezeptoren der Muskelzellen. Dies führt zur Lähmung und ohne medizinische Behandlung zum Tod durch Atemstillstand.

Parathion Es wurde als Insektenvernichtungsmittel verwendet. Weil es für den Menschen hochgiftig ist, wurde es verboten. Bei Hautkontakt kann es zur Verkrampfung der Muskeln führen. Parathion bewirkt, dass die Transmitter nicht mehr richtig abgebaut werden.

4 Verschiedene Nervengifte

1 Vergleiche die Wirkorte und Wirkungsweisen der verschiedenen Nervengifte in einer Tabelle. → 4

2 Erläutere die unterschiedlichen Auswirkungen von Botulinumtoxin und Parathion auf die Muskeln.

5

Erweitern und Vertiefen

Drogen wirken im Gehirn

Wirkung auf Nervenzellen • Tabak, Alkohol und Cannabis enthalten Wirkstoffe, die bestimmte Wirkungen auf die Nervenzellen haben und süchtig machen können. Bei Tabak ist es das Nikotin und bei alkoholischen Getränken das Ethanol. Der Wirkstoff der Cannabispflanze heißt THC (Tetrahydrocannabinol). Der Einfluss der Wirkstoffe auf die Nervenzellen ist ganz unterschiedlich. Deshalb entfalten die Suchtmittel verschiedene Wirkungen im Körper.

THC • Der Wirkstoff THC wird beim Rauchen durch die Lunge aufgenommen und über das Blut im Körper verteilt. THC bindet an bestimmte Rezeptoren, die sich vor allem an den Nervenzellen des Gehirns befinden. Es passt zu diesen Rezeptoren wie ein Schlüssel zu einem Schloss. Ohne den Einfluss von THC schütten Nervenzellen Transmitter aus, wenn elektrische Signale an ihren Endknöpfchen ankommen. Auf diese Weise werden die Signale auf nachfolgenden Nervenzellen übertragen. Wenn sich THC an die Rezeptoren der Nervenzellen gebunden hat, schütten sie hingegen keine Transmitter mehr aus. → 2 Das führt dazu, dass die Weiterleitung von Signalen im Gehirn gehemmt wird.

„High" sein • Durch die Hemmung der Signalweiterleitung kann THC bestimmte geistige und körperliche Funktionen abschwächen oder aber verstärken. Der Konsum führt zu Heiterkeit und Entspannung. THC verändert die Gefühle, was sich durch Lachanfälle, aber auch durch Gleichgültigkeit und Angst äußern kann.

1 Jugendlicher mit Joint

Muskelbewegungen werden gehemmt, wodurch Bewegungsabläufe wie beim Fahrradfahren und Schreiben eingeschränkt werden. Häufig kommt es nach dem Konsum zu Heißhunger. Das liegt daran, dass die Sättigungssignale im Gehirn nicht mehr weitergeleitet werden. THC führt außerdem zu Gedächtnisstörungen. Das äußert sich dadurch, dass man schnell vergisst, was eben erst passiert ist.

Für Jugendliche besonders gefährlich! • Bei Jugendlichen ist die Gehirnentwicklung noch nicht abgeschlossen und die Anzahl der Rezeptoren im Gehirn ist besonders hoch. Deshalb reagieren sie besonders empfindlich auf THC. Der Konsum kann dauerhafte Schäden im Gehirn verursachen. Die Folge kann sein, dass man sich nicht mehr gut konzentrieren kann, vergesslich und teilnahmslos wird.

Der Konsum kann auch zu Wahnvorstellungen führen, wobei man zwischen der Wirklichkeit und den eigenen Vorstellungen nicht mehr unterscheiden kann. Solche Schäden können ein Leben lang bleiben.

Suchtgefahr • THC wirkt auf das Belohnungssystem des Gehirns, das Glücksgefühle auslöst. Daher kann man ein starkes Verlangen nach der Droge entwickeln. Der Übergang von einer Gewohnheit zur Sucht ist oft fließend. Schnell kann sich aus einer einfachen Angewohnheit eine körperliche Abhängigkeit entwickeln. Je früher man mit dem Konsum beginnt, desto größer ist die Suchtgefahr. Das ist besonders für Jugendliche gefährlich, weil sich das Gehirn in der Pubertät schnell an die Wirkung von Drogen gewöhnt. Eine Sucht beeinträchtigt das Leben stark. Süchtige Personen verbringen sehr viel Zeit mit dem zwanghaften Verhalten und können dabei oft ihren Alltag nicht mehr bewältigen. Ohne Hilfe kann eine Sucht meistens nicht überwunden werden.

Suchtvorbeugung • Wer im Alltag viel Stress und wenig echte Glücksgefühle erlebt, kann anfälliger für eine Sucht sein. Auch die eigene Persönlichkeit spielt dabei eine entscheidende Rolle. Den Umgang mit Stress und Problemen kann man lernen. Hobbys wie Sport und Unternehmungen mit Freunden bieten einen Ausgleich zum Stress. Hat man Probleme, die man nicht alleine bewältigen kann, sollte man sich Hilfe suchen, zum Beispiel in der Familie, bei Freunden oder in einer Beratungsstelle.

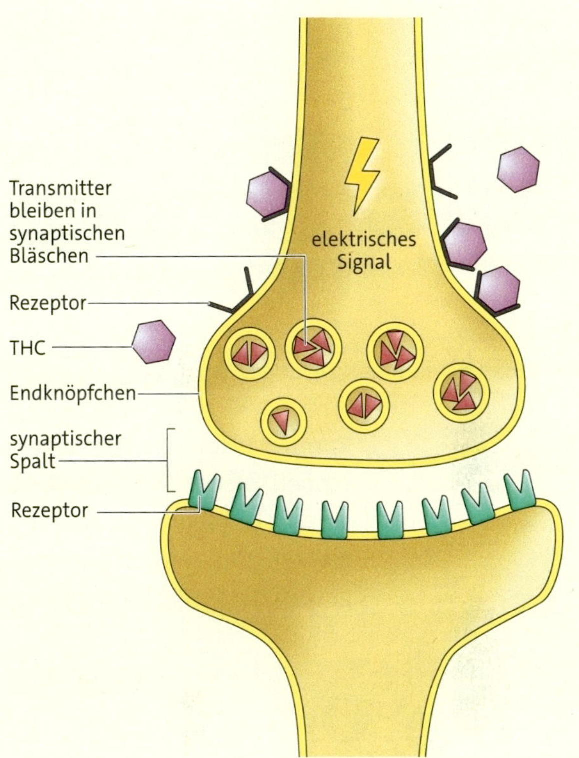

2 Wirkung von THC an den Nervenzellen

Aufgaben

1 Nenne Wirkstoffe, die einen Einfluss auf die Nervenzellen haben.

2 Beschreibe fünf Auswirkungen durch den Konsum von Cannabis.

3 Beschreibe mithilfe von Bild 2 die Wirkung von THC an den Nervenzellen.

4 Viele Jugendliche kiffen regelmäßig. Beurteile dieses Verhalten.

Gedächtnis und Lernen

1 Manchmal fällt es schwer, sich an das Gelernte zu erinnern.

Komplizierten Lernstoff vergisst man schnell wieder. Dagegen kann man sich die Namen neuer Freunde gut merken. Wie werden Informationen gespeichert? Wie funktioniert Lernen?

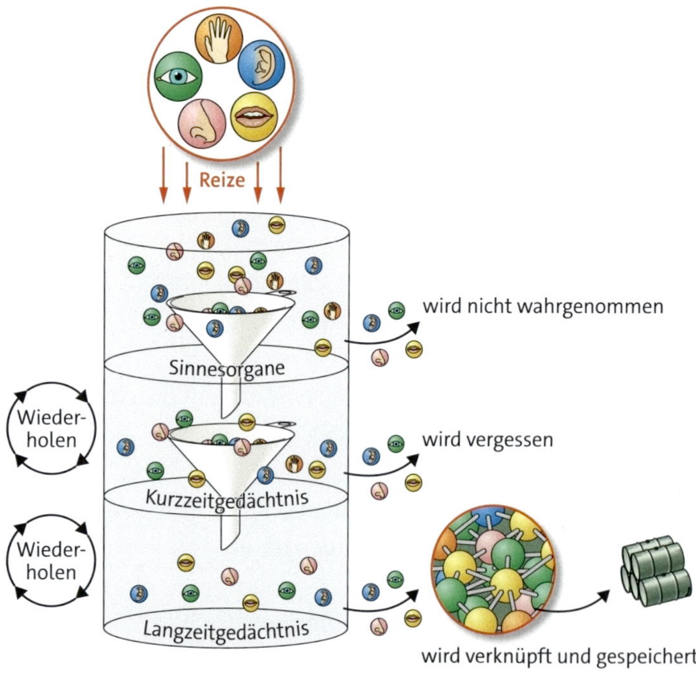

2 Gedächtnismodell

Wichtig und unwichtig • Die Fähigkeit unseres Gehirns, Informationen zu speichern und wieder abzurufen, bezeichnet man als Gedächtnis. Man stellt sich das Gedächtnis wie einen elektronischen Speicher vor, der aus drei Teilen besteht. → 2
Wenn Reize von den Sinnesorganen aufgenommen werden, verbleiben die Informationen dort für wenige Millisekunden. Unbewusst wird geprüft, was wichtig und was unwichtig ist. Die Informationen, denen wir Aufmerksamkeit widmen, werden an das Kurzzeitgedächtnis im Gehirn weitergeleitet. Hier wird nur eine begrenzte Menge an Information gespeichert. Diese sind für wenige Sekunden bis Minuten abrufbar, bevor sie entweder weitergeleitet oder vergessen werden.

Langfristige Erinnerung • Informationen, mit denen wir uns tiefgründiger beschäftigen, werden im Gehirn im Langzeitgedächtnis gespeichert. → 2
Wenn sie an vorhandenes Wissen, an Erinnerungen oder an Vorlieben anknüpfen, kann man sie über Wochen oder Jahre wieder abrufen.

Lernen • Fähigkeiten wie Essen und Trinken haben wir von Geburt an. Dagegen muss man Fähigkeiten wie Fahrradfahren, Jonglieren und Gitarrespielen lernen. Auch neues Wissen wie biologische Zusammenhänge und mathematische Formeln muss erlernt werden. Der Prozess, bei dem man Informationen aus seiner Umwelt aufnimmt, verarbeitet und im Gedächtnis speichert, sodass man sie zu einem späteren Zeitpunkt wieder abrufen kann, wird als Lernen bezeichnet.

Veränderungen im Gehirn • Lernen findet im Gehirn statt. Das Gehirn kann sich in Abhängigkeit von der Nutzung umbilden, zum Beispiel indem neue Synapsen gebildet und die Flächen der Synapsen vergrößert werden. → 3
So werden die Verbindungen zwischen den Nervenzellen gestärkt, sodass sich die Signalweiterleitung verbessert.
Die Veränderungen werden verstärkt, wenn man Lernstoff häufig wiederholt. Synapsen werden aber auch wieder abgebaut, wenn sie nicht genutzt werden. Dann verlernen wir Dinge.

Lerntypen • Menschen lernen auf unterschiedliche Weise, je nachdem, welche Sinne empfänglich für die Aufnahme von Informationen sind. Manche müssen die Information sehen, andere lernen besser, indem sie die Information durch Vorlesen hören. Am besten werden jedoch Informationen gespeichert, wenn an der Aufnahme mehrere Sinne beteiligt sind und das Erlernte angewendet wird.

Einflüsse • Ist man aufmerksam, so erleichtert dies das Lernen. Störungen wie Lärm, ablenkende Gespräche und Schlafmangel behindern dagegen den Lernprozess. Informationen, mit denen man eine emotionale Verbindung hat, werden besser erlernt. Ebenso sind Motivation und Interesse förderlich. Angst und Stress behindern das Lernen.

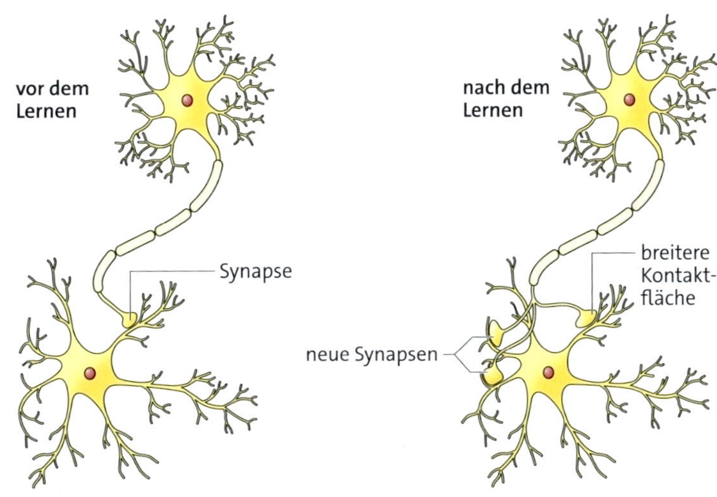

3 Veränderungen durch Lernen

Digitaler Lebensstil • Digitale Medien bieten uns jederzeit einen Zugang zu den Informationen, die wir gerade benötigen. Es fällt uns aber zunehmend schwer die Informationen aufmerksam aufzunehmen und im Gedächtnis zu behalten. Nutzt man Smartphones und andere Geräte zu viel, lässt man sich schneller ablenken und kann sich schlechter konzentrieren. Es kann zudem zu Schlafstörungen führen, was nachteilig für Lernprozesse ist.

Beim Lernen werden Informationen aus der Umwelt aufgenommen und abrufbar im Gedächtnis gespeichert.

Aufgaben

1 ☑ Beschreibe die Merkmale der drei Gedächtnisspeicher. → 2

2 ☒ Erkläre, wie sich Lernen auf das Gehirn auswirkt. → 3

Gedächtnis und Lernen

Material A

Zahlenfolge üben

33455432112332234554321123211

1 Setze dich aufrecht an den Tisch. Lege die Hand, mit der du schreibst, entspannt auf den Tisch. Ordne jedem Finger eine Zahl zu:

Daumen:	1
Zeigefinger:	2
Mittelfinger:	3
Ringfinger:	4
kleiner Finger:	5

2 Tippe die folgenden Zahlen 5-mal mit den Fingern auf den Tisch.

3 Beschreibe deine Beobachtungen, indem du die Veränderungen vom 1. bis zum 5. Versuch vergleichst.

4 Erläutere, warum sich deine Geschicklichkeit vom ersten bis zum letzten Versuch verändert hat.

5 Entwirf eine Zahlenfolge mit 30 Ziffern, die einfacher einzuüben ist. Erkläre, was das Üben einfacher macht.

6 Entwirf eine Zahlenfolge mit 30 Ziffern, die schwerer einzuüben ist. Erkläre, was das Üben schwerer macht.

Material B

Gedächtnistest

In einem Versuch hat man einer Schulklasse 20 Wörter langsam vorgelesen. Dann hatten die Schülerinnen und Schüler drei Minuten Zeit, um möglichst viele der gehörten Wörter zu notieren, ohne auf die Reihenfolge zu achten. Nach dem Versuch berichteten sie, dass sie versuchten, jedes Wort still zu wiederholen, um es sich zu merken. Nach den ersten Wörtern kamen sie aber durcheinander.

1 Beschreibe den Versuch.

2 Beschreibe das Versuchsergebnis. → 1

3 Erkläre, wieso die Wörter am Anfang der Wortliste gut erinnert wurden.

4 Erkläre, wieso die letzten Wörter gut erinnert wurden.

5 Erkläre, wieso Wörter wie Liebe und Angst häufiger erinnert wurden als andere..

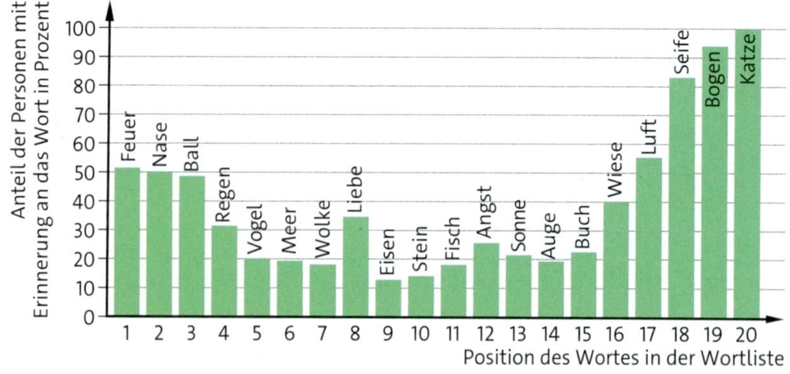

1 Ergebnis des Gedächtnistests

Material C

Gedächtnisverlust

Im Jahr 1953 wurden dem 27-jährigen Henry Molaison auf beiden Seiten des Großhirns zwei etwa fingergroße Bereiche entfernt. Man hoffte damit seine epileptischen Anfälle zu lindern. Dieses Ziel wurde erreicht, doch der Eingriff hatte schwerwiegende Folgen auf sein Erinnerungsvermögen. Im Laufe der Jahre wurden an Molaison mehrere Tests durchgeführt. Er starb im Jahr 2008.

1 Beschreibe den Eingriff, der 1953 bei Molaison vorgenommen wurde.

2 Beschreibe die Folgen des Eingriffs. → 2

3 Erläutere, welcher Gedächtnisspeicher durch die Operation gestört wurde.

4 Stelle Vermutungen an, welche Anforderungen im Alltag Molaison bewältigen konnte und bei welchen er Schwierigkeiten hatte.

Intelligenz: unverändert
Wahrnehmung: unverändert
Erinnerung an Kindheit und Jugend: unverändert
Merkfähigkeit für Zahlen und Worte: wenige Sekunden
Merkfähigkeit für Ereignisse: wenige Minuten

2 Molaisons Testergebnisse

Material D

Lernen formt das Gehirn

Werden neue Erfahrungen gemacht und durch Wiederholen gelernt, so verändern sich die Nervenzellen. Häufig genutzte Verbindungen zwischen Nervenzellen werden ausgebaut, wenig genutzte Verbindungen werden dagegen abgebaut.

1 Ordne den Bildern A–C jeweils eine oder zwei der Beschreibungen 1–3 zu.

2 Erkläre, wieso häufiges Wiederholen für das Lernen wichtig ist.

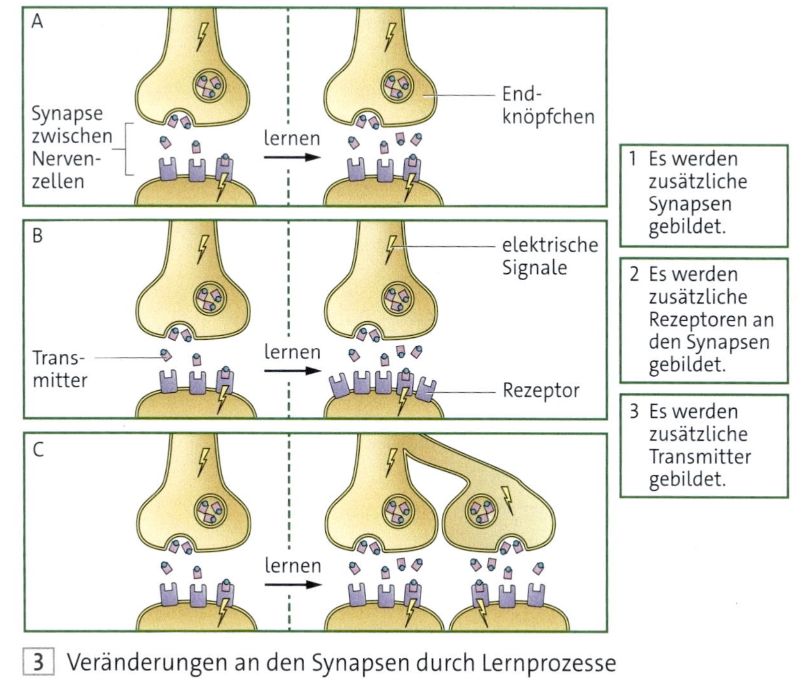

3 Veränderungen an den Synapsen durch Lernprozesse

Methode

Für Prüfungen lernen

Wenn Prüfungen angekündigt werden, beginnt für viele der Stress. Doch mit einigen Tricks kann man sich gut vorbereiten.

1. Eine positive Haltung finden Lernen fällt leichter, wenn man positiv dazu eingestellt ist. Motivation und Freude erhöhen den Lernerfolg. Mache dir klar, was es dir bringt, den Lernstoff zu beherrschen. Vielleicht kannst du das Wissen oder die Fähigkeiten anwenden oder die Prüfung beeinflusst deine Zeugnisnote. Mache dir aber keinen zu großen Druck, denn Frust und Angst erschweren das Lernen. Finde heraus, was deine Freude am Lernen steigert. Vielleicht lernst du lieber in einer Gruppe. So kann man sich gegenseitig etwas erklären oder abfragen und sich motivieren.

1 Je nach Vorliebe: zusammen oder alleine lernen

2. Sich auf das Lernen vorbereiten Bist du im Unterricht aufmerksam, zahlt sich das bei der Prüfungsvorbereitung aus. Je besser du die Informationen von Anfang an aufnimmst, desto weniger Zeit brauchst du später zum Lernen. Höre zu, mache dir Notizen und bearbeite Aufgaben sorgfältig. Schon beim Aufschreiben speichern wir Informationen im Gedächtnis. Lies dir die Notizen regelmäßig durch, um sie zu verinnerlichen. Wenn neue Informationen an dieses Vorwissen anknüpfen, kannst du sie dir besser merken. Auch ordentlich geführte Mappen helfen beim Lernen, denn damit kannst du den Lernstoff bereits im Vorfeld ordnen. Bevor du mit dem Lernen beginnst, erstelle dir eine Liste mit allen möglichen Themen. So verschaffst du dir einen Überblick.

3. Eine optimale Lernumgebung schaffen Zum Lernen solltest du dir einen ruhigen, hellen und aufgeräumten Platz suchen. Das kann auch in der Schule oder der Stadtbücherei sein. Um den Lernstoff zu verinnerlichen, musst du dich voll und ganz darauf konzentrieren. Das Smartphone und der Fernseher lenken beim Lernen zu sehr ab und stören dabei, dass die zu lernenden Informationen im Gedächtnis gespeichert werden. Auch Musik mit Gesang kann den Lernerfolg vermindern.

4. Die Zeit gut einteilen Notiere dir das Datum, sobald eine Prüfung angekündigt wird. Wenn du einen digitalen Kalender nutzt, kannst du dir eine Benachrichtigung einstellen, die dich frühzeitig an das Lernen erinnert.

Wann du mit dem Lernen anfangen solltest, hängt davon ab, wie umfangreich der Lernstoff ist und ob dir das Fach leichtfällt oder nicht. Es ist aber in jedem Fall sinnlos erst am Abend vor der Prüfung zu beginnen. Nimmt man viele Informationen in kurzer Zeit auf, werden nicht alle im Gedächtnis gespeichert.
Erstelle für die Lernphase einen Lernplan, in dem du deine Lernzeiten und die Lernziele einträgst. → 2 Teile deine Lernzeiten in Einheiten von 30–60 Minuten ein. Plane auch regelmäßige Pausen ein und überlege dir kleine Belohnungen. Den Tag vor der Prüfung solltest du dir freihalten, um zu wiederholen und mögliche Fragen zu klären.
Auch in stressigen Lernphasen ist es wichtig, ausreichend zu schlafen. Schlaf festigt das Gelernte und sorgt dafür, dass du auch am nächsten Tag wieder leistungsfähig bist.

Tag	Lernzeiten	Lernziele	Belohnung	geschafft?
So	14:00–15:00 Pause 15:30–16:00	Reiz-Reaktions-Schema	Pizza essen	✓
Mo	15:00–16:00 Pause 16:30–17:30	Nervensystem -> Mindmap	Serie gucken	✓
Di	16:00–17:00 Pause 17:30–18:00	Signalweiterleitung	Eis essen	○
Mi	17:30–18:00 Pause 19:00–20:00	Gedächtnis und Lernen	Serie gucken	○
Do	15:00–15:30 Pause 16:00–17:00	alles wiederholen	schwimmen gehen	○
Fr	10:00–10:45	Klassenarbeit	abends ins Kino	○

2 Beispiel für einen Lernplan

5. Hilfreiche Lerntechniken anwenden Gehe die Inhalte durch, die ihr zu der anstehenden Prüfung behandelt habt. Schreibe dir die wichtigsten Informationen in deinen eigenen Worten auf Lernzetteln auf. Auf diese Weise kannst du sie dir besser merken. Es kann für dich auch hilfreich sein, eine Mindmap oder Skizzen anzufertigen. Nimm dir ausreichend Zeit, die Inhalte anhand deiner Lernzettel zu wiederholen.
Dinge, die du leicht vergisst, solltest du dir zuerst oder zuletzt ansehen und häufiger wiederholen. Wenn du besser durch Zuhören lernst, kannst du deine Lernzettel laut vorlesen, dies mit dem Smartphone aufnehmen und wieder abspielen. Eselsbrücken und Merksätze, die du auswendig lernst, sind hilfreiche Gedächtnisstützen. Auch Umhergehen kann das Lernen fördern. Überprüfe deinen Lernstand, indem du Fragen stellst und sie beantwortest, ohne von deinen Lernzetteln abzulesen. Für alle Techniken gilt: Wiederholen festigt das Wissen.

Aufgaben

1 ◩ Beschreibe, welche Eigenschaften deine Lernumgebung haben sollte.

2 ⊠ Beurteile, zu welchen Tageszeiten du am besten lernst.

3 ⊠ Dein Freund hat in der Klassenarbeit eine 5 geschrieben, obwohl er die halbe Nacht dafür gelernt hat. Erkläre, wie er sich nächstes Mal besser vorbereiten kann.

Erweitern und Vertiefen

Lernstörungen

Lernstörungen • Fast in jeder Klasse gibt es Schülerinnen oder Schüler, denen das Lernen sehr schwerfällt. Das kann zum Beispiel an Schwierigkeiten in der Konzentration oder der Informationsverarbeitung im Gehirn liegen, die schon in der frühen Kindheit auftreten. Man spricht dann von einer Lernstörung. Davon sind mindestens 5 Prozent aller Menschen betroffen. Eine Lernstörung hat nichts mit der Intelligenz zu tun, diese liegt bei den Personen im Durchschnitt. Sie führt jedoch dazu, dass jemand Aufgaben nur schwer lösen kann und für die Bearbeitung mehr Zeit braucht. Das führt zu schlechteren Noten in der Schule und oft auch zu einem geringeren Selbstwertgefühl, Lernfrust und Versagensängsten.

Lesen, Schreiben, Rechnen • Personen, die bei durchschnittlicher Intelligenz deutliche Schwierigkeiten beim Lesen und Schreiben aufweisen, haben eine Lese-Rechtschreib-Schwäche. Diese wird auch als Legasthenie bezeichnet. Den betroffenen Personen fällt es schwer die gesprochene Sprache in Schrift umzusetzen und umgekehrt. Deshalb lesen sie stockend. Zudem werden Texte beim Lesen inhaltlich nicht erfasst. Die Schwierigkeiten treten in allen Schulfächern auf, in denen mit Texten gearbeitet wird.
Eine weitere Form von Lernstörung ist die Rechenschwäche, die auch Dyskalkulie genannt wird. Die betroffenen Personen haben bei durchschnittlicher Intelligenz große Probleme im Umgang mit Zahlen, Mengen und mit den Grundrechenarten.

1 Verzweiflung beim Lernen

Was kann man tun? • Für eine Lernstörung muss man sich nicht schämen. Es ist wichtig, dass man zu den Schwierigkeiten steht, sie aktiv angeht und dabei Hilfe annimmt. Eine Lernstörung lässt sich nicht einfach durch übermäßiges Üben beheben. Stattdessen müssen die Schwierigkeiten erkannt und durch gezielte Förderung behandelt werden. Daher werden beim Verdacht auf eine Lernstörung Tests durchgeführt, um den Verdacht abzuklären, die Probleme zu ermitteln und geeignete Maßnahmen abzuleiten. So können die Leistungen erheblich gesteigert werden.

Aufgaben

1 ☒ Erläutere an einem Beispiel, was man unter einer Lernstörung versteht.

2 ☒ Beschreibe, wie man bei dem Verdacht auf eine Lernstörung vorgehen kann.

Material E

Teufelskreis der Lernstörung

1 ◩ Ordne den Phasen A–E passende Beschreibungen zu. → 2

2 ⊠ Stelle Vermutungen zu den Gefühlen der Person in den jeweiligen Phasen an.

3 ⊠ Erkläre, warum man bei einer bestehenden Lernstörung von einem Teufelskreis sprechen kann.

4 ⊠ Beschreibe zwei Möglichkeiten, wie sich der Teufelskreis fortsetzen könnte.

2 Teufelskreis der Lernstörung

Material F

Mein Leben mit Rechenschwäche

1 ⊠ Stelle Vermutungen an, weshalb Lolas Leistungen aufgrund ihrer Rechenschwäche auch in anderen Fächern schlechter wurden.

2 ⊠ Leite aus Lolas Beispielen ab, welche weiteren Probleme Menschen mit Rechenschwäche im Alltag haben können.

Username: Lola

Erstellt am: 11.09.

... meine Rechenschwäche fiel schon in der Grundschule auf: Meine Eltern und Lehrer wurden damals stutzig, weil ich Zahlen spiegelverkehrt geschrieben habe und selbst einfache Aufgaben nicht im Kopf rechnen konnte. Meine Leistungen nahmen auch in anderen Fächern ab, aber ich habe die Schule trotzdem gepackt! Doch auch im Alltag habe ich so meine Schwierigkeiten: Es fällt mir zum Beispiel schwer Fahrpläne zu verstehen, Kaufangebote zu checken oder meinen Kontostand einzuschätzen. Naja, man findet ja seine Wege: Beim Einkaufen nutze ich zum Beispiel immer die EC-Karte.

3 Beitrag aus einem Forum für Lernstörungen

Wie Tiere lernen

1 Gänseküken folgen ihrer Mutter.

Im Frühling kann man beobachten, dass Gänseküken immer ihrer Mutter folgen. Dabei wissen sie nach dem Schlüpfen gar nicht, wer ihre Mutter ist. Sie müssen lernen sie zu erkennen. Doch wie lernen Tiere eigentlich?

Lernen als Anpassung • Man kann bei vielen Tieren beobachten, dass sie ihr Verhalten aufgrund von Erfahrungen verändern. Durch Lernen passen sie ihr Verhalten an die Umweltbedingungen an und sichern ihr Überleben und ihre Fortpflanzung. Dabei weisen Tiere verschiedene Formen des Lernens auf.

Prägung • Gänseküken folgen nach dem Schlüpfen jedem Objekt, das sich in ihrer Nähe bewegt und Laute von sich gibt. Das ist unter natürlichen Bedingungen die Mutter. Nach wenigen Minuten haben sich die Küken die Reize eingeprägt, die von der Mutter ausgehen. Von diesem Zeitpunkt an folgen sie der Mutter bedingungslos. Werden in einem kurzen Zeitraum der Entwicklung bestimmte Reaktionen auf Reize unveränderbar festgelegt, spricht man von Prägung.

Lernen durch Versuch und Irrtum • Manche Schmetterlinge haben Stoffe im Körper, die sie für ihre Fressfeinde ungenießbar machen. Wenn ein Vogel so einen Schmetterling frisst, wird bei ihm ein Brechreiz ausgelöst. Durch diese Erfahrung lernt der Vogel, das Aussehen der Schmetterlinge mit dem schlechten Geschmack zu verknüpfen und sein Verhalten mit der negativen Erfahrung in Verbindung zu bringen. Er vermeidet dann ähnliche Insekten.

Lernen durch Einsicht • Wie ein Versuch zeigte, können Tiere auch durch Nachdenken lernen: Ein Schimpanse wurde in einem Raum mit einigen Holzkisten gehalten. An der Decke hing eine Banane. Erst versuchte er erfolglos, die Banane durch Springen zu erreichen. Dann stapelte er die Kisten, sodass er zur Banane klettern konnte. Der Schimpanse hat diese neuartige Lösung offenbar durch Nachdenken geplant und dann ausgeführt.

Tiere lernen unter anderem durch Prägung, durch Versuch und Irrtum und durch Einsicht.

Aufgabe

1 Beschreibe drei Lernformen bei Tieren und nenne je ein Beispiel.

die Prägung
das Lernen durch Versuch und Irrtum
das Lernen durch Einsicht

Material A

Formen des Lernens

1 Beschreibe die in den Bildern 2–4 dargestellten Verhaltensweisen.

2 Ordne den Bildern je eine der Lernformen begründet zu: Prägung, Lernen durch Versuch und Irrtum, Lernen durch Einsicht.

3 Entwickel zu einer der Lernformen einen weiteren Versuch, mit dem man die Lernform bei einem Tier nachweisen könnte.

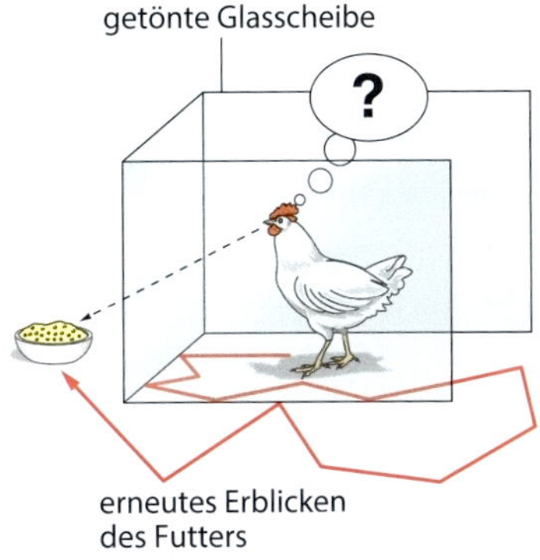

2 Huhn und Futter

3 Küken und Ball

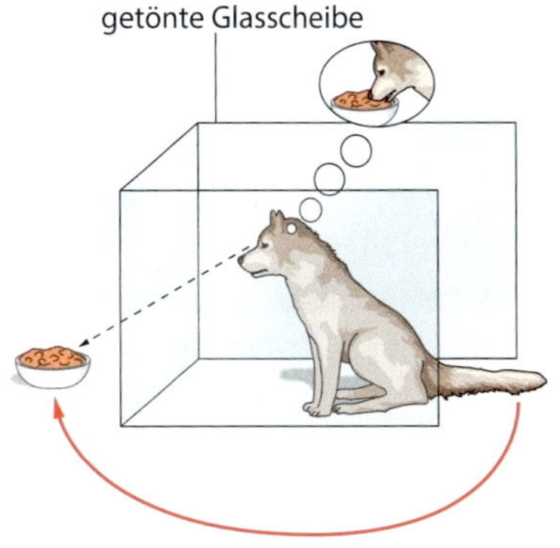

4 Hund und Futter

Material B

Eichhörnchen-Brücke

Viele Tiere lernen Probleme zu lösen, indem sie das Verhalten ihrer Artgenossen beobachten. Man spricht dabei von Lernen durch Nachahmung.

1 Beschreibe, was an der Straße aufgebaut wurde und was anschließend beobachtet wurde. → 6

Über eine viel befahrene Straße wurde ein 4 cm dickes und 20 m langes Seil zwischen zwei Bäume gespannt. An beiden Bäumen brachte man Futterkästen an. Über eine Webcam wurden in den ersten Monaten nur vereinzelt Eichhörnchen auf dem Seil gesichtet. Dann wurden es immer mehr. Seitdem wurde an dieser Straße kein Eichhörnchen mehr überfahren.

5

6

2 Erkläre die Bedeutung der Futterkästen an den beiden Enden des Seils zu Beginn der Aktion.

3 Erläutere anhand des Beispiels, was die Bezeichnung Lernen durch Nachahmung bedeutet.

4 Begründe, wieso sich der Erfolg der Eichhörnchen-Brücke erst nach einigen Monaten zeigte.

Das vegetative Nervensystem

1 Bereit für den Wettkampf

Bei einem Wettkampf ist der Körper auf Leistung eingestellt. Dies geschieht unbewusst. Wie werden die Körperfunktionen reguliert?

Unwillkürliches Nervensystem • Viele Vorgänge wie der Herzschlag und die Atmung werden gesteuert, ohne dass wir darüber nachdenken müssen. Dies regelt das vegetative Nervensystem. Es wird auch unwillkürliches Nervensystem genannt, weil es die Vorgänge automatisch steuert und wir dies nicht mit dem Willen beeinflussen können. Das betrifft alle inneren Organe, aber auch Blutgefäße und Drüsen.
Das vegetative Nervensystem wird in zwei Systeme untergliedert: Der Teil, der die Aktivität des Körpers erhöht, wird Sympathikus genannt. Der Teil, der für die Entspannung des Körpers zuständig ist, wird Parasympathikus genannt. Die beiden Systeme wirken somit als Gegenspieler.

Sympathikus • Bei einem Wettkampf sorgt der Sympathikus dafür, dass der Körper leistungsfähig ist, indem er die Aktivität bestimmter Organe regelt. Die Leber gibt vermehrt Glukose ins Blut ab. Die Atmung geht schneller und der Herzschlag ist erhöht. So gelangt viel Sauerstoff und Glukose zu den Muskelzellen, wo mithilfe dieser Stoffe Energie gewonnen wird. Die Schweißdrüsen geben mehr Schweiß ab, sodass die im Körper entstehende Wärme abgeführt wird.
Die Aktivität des Magens und des Darms wird vermindert, um Energie zu sparen.

Parasympathikus • Nach einem Wettkampf sorgt der Parasympathikus für die Entspannung des Körpers. Er verlangsamt den Herzschlag und die Atmung und hemmt die Aktivität der Schweißdrüsen. Gleichzeitig aktiviert er das Verdauungssystem und die Ausscheidungsorgane und sorgt so für den Abbau von Energiereserven.

Unser vegetatives Nervensystem steuert Vorgänge im Körper, die wir nicht mit dem Willen beeinflussen können. Es wird in Sympathikus und Parasympathikus unterteilt, die als Gegenspieler arbeiten.

Aufgabe

1 Erkläre, warum das vegetative Nervensystem auch unwillkürliches Nervensystem genannt wird.

das **vegetative Nervensystem**
der **Sympathikus**
der **Parasympathikus**

Material A

Sympathikus und Parasympathikus

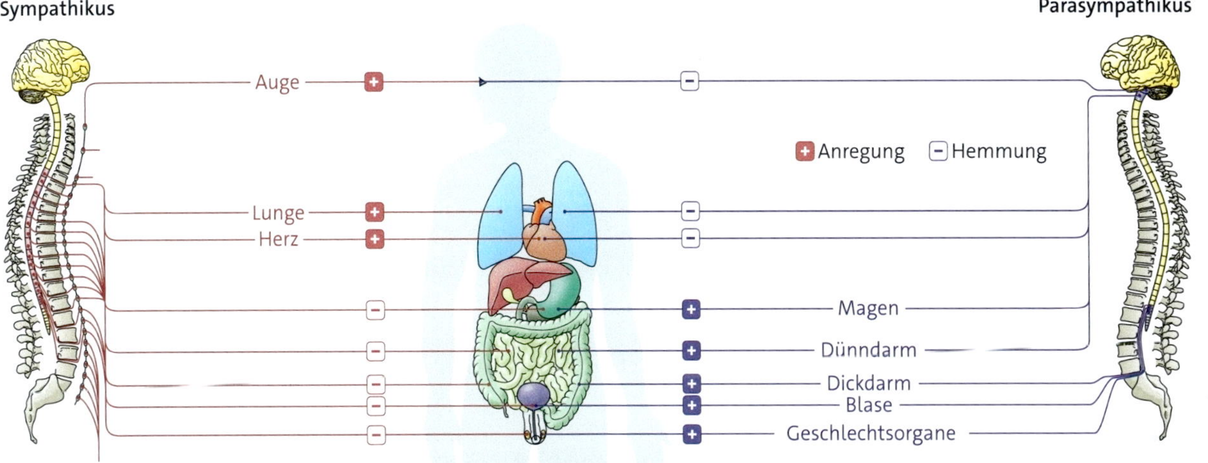

2 Funktionen des vegetativen Nervensystems

1 Beschreibe den Verlauf der Nervenbahnen vom Sympathikus und vom Parasympathikus. → 2

2 Ordne den beiden Teilen des vegetativen Nervensystems die Begriffe Wettkampf und Entspannung zu.

3 Beschreibe die jeweilige Wirkung von Sympathikus und Parasympathikus auf die Organe. → 2

4 Erkläre anhand der Wirkungen auf die Organe die Funktion von Sympathikus und Parasympathikus. Gehe dabei auch auf den Begriff Gegenspieler ein.

5 Beurteile, welche der in Bild 3 beschriebenen Substanzen den Sympathikus anregt und welche den Parasympathikus anregt. Begründe deine Zuordnung.

6 Erläutere, aus welchem Grund Konsumenten von Ecstasy manchmal während der Party oder am Morgen danach eine Sonnenbrille tragen. → 2

Medikamente mit dem Wirkstoff Pilocarpin werden bei Mundtrockenheit eingesetzt. Sie erhöhen die Speichelbildung. Zugleich wird die Tätigkeit der Bauchspeicheldrüse und des Darms angeregt.

Die Partydroge Ecstasy wirkt aufputschend. Das Hunger- und Durstgefühl wird reduziert und der Puls wird erhöht.

3 Wirkung von Substanzen auf das vegetative Nervensystem

Regulation des Blutzuckerspiegels

[1] Melanie isst Spaghetti.

Basiskonzept

System
→ Umschlag hinten
Der Blutzuckerspiegel wird durch das Zusammenspiel von Hormonen geregelt. Wenn dieses System aus dem Gleichgewicht gerät, entwickelt sich eine Krankheit.

Nach einer kohlenhydratreichen Mahlzeit gelangt durch die Verdauung viel Glukose ins Blut. Der Gehalt an Zucker im Blut steigt trotzdem nicht mit jeder Mahlzeit immer weiter an. Wie wird er annähernd konstant gehalten?

Blutzuckerspiegel • Der Zuckergehalt des Blutes wird als Blutzuckerspiegel bezeichnet. Nach einer kohlenhydrathaltigen Mahlzeit steigt der Blutzuckerspiegel, weil durch die Verdauung Glukose ins Blut gelangt. Nach einer sportlichen Aktivität sinkt der Blutzuckerspiegel, weil zur Energiegewinnung Glukose abgebaut wird. Bei einem gesunden Menschen schwankt der Blutzuckerspiegel zwischen 0,7 und 1,1 Gramm Glukose pro Liter Blut. Er wird durch zwei chemische Botenstoffe reguliert. Diese heißen Insulin und Glukagon und werden in der Bauchspeicheldrüse gebildet.

Hormone • Die chemischen Botenstoffe werden auch Hormone genannt. Es gibt viele verschiedene Hormone. Sie werden bei Bedarf in kleinen Mengen von Hormondrüsen gebildet und über den Blutkreislauf im Körper verteilt. → [2] Jedes Hormon wirkt auf ganz bestimmte Zielzellen. Diese tragen Empfängerstellen an der Oberfläche, die man Rezeptoren nennt. Das Hormon und der Rezeptor der Zielzelle passen räumlich genau zusammen, wie ein Schlüssel und ein Schloss. Das nennt man Schlüssel-Schloss-Prinzip. Durch die Bindung von Hormon und Rezeptor wird in der Zielzelle eine bestimmte Reaktion ausgelöst. So werden mithilfe der Hormone Signale weitergegeben. Das Hormonsystem ist somit neben dem Nervensystem das zweite Informationssystem des Körpers.

Insulin • Bei der Verdauung einer Mahlzeit wird Glukose über den Dünndarm ins Blut abgegeben. → [3] Der erhöhte Blutzuckerspiegel bewirkt, dass die Bauchspeicheldrüse vom Gehirn dazu veranlasst wird das Hormon Insulin auszuschütten.

[2] Schlüssel-Schloss-Prinzip bei Hormonen

der **Blutzuckerspiegel**
das **Hormon**
das **Insulin**
das **Glukagon**
der **Diabetes**

Das Insulin wird über das Blut zu den Zellen des Körpers transportiert. Dort bindet das Hormon an die passenden Rezeptoren. Das bewirkt, dass die Zellmembran durchlässiger für Glukose wird und die Glukose aus dem Blut in die Zellen aufgenommen wird. So senkt Insulin den Blutzuckerspiegel. In den Zellen wird Glukose zur Energiegewinnung abgebaut oder in Form von Glykogen gespeichert.

Glukagon • Bei einem hohen Energieverbrauch, zum Beispiel beim Sport, sinkt der Blutzuckerspiegel unter den Normalwert. Dann regt das Gehirn die Bauchspeicheldrüse an, das Hormon Glukagon ins Blut abzugeben. → 3 Glukagon bewirkt, dass in den Leberzellen das gespeicherte Glykogen zu Glukose abgebaut wird. Die Glukose wird ins Blut abgegeben. Auf diese Weise bewirkt das Hormon Glukagon, dass der Blutzuckerspiegel steigt.

Diabetes • Bei manchen Menschen ist die Regulierung des Blutzuckerspiegels durch das Insulin gestört. Ihr Blutzuckerspiegel ist dauerhaft erhöht, weil keine oder nur wenig Glukose in die Zellen aufgenommen wird. Dies kann zu Schäden an Nervenbahnen, an den Nieren und im Herz-Kreislauf-System führen. Diese Krankheit wird Diabetes genannt. Bei einem sehr hohen Blutzuckerspiegel wird Glukose mit dem Urin über die Nieren ausgeschieden. → 3 Dies kann man mit Teststreifen aus der Apotheke nachweisen. Bei einem Verdacht sollte man einen Arzt befragen.

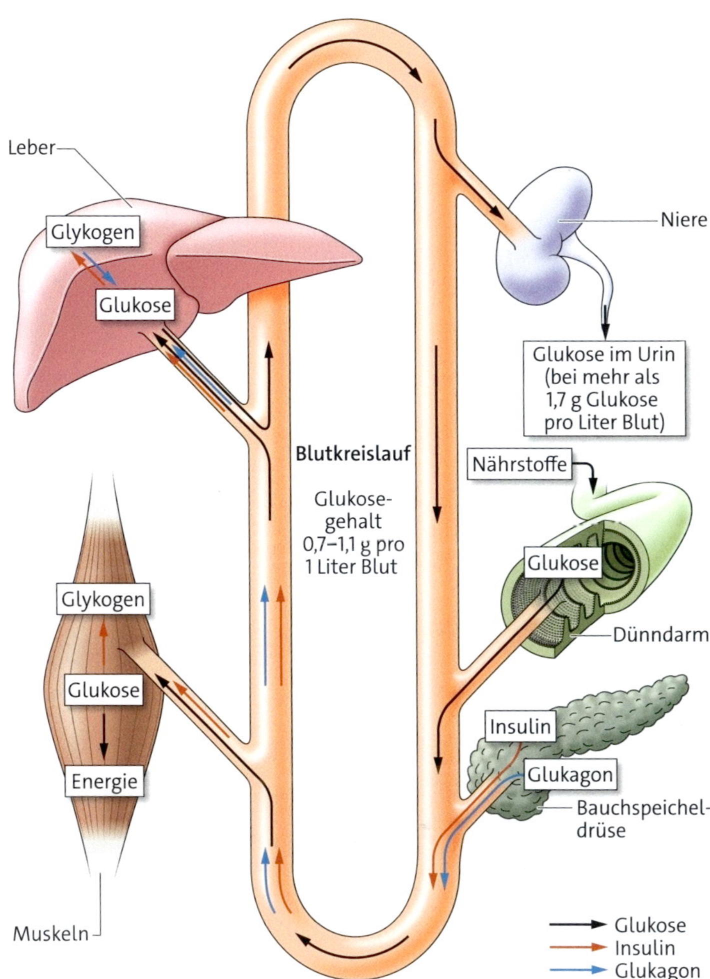

3 Regelung des Blutzuckerspiegels

Der Blutzuckerspiegel wird durch Hormone reguliert. Insulin senkt den Blutzuckerspiegel, Glukagon hebt ihn an. Bei Diabetes ist der Blutzuckerspiegel dauerhaft erhöht.

Aufgabe

1 Beschreibe mithilfe von Bild 3 den Weg der Glukose, nachdem du etwas gegessen hast.

Regulation des Blutzuckerspiegels

Material A

Hormone und Zielzellen

1 ☒ Ordne den Hormonen der Hormondrüsen A–C die Zielzellen 1–3 zu. → 1

2 ☒ Erläutere das Schlüssel-Schloss-Prinzip am Beispiel der Hormone.

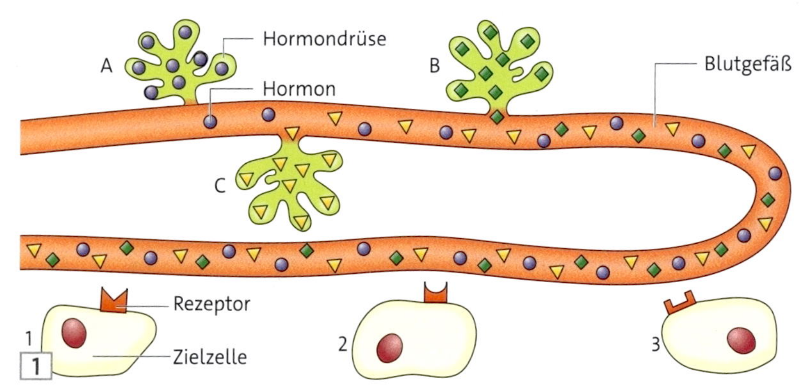

1

Material B

Wirkungsweise von Insulin und Glukagon

1 ☒ Beschreibe die Wirkung von Insulin mithilfe des Schemas in Bild 2.

2 ☒ Übertrage das Schema für Glukagon in dein Heft und ergänze die Wirkung. → 3

3 ☒ Vergleiche die Hormone Insulin und Glukagon hinsichtlich der Hormondrüse, der Zielzellen sowie der Wirkung auf die Zielzellen und den Blutzuckerspiegel. Lege dazu eine Tabelle an.

4 Ist der Blutzuckerspiegel zu niedrig, spricht man von Unterzuckerung.
☒ Erläutere die möglichen Folgen für den Körper.

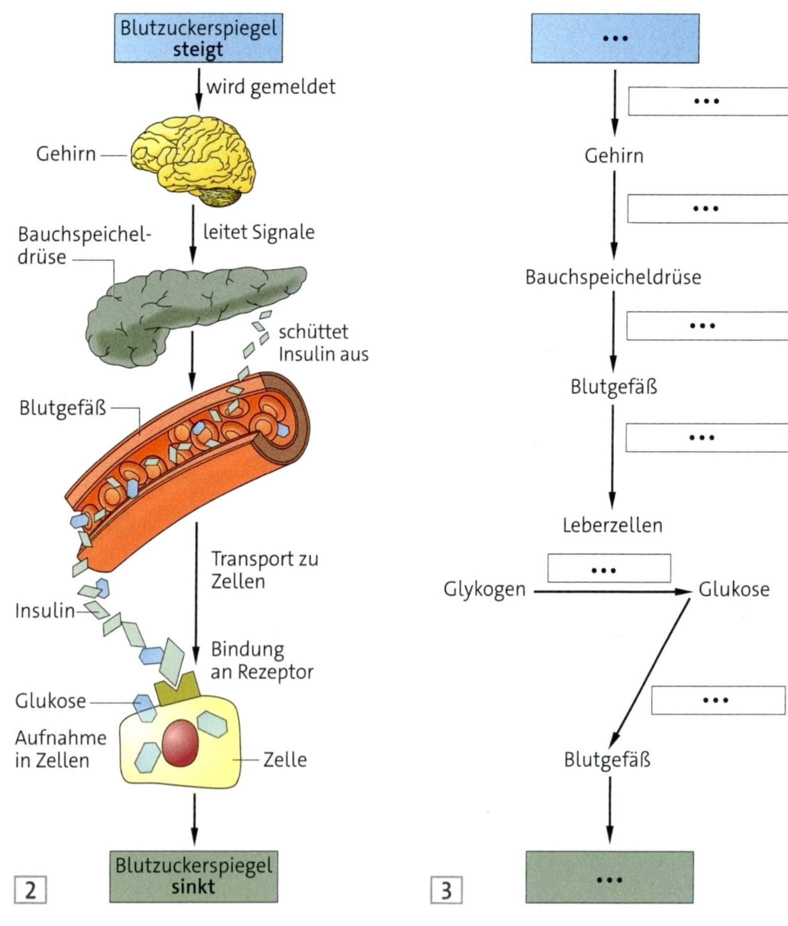

2

3

Material C

Ein Leben mit Diabetes

Bei der Krankheit Diabetes ist die Regulierung des Blutzuckerspiegels durch Insulin gestört.

1 Man unterscheidet zwei Typen von Diabetes. → 4
Beschreibe, inwiefern die Regulierung des Blutzuckerspiegels jeweils gestört ist.

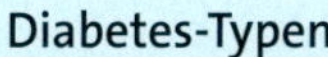

Diabetes-Typen

Bei Diabetes Typ 1 werden die Zellen der Bauchspeicheldrüse, die das Insulin bilden, zerstört. Menschen, die daran erkrankt sind, müssen ihr Leben lang regelmäßig ihren Blutzuckerspiegel überprüfen und sich Insulin spritzen, um ihren Insulinmangel auszugleichen.

Bei Diabetes Typ 2 nehmen die Zielzellen die Glukose aus dem Blut nicht mehr richtig auf, weil ihre Rezeptoren kaum oder gar nicht mehr empfindlich für Insulin sind. Davon sind vor allem Menschen mit Übergewicht betroffen. Ihr Zustand kann sich verbessern, wenn sie ihre Ernährung umstellen und Gewicht verlieren. Oft müssen sie zusätzlich Medikamente nehmen, die die Aufnahme von Glukose in die Zellen erhöhen.

4

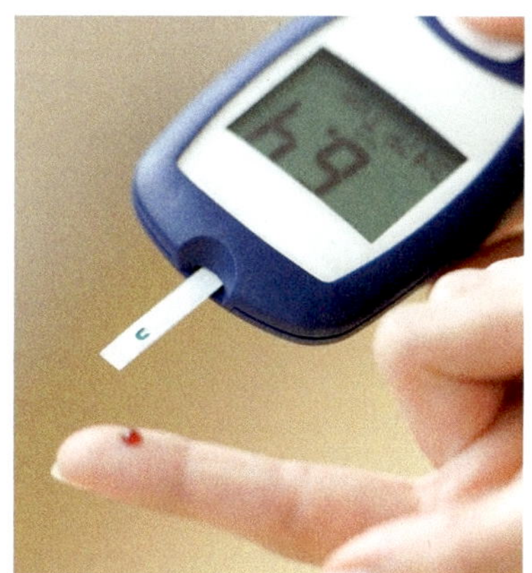

5 Messen des Blutzuckerspiegels

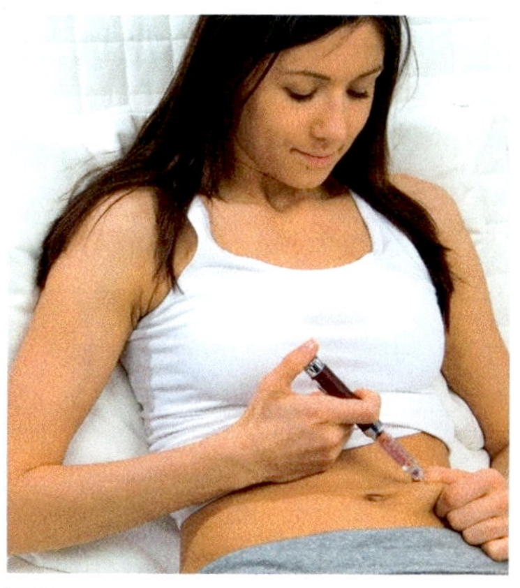

6 Spritzen von Insulin

2 Erkläre die in den Bildern 5 und 6 gezeigten Maßnahmen im Zusammenhang mit Diabetes Typ I.

3 Lies den Text. → 7

a Erkläre die möglichen Ursachen für Leons Unterzuckerung.

b Beurteile die Maßnahmen, die von der Klassenlehrerin vorgeschlagen werden.

4 Wird die Glukose nicht in die Zellen aufgenommen, wird sie vermehrt mit dem Urin ausgeschieden.
Leite mögliche Folgen ab.

5 Immer mehr Menschen entwickeln Diabetes Typ 2, auch Jugendliche.
Finde eine Erklärung für den Sachverhalt.

6 Leite Maßnahmen für dein Leben ab, mit denen du einer Erkrankung an Diabetes Typ 2 vorbeugen kannst.

Notfall nach dem Sport

Leon sitzt nach dem Sportunterricht mit seinen Freunden zusammen. Plötzlich wird er blass, schwitzt stark, redet wirr und klagt über Herzrasen. Besorgt holen seine Freunde die Klassenlehrerin. Sie erklärt: „Leon hat Diabetes Typ 1. Wahrscheinlich ist er unterzuckert, weil er vor dem Sport zu wenig gegessen oder zu viel Insulin gespritzt hat. Er muss sofort Traubenzucker, Cola oder Fruchtsaft bekommen. Wird er bewusstlos, muss der Notarzt kommen."

7

Regulation des Blutzuckerspiegels

Methode

Ein One-Shot-Video erstellen

Hormone sind entscheidend für die Regulation des Blutzuckerspiegels. Die Wechselwirkung zwischen Insulin und Glykagon und somit die Aufrechterhaltung des körperlichen Gleichgewichts findet jedoch kaum spürbar im Inneren unseres Körpers statt. Erarbeitet euch diesen Prozess, indem ihr ihn in einem One-Shot-Video veranschaulicht und erklärt. One-Shot-Videos werden mit einer einzigen Kameraeinstellung produziert. Das heißt, man richtet die Kamera auf die Produktionsfläche aus und dreht den Film mit nur einer Aufnahme ab. Dafür kann man die Kamerafunktion eines Tablets oder Smartphones nutzen.
So geht man bei der Filmproduktion vor:

1. Eine Filmcrew bilden Findet euch zu viert in einer Gruppe zusammen. Teilt eure Gruppe in zwei Produktionsteams auf:
- **Regisseur/in und Illustrator/in:** Produktionsablauf trainieren, Szenenbilder erstellen, One-Shot-Video aufnehmen
- **Texter/in und Sprecher/in:** Texte erstellen und anpassen, Sprechtext einsprechen

2. Inhalte erarbeiten Informiert euch über die Regulation des Blutzuckerspiegels und haltet euer Wissen stichpunktartig fest. Diese Fragen können euch dabei helfen:
- *Welchen Einfluss haben die Hormone Insulin und Glukagon auf den Blutzuckerspiegel?*
- *Welche Symptome zeigen Menschen, die an Diabetes erkrankt sind, und welche Maßnahmen können dagegen ergriffen werden?*

3. Ein Storyboard erstellen Überlegt, wie ihr die Regulation des Blutzuckerspiegels in einem Film darstellen und erklären könnt. Entscheidet euch zunächst für einen Filmstil. Ihr könnt die biologischen Inhalte zum Beispiel wie in einem Spielfilm anhand einer erdachten Geschichte erklären, ein Video im Blogging-Stil oder einen Dokumentarfilm produzieren. Dann erstellt ihr ein Storyboard, in dem ihr Szene für Szene festlegt, was zu sehen und zu hören ist. → 1

4. Gestaltungsmittel und Material auswählen Legt genau fest, welche Gestaltungsmittel und Materialien ihr verwenden wollt. → 2

Filmstil: *Blogging-Stil* **Filmtitel:** *Blut und Zucker*

Szene	Titel	Inhalt (ganze Filcrew)	Gestaltungsmittel und Material (Regisseur/in und Illustrator/in)	Sprechtext (Texter/in und Sprecher/in)
Einführung	…	…	…	…
…	…		…	…

1 Vorlage für das Storyboard

Ihr könnt auch verschiedene Gestaltungsmittel miteinander kombinieren, zum Beispiel:

- **Legetrick/Cut Out:** Verwendet Bild- und Textkarten, die ihr während der Produktion mit euren Händen in das Bild einfliegen lasst.
- **Whiteboard/Skitch:** Erstellt während der Produktion Zeichnungen auf einem Papier. Ihr könnt auch einige Zeichnungen vorfertigen und während der Produktion ergänzen.
- **Claymation/Brickfilm:** Verwendet Knete oder Legosteine für die Filmproduktion.
- **Realaufnahmen:** Ihr selbst seid im Film zu sehen und erklärt den Prozess oder leitet zu verschiedenen Szenen über.

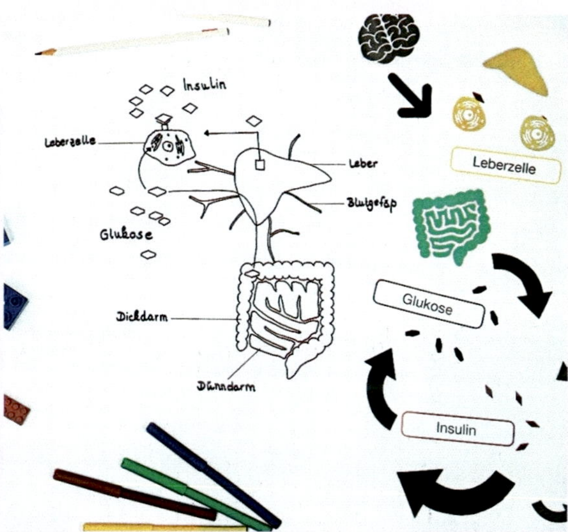

2 Gestaltungsmöglichkeiten

5. Arbeitsteilige Produktion Erstellt den Film in euren Produktionsteams:

- **Regisseur/in und Illustrator/in:** Erstellt die Materialien oder übt die Zeichnungen, die ihr während der Aufnahme erstellen wollt. Sucht einen Produktionsort und richtet ihn ein. Baut eine stabile Halterung für das Aufnahmegerät auf und bereitet die Produktionsfläche vor. Achtet auf die Lichtverhältnisse und den Aufnahmewinkel. Nehmt dann das Video auf: Die Regisseurin/der Regisseur gibt Anweisungen gemäß des Storyboards und die Illustratorin/der Illustrator legt, malt oder bewegt die Materialien unter oder vor der Kamera.
- **Texter/in und Sprecher/in:** Bereitet einen Sprechtext vor. Dieser kann ein Monolog, ein Dialog oder eine Diskussion sein. Der Text muss zum Filmstil und zu den Bildern passen. Nutzt kurze Hauptsätze ohne viele Nebensätze und vermeidet Floskeln und Füllwörter. Übt euren Sprechtext ein und nehmt ihn dann getrennt von der Videoaufnahme auf. Sprecht dabei klar und deutlich.

6. Post-Produktion: Fügt mit einem Filmbearbeitungsprogramm das Video und den Sprechtext zusammen. Außerdem könnt ihr das Video noch mit Musik vertonen, einen Titel und einen Abspann einfügen.

Aufgaben

1 ☒ Bildet Filmcrews und erstellt One-Shot-Videos zur Regulation des Blutzuckerspiegels.

2 ☒ Präsentiert eure Videos und bewertet sie hinsichtlich der fachlichen Richtigkeit, der Kreativität, der visuelle Darstellungen und der Passung des Sprechtexts.

Stress

1 Gefahr im Straßenverkehr

Im Straßenverkehr kann man in gefährliche Situationen geraten. Was passiert in solchen Momenten im Körper?

Stress • In einer gefährlichen Situation spürt man, wie das Herz schneller schlägt und die Atmung rascher wird. Man fühlt sich hellwach und verspürt oft auch Angst. Diese körperlichen und seelischen Veränderungen, die durch bestimmte Reize ausgelöst werden, bezeichnet man als Stress. Reize, die Stress verursachen, werden Stressoren genannt. So reagiert der Körper auf Reize aus der Umwelt. Man kann sich auch selbst unter Stress setzen, wenn man zum Beispiel ein sehr gutes Ergebnis bei einer Prüfung schaffen will.

Stressreaktion • In einer Stresssituation wird der Körper vorübergehend in eine hohe Leistungsbereitschaft versetzt. Man bezeichnet diese kurzfristige Reaktion als Kurzzeitstress. Dabei wird die Aktivität der Organe durch Signale aus einem Bereich des Zwischenhirns, dem Hypothalamus, verändert. → 2 Das Herz schlägt schneller und bestimmte Hormondrüsen werden angeregt. Die Nebennieren, die wie Kappen auf den Nieren sitzen, geben die Hormone Adrenalin und Noradrenalin in das Blut ab. Diese wirken an vielen Stellen des Körpers. Sie beschleunigen den Herzschlag, fördern den Abbau von Glykogen in den Muskeln und der Leber und erweitern die Bronchien der Lunge. So werden die Zellen über das Blut besser mit Glukose und Sauerstoff versorgt und können mehr Energie produzieren. Dadurch laufen Vorgänge im Körper, die Energie verbrauchen, schneller ab. Außerdem werden die Blutgefäße im Gehirn, im Herz und in den Muskeln erweitert und die Blutgefäße der Verdauungsorgane werden verengt. Dadurch werden die Organe besser versorgt, die in einer Stresssituation leistungsfähiger sein müssen.

Stress ist sinnvoll • In gefährlichen Situationen, wie bei einem drohenden Unfall, erhöht die Stressreaktion die Leistungsfähigkeit des Körpers. Man ist aufmerksamer und reagiert schneller. So kann eine Stressreaktion das Überleben sichern. Man sagt, sie bereitet den Körper auf Kampf oder Flucht vor, um die Gefahr zu bewältigen.

der Stress
der Stressor
das Adrenalin
das Cortisol

Man bezeichnet diese Anpassung des Körpers daher auch als fight-or-flight-Reaktion (engl.: Kampf-oder-Flucht-Reaktion). Durch die leistungssteigernde Wirkung kann vorübergehender Stress auch bei Prüfungen und sportlichen Wettkämpfen förderlich sein.

Dauerhafter Stress schädlich • Im Alltag gibt es Situationen, die dauerhaft stressig sind – wenn man zum Beispiel ständig in der Schule überfordert ist oder wenn es in der Familie ständig Streitigkeiten gibt. Auch lange Krankheiten, Lärm oder Mobbing fördern Stress. Alle aufgezählten Situationen dauern längere Zeit an und führen im Körper dauerhaft zu Stress. Man spricht dann von Langzeitstress. Steht man dauerhaft unter Stress, werden die Nebennieren angeregt, zu große Mengen des Hormons Cortisol auszuschütten. Was dem Körper sonst hilft, mit Stresssituationen kurzfristig klarzukommen, wird nun zur Gefahr, denn einer dauerhaft hoher Cortisolgehalt hat negative Folgen für den Körper. Das Hormon schwächt zum Beispiel die körpereigene Abwehr, sodass man öfter krank wird.

Schutz vor Langzeitstress • Wenn man unter Langzeitstress leidet, sollte man sich Hilfe suchen. Freunde, Eltern oder auch Ärzte und Psychologen können bei Problemen helfen. Daneben kann man durch regelmäßigen Sport und andere Hobbys Stress abbauen. Auch Ruhephasen und ausreichend Schlaf sind wichtig.

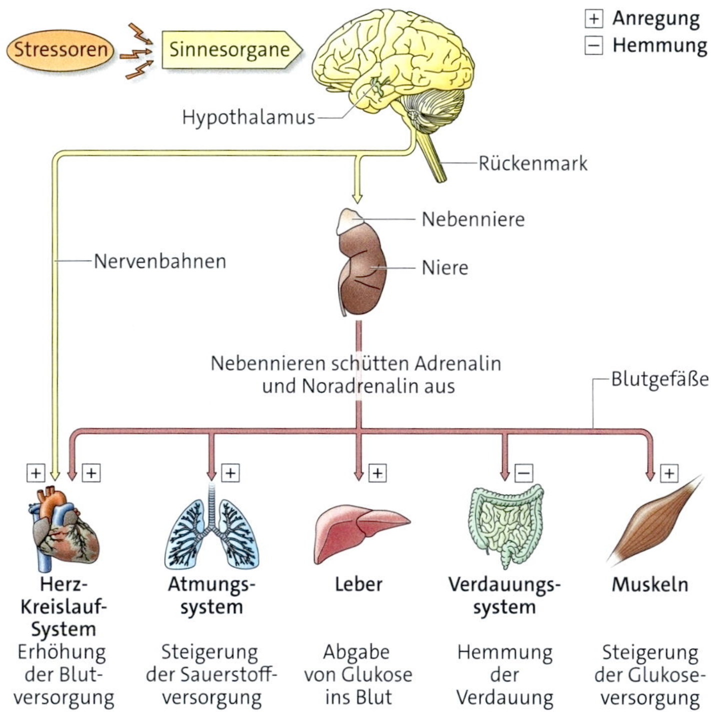

2 Wirkung der Hormone Adrenalin und Noradrenalin

Körperliche und seelische Veränderungen, die durch bestimmte Reize ausgelöst werden, bezeichnet man als Stress.

Aufgaben

1 Gefahr im Straßenverkehr → 1
a Beschreibe die Situation in Bild 1.
b Erläutere anhand der Situation, was der Begriff Stress bedeutet.

2 Beschreibe die Wirkung von Adrenalin und Noradrenalin. → 2

3 Erkläre die Aussage: Kurzzeitstress sichert das Überleben, Langzeitstress macht dagegen krank.

Stress

Material A

Positiver und negativer Stress

1 Bereit für einen Wettlauf

2 Mobbing in der Schule

3 Geburtstagsparty

Man empfindet Stress nicht immer belastend. Für manche ist der Sportunterricht oft angenehm. Wenn man zum Beispiel vor einem 100-Meter-Lauf am Startblock steht und auf den Startschuss wartet, spürt man Veränderungen im Körper. Herzschlag und Atmung sind schneller und auch die Aufmerksamkeit ist gesteigert. Die Leistungsfähigkeit des Körpers wird dadurch erhöht. Man bezeichnet eine solche positive Belastung als Eustress.
Eine belastende Situation, wie enormer und lang anhaltender Leistungsdruck in der Schule, wirkt sich negativ auf den Körper aus. Eine solche Belastung, die unangenehm, bedrohlich oder überfordernd auf den Körper wirkt, bezeichnet man als Distress.

1 ☒ Erläutere anhand der Beispiele aus den Bildern 1–3 die Begriffe Eustress und Distress.

2 ◩ Ordne die aufgelisteten Situationen nach deinem eigenen Empfinden nach Eustress und Distress. → 4

3 ☒ Beschreibe die Stressreaktion im Körper, wenn man beim Spicken erwischt wird. Nimm Bild 2 auf der Basisseite zu Hilfe.

4 ◩ Nenne Situationen aus deinem Alltag, in denen du Eustress oder Distress empfindest.

5 ☒ Überlegt gemeinsam Maßnahmen, durch die ihr Stress vermeiden könnt.

1) Dauererkrankung
2) verliebt sein
3) ungewollter Schulwechsel
4) Überprüfung in einem schwachen Fach
5) Tod einer geliebten Person
6) Besuch einer Party
7) Streit
8) Aufregung vor einem Bühnenauftritt
9) beim Spicken erwischt werden
10) Klassenfahrt

4

Material B

Kurzzeitstress

Bei einer Schülerin wurde die Herzfrequenz (Anzahl der Herzschläge pro Minute) gemessen, um das Stresslevel vor, während und nach einem Vortrag zu beurteilen. Die Ergebnisse wurden in einem Diagramm dargestellt. → 5

1 ◩ Beschreibe, was bei der Schülerin untersucht wurde.

2 ◩ Beschreibe die Veränderung der Herzfrequenz im Verlauf der Zeit. → 5

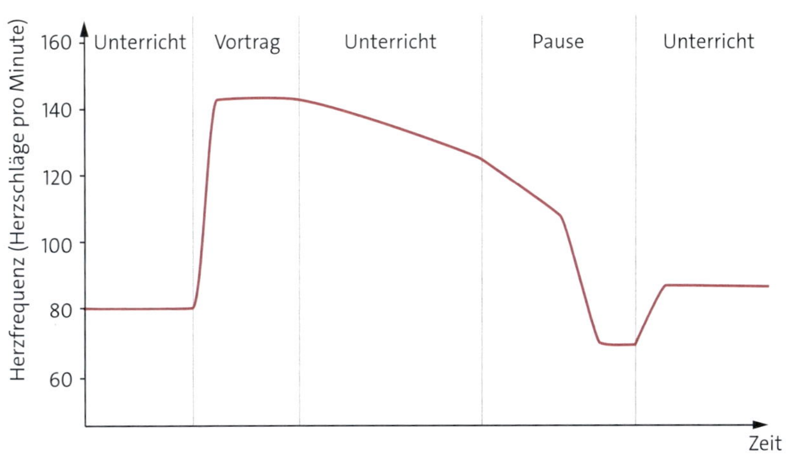

5 Veränderung der Herzfrequenz vor, während und nach einem Vortrag

3 ⊠ Erkläre die Veränderung der Herzfrequenz beim Vortrag und nach der Pause.

4 ⊠ Beschreibe die Herzfrequenz bei anhaltendem Stress ohne Entspannung.

Material C

Prüfungsstress

1 ◩ Beschreibe die erkennbaren Stressanzeichen der Schülerinnen und Schüler.

2 ⊠ Beurteile, wie sich Stress bei einer Prüfung positiv und negativ auswirken kann.

3 Der Schüler links im Bild hat total vergessen, dass eine Prüfung ansteht. → 6
⊠ Erkläre, warum er vor Schreck blass wird. Bedenke, wie Adrenalin und Noradrenalin auf Blutgefäße wirken.

6 Stress in einer Prüfungssituation

Material D

Langzeitstress macht krank

Bei einer Stressreaktion spielt ein weiteres Hormon eine wichtige Rolle, das ebenfalls von den Nebennieren gebildet wird: Cortisol. Zunächst regt der Hypothalamus die Hypophyse an, ein Hormon auszuschütten. Dieses Hormon regt dann die Nebennieren zur Ausschüttung des Cortisols an. Halten stressige Situationen länger an, hält Cortisol die Leistungsfähigkeit des Körpers aufrecht. Es vermindert zum Beispiel das Schmerzempfinden, hemmt Entzündungen und setzt Energiereserven frei. So kann der Körper der Belastung länger standhalten.

Steht man jedoch dauerhaft unter Stress, schütten die Nebennieren zu viel Cortisol aus. Dann wirkt sich das Hormon negativ auf die Gesundheit aus. Es bewirkt zum Beispiel, dass die Blutgefäße dauerhaft verengt bleiben und der Blutdruck steigt. Das kann im schlimmsten Fall zu einem Herzinfarkt führen.

1 ◪ Nenne positive Auswirkungen von Cortisol in einer Stresssituation.

2 ◪ Beschreibe mithilfe des Einstiegstexts und Bild 1, wie die Bildung von Cortisol ausgelöst wird. Beginne bei den Stressoren.

3 ◪ Erläutere anhand von Beispielen, wodurch sich Langzeitstress von Kurzzeitstress unterscheidet.

4 ◪ Erkläre die Aussage: Das Hormon Cortisol kann für den Körper nützlich, aber auch schädlich sein.

5 ◪ Beschreibe Folgen von Langzeitstress. → 1

6 ◪ Entwickelt gemeinsam Maßnahmen, um Langzeitstress zu überwinden und vorzubeugen.

7 ◪ Beurteile, ob du Langzeitstress erlebst und was die Ursachen sind.

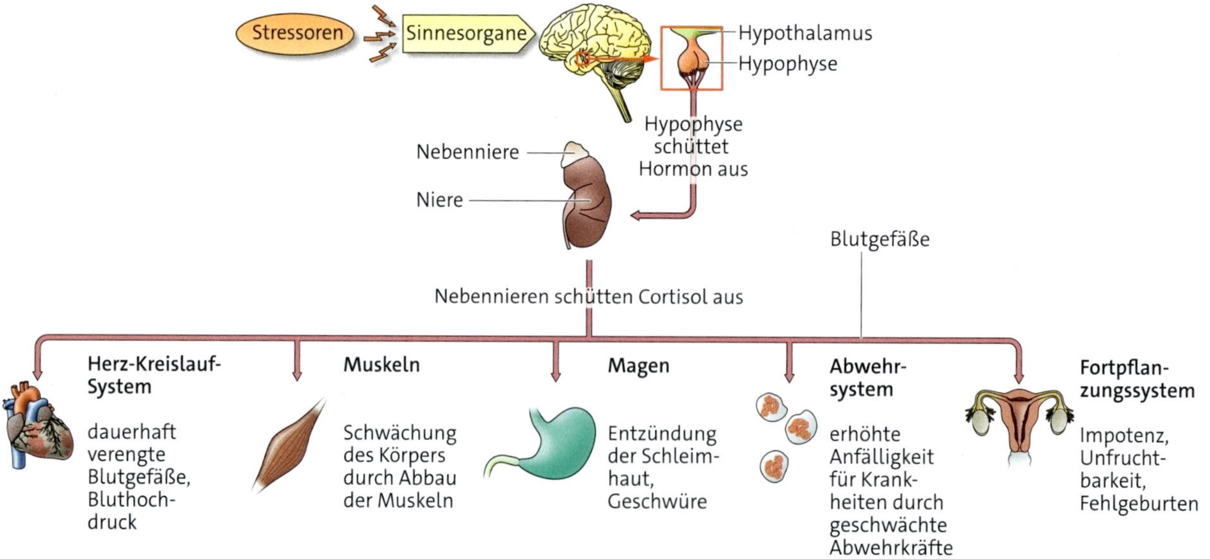

1 Wirkung des Hormons Cortisol

Erweitern und Vertiefen

Hormone im Überblick

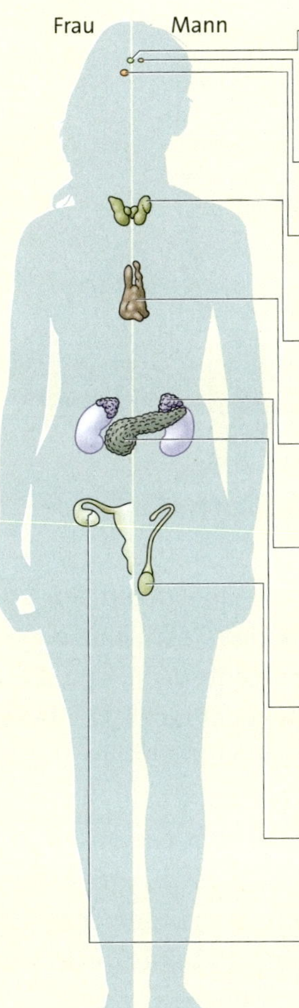

Hypothalamus: Der Hypothalamus ist ein Bereich im Zwischenhirn, der die Verbindung zwischen dem zentralen Nervensystem und dem Hormonsystem herstellt. Er produziert Hormone, die wiederum die Hypophyse entweder hemmen oder anregen, ihre Hormone auszuschütten. Zudem beeinflusst er über Hormone unter anderem die Körpertemperatur.

Epiphyse: Die Epiphyse befindet sich oberhalb des Zwischenhirns. Sie bildet das Hormon Melatonin, das den Schlaf-Wach-Rhythmus reguliert.

Hypophyse: Die unter dem Zwischenhirn gelegene Hypophyse gilt als Zentrale des Hormonsystems. Sie schüttet Hormone aus, durch die wiederum andere Hormondrüsen gesteuert werden. Zudem produziert sie Hormone, die das Körperwachstum regulieren.

Schilddrüse: Die Schilddrüse liegt unterhalb des Kehlkopfs – wie ein Schild – vor der Luftröhre. Sie produziert das Hormon Thyroxin, das unter anderem Stoffwechselvorgänge und die Gehirnentwicklung beeinflusst.

Thymus: Die Thymusdrüse befindet sich hinter dem Brustbein. Sie bildet das Hormon Thymosin. Dieses beeinflusst unter anderem das Abwehrsystem des Körpers.

Nebennieren: Die Nebennieren liegen wie Kappen an beiden Seiten der Nieren. Sie schütten Adrenalin und Noradrenalin aus. Diese Hormone steigern die Herz-Kreislauf-Aktivität und setzen Energiereserven frei, zum Beispiel in Stresssituationen. Die Nebennieren schütten außerdem Cortisol aus. Dieses Hormon hemmt das Schmerzempfinden sowie Entzündungen und setzt ebenfalls Energiereserven frei.

Bauchspeicheldrüse: Die Bauchspeicheldrüse liegt quer unter dem Magen. Sie produziert die Hormone Insulin und Glukagon. Insulin sorgt für Aufnahme von Glukose aus dem Blut in die Zellen und senkt somit den Blutzuckerspiegel. Glukagon ist der Gegenspieler des Insulin. Das Hormon regt die Freisetzung von Glukose aus den Zellen an und hebt somit den Blutzuckerspiegel.

Hoden: Diese männlichen Hormondrüsen befinden sich außerhalb des Bauchraums im Hodensack. Sie bilden das Hormon Testosteron, das die Entwicklung der männlichen Geschlechtsmerkmale und die Bildung von Spermienzellen anregt.

Eierstöcke: Diese weiblichen Hormondrüsen befinden sich im Bauchraum. Sie bilden die Hormone Östrogen und Progesteron. Diese fördern die Entwicklung der weiblichen Geschlechtsmerkmale. Außerdem regeln sie den Menstruationszyklus und den Ablauf einer Schwangerschaft.

2 Hormone im Überblick

Aufgabe

1 Erstelle in deinem Heft eine Tabelle. → 3 Ergänze in der Tabelle die in Bild 2 dargestellten Hormondrüsen, ihre Hormone und die Wirkungen der Hormone in Stichworten.

Hormondrüse	Lage im Körper	Hormone	Wirkung
Hypothalamus	im Zwischenhirn	nicht benannt	Regulation der Hypophyse, …
…	…	…	…

3

Wie kommunizieren wir?

1 Kommunikation ist vielfältig: **A** gemeinsam lachen, **B** Trost spenden bei Trauer

Wir sprechen, grinsen oder weinen – so tauschen wir mit anderen Menschen Informationen aus. Wie funktioniert unsere Kommunikation?

Verständigung durch Worte • Erzählt uns jemand einen Witz, nehmen wir das Gesagte als Schallwellen über die Ohren auf. Die Reize werden in den Sinneszellen zu elektrischen Signalen umgewandelt, die dann über Nervenbahnen an das Gehirn weitergeleitet und dort verarbeitet werden. Mithilfe unserer Erfahrungen können wir die Situation bewerten und den Witz verstehen. Das Gehirn schickt dann über Nervenbahnen elektrische Signale, zum Beispiel an die Muskeln im Gesicht. Wir reagieren schließlich mit einem Lachen. Diese Verständigung mit Worten über Schrift oder Sprache wird verbale Kommunikation genannt.

Körpersprache • Ob jemand einen Witz oder eine traurige Geschichte erzählt, erkennen wir nicht nur an den Worten. Ein grinsender oder lachender Mensch vermittelt den Eindruck, dass er gut gelaunt ist. → 1A Oft ist ein Lachen so ansteckend, dass wir ebenfalls lachen. Steht eine Person jedoch mit hängenden Schultern, nach unten gezogenen Mundwinkeln und Tränen in den Augen vor uns, erkennen wir, dass sie traurig ist. → 1B Diese Information bewirkt, dass wir mit einer Umarmung und tröstenden Worten reagieren.
Die Beispiele zeigen, dass wir nicht nur mit Worten kommunizieren, sondern auch durch unsere Körpersprache, also durch die Körperhaltung, den Gesichtsausdruck und die Bewegungen mit den Armen und Händen. Die Verständigung ohne Worte nennt man non-verbale Kommunikation.

Basiskonzept

Struktur und Funktion
→ Umschlag hinten
Wir nehmen über die Sinneszellen verschiedene Reize auf und kommunizieren, indem wir Signale austauschen.

die verbale Kommunikation
die non-verbale Kommunikation
der Schlüsselreiz

Nicht immer bewusst • Wir tauschen oft Informationen mit anderen aus, ohne dass wir es bewusst merken. So nehmen wir manchmal unbewusst wahr, dass die Körpersprache einer Person nicht zu dem passt, was sie durch Worte vermittelt. Das kann zu Missverständnissen führen oder wir können den Eindruck bekommen, dass die Person nicht die Wahrheit sagt. Wissenschaftliche Studien deuten darauf hin, dass unser Geruchssinn eine größere Rolle bei der Kommunikation spielt, als bisher vermutet. Demnach nehmen wir anhand chemischer Substanzen wie dem Körpergeruch unbewusst wahr, ob eine Person gestresst, ängstlich oder aggressiv ist. Es wird vermutet, dass dieser Vorgang auch bei der Partnerfindung eine Rolle spielt.

Schlüsselreize • Bestimmte Reize, die auf uns einwirken, lösen bei uns eine ganz bestimmte Reaktion aus. Man spricht dann von Schlüsselreizen. Zum Beispiel weisen Säuglinge und Kleinkinder Merkmale auf, die wir als besonders niedlich empfinden, wie der vergleichsweise große Kopf, das Gesicht mit den großen Augen und der kleinen Nase, die kurzen Gliedmaßen und die ungeschickten Bewegungen. → 2 Die Merkmale lösen bei uns als Schlüsselreize positive Gefühle aus und die Bereitschaft sich um das Kind zu kümmern und es zu beschützen wächst. Schlüsselreize werden in der Werbung und bei der Herstellung von Spielzeug gezielt eingesetzt, um die Kaufbereitschaft zu wecken

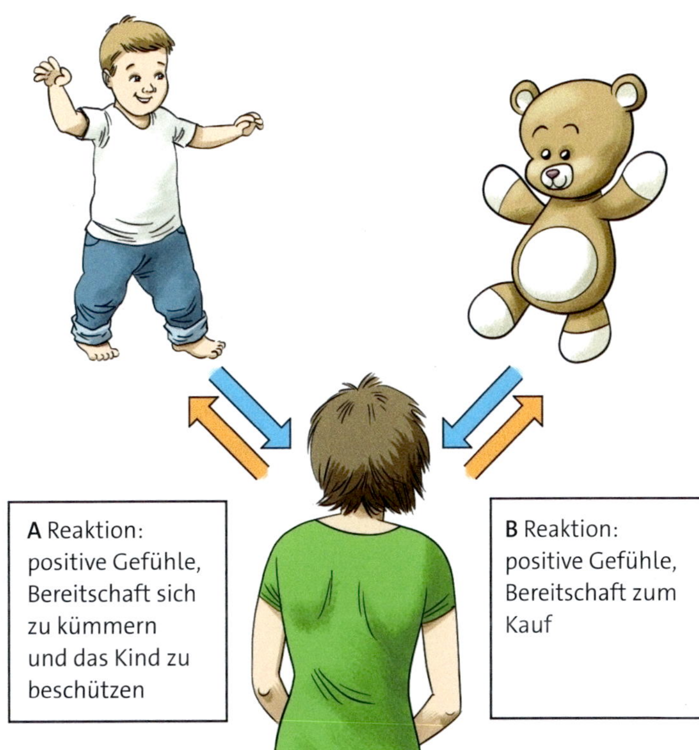

2 Schlüsselreize lösen Reaktionen aus: **A** kümmern, **B** kaufen

Menschen verständigen sich verbal durch Sprache und Schrift oder non-verbal über ihre Körpersprache. Unbewusste Kommunikation erfolgt über Gerüche und Schlüsselreize.

Aufgaben

1 Nenne Möglichkeiten, wie Menschen kommunizieren.

2 Erkläre die Bedeutung des Sprichworts: „Ich kann dich gut riechen."

3 Erläutere, wieso man diese Aussage unterschiedlich auffassen kann: „Du siehst heute aber toll aus!"

Wie kommunizieren wir?

Material A

Reiz-Reaktions-Schema

1 Beschreibe die Situation in Bild 1.

2 Gib an, welche Wege der verbalen und non-verbalen Kommunikation erkennbar sind.

3 Erstelle zu der Situation ein Reiz-Reaktions-Schema. Berücksichtige dabei auch die Signalweiterleitung und die Verarbeitung im Gehirn.

1 Streit unter Freundinnen

Material B

Kindchenschema

Großer Kopf, große Augen, kleine Nase, eine hohe vorgewölbte Stirn, Pausbäckchen, kurze Arme und Beine – die bei Kleinkindern typischen Merkmale nennt man Kindchenschema. Um die Wirkung der Schlüsselreize zu untersuchen, hat man Personen drei Foto eines Kindes gezeigt. → 2 Foto 2 zeigt das Kind so, wie es tatsächlich aussieht. Bei Foto 1 wurden die Schlüsselreize abgeschwächt und bei Foto 3 wurden sie verstärkt. Die Personen sollten die Niedlichkeit beurteilen und ihre Motivation, sich um das Kind zu kümmern, einschätzen.

2 Schlüsselreize bei einem Kleinkind

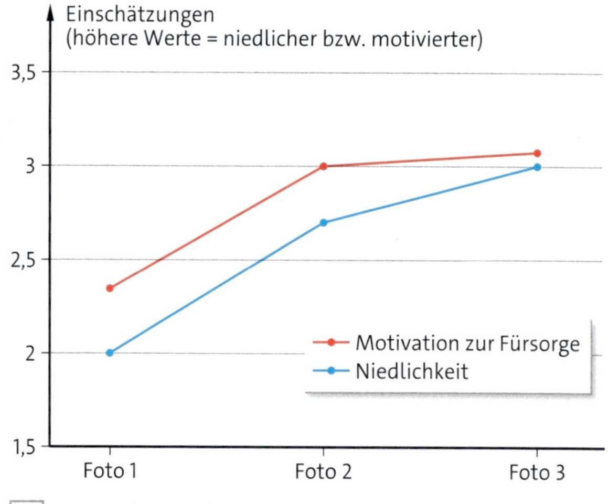

3 Versuchsergebnisse

1 Erkläre, was ein Schlüsselreiz ist.

2 Beschreibe den Versuch.

3 Werte das Versuchsergebnis aus. → 3

4 Beurteile die biologische Bedeutung des Kindchenschemas.

Material C

Tricks aus der Werbung

Damit Werbung erfolgreich ist, muss sie wirken. Gezielt wird das Wissen um die menschliche Kommunikation eingesetzt, um mit der Werbung bestimmte Gruppen oder Altersklassen anzusprechen. Dabei helfen zum Beispiel Schlüsselreize und Gerüche. Auch Farben werden ganz gezielt eingesetzt, denn sie werden mit verschiedenen Vorstellungen verknüpft. → 8

4

5

6

7

Schwarz	Lila	Blau	Grün	Rot	Rosa	Orange	Gelb
• luxuriös • stark • modern • edel • elegant • sachlich	• luxuriös • weiblich • geheimnisvoll • kreativ • beruhigend	• sachlich • vertrauenswürdig • zuverlässig • seriös • kühl	• natürlich • beruhigend • zufrieden • jung • frisch • hoffnungsvoll	• energievoll • warm • leidenschaftlich • dringend	• weiblich • verspielt • jugendlich • romantisch	• warm • energievoll • spaßig • freundlich • günstig	• freundlich • heiter • lebendig • optimistisch • jugendlich

8 Farben und die damit verbundenen Vorstellungen

1 Beschreibe die Werbungen in den Bildern 4–7.

2 Stelle Vermutungen an, wodurch die Werbungen jeweils zum Kauf anregen sollen.
Analysiere sie dazu im Hinblick auf die eingesetzten Schlüsselreize und Farben. Nutze hierfür auch die Angaben aus Bild 8.

3 Denke an eine Werbung, die dir besonders im Gedächtnis geblieben ist. Beurteile, was dich dabei angesprochen hat.

4 „Steuere das limbische System der Menschen und damit ihre Gefühle, dann kaufen sie dein Produkt."
Erkläre die Aussage. → 9

Unser Kaufverhalten wird mehr von unseren Gefühlen geleitet als von unserer Vernunft. Für unsere Gefühle ist ein bestimmter Bereich des Gehirns zuständig, den man limbisches System nennt. Wird der Bereich angeregt, werden Hormone ausgeschüttet, die beispielsweise den Herzschlag erhöhen. Wir sind dann aufgeregt, wenn wir das Produkt in den Händen halten.

9

Wie kommunizieren wir?

Methode

Fachsprache anwenden

Oft neigen wir dazu biologische Inhalte mit unserer Alltagssprache zu beschreiben. Dies führt jedoch zu Ungenauigkeiten oder zu Fehlern. Daher ist Biologieunterricht ohne Fachsprache nicht denkbar. Das klingt erstmal kompliziert. Doch die Fachsprache ist ein hilfreiches Werkzeug. Sie ermöglicht es dir, dich über fachliche Inhalte zu informieren und dich korrekt darüber zu verständigen, Fachwissen zu erwerben und anzuwenden. Fachsprache bezieht sich aber nicht nur auf das Sprechen. Zur Kommunikation im Fach Biologie gehören ebenso Fachtexte, Fotos, Grafiken, Tabellen, Diagramme, Symbole und weitere Darstellungsformen.
Möchtest du einen biologischen Inhalt fachsprachlich richtig wiedergeben, ist es hilfreich einige Schritte zu beachten:

1. Informationen beschaffen Informiere dich in verschiedenen Quellen über dein Thema und lies alle Informationen gründlich. Nur so kannst du entscheiden, was wichtig ist, und das nötige Fachwissen erwerben. So fällt dir die Kommunikation darüber leichter.

2. Darstellungsform festlegen Überlege dir in welcher Form du den Inhalt wiedergeben möchtest. Die Form muss zum Inhalt passen. Möchtest du zum Beispiel ein Versuchsergebnis darstellen, das aus vielen Zahlen besteht, ist es sinnvoll dies in einer Tabelle oder einem Diagramm zu präsentieren. Würdest du die vielen Zahlen in einem Vortrag beschreiben, könnte man dir nur schwer folgen.

1

3. Fachwörter verwenden Mit Fachwörtern drückst du dich klar und deutlich aus, denn ihre Bedeutung ist eindeutig festgelegt. Das heißt, alle verstehen, was gemeint ist oder können ein unbekanntes Fachwort nachschlagen. Wichtig ist aber, dass du die Fachwörter verstanden hast und korrekt einsetzt. In diesem Buch findest du neue Fachwörter übrigens auf den Basisseiten in der Ecke oben rechts.

4. Sprachliche Richtigkeit überprüfen Ob in einem Text, einem Vortrag oder bei der Beschriftung eines Diagramms – achte auf einen korrekten Sprachgebrauch. Bilde vollständige Sätze. Vermeide Wiederholungen, Gedankensprünge und Fehler. Korrekturlesen hilft. Du kannst dafür auch jemanden um Hilfe bitten.

Aufgabe

1 ☒ Erkläre, warum der Einsatz von Fachsprache sinnvoll und wichtig ist.

Erweitern und Vertiefen

Kommunikation im digitalen Zeitalter 

2

Mehr online als offline? • Digitale Medien sind aus unserem Alltag nicht mehr wegzudenken. Über Smartphones, Tablets und Laptops sind wir sofort und überall erreichbar. Soziale Netzwerke und Messenger Dienste machen eine schnelle und direkte Kommunikation möglich. Das spart Zeit. Doch viele Menschen kommunizieren heute deutlich mehr online als offline. So werden persönliche Gespräche – selbst mit engen Freunden – oftmals durch Text-, Sprach- oder Bildnachrichten ersetzt.

Sich selbst mitteilen • Während das Internet früher hauptsächlich als Informationsquelle genutzt wurde, produzieren User inzwischen die digitalen Inhalte zunehmend selbst. Sie teilen ihre Erlebnisse und ihr Wissen über ihre Blogs und Profile, laden Fotos und Videos hoch. Das gibt uns die Chance, von anderen zu lernen und uns Anregungen zu holen. Es ist aber nicht immer leicht zu erkennen, was der Wahrheit entspricht und was nicht.

Weltweite Vernetzung • Über das Internet vernetzen wir uns mit Menschen aus der ganzen Welt. So können wir unsere Erfahrungen austauschen und über Themen diskutieren, die uns wichtig sind. Das kann unsere Gesellschaft näher zusammenbringen. Auch die meisten Protestbewegungen organisieren sich online. Doch es gibt auch immer wieder User, die im Internet Hasskommentare verbreiten. Viele verstecken sich hinter ihrer vermeintlichen Anonymität. Dieses Verhalten ist unverschämt und unter gewissen Umständen strafbar.

Cyber-Mobbing • Viele Menschen machen nicht nur positive Erfahrungen mit sozialen Netzwerken oder Messenger Diensten. Sie werden beschimpft, bedroht, durch Gerüchte bloßgestellt und ausgegrenzt. Geschieht dies über einen längeren Zeitraum, spricht man von Cyber-Mobbing. Die Betroffenen sind dem Mobbing rund um die Uhr ausgeliefert. Das erzeugt enormes Leid. Erkrankungen und Selbstmordgedanken sind oft die Folge. Ist man betroffen, sollte man sich Hilfe suchen.

Aufgaben

1 ☒ Beschreibe die Chancen und Risiken der digitalen Kommunikation. Beziehe dich dabei auch auf eigene Erfahrungen.

2 ☒ Diskutiert in der Klasse, welche Regeln für die Kommunikation im Internet gelten. Fasst eure Ergebnisse auf einem Plakat zusammen.

Kommunikation im Tierreich

1 Kommunizierende Tiere: **A** Amsel, **B** Wölfe, **C** Pfauen, **D** Glühwürmchen

Sie stinken und schnüffeln vor sich hin, sie tanzen, trillern oder leuchten. Tiere kommunizieren erstaunlich vielfältig. Wie und zu welchen Zwecken tauschen sie Informationen aus?

Verständigung durch Laute • Viele Tiere nutzen Laute zur Verständigung. So lockt der Gesang der Amselmännchen paarungsbereite Weibchen an und dient gleichzeitig der Verteidigung des Reviers. → 1A Männliche Buckelwale kommunizieren unter Wasser mittels Infraschall. In dieser für uns Menschen nicht hörbaren Frequenz singen sie Lieder mit einer regelrechten Melodie und rufen so ihre Artgenossen in der Paarungszeit. Heute weiß man, dass es die längsten und abwechslungsreichsten Gesänge im Tierreich sind.

Verhalten und Körpersprache • Tiere nutzen neben Lauten auch ihre Körpersprache und festgelegte Verhaltensmuster, um sich zu verständigen. Höckerschwäne schwimmen bei ihrem Balzritual aufeinander zu, stecken gemeinsam ihre Köpfe ins Wasser und heben sie gleichzeitig wieder empor. Gorilla-Männchen imponieren ihren Artgenossen, indem sie sich aufrichten und mit den Händen auf ihre Brust schlagen. Auch Wölfe und Hunde verständigen sich über die Körpersprache. Sie drohen zum Beispiel, indem sie ihre Zähne zeigen, und vermitteln Unterwürfigkeit, indem sie den Körper absenken. → 1B So werden durch das Zusammenspiel aus Körperhaltungen, Gesichtsausdrücken und Bewegungen Informationen ausgetauscht.

die Warnfarbe
die Mimikry
das Pheromon

Optische Signale • Viele Tiere haben äußerst auffällige Merkmale, die bei der Partnersuche helfen und so den Fortpflanzungserfolg verbessern. So stellt der männliche Pfau seine farbenprächtigen Schwanzfedern zur Schau. → 1C Dagegen locken Glühwürmchen ihre Partner durch Leuchten an. → 1D Oft sind auch Farben wichtige Signale. Wehrhafte und giftige Insekten sind meistens auffällig gefärbt. So erkennen mögliche Feinde zum Beispiel an der gelb-schwarzen Färbung der Wespe, dass sie gefährlich ist. → 2A Man spricht dabei von Warnfarben. Die Schwebfliege trägt zwar auch die Warnfarben Gelb und Schwarz, ist aber nicht gefährlich. → 2B Wegen ihrer Färbung wird sie jedoch ebenfalls von Feinden gemieden. Diese Form der Kommunikation, die auf Signalen der Täuschung beruht, nennt man Mimikry.

Chemische Signale • Hinterlässt ein Hund eine Urinspur, kommuniziert er, dass hier sein Revier ist. Auch andere Tiere, darunter viele Insekten, nutzen Duftspuren, um ihren Artgenossen Informationen zu übermitteln. Die Duftspuren enthalten Botenstoffe, die man als Pheromone bezeichnet. Sie werden von Artgenossen unbewusst wahrgenommen und lösen dann bestimmte Reaktionen aus. Wenn beispielsweise eine Biene zusticht, werden Pheromone freigesetzt, die andere Bienen anziehen und zum Angriff verleiten. Dagegen markieren Ameisen mit Pheromonen den Weg vom Bau zur Nahrungsquelle. → 3

2 Warnfarben: **A** Wespe, **B** Schwebfliege

3 Ameisenstraße

Tiere kommunizieren über Laute, Körpersprache, Verhaltensweisen, optische Signale und Pheromone. So locken sie Fortpflanzungspartner an, verständigen sich mit ihren Artgenossen und verteidigen sich gegen ihre Feinde.

Aufgaben

1 Nenne drei Kommunikationsformen bei Tieren und gib jeweils ein Beispiel an.

2 Beschreibe die Bedeutung von Farbsignalen.

3 Erläutere an einem Beispiel, was Pheromone sind.

Kommunikation im Tierreich

Material A

Farbsignale im Tierreich

Ob leuchtend bunte Federn oder schwarz-weiß gestreiftes Fell – Farbsignale erfüllen ganz bestimmte Zwecke.

1 Beschreibe die Farben und Muster der Tiere. → 1 – 4

2 Stelle zu jedem Tier Vermutungen zu den Vorteilen der Färbung an. Bedenke dabei die Partnersuche und den Schutz vor Feinden.

1 Pfeilgiftfrosch

2 Zebra

3 Chamäleon

4 Mandarinente

Material B

Ist mein Hengst krank?

In einer Zeitschrift berichtet eine Pferdebesitzerin über ein Verhalten ihres Hengstes, das ihr Sorgen bereitet:

Mein Hengst Snoopy hebt immer wieder seinen Kopf und zieht seine Oberlippe hoch. Ich mache mir Sorgen, dass es ihm nicht gut geht. Was hat er? Kann mir jemand helfen?

5 Frage zum Pferd

Flehmen Streckt ein Pferd seinen Kopf nach vorne und klappt die Oberlippe nach oben, bezeichnet man das als Flehmen. Durch das Hochklappen der Oberlippe werden die Nüstern verschlossen. So werden die Geruchsstoffe am Gaumen entlang ins vomeronasale Organ geleitet. Mit dieser besonderen Entwicklung des Riechkolbens können viele Säugetiere Gerüche und Pheromone aufnehmen und sowohl riechen als auch schmecken. Pheromone sind geruchlose Moleküle, die durch die Luft übertragen werden. Sie rufen innerhalb der gleichen Tierart bestimmte Reaktionen hervor. Säugetier-Pheromone erfüllen drei wichtige Funktionen: die Mutter-Jungtier-Erkennung, die Feststellung der Paarungsbereitschaft und das Markieren eines Reviers. Hengste flehmen häufiger als Stuten und stellen so fest, ob eine Stute paarungsbereit ist.

6 Lexikoneintrag zum Stichwort Flehmen

1 Verfasse einen Antwortbrief, in dem du das Verhalten des Hengstes erklärst. Nutze dazu die Informationen aus dem Lexikoneintrag. → 6

Material C

Schöner Schnabel

Bei der Partnerwahl achten weibliche Stockenten besonders auf die Schnäbel der Erpel. Je farbintensiver der Schnabel, desto gesünder ist der Erpel. Die Schnabelfarbe dient also als Signal für die Eignung als Fortpflanzungspartner.

Doch das ist noch nicht alles: Wissenschaftler gingen in einem Versuch der Frage nach, welchen Einfluss die Schnabelfarbe des Erpels auf die Eier des Weibchens hat. Dazu fütterten sie Erpel mit Futter, das mit Karotinoiden angereichert war und zu einer intensiven Schnabelfarbe führte. → 8 Als Kontrollgruppe dienten Erpel, die normales Futter bekamen. Dann paarten sich alle Erpel mit Weibchen.
Das Ergebnis: Bei einem Partner mit einer intensiven Schnabelfarbe investierten die Weibchen mehr Energie in die Entwicklung der Eier. Das führte zu größeren Eiern und, weil diese mehr Nährstoffe und Abwehrstoffe enthalten, zu gesünderen Küken.

1 Beschreibe, welche Bedeutung die Schnabelfarbe des Erpels für die Partnerwahl des Weibchens hat.

Karotinoide Die gelbe bis rötliche Schnabelfarbe wird durch Karotinoide erzeugt. Das sind natürliche Farbstoffe, die über die Nahrung aufgenommen werden. Untersuchungen haben ergeben, dass Karotinoide außerdem zur Stärkung des körpereigenen Abwehrsystems und somit zur Gesundheit beitragen.

7 Wirkung von Karotinoiden

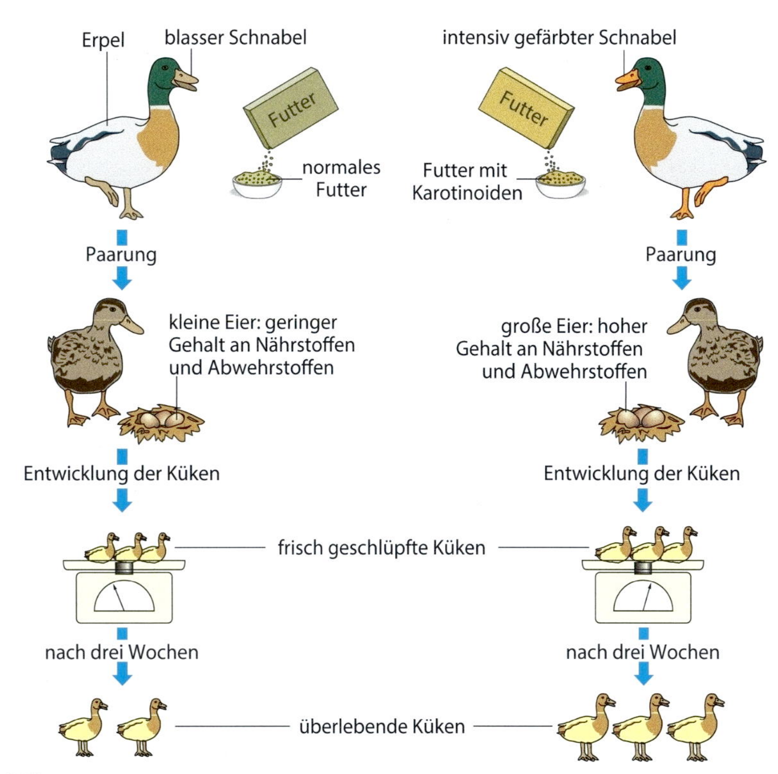

8 Versuchsdurchführung und Ergebnis

2 Beurteile mithilfe der Informationen aus Bild 7, inwiefern die Schnabelfarbe ein Signal für die Eignung als Fortpflanzungspartner ist.

3 Beschreibe den Versuch mithilfe von Bild 8.

4 Begründe die folgende Aussage anhand des Versuchsergebnisses: Bei Stockenten sind die Überlebenschancen der Küken größer, wenn der Erpel einen intensiv gefärbten Schnabel aufweist. → 8

Zusammenfassung

Vom Reiz zur Reaktion • Aus unserer Umwelt wirken ständig verschiedene Reize auf unseren Körper ein. Die von den Sinnesorganen erfassten Reize werden in den Sinneszellen in elektrische Signale umgewandelt. Diese Signale werden über Nervenbahnen zum Gehirn geleitet. Dort werden die Informationen verarbeitet. Dann sendet das Gehirn über die Nervenzellen Signale an Zielzellen wie Muskelzellen. Dadurch wird eine Reaktion auf den Reiz ausgelöst.

1 Bei einer Klassenarbeit ist das Gedächtnis gefragt.

Nervensystem und Signalweiterleitung • Das Gehirn und das Rückenmark bilden zusammen das zentrale Nervensystem, alle übrigen Nervenbahnen zählen zum peripheren Nervensystem. Die kleinste Einheit des Nervensystems sind die Nervenzellen. Sie nehmen elektrische Signale über ihre Dendriten auf und leiten sie über ihre Axone bis in die Endknöpfchen. Dort werden die Signale mithilfe chemischer Transmitter auf die nächste Nervenzelle übertragen.

Gedächtnis und Lernen • Die Fähigkeit des Gehirns, Informationen zu speichern und wieder abzurufen, nennt man Gedächtnis. Im Kurzzeitgedächtnis wird nur eine begrenzte Menge an Information für wenige Sekunden bis Minuten gespeichert. Informationen, denen wir Aufmerksamkeit widmen und die an Vorwissen oder Vorlieben anknüpfen, werden über Wochen oder Jahre im Langzeitgedächtnis gespeichert. Beim Lernen werden Informationen aufgenommen, verarbeitet und im Gedächtnis gespeichert, sodass man sie später wieder abrufen kann. Dabei bildet sich das Gehirn um, zum Beispiel indem Synapsen vergrößert oder neu gebildet werden.

Vegetatives Nervensystem • Unser vegetatives Nervensystem steuert Vorgänge, die wir nicht willentlich beeinflussen, wie den Herzschlag. Es wird in Sympathikus und Parasympathikus unterteilt, die als Gegenspieler arbeiten.

Hormone • Das Hormonsystem ist – neben dem Nervensystem – das zweite Informationssystem des Körpers. Hormone sind Botenstoffe, die in Hormondrüsen gebildet und über den Blutkreislauf verteilt werden. Durch die Bindung an bestimmten Zielzellen lösen sie eine Reaktion in den Zellen aus. Der Blutzuckerspiegel sinkt durch die Wirkung von Insulin und steigt durch die Wirkung von Glukagon. Wenn wir unter Stress stehen, steigern die Hormone Adrenalin und Cortisol die Leistungsfähigkeit des Körpers. Auf Dauer ist Stress jedoch schädlich.

Kommunikation • Menschen und Tiere tauschen durch Sprache oder Laute sowie über die Körpersprache Informationen aus. Bei Menschen lösen Schlüsselreize bestimmte Reaktionen aus, bei Tieren besonders Farben und Pheromone.

Teste dich! (Lösungen im Anhang)

Vom Reiz zur Reaktion

1 Nenne fünf Sinne des Menschen.

2 Beschreibe die Funktion der Sinneszellen.

3 Erkläre, was ein adäquater Reiz ist.

4 Erläutere das Reiz-Reaktions-Schema an einem Beispiel.

Nervensystem und Signalweiterleitung

5 Benenne die mit Ziffern gekennzeichneten Bauteile einer Nervenzelle. → 2

6 Beschreibe die Funktionen des peripheren und zentralen Nervensystems beim Prozess der Wahrnehmung.

7 Beschreibe, wie Signale über die Nervenzellen weitergeleitet werden. Berücksichtige dabei auch die Übertragung zwischen zwei Nervenzellen.

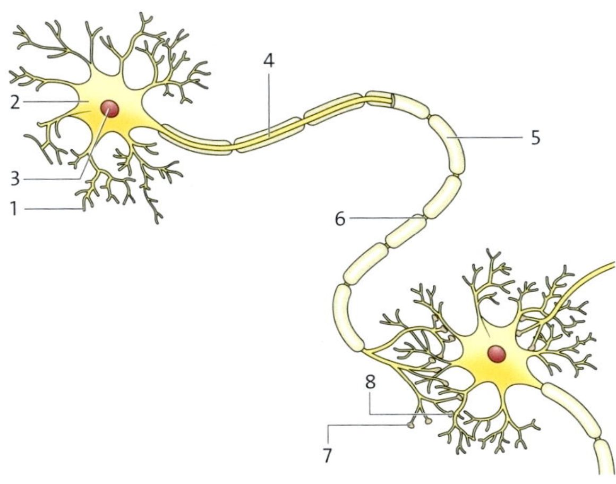

2 Nervenzelle

8 Erläutere die Funktionen des vegetativen Nervensystems am Beispiel eines Wettkampfs.

Lernen und Gedächtnis

9 Nenne Voraussetzungen, unter denen Informationen im Langzeitgedächtnis abgespeichert werden.

10 Beschreibe den Vorgang des Lernens.

Hormone

11 Erkläre die Wirkungsweise von Hormonen mit dem Schlüssel-Schloss-Prinzip.

12 Beschreibe die Wirkungsweise von Insulin und Glukagon und deren Einfluss auf den Blutzuckerspiegel.

13 Begründe, wann Stress nützlich ist und wann er schädlich werden kann.

14 Erkläre den Werbespruch anhand der biologischen Hintergründe: „Extreme Achterbahn – Adrenalin-Kick garantiert!"

Kommunikation

15 Erläutere anhand einer beispielhaften Situation, wie wir verbale und non-verbale Signale über unsere Sinne aufnehmen.

16 Beschreibe die mögliche Wirkung von Schlüsselreizen in der Werbung.

17 Erkläre, was Pheromone sind.

Kampf gegen Krankheiten

Beim Arzt kann man sich gegen verschiedene Krankheiten impfen lassen. Warum ist man so vor Krankheiten geschützt?

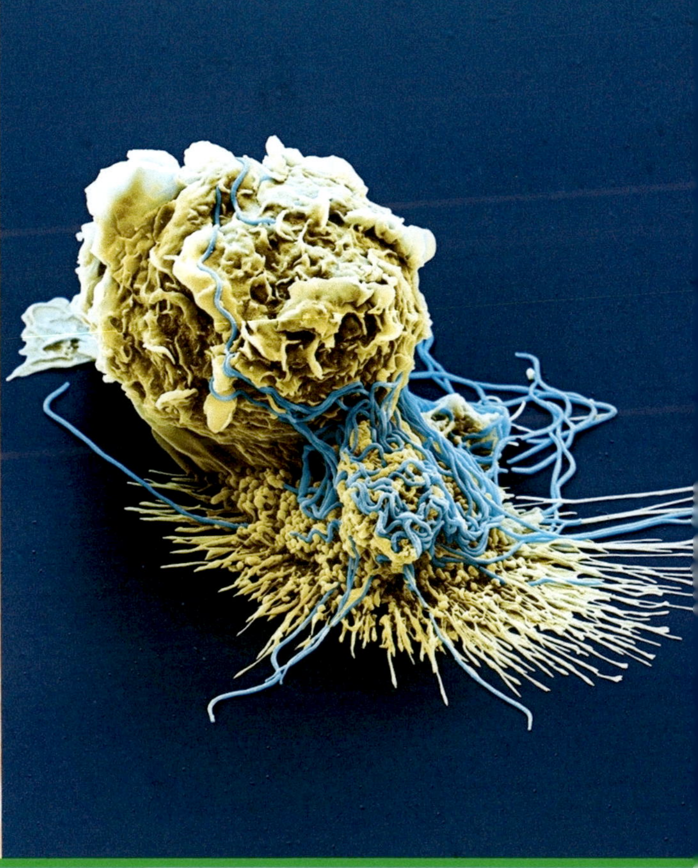

In vielen Teilen Deutschlands wird vor Zecken gewarnt. Was macht einen Zeckenstich so gefährlich?

Ein Kampf zwischen Zellen: Das Immunsystem bekämpft eingedrungene Erreger. Wie arbeitet unser Immunsystem?

Was ist Gesundheit?

1 Wem geht es gut und wem nicht?

Wenn man gesund ist, fühlt man sich, als könnte man Bäume ausreißen. Ist man krank, fühlt man sich hingegen schlapp und antriebslos. Menschen können sich krank fühlen, auch wenn man es ihnen körperlich nicht ansieht. Was bedeutet Gesundheit? Wie kann man sich gesund halten?

Was ist Gesundheit? • Nach der Weltgesundheitsorganisation (WHO) bedeutet Gesundheit nicht nur, dass man nicht körperlich krank ist. Genauso wichtig ist das seelische und soziale Wohlbefinden. Auf unsere Gesundheit wirken sich viele Lebensumstände aus, die wir zum Teil beeinflussen können.

Gesund für den Körper • Zu einer gesunden Lebensführung gehört eine ausgewogene Ernährung mit wenig Zucker und Fett. Vitamine, Mineralstoffe und Ballaststoffe fördern die Gesundheit. Auch regelmäßiger Sport hält gesund. Dabei werden Muskeln, Wirbelsäule und Gelenke gestärkt.

Gesund für die Seele • Dauerhafter Stress in der Schule oder zu Hause kann krank machen. Ruhephasen und genügend Schlaf fördern die Gesundheit. Hobbys dienen als Ausgleich für Stress und steigern die Zufriedenheit. Aber auch Kontakte mit Freunden und ein gutes Verhältnis zur Familie sind wichtig für die seelische Gesundheit.

Gesundheit umfasst laut WHO das körperliche, seelische und soziale Wohlbefinden. Für seine Gesundheit kann man sorgen, zum Beispiel durch eine ausgewogene Ernährung, Sport und genügend Schlaf.

Aufgaben

1 Nenne die drei Bereiche, die laut WHO zur Gesundheit zählen.

2 Menschen können krank sein, obwohl sie körperlich gesund sind. Erkläre diesen Sachverhalt.

Material A

Einfluss auf die Gesundheit

Unsere Lebensumstände können sich positiv oder negativ auf unsere Gesundheit auswirken.

1 Nenne die Lebensumstände in den Bildern 2–7.

2 Beurteile die jeweilige Auswirkung der Lebensumstände auf die körperliche und seelische Gesundheit.

3 Sport ist gesund, kann aber auch ungesund sein.
Begründe die Aussage.

2 3 4 5 6 7

Material B

Gesunder Alltag?

Es ist 6.30 Uhr. Der Wecker klingelt und Ninas Alltag beginnt. Ihrem großen Bruder stehen 8 Stunden auf der Baustelle bevor. Beim Frühstück klagt er über die harte Arbeit bei Kälte, Wind und Regen. Ninas Mutter schimpft über ihren Chef und die Überstunden im Großraumbüro. Zeit für Pausen bleibt ihr heute bei den unzähligen Aufgaben sicherlich nicht. Für die lange Autofahrt packt sie sich noch ihre Zigaretten ein. „Was soll ich denn sagen? Ich habe Schiss vor der Klassenarbeit und dumme Sprüche über mein Aussehen darf ich mir bestimmt auch wieder anhören", beschwert sich Nina. Der Appetit auf das Frühstück ist ihr vergangen, sie holt sich auf dem Schulweg lieber Kakao und Kekse.

8

1 Lies den Bericht. → 8
a Nenne Faktoren, die schädlich für die Gesundheit der Personen sein können.
b Ermittle, was sie für ihre Gesundheit tun könnten.

2 Wie geht es dir?
a Beschreibe deinen Alltag von morgens bis abends.
b Nenne Faktoren, die schädlich für deine Gesundheit sein können.
c Ermittle, was du für deine Gesundheit tun kannst.

Infektionskrankheiten – ein Überblick

1 Krankheitserreger im Körper machen sich bemerkbar.

Wir alle haben es schon erlebt: Man wacht morgens mit leichten Halsschmerzen und einer verstopften Nase auf. Zwei Tage später kommen Husten und Kopfschmerzen hinzu und die Körpertemperatur steigt an. Wie ist es zu der Krankheit gekommen und wie verläuft sie?

2 Niesende Frau

3 Menschen auf Rolltreppe

Erreger sind überall • Krankheiten, die durch Erreger hervorgerufen werden, nennt man Infektionskrankheiten. Die Erreger sind meistens Bakterien oder Viren. Aber auch Pilze, Parasiten oder andere einzellige Lebewesen können Krankheiten verursachen. Sie befinden sich in der Luft, im Boden und Wasser, in Lebensmitteln, auf der Kleidung und auf nahezu allen Gegenständen, die wir anfassen. Trotzdem werden wir nicht immer krank, weil unser Körper viele Erreger erfolgreich abwehrt.

Ansteckung • Gelangen Erreger in den Körper, spricht man von Ansteckung oder Infektion. Dies kann zum Beispiel über die Nase, den Mund, die Haut oder das Blut geschehen.

Infektionswege • Wenn eine infizierte Person hustet oder niest, gelangen die Erreger mit feinsten Flüssigkeitströpfchen in die Luft und können von anderen Menschen über die Atemluft aufgenommen werden. → 2 Man nennt dies Tröpfcheninfektion.
Unsere Haut schützt uns vor dem Eindringen von Erregern. Ist sie jedoch durch Wunden beschädigt, wird das Eindringen erleichtert. Berührt man dann Flächen oder Lebensmittel, die mit Erregern verunreinigt sind, spricht man von einer Schmierinfektion. → 3
Auch über Körperflüssigkeiten kann es zu einer Infektion kommen, etwa beim Stillen, Küssen und beim Sex. Erreger können auch von Tieren auf Menschen übertragen werden, beispielsweise durch Bisse oder Insektenstiche.

die Infektionskrankheit
die Infektion
die Inkubationszeit
das Symptom
das Fieber

Krankheitsverlauf und Symptome • Auf die Infektion folgt die Inkubationszeit, in der sich die Erreger im Körper vermehren. → 4 Die Phase dauert wenige Stunden bis zu mehreren Jahren. Erst wenn die Erkrankung ausbricht, zeigen sich die bestimmten Anzeichen der Krankheit. Diese bezeichnet man als Symptome. Zu den Symptomen eines grippalen Infekts zählen Husten, Schnupfen, Kopfschmerzen und eine erhöhte Körpertemperatur. Steigt die Körpertemperatur über 38 °C, spricht man von Fieber. Dies hilft dem Körper, die Erreger schneller zu bekämpfen. Normalerweise kann der Körper die weitere Vermehrung der Erreger verhindern und sie abtöten. Dann erholt er sich. Man spricht von Gesundung. Den Verlauf einer Krankheit kann man durch Medikamente beeinflussen.

Vorbeugung • Um eine Infektion durch Erreger zu vermeiden, sollte man sich regelmäßig die Hände waschen und im Umgang mit erkrankten Personen vorsichtig sein. Lebensmittel müssen richtig gelagert werden, damit sich auf oder in ihnen keine Erreger vermehren. Bei ihrer Verarbeitung muss man auf Sauberkeit achten. Die Abwehr des Körpers kann man durch eine gesunde Ernährung und genügend Bewegung an der frischen Luft stärken.

Infektionskrankheiten werden durch Erreger ausgelöst. Sie verlaufen in vier Phasen: Infektion, Inkubationszeit, Erkrankung und Gesundung. Dabei treten Symptome auf.

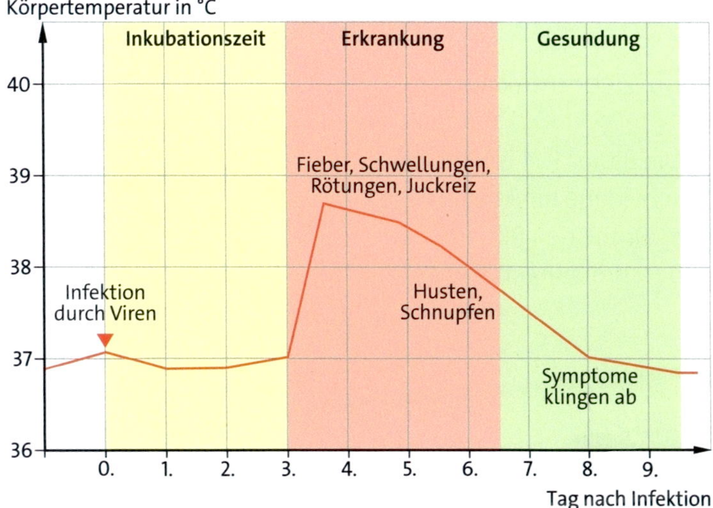

4 Krankheitsverlauf eines grippalen Infekts

Aufgaben

1 Nenne Wege, auf denen Krankheitserreger in den Körper gelangen können.

2 Erkläre, was man unter einer Tröpfcheninfektion und einer Schmierinfektion versteht.

3 Bild 4 zeigt die vier Phasen eines grippalen Infekts. Welche Informationen bezüglich der zugehörigen Symptome und Zeitspanne für jede Phase kannst du entnehmen?
Ergänze die Tabelle.

Phase	Symptome	Zeitspanne in Tagen
Infektion	keine	0 Tage (kurzer Zeitpunkt)
...	...	...

Infektionskrankheiten – ein Überblick

Material A

Schutz vor Infektionen

1 Die Bilder 1–4 zeigen verschiedene Infektionswege. ◩ Ordne den Bildern die Beschreibungen a–d zu.

2 ⊠ Beschreibe, welche Schutzmaßnahmen in den Bildern A–H dargestellt sind.

3 ⊠ Ordne den Infektionswegen in den Bildern 1–4 die jeweils passenden Schutzmaßnahmen A–H zu. Lege dazu eine Tabelle in deinem Heft an und vervollständige sie. Beachte, dass mehrere Zuordnungen möglich sind.

Infektionsweg	Schutz
Tröpfcheninfektion	Man sollte ...

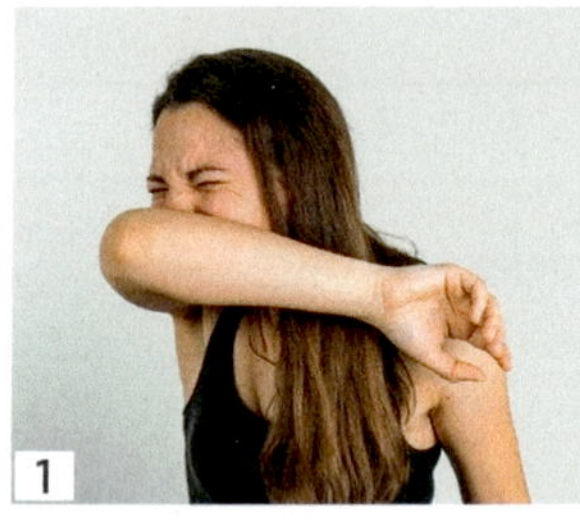
1

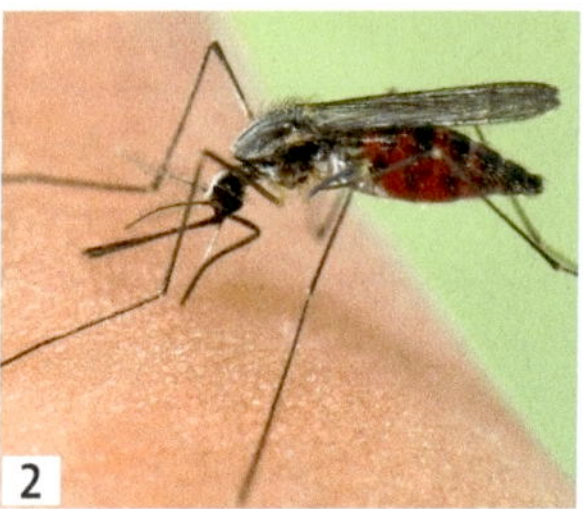
2

3

4

a Die Übertragung erfolgt über den Kontakt mit beispielsweise verunreinigten Gegenständen oder Lebensmitteln (Schmierinfektion).

b Blutsaugende Insekten und Zecken übertragen die Erreger durch ihren Stich.

c Die Infektion erfolgt über die Aufnahme von Körperflüssigkeiten.

d Die Übertragung erfolgt durch Flüssigkeitströpfchen, die über die Luft verbreitet werden (Tröpfcheninfektion).

A

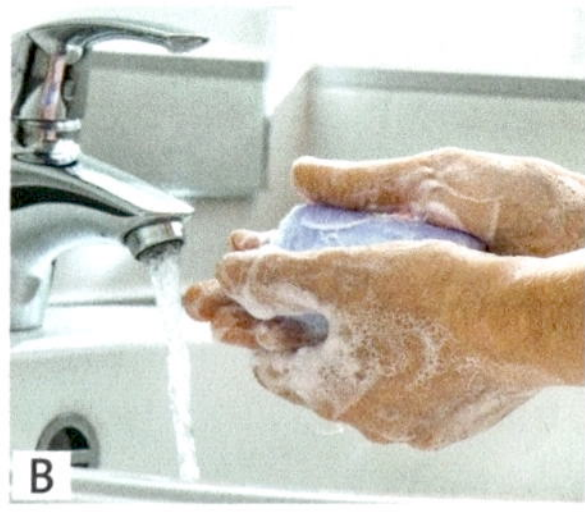
B

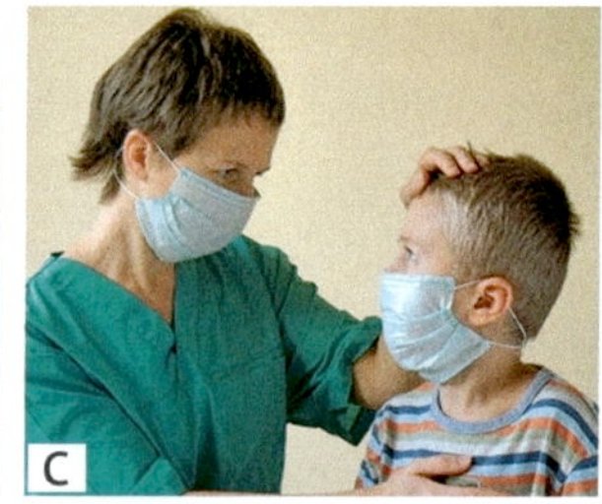
C

D

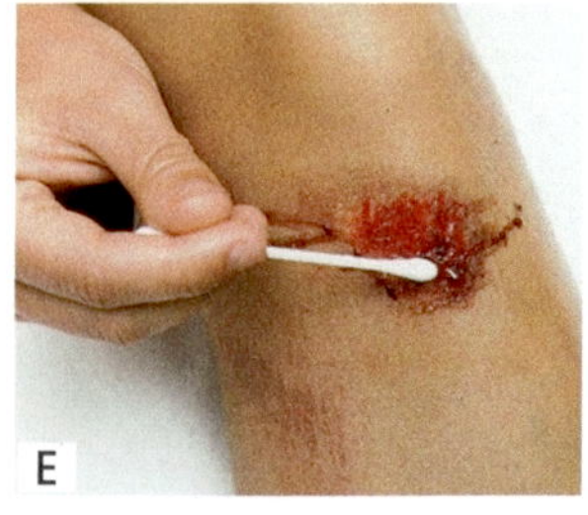
E

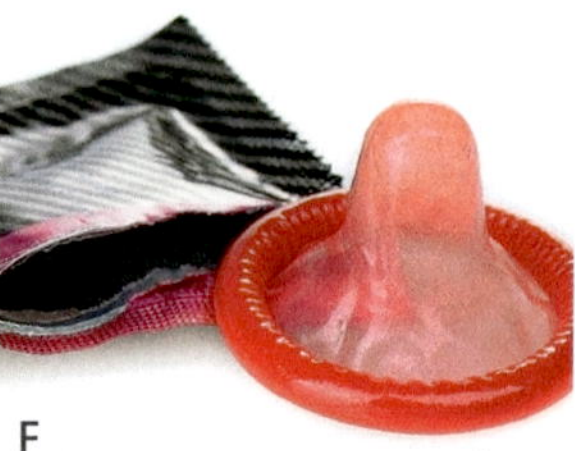
F

G

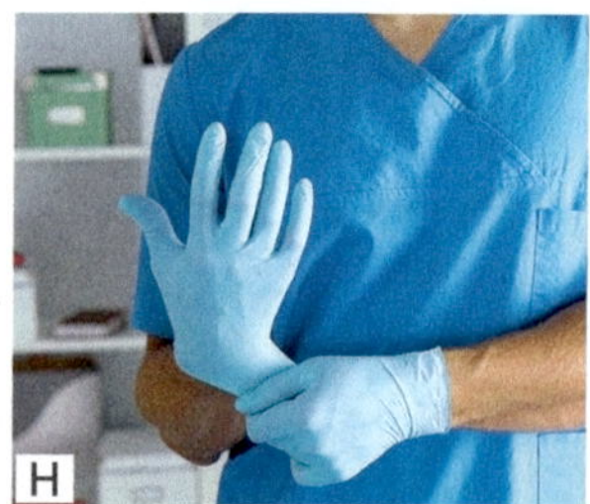
H

Material B

Infektionskrankheiten

1 Bildet Gruppen und erstellt jeweils eine Mind-Map zu einer der beschriebenen Infektionskrankheiten. Informiert darin über die Art des Erregers, den Infektionsweg, die Inkubationszeit, die Symptome, die Behandlung und die Vorbeugung.

Tripper (Gonorrhoe) wird durch Bakterien beim Geschlechtsverkehr übertragen. Etwa 2–3 Tage nach der Infektion verursachen die Bakterien bei Männern schmerzhafte Entzündungen der Harnröhre, Brennen beim Wasserlassen und bei Frauen eitrige Ausflüsse aus der Scheide. Bleibt die Krankheit unbehandelt, kann sie durch Verkleben der Eileiter bei Frauen zu Unfruchtbarkeit führen. Tripper wird mit Medikamenten behandelt. Durch den Gebrauch von Kondomen beim Geschlechtsverkehr kann man sich vor einer Ansteckung schützen.

5

Scharlach tritt meistens im Kindesalter auf. Die Krankheit wird durch Bakterien übertragen, die durch Flüssigkeitströpfchen in die Luft gelangen und von anderen Menschen aufgenommen werden. Sie bricht 2–4 Tage nach der Infektion aus. Zu den Symptomen zählen ein roter Rachen, eine „Himbeerzunge", Fieber, Kopfschmerzen und Schmerzen beim Schlucken. Scharlach kann mit Medikamenten behandelt werden. Um sich nicht anzustecken, sollte man den Kontakt mit infizierten Personen vermeiden und sich regelmäßig die Hände waschen.

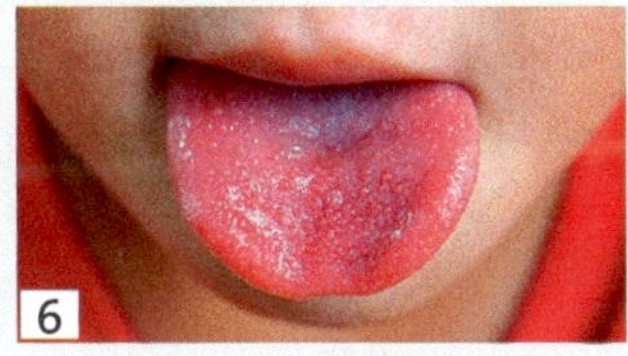
6

Borreliose ist eine bakterielle Erkrankung, die durch den Stich einer Zecke übertragen wird. Nach etwa 5–30 Tagen zeigen sich die ersten Symptome. An der Einstichstelle bildet sich oft ein typischer Hautausschlag: ein roter Fleck mit einem hellroten Ring. Außerdem treten Fieber, Kopf- und Gliederschmerzen und selten auch Lähmungen auf. Wird die Krankheit rechtzeitig erkannt, kann sie mit Medikamenten behandelt werden. Um sich vor Zeckenstichen zu schützen, sollte man lange Kleidung tragen, wenn man durch hohes Gras oder Gebüsche läuft. Anschließend sollte man seinen Körper auf Zecken prüfen.

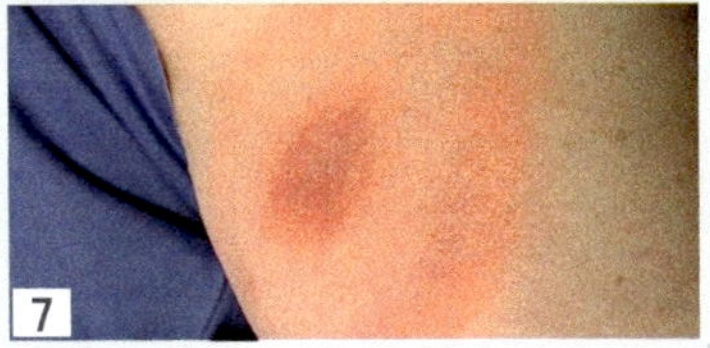
7

Tollwut wird von Viren verursacht, die sich im Speichel von Tieren, meistens Hunden oder Füchsen, befinden können. Die Viren werden durch einen Biss auf den Menschen übertragen. Infizierte Tiere erkennt man daran, dass sie ihre Scheu vor Menschen verlieren und vermehrt Speichel aus ihrem Maul tropft. Die Krankheit bricht beim Menschen 1–3 Monate nach der Infektion aus. Sie macht sich durch Kopfschmerzen, Krämpfe der Atemmuskulatur, starken Durst und schäumenden Speichelfluss bemerkbar. Unbehandelt führt Tollwut beim Menschen zum Tod. Durch eine Impfung kann man sich schützen.

8

Bakterien sind überall

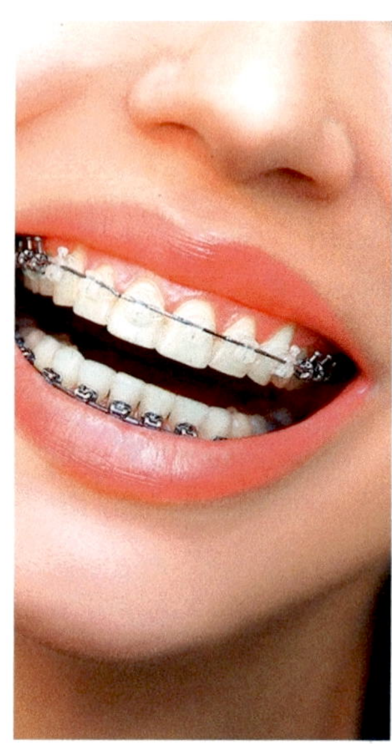

1 Bakterien begegnen uns überall.

Bakterien sind so winzig klein, dass wir gar nicht bemerken, dass wir ihnen ständig und überall ausgesetzt sind. Welche Bedeutung haben Bakterien für uns und unsere Umwelt?

Bakterien sind überall • Bei jedem Atemzug, bei allen Gegenständen, die wir anfassen, sowie beim Essen und Trinken kommen wir mit Bakterien in Kontakt. → 1 Die meisten Arten von Bakterien sind für Menschen, Tiere und Pflanzen harmlos und erfüllen sehr wichtige Aufgaben.
Im Darm unterstützen Bakterien die Verdauung. Auf der Haut und den Schleimhäuten, beispielsweise im Mund, sorgen sie dafür, dass schädliche Krankheitserreger nicht in den Körper gelangen. Bestimmte Bakterien werden auch wirtschaftlich genutzt. Mit ihnen wird aus Milch zum Beispiel Joghurt oder Quark hergestellt.
Auch in der Natur sind Bakterien sehr nützlich. Sie wirken zum Beispiel bei der Zersetzung von toten Tieren und abgestorbenen Pflanzenteilen mit. Einige Arten von Bakterien verursachen allerdings auch Krankheiten wie Hirnhautentzündung, Tuberkulose oder Geschlechtskrankheiten wie Syphilis. → 3

Bau eines Bakteriums • Bakterien sind winzige Lebewesen, die aus nur einer Zelle bestehen. Weil die meisten nur wenige Tausendstel Millimeter groß sind, zählen Bakterien zu den Mikroorganismen. Die äußere Schicht eines Bakteriums ist die Zellwand. → 2 Diese ist bei vielen Bakterien zusätzlich von einer Schleimhülle umgeben. An der Innenseite der Zellwand liegt die Zellmembran an. Im Gegensatz zu pflanzlichen oder tierischen Zellen besitzen Bakterien keinen Zellkern. Ihre Erbinformation liegt frei im Zellplasma.

Basiskonzept

Struktur und Funktion

→ Umschlag hinten

Bakterien bestehen aus nur einer Zelle. Die Zelle setzt sich aus mehreren Strukturen zusammen, die verschiedene Funktionen haben.

das **Bakterium**
der **Mikroorganismus**
die **Zellteilung**
die **Bakterienkolonie**

Manche Bakterien besitzen eine oder mehrere Geißeln. Damit können sie sich fortbewegen.
Nach der äußeren Form unterscheidet man mehrere Gruppen von Bakterien: Manche Bakterien sind wie ein Komma geformt. → 2 Sie heißen Vibrionen. Kokken sind kugelförmig, dagegen sind Bazillen stäbchenförmig. → 3 Es gibt auch schraubenförmige Bakterien. Sie heißen Spirillen oder Spirochäten.

Vermehrung • Bakterien vermehren sich durch Zellteilung. Unter günstigen Bedingungen wie Feuchtigkeit, Wärme und ausreichend verfügbarer Nahrung vermehren sie sich explosionsartig. Ihre Anzahl verdoppelt sich dann alle 20 bis 30 Minuten. Dadurch entstehen innerhalb weniger Stunden flächige Bakterienkolonien, die man mit bloßem Auge erkennen kann. In den Kolonien liegen unzählige Bakterien dicht nebeneinander.

Überlebenskünstler • Manche Arten von Bakterien überleben auch unter schlechten Bedingungen wie extremer Hitze, Kälte oder Trockenheit. Sie bilden dann Überdauerungsformen, in denen sie sehr unempfindlich sind.

Bakterien sind kleine einzellige Lebewesen. Viele Arten erfüllen wichtige Aufgaben im menschlichen Körper und in der Natur. Doch es werden auch viele Krankheiten durch Bakterien verursacht. Bakterien können sich durch Zellteilung schnell vermehren.

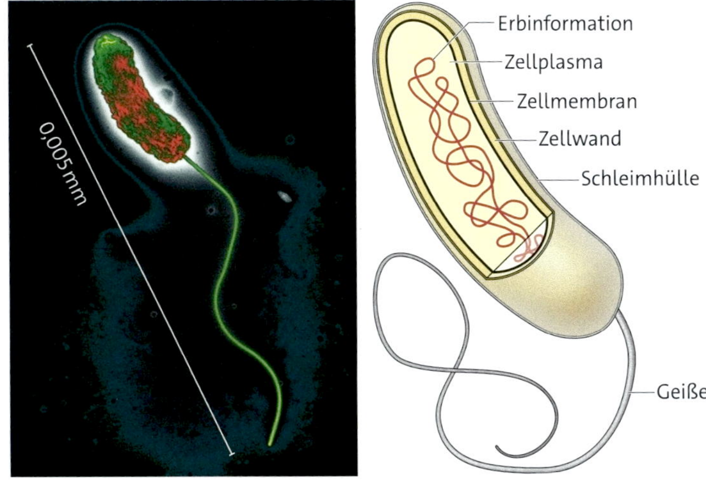

2 Bau eines Bakteriums (Vibrion)

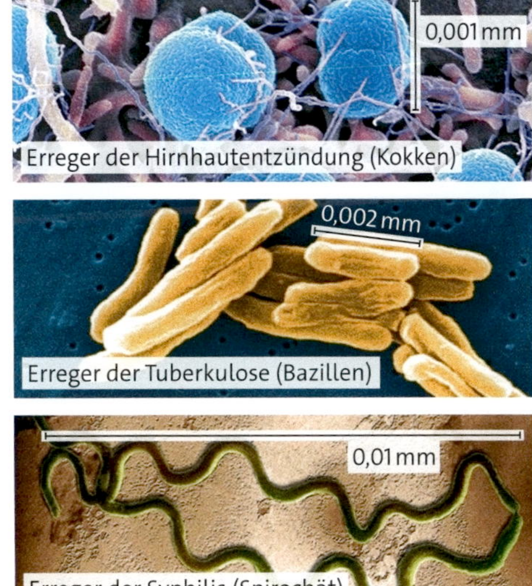

3 Verschiedene Bakterienformen

Aufgaben

1 ◩ Beschreibe den Bau eines Bakteriums.

2 ⊠ „Es gibt nützliche und schädliche Bakterien." Erläutere mit Beispielen.

Bakterien sind überall

Material A

Lebensraum Mensch

An vielen Körperstellen des Menschen leben Bakterien. Die meisten findet man an warmen und feuchten Stellen, an denen es Nahrung für sie gibt. Säuren hemmen hingegen die Vermehrung der Bakterien.

1 Nenne jeweils zwei Körperstellen mit vielen Bakterien und mit vergleichsweise wenigen Bakterien. → 1

2 Begründe das unterschiedliche Vorkommen der Bakterien.

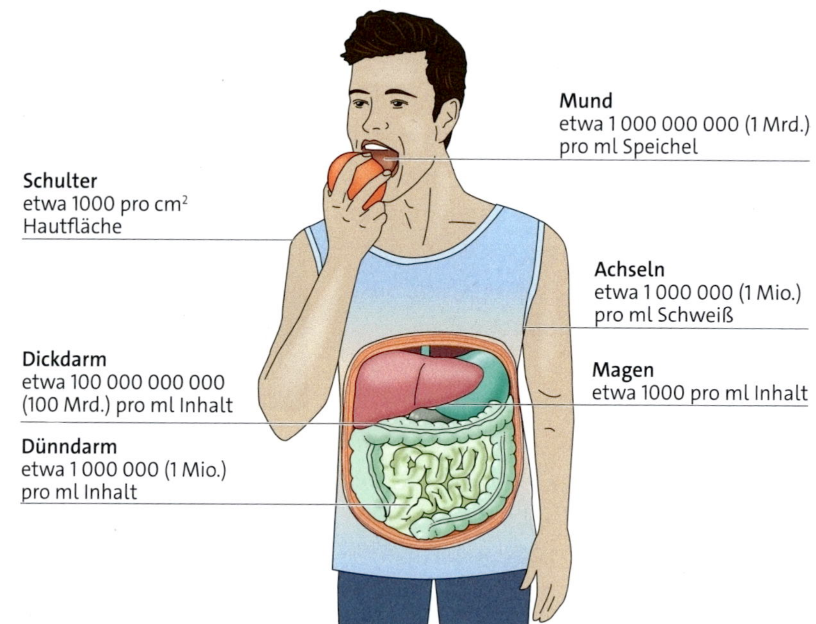

1 Anzahl der Bakterien an verschiedenen Körperstellen

Material B

Vermehrung von Bakterien

Zeit in Minuten	0	20	40	60	80	100	120
Anzahl der Bakterien	1	2	...	...	...	...	...

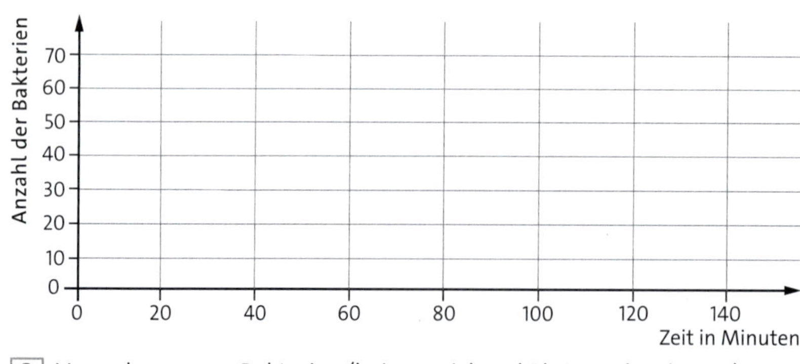

2 Vermehrung von Bakterien (bei ausreichend Platz und Nahrung)

1 Übernimm die Tabelle und das Koordinatensystem in dein Heft.

2 Berechne, wie viele Bakterienzellen sich nach 120 Minuten entwickelt haben. Ergänze die Tabelle.

3 Erstelle aus den Werten der Tabelle ein Liniendiagramm.

4 Erkläre, weshalb die Vermehrung der Bakterien begrenzt ist.

Material C

Infektionswege der Salmonellose

3 Infektionswege der Salmonellose

Salmonellose ist eine Infektionskrankheit, die durch bestimmte Bakterien, die Salmonellen, verursacht wird. Die Bakterien werden vor allem durch den Verzehr tierischer Produkte wie Ei, Milch, Fleisch und Fisch auf den Menschen übertragen. → 3 Die Tiere infizieren sich durch verseuchtes Futter oder Abwasser. Hat man sich mit den Bakterien infiziert, setzen sie sich im Magen und Darm fest und scheiden Giftstoffe aus. Diese greifen die Schleimhäute an. Daher treten neben Symptomen wie Kopfschmerzen und Übelkeit auch Erbrechen und Durchfall auf. Durch das Berühren von infiziertem Kot oder Urin werden die Bakterien in seltenen Fällen auch von Mensch zu Mensch übertragen.

Man kann sich vor einer Infektion mit Salmonellen schützen, indem man die Lebensmittel kühl lagert und zügig verbraucht. Manche Lebensmittel, wie Ei und Fleisch, muss man vor dem Verzehr erhitzen.

1 Beschreibe, wie man sich mit Salmonellose anstecken kann. → 3

2 Erläutere, durch welche Maßnahmen man sich vor einer Salmonellen-Infektion schützen kann.

3 Für eine Gartenparty im Sommer hast du einige Lebensmittel zur Auswahl. → 4 Wähle davon drei Lebensmittel aus, die du roh oder ungekühlt ablehnen würdest. Begründe deine Wahl.

4 Verschiedene Lebensmittel

Antibiotika bekämpfen Bakterien

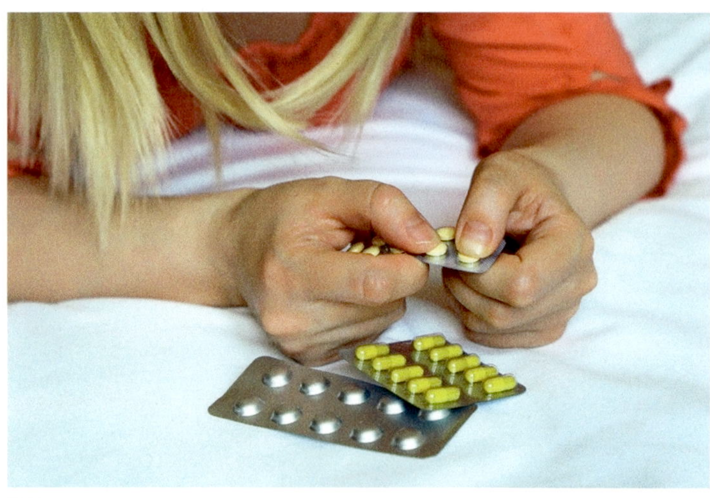

1 Bei einer bakteriellen Infektion können Medikamente helfen.

Immer wieder kommt es vor, dass Menschen lange gegen eine Krankheit kämpfen, die von Bakterien verursacht wird. Dabei gibt es viele Medikamente, die Bakterien bekämpfen können. Wie wirken diese Medikamente und warum sind sie nicht immer erfolgreich?

Antibiotika • Lange Zeit starben viele Menschen an einfachen Infektionen durch Bakterien. Heute gibt es mehr als 8000 Medikamente, die Bakterien bekämpfen können. Man fasst sie unter dem Begriff Antibiotika zusammen.

Bakterienkolonien
Schimmelpilze
Bereich ohne Bakterien

2 Nährboden mit Bakterien und Schimmelpilzen

Zufallsfund • Das erste Antibiotikum wurde durch einen Zufall entdeckt. Der schottische Wissenschaftler Alexander Fleming forschte an Bakterien. Um die Bakterien zu vermehren, gab er sie auf spezielle Nährböden. 1928 entdeckte er, dass einer seiner Nährböden durch Schimmelpilze verunreinigt war. → 2
Ihm fiel auf, dass in der näheren Umgebung der Schimmelpilze keine Bakterien zu finden waren. Daraufhin untersuchte er den Schimmelpilz näher und fand heraus, dass dieser einen Stoff abgibt, der auf Bakterien tödlich wirkt. Diesen Stoff nannte er Penicillin. Als Anerkennung für seine Entdeckung erhielt Fleming später den Nobelpreis für Medizin.

Wirkung • Heute werden Antibiotika sehr oft zur Behandlung bakterieller Infektionen eingesetzt. Sie schädigen die Bakterien, aber nicht die Zellen des Menschen. Antibiotika wirken sich auf die Bakterien unterschiedlich aus. → 3
Einige zerstören die Zellwand oder Zellmembran, andere stören wichtige Stoffwechselvorgänge, hemmen die Vermehrung oder beschädigen die Erbinformation. Manche Antibiotika wirken nur gegen eine bestimmte Art von Bakterien. Es gibt aber auch Mittel, die verschiedene Arten von Bakterien angreifen. Sie werden als Breitband-Antibiotika bezeichnet.

das **Antibiotikum**
die **Resistenz**
multiresistent

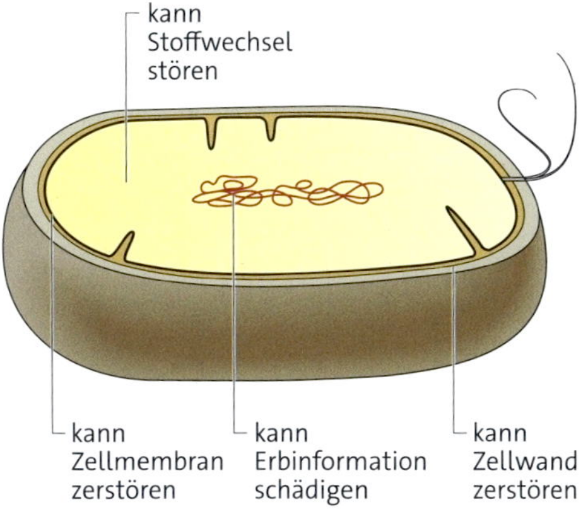

3 Wirkung von Antibiotika

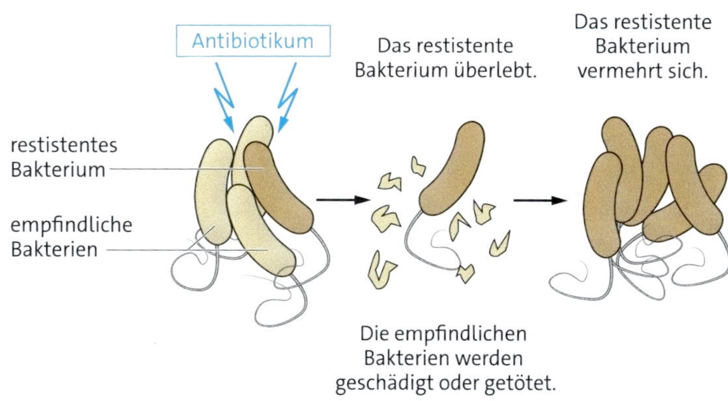

4 Entstehung einer Antibiotika-Resistenz

Nebenwirkungen • Antibiotika wirken nicht nur gegen die bakteriellen Krankheitserreger, sondern auch gegen die nützlichen Bakterien im Körper. Das betrifft zum Beispiel die Bakterien im Darm, die unsere Verdauung unterstützen. Daher können bei einer Behandlung mit Antibiotika Nebenwirkungen wie Durchfall auftreten.

Antibiotika werden wirkungslos • Eine zu häufige oder falsche Einnahme von Antibiotika kann dazu führen, dass immer mehr Bakterien entstehen, die dagegen unempfindlich sind. Grund hierfür ist, dass sich die Erbinformation bei jeder Zellteilung zufällig verändern kann. Dadurch kann durch Zufall ein Bakterium entstehen, gegen das ein Antibiotikum wirkungslos ist. → 4
Diese Widerstandsfähigkeit nennt man Resistenz. Bei einer Behandlung mit Antibiotika überlebt dieses resistente Bakterium.
Wenn es sich teilt, entstehen weitere Bakterien, die gegen das Antibiotikum resistent sind.
Bakterien, die gegen eine Vielzahl von Antibiotika unempfindlich sind, bezeichnet man als multiresistent.
Um die Entstehung von Resistenzen zu verhindern, muss man Antibiotika immer genau nach ärztlicher Vorschrift einnehmen.

Antibiotika sind Medikamente zur Behandlung bakterieller Infektionskrankheiten. Unter bestimmten Bedingungen können Antibiotika unwirksam werden, weil resistente Bakterien entstehen.

Aufgaben

1 Beschreibe, was man unter dem Begriff Antibiotika versteht.

2 Beschreibe, auf welche Weise Antibiotika Bakterien schädigen können. → 3

3 Erkläre, was man unter einer Antibiotika-Resistenz versteht.

Antibiotika bekämpfen Bakterien

Material A

Wirkung und Nebenwirkung

Aylin fühlt sich schlecht. Ihre Ärztin ermittelt eine Lungenentzündung, die durch Bakterien verursacht wurde. Aylin soll 10 Tage lang Penicillin nehmen. Dabei handelt es sich um ein Breitband-Antibiotikum. In den nächsten Tagen verändert sich Aylins Gesundheitszustand.

1 Nenne die besondere Eigenschaft eines Breitband-Antibiotikums.

2 Beschreibe Aylins Krankheitsverlauf anhand ihrer Symptome. → 1

3 Erkläre den Krankheitsverlauf anhand der Wirkung des Penicillins. Bedenke auch die möglichen Nebenwirkungen von Antibiotika.

4 Am 6. Tag geht es Aylin schon viel besser. Erkläre, weshalb sie das Penicillin nicht schon jetzt absetzen darf.

1.3. Penicillin ☹	2.3. Penicillin ☹	3.3. Penicillin ☹
trockener Husten Schmerzen beim Atmen Schüttelfrost Fieber: 39,5 °C	Husten mit Schleim Schmerzen beim Atmen Schüttelfrost Fieber: 39,5 °C	Husten mit Schleim Schmerzen beim Atmen leichter Schüttelfrost Fieber: 39 °C
4.3. Penicillin ☹	**5.3. Penicillin ☹**	**6.3. Penicillin ☹**
Husten wird besser weniger Schmerzen beim Atmen kein Schüttelfrost Fieber: 39 °C	leichter Husten kaum Schmerzen beim Atmen Fieber: 38,5 °C	leichter Husten kaum Schmerzen beim Atmen kein Fieber
7.3. Penicillin ☺	**8.3. Penicillin ☺**	**9.3. Penicillin ☺**
kaum Husten keine Schmerzen beim Atmen	keine Beschwerden	keine Beschwerden
10.3. Penicillin ☹	**11.3. X ☹**	**12.3. X ☺**
Durchfall	Durchfall	Juhu, endlich wieder fit!

1 Aylins Krankheitsverlauf

Material B

Antibiotika-Test

Um zu testen, welche Antibiotika am wirksamsten gegen einen bakteriellen Erreger sind, verteilt man die Bakterien auf einem Nährboden. → 2 Dann legt man Plättchen mit verschiedenen Antibiotika auf den Nährboden. Die Antibiotika verteilen sich dann im Umkreis der Plättchen. Der Nährboden wird einige Tage im Wärmeschrank aufbewahrt. In dieser Zeit vermehren sich die Bakterien.

Gegen welche Antibiotika die Bakterien empfindlich sind, erkennt man daran, wo sie sich nicht vermehrt haben.

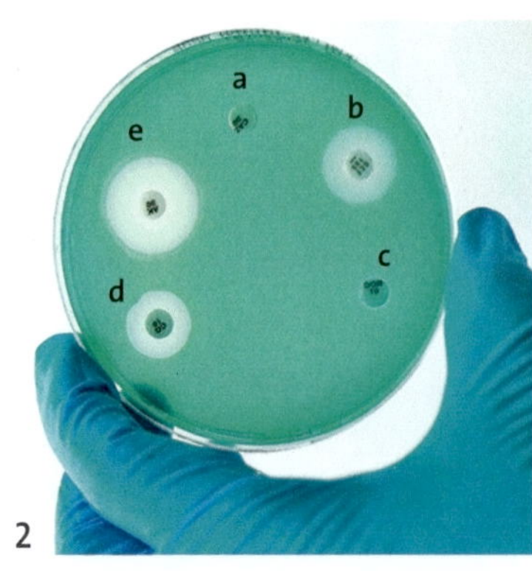

2

1 Beschreibe, zu welchem Zweck man Antibiotika-Tests durchführt.

2 Beschreibe das Vorgehen bei einem Antibiotika-Test.

3 Bild 2 zeigt das Ergebnis eines Antibiotika-Tests.

a Vergleiche die Ergebnisse der Plättchen a und b. Erkläre den Unterschied.

b Erkläre anhand der Ergebnisse, welches Antibiotikum am wirksamsten ist.

Material C

Gefährliche Erreger

Simon hat sich im Urlaub leicht am Bein verletzt. Als er zwei Wochen später wieder zu Hause ankam, war die Wunde immer noch nicht verheilt. Obwohl sein Arzt ihm zwei verschiedene Antibiotika verschrieben hat, blieb die Wunde entzündet. Scheinbar hat Simon sich im Urlaub mit multiresistenten Bakterien infiziert.

1 ☒ Beschreibe das Problem von Simon.

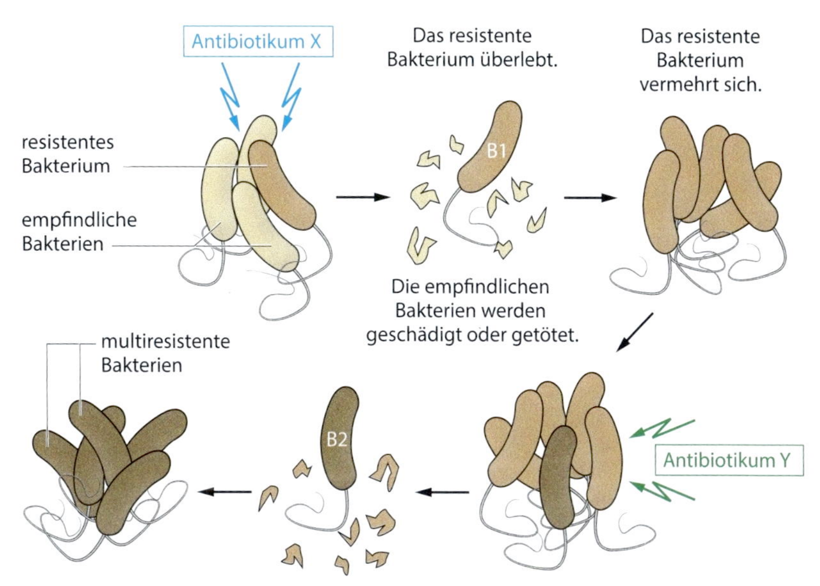

3 Entstehung multiresistenter Erreger

2 Bild 3 zeigt die Entstehung multiresistenter Erreger.

a ☒ Erkläre, weshalb das Bakterium „B1“ die Behandlung mit Antibiotikum „X“ überlebt.

b ☒ Beschreibe, welche besondere Eigenschaft das Bakterium „B2“ aufweist.

c ☒ Erläutere anhand des Bildes, wie multiresistente Bakterien entstehen.

3 Manche Antibiotika werden als Reserve zurückgehalten und nur im Notfall eingesetzt. ☒ Erläutere am Beispiel von Simon, weshalb das sinnvoll ist.

Material D

Problem im Krankenhaus

Immer wieder berichten die Medien von Problemen mit multiresistenten Bakterien in Krankenhäusern.

1 ☒ Stelle Vermutungen an, wieso multiresistente Erreger in Krankenhäusern besonders gefährlich sind.

2 ☒ Erkläre die Bedeutungen der folgenden Maßnahmen in Krankenhäusern:

a Patienten, die mit multiresistenten Erregern infiziert sind, werden in abgetrennten Zimmern isoliert.

b Angestellte und Besucher müssen sich vor jedem Kontakt mit Patienten die Hände desinfizieren. → 4

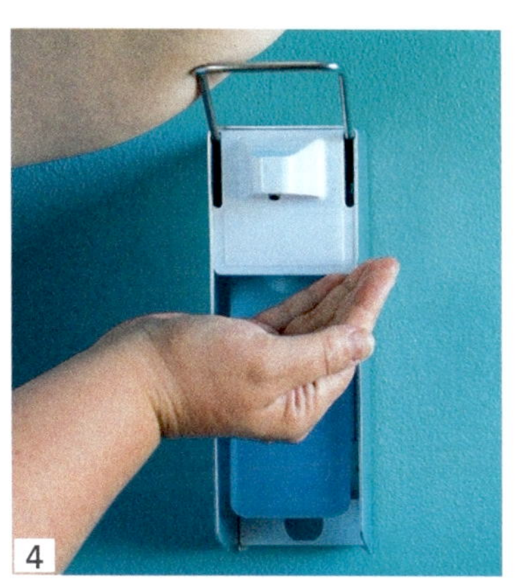

4

Antibiotika bekämpfen Bakterien

Methode

Im Internet recherchieren

Sucht man Informationen zu einem Thema wie Antibiotika, bietet sich eine Recherche im Internet an. Gibt man jedoch den Suchbegriff Antibiotika in eine Suchmaschine ein, werden unzählige Quellen vorgeschlagen. Wichtige und unwichtige Informationen zu unterscheiden ist nicht so einfach. Damit man nicht unnötig viel Zeit braucht, muss man bei einer Recherche gezielt vorgehen.

1. Vorbereitung • Zunächst muss man sinnvolle Suchbegriffe auswählen. Dazu erstellt man eine Liste mit Begriffen, die für das Thema wichtig sind. Sucht man zum Beispiel Informationen zum Thema Antibiotika, lauten sinnvolle Suchbegriffe „Wirkung Antibiotika" sowie „Nebenwirkungen Antibiotika" und „Resistenz Antibiotika."

2. Suche • Einen ersten Überblick über ein Thema kann man sich in einem Online-Lexikon verschaffen, um dann über eine Suchmaschine gezielt nach weiteren Informationen zu suchen.

[1] Das Internet ist eine riesige Informationsquelle.

Zum Suchbegriff „Antibiotika" gibt es in einer Suchmaschine über 13 Millionen Treffer. → [2] Man kann die Anzahl der Treffer reduzieren, indem man zwei bis vier Suchbegriffe angibt. Dann werden Quellen angezeigt, die alle eingegeben Suchbegriffe enthalten.
Wählt man eine andere Suchmaschine, ändern sich die Einträge. Ändert man die Reihenfolge der Suchbegriffe, erhält man ebenfalls unterschiedliche Ergebnisse. Viele Suchmaschinen bieten auch die Funktion „Erweiterte Suche" an. Hiermit kann man noch gezielter suchen.
Am Anfang der Liste stehen häufig Beiträge von Firmen und Werbung, die nicht immer verlässlich sind. Deshalb sollte man sich mindestens die ersten 10–30 Treffer ansehen.

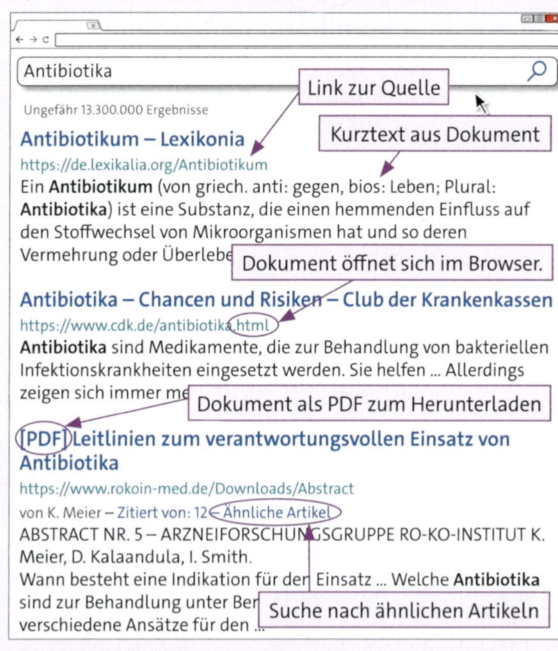

[2] Trefferliste für den Suchbegriff „Antibiotika"

3. Auswertung • Nach der Suche geht es an die Auswertung der Quellen. Frage dich, ob die gefundenen Quellen auch wirklich Informationen enthalten, die für dein Thema relevant sind. Prüfe auch, ob die Inhalte so geschrieben sind, dass du sie verstehst. Wähle möglichst aktuelle Informationen. Nutzt du sehr alte Quellen, kann es sein, dass die Informationen heute nicht mehr gültig sind. Das gilt vor allem für Zahlenangaben. Bedenke außerdem, dass jeder im Internet Informationen veröffentlichen kann. Daher ist es wichtig einzuschätzen, ob eine Quelle verlässlich ist. Verlässliche Informationen findet man in der Regel unter anderem bei staatlichen Einrichtungen wie Bundesministerien und Behörden sowie bei Forschungseinrichtungen. Vorsichtig muss man hingegen bei Interessengruppen und Werbung sein. Die Informationen können einseitig sein, weil damit bestimmte Interessen verfolgt werden. Man erkennt fragwürdige Informationen zum Beispiel daran, dass Angaben über die genutzten Quellen und die Autorin oder den Autor fehlen.
Um sich bei seiner Recherche abzusichern, muss man Informationen aus verschiedenen Quellen beziehen und vergleichen. Speichere geeignete Websites bei deinen Lesezeichen oder Favoriten ab, damit du sie immer wieder aufrufen kannst.

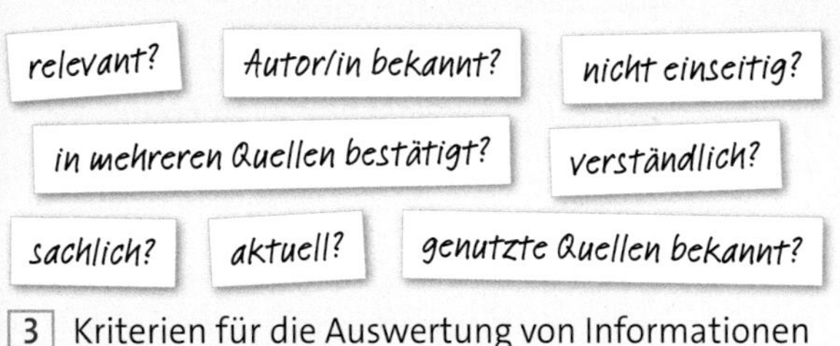

3 Kriterien für die Auswertung von Informationen

4. Quellenangabe • Will man einen Beitrag zum Beispiel auf einer Website oder in einem Blog veröffentlichen, muss für alle nachvollziehbar sein, aus welchen Quellen die Informationen stammen. Webadressen gibt man immer vollständig an. Zudem vermerkt man das Datum, an dem man die Seite besucht hat, weil Websites häufig geändert oder gelöscht werden.
Hat sich jemand etwas ausgedacht und du möchtest es übernehmen, gelten strenge Regeln. Man darf fremde Texte, Fotos oder Videos nur eingeschränkt nutzen. Für sie gilt das Urheberrecht. Es ist nicht erlaubt, Texte einfach wörtlich zu übernehmen. Man bezeichnet dies als Plagiat.

Aufgaben

1 Wir nutzen heute vor allem das Internet, wenn wir Informationen suchen.

a ◩ Gib weitere Quellen für die Recherche zu biologischen Themen an.

b ☒ Beschreibe jeweils Vorteile und Nachteile der verschiedenen Quellen.

2 Der Einsatz von Antibiotika kann Leben retten, aber auch zu Problemen führen.

a ◩ Sammelt in der Klasse Fragestellungen zur Bedeutung und Anwendung von Antibiotika.

b ☒ Wähle eine Fragestellung aus. Recherchiere die nötigen Informationen im Internet und auch in anderen Quellen. Wende dabei die Anleitungen zur Suche und Auswertung an.

c ☒ Stelle die Informationen auf einem Plakat oder in einer digitalen Präsentation dar. Gib dabei die Quellen an.

Viren als Krankheitserreger

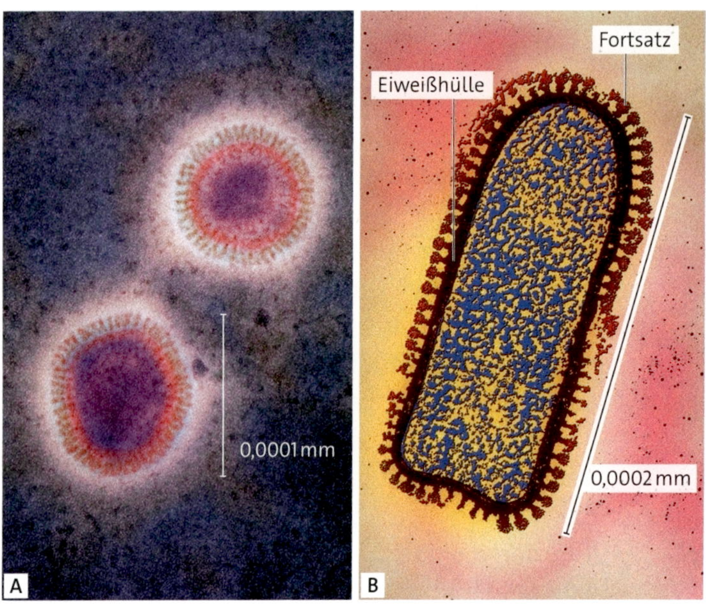

1 Viren im Elektronenmikroskop: **A** Grippevirus, **B** Tollwutvirus

Neben den Bakterien gelten Viren als häufigste Verursacher für verschiedene Krankheiten beim Menschen. Allerdings sind viele Medikamente gegen Viren wirkungslos. Worin unterscheiden sich Viren von Bakterien?

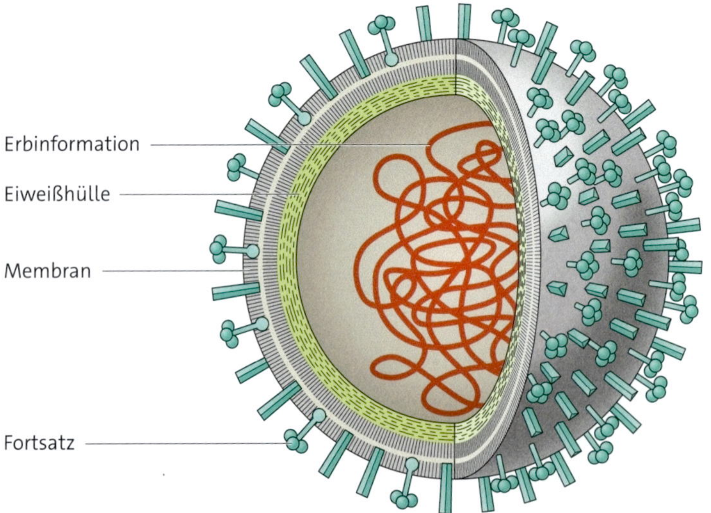

2 Gemeinsamer Bauplan von Viren

Bau von Viren • Viren sind wesentlich kleiner als Bakterien. Auf eine Linie, die einen Millimeter lang ist, passen etwa 10 000 Viren. Man kann sie nur durch ein Elektronenmikroskop sehen. → 1 Dieses hat eine fast 1000-fach stärkere Vergrößerung als ein Lichtmikroskop. Alle Viren haben einen ähnlichen Bauplan. → 2 Sie bestehen aus der Erbinformation, die von einer Eiweißhülle umgeben ist. Viele Viren besitzen zusätzlich eine Membran und außen zahlreiche Fortsätze.

Vermehrung • Für ihre Vermehrung sind Viren auf die Zellen anderer Lebewesen angewiesen, zum Beispiel auf die Zellen von Menschen oder Tieren. Zellen, die von Viren befallen werden können, nennt man Wirtszellen.
Zu Beginn der Vermehrung heftet sich ein Virus an eine Wirtszelle und gibt seine Erbinformation in die Zelle ab. → 3 Die Erbinformation enthält den Bauplan des Virus und sorgt dafür, dass der Stoffwechsel der Wirtszelle umgestellt wird. Die Wirtszelle stellt dann in kurzer Zeit zahlreiche Virusbausteine her, die sich zu neuen Viren zusammensetzen. Dann platzt sie und stirbt ab. Dadurch werden die Viren freigesetzt und können weitere Wirtszellen befallen.

Viren sind keine Lebewesen • Weil Viren nicht alle Kennzeichen des Lebens aufweisen, zählt man sie nicht zu den Lebewesen. Sie können sich nicht aktiv fortbewegen und reagieren nicht auf Reize aus ihrer Umwelt.

das **Virus**
die **Wirtszelle**
wirtsspezifisch

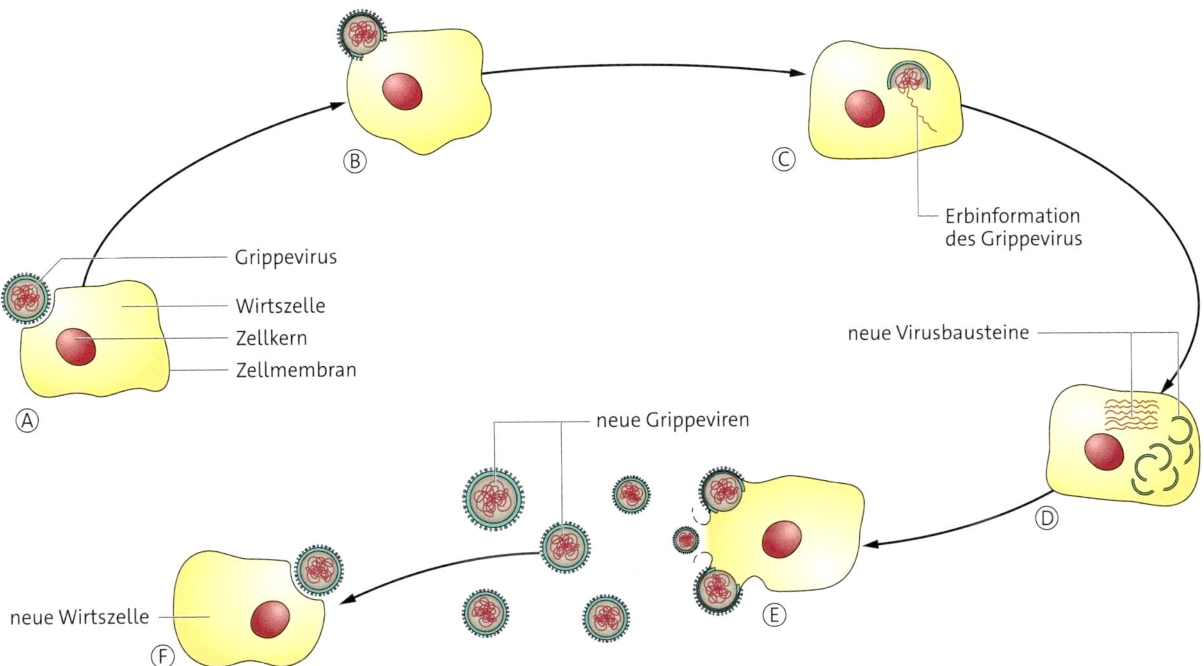

3 Vermehrung eines Virus

Außerdem besitzen sie keinen eigenen Stoffwechsel und wachsen nicht. Sie können sich nicht selbstständig vermehren, sondern sind dazu auf lebende Wirtszellen angewiesen.

Unterschiedliche Erkrankungen • Es gibt eine riesige Vielfalt an Viren, die sich in ihrer Form und Erbinformation unterscheiden. Jedes Virus befällt immer nur eine bestimmte Art von Wirtszellen. Man sagt, Viren sind wirtsspezifisch. Weil sie unterschiedliche Wirtszellen angreifen, verursachen Viren beim Menschen viele verschiedene Krankheiten. Erkrankt man an einer Grippe, greifen die Viren vor allem die Zellen der Schleimhäute an, zum Beispiel in der Nase. Tollwutviren greifen hingegen die Nervenzellen des Menschen an.

Viren sind kleine Krankheitserreger, die aus Erbinformation und einer Eiweißhülle bestehen. Sie sind zur Vermehrung auf bestimmte Wirtszellen angewiesen, die dabei zerstört werden. Viren zählen nicht zu den Lebewesen, weil sie nicht alle Kennzeichen des Lebens zeigen.

Aufgaben

1 Begründe anhand der Kennzeichen des Lebens, weshalb Viren keine Lebewesen sind.

2 Beschreibe die Vermehrung von Viren. → 3

3 Erläutere, was wirtsspezifisch heißt.

Viren als Krankheitserreger

Material A

Viren und Bakterien

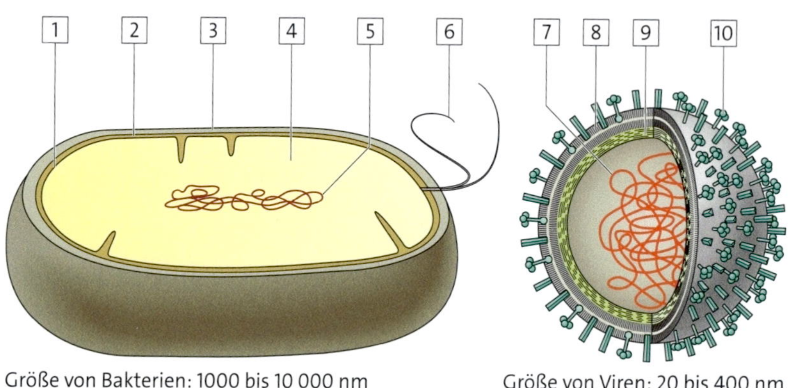

Größe von Bakterien: 1000 bis 10 000 nm
A

Größe von Viren: 20 bis 400 nm
B

1 Bau eines Bakteriums (**A**) und Virus (**B**)

Viren sind deutlich kleiner als Bakterien. Sie sind nur etwa 20 bis 400 Nanometer groß. 1 Nanometer (nm) entspricht 0,000001 Millimeter (mm). Man muss also 1 Millimeter durch 1 Millionen teilen.

1 Ordne den Zahlen 1–10 die passenden Fachwörter zu. → 1

2 Vergleiche den Bau des Bakteriums und des Virus.

Material B

Vermehrung von Viren

1 Die Texte A–E beschreiben die Vermehrung eines Virus. Ordne die Beschreibungen den Bildern 1–5 zu. → 2

2 Bringe die Texte A–E in eine sinnvolle Reihenfolge und notiere sie in dein Heft.

3 Ein Virus braucht zur Vermehrung eine Wirtszelle. Erkläre diesen Sachverhalt.

4 Erkläre, wieso Viren beim Menschen sehr viele verschiedene Krankheiten auslösen können. Bedenke die Bedeutung von Wirtszellen.

A Die Wirtszelle produziert neue Virusbausteine.

B Das Virus befällt eine gesunde Wirtszelle.

C Die Wirtszelle platzt und die neuen Viren werden freigesetzt.

D Das Virus wurde von der Wirtszelle aufgenommen.

E Die Erbinformation des Virus wird freigesetzt und programmiert den Stoffwechsel der Wirtszelle um.

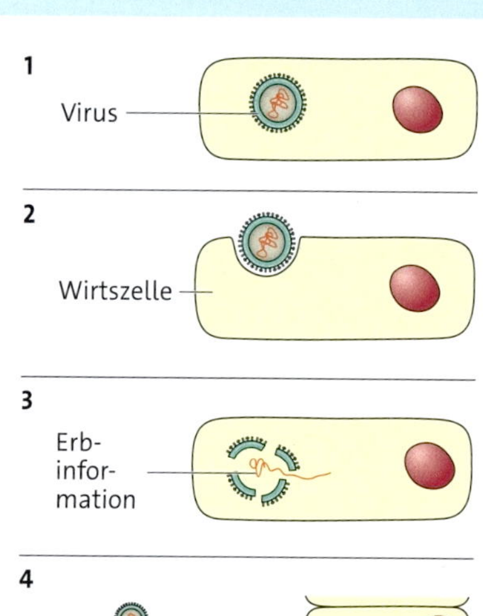

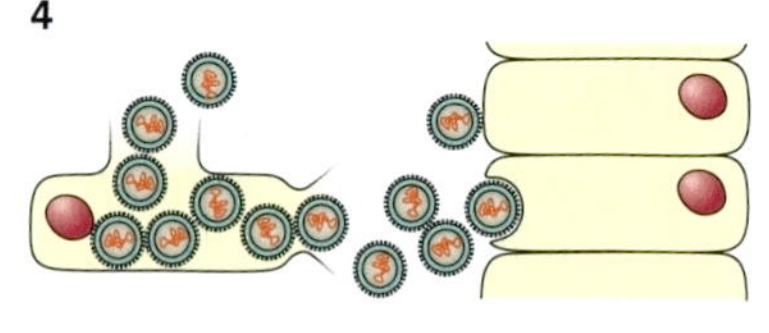

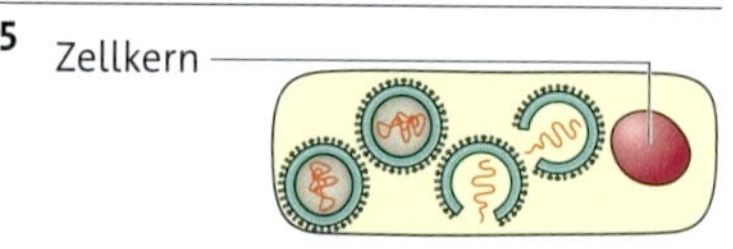

2 Vermehrungszyklus

Material C

Vermehrung im Vergleich

1 ☒ Vergleiche anhand der Diagramme, wie sich die Anzahl der Bakterien und der Viren bei ihrer Vermehrung verändert. → 3

2 ☒ Erkläre die Unterschiede in den Diagrammen anhand der Vermehrungsweisen von Bakterien und Viren.

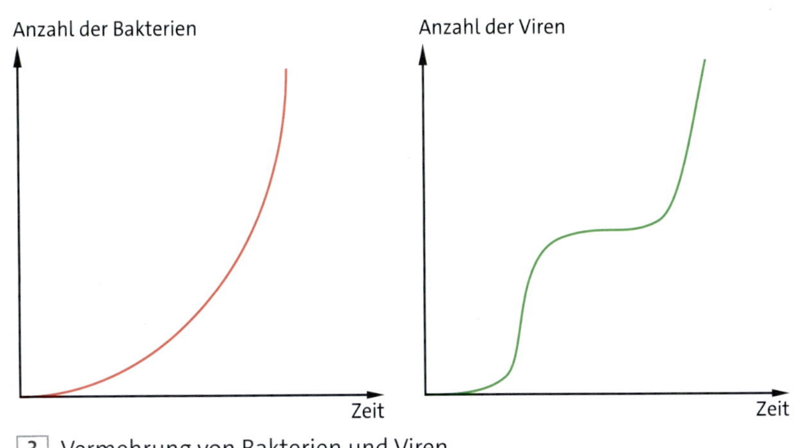

3 Vermehrung von Bakterien und Viren

Material D

Herpesviren warten ab

Manche Menschen bekommen schmerzhafte und juckende Lippenbläschen, wenn sie gestresst sind. → 4 Diese werden durch Herpesviren ausgelöst, die Zellen im Mundbereich befallen. → 5 Auch wenn die Lippenbläschen wieder abgeheilt sind, verbleiben die Viren im Körper. In den Ruhephasen wird die Erbinformation der Viren in den Nervenzellen gespeichert. Verschiedene Einflüsse können die Vermehrung der Viren dann wieder auslösen.

1 Bild 5 zeigt die Vermehrung von Herpesviren im Körper. ☒ Formuliere Überschriften für die Phasen A–D.

2 ☒ Beschreibe, wie es nach einer Ruhephase der Viren zum erneuten Ausbruch der Erkrankung kommen kann.

3 ☒ Viele Menschen sind mit dem Herpesvirus infiziert, ohne es zu merken. Finde eine Erklärung dafür.

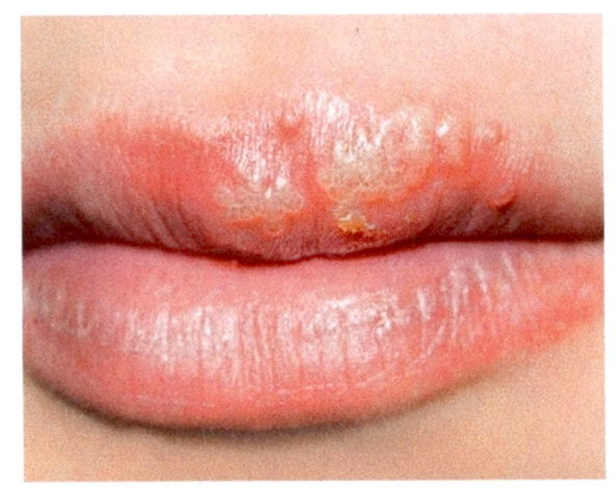

4 Lippenbläschen

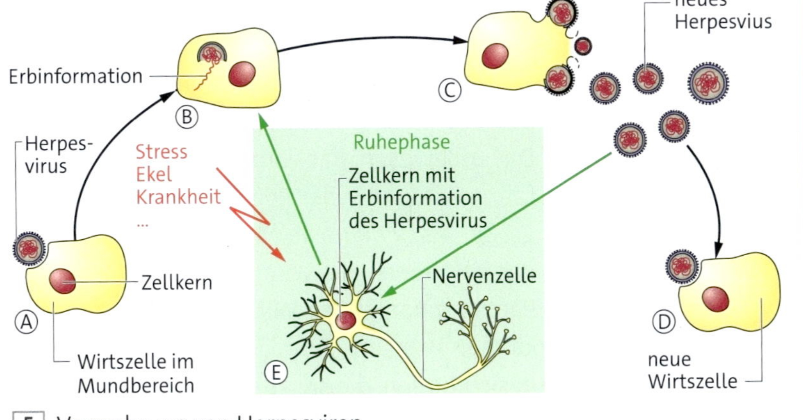

5 Vermehrung von Herpesviren

Parasiten schädigen Menschen

1 Zeckenweibchen: **A** leer, **B** mit Blut vollgesaugt

Vor allem in den Sommermonaten soll man seine Haut nach Zecken absuchen, nachdem man sich im Wald oder im hohen Gras aufgehalten hat. Wie leben Zecken und welche Gefahr geht von diesen unscheinbaren Tieren aus?

Leben auf Kosten anderer • Manche Tiere leben auf oder in anderen Lebewesen und ernähren sich von diesen. Solche Tiere nennt man Parasiten. Dazu zählen zum Beispiel Bandwürmer, Zecken, Flöhe und Läuse. → 2 3 Das Lebewesen, das vom Parasiten befallen wird, ist in der Regel deutlich größer als der Parasit. Man bezeichnet das befallene Lebewesen als Wirt. Der Parasit schädigt den Wirt. Außerdem können Parasiten Krankheitserreger in sich tragen, die sie auf ihren Wirt übertragen.

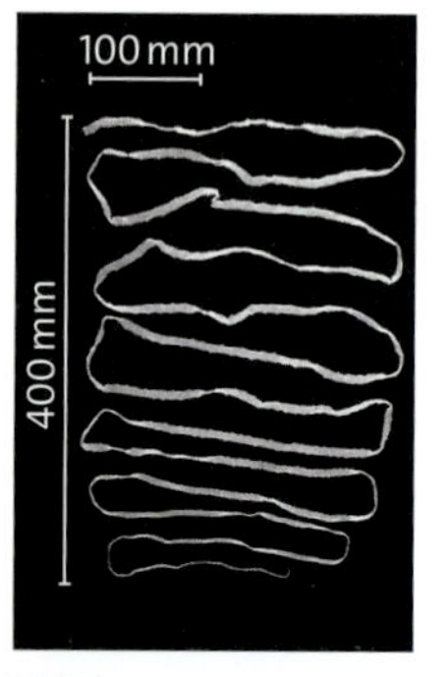

2 Bandwurm

Zecken können krankmachen • Zecken ernähren sich vom Blut anderer Lebewesen. Sie sitzen oft an Grashalmen und können sich an den Haaren oder der Haut von vorbeilaufenden Tieren und Menschen festhalten. Dann bohren sie mit ihrem Stechsaugrüssel in die Haut und saugen Blut. Nachdem sich eine Zecke mit Blut vollgesaugt hat, ist sie deutlich größer als vorher. → 1 Weil die Zecken auf ihrem Wirt leben, werden sie auch als Außenparasiten bezeichnet. Beim Blutsaugen können Zecken Erreger übertragen, die beim Menschen schwere Krankheiten auslösen können. Das sind zum Beispiel Bakterien, die zu Borreliose führen. Diese Krankheit ist an einem Hautausschlag erkennbar und kann mit Medikamenten behandelt werden. Ohne Behandlung vermehren sich die Bakterien im Menschen und können das Gehirn und Herz dauerhaft schädigen.

Malaria – eine Tropenkrankheit • Anders als in Deutschland können Mücken in den Tropen bedrohliche Krankheiten übertragen. Ein Beispiel ist die Krankheit Malaria, an der jährlich weltweit bis zu einer Millionen Menschen sterben.

3 Parasiten: **A** Floh, **B** Laus

der **Parasit**
der **Wirt**
der **Wirtswechsel**
der **Generationswechsel**

Malaria wird von Einzellern verursacht, die man Plasmodien nennt. Sie werden von der weiblichen Anopheles-Mücke auf den Menschen übertragen. → 4 Man spricht von einem Wirtswechsel. Durch den Stich der Mücke gelangen Plasmodien in das menschliche Blut. Sie vermehren sich in der Leber und in den roten Blutzellen. Die befallenen Blutzellen platzen und entlassen die Plasmodien wieder ins Blut, wo sie weitere rote Blutzellen befallen.
Auf die Plasmodien und ihre Giftstoffe reagiert der Körper mit Fieberschüben. Die Schädigung der roten Blutzellen führt dazu, dass die Organe nicht mehr ausreichend mit Sauerstoff versorgt werden. Weil Plasmodien in ihrem Wirt leben, nennt man sie Innenparasiten.

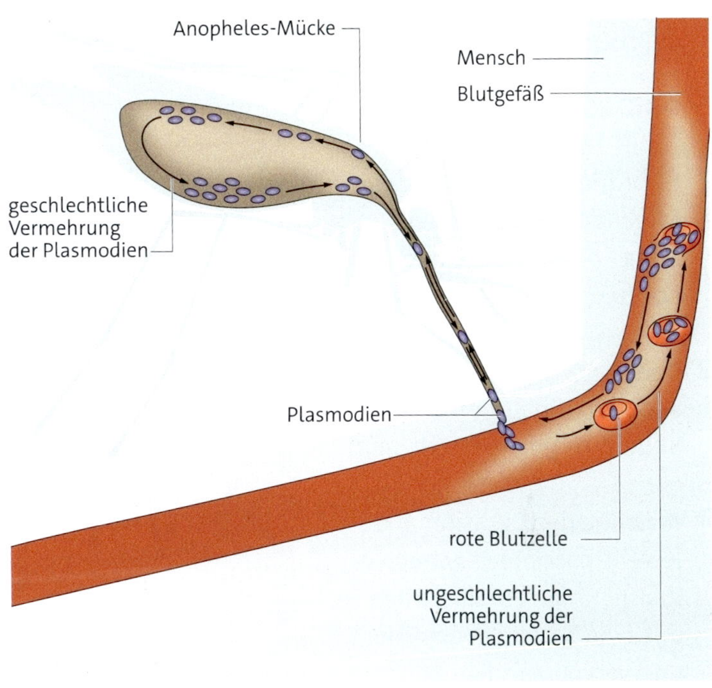

4 Übertragung von Plasmodien durch eine Anopheles-Mücke

Wie Plasmodien sich vermehren • Die Plasmodien vermehren sich im Menschen, indem sie sich teilen. Das nennt man ungeschlechtliche Vermehrung. Manche Plasmodien entwickeln sich zu weiblichen und männlichen Formen. Diese nimmt eine Mücke auf, wenn sie bei einem infizierten Menschen Blut saugt. In der Mücke vermehren sich die weiblichen und männlichen Plasmodien dann durch Befruchtung. Es erfolgt also eine geschlechtliche Vermehrung. Weil sich die Pasmodien im Menschen ungeschlechtlich und in der Mücke geschlechtlich vermehren, spricht man von einem Generationswechsel.

Vorbeugung • Um sich vor Malaria zu schützen, sollte man besonders in den Tropen Mückenstiche vermeiden. Dazu gibt es Mittel zum Einsprühen oder Einreiben, die Mücken abweisen. Außerdem schützen lange Kleidung und ein Moskitonetz über dem Bett. Man kann zur Vorbeugung auch Tabletten einnehmen.

Parasiten leben auf oder in anderen Lebewesen und ernähren sich von ihnen. Sie schädigen ihren Wirt.

Aufgaben

1 Erkläre, was ein Außenparasit und ein Innenparasit ist. Nenne Beispiele.

2 Notiere zu Borreliose und Malaria Informationen zu: Parasit, Wirt, Überträger und Symptomen.

Parasiten schädigen Menschen

Material A

Schutz vor Parasiten

1 ◩ Ordne die Bilder 1–4 den folgenden Parasiten zu: Zecke, Anopheles-Mücke, Kopflaus und Floh.

2 ◪ Beschreibe, welche Schutzmaßnahmen in den Bildern A–H dargestellt sind.

3 ◪ Ordne den Parasiten die jeweils passenden Schutzmaßnahmen zu. Übertrage dazu die Tabelle in dein Heft und vervollständige sie. Beachte, dass mehrere Zuordnungen möglich sein können.

Schutz vor ...	Maßnahmen
Zecken	Man sollte ...

4 ⊠ Stelle für jeden Parasiten Vermutungen an, an welchen Orten eine erhöhte Gefahr des Befalls besteht.

Kopfläuse klammern sich mit ihren Beinen an den Kopfhaaren des Menschen fest. Mit ihren Mundwerkzeugen ritzen sie die Kopfhaut an und lecken dann das Blut auf. Sie lösen juckende Quaddeln und Pusteln auf der Haut aus. Kopfläuse und auch Flöhe können sich schneller an Orten ausbreiten, wo viele Menschen zusammen sind.

Flöhe haben, ähnlich wie Zecken, einen Stechsaugrüssel, mit dem sie in die Haut ihrer Wirte stechen und deren Blut saugen. Beim Menschen leben sie meistens zwischen den Haaren auf dem Kopf. Flöhe können von Haustieren auf den Menschen überspringen. Man kann seinen Haustieren vorbeugend ein Flohhalsband anlegen.

Material B

Vorsicht: Fuchsbandwurm!

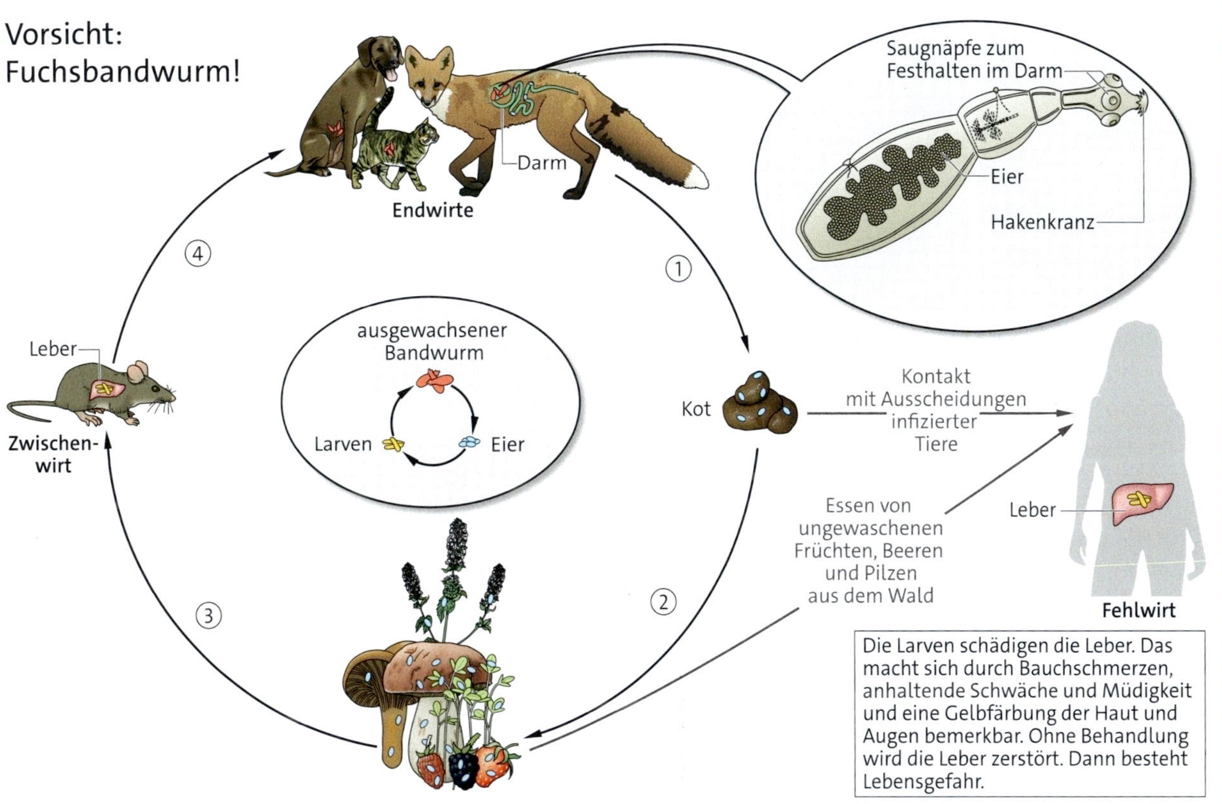

Die Larven schädigen die Leber. Das macht sich durch Bauchschmerzen, anhaltende Schwäche und Müdigkeit und eine Gelbfärbung der Haut und Augen bemerkbar. Ohne Behandlung wird die Leber zerstört. Dann besteht Lebensgefahr.

5 Lebenszyklus des Fuchsbandwurms

Im Darm von Füchsen, Hunde und Katzen kann der Fuchsbandwurm leben. Für diese Tiere ist der Parasit unschädlich, doch sie scheiden seine Eier mit dem Kot aus. Nimmt ein Nagetier, zum Beispiel eine Maus, die Eier mit der Nahrung auf, bilden sich daraus Larven. Die Larven schädigen die Leber, was langfristig zum Tod der Maus führt. Füchse infizieren sich mit dem Parasiten, wenn sie befallene Mäuse fressen. Während seiner Entwicklung wechselt der Fuchsbandwurm den Wirt. Die Maus ist der Zwischenwirt, weil sich in ihr die Larven entwickeln. Den Fuchs bezeichnet man als Endwirt, weil der Fuchsbandwurm in ihm wächst und sich fortpflanzt.

1 Ordne den Lebewesen in Bild 5 die drei Stadien des Fuchsbandwurms zu.

2 Beschreibe die Entwicklung des Fuchsbandwurms von 1–4. → 5

3 Erkläre, wozu der Fuchsbandwurm einen Wirtswechsel vollzieht.

4 Begründe, warum Haustiere wie Hunde regelmäßig entwurmt werden sollten.

5 Beschreibe, wie sich auch Menschen mit dem Fuchsbandwurm infizieren. → 5

6 Begründe, warum man den Menschen als Fehlwirt bezeichnet.

Blut und seine Bestandteile

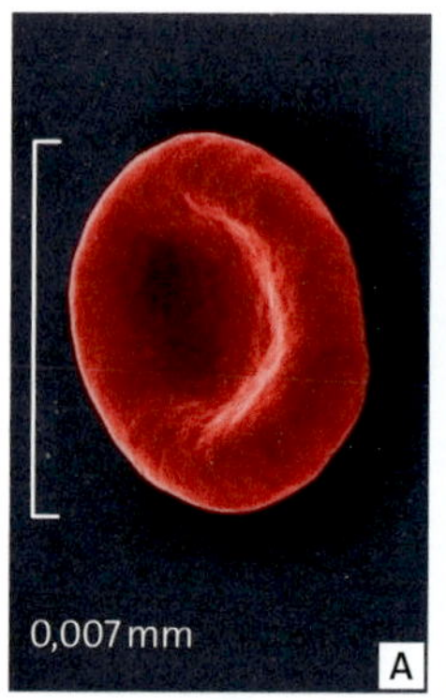

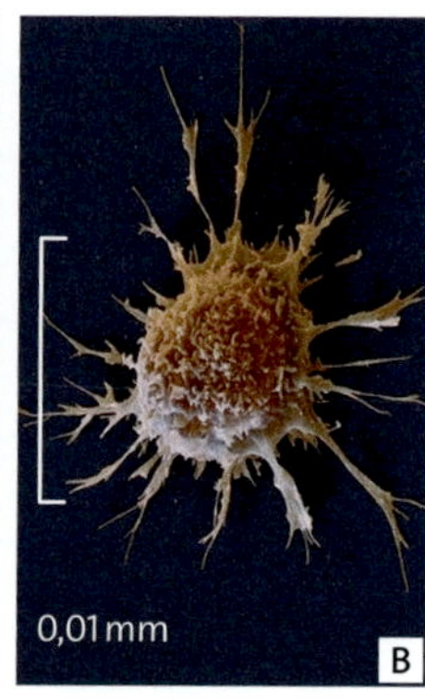

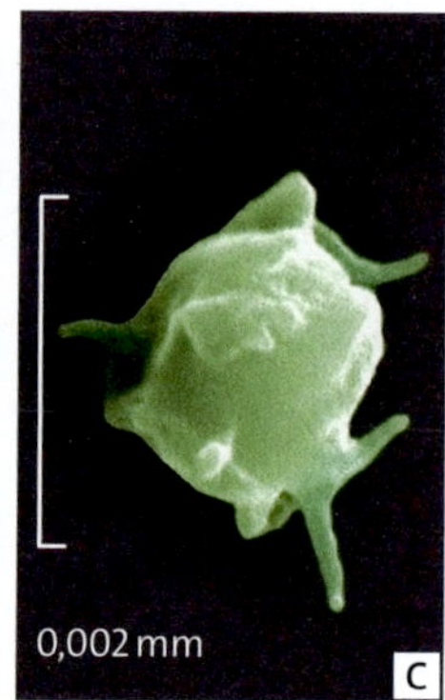

1 Blutzellen: **A** rote Blutzelle, **B** weiße Blutzelle, **C** Blutplättchen

Dringen Krankheitserreger in den Körper ein, werden sie von Zellen bekämpft, die sich im Blut befinden. Wie setzt sich das Blut zusammen?

Blut • Das Blut erfüllt viele Aufgaben. Es transportiert unter anderem Sauerstoff, Nährstoffe, Vitamine und Abfallstoffe zu den jeweiligen Zielorten. Zudem transportiert es Wärme und sorgt damit für die gleichbleibende Körpertemperatur. Das Blut enthält rote und weiße Blutzellen sowie Blutplättchen. → 1 Die Zellen werden im Knochenmark gebildet. Den flüssigen Anteil des Bluts nennt man Blutplasma. Dieses besteht größtenteils aus Wasser.

Rote Blutzellen • Diese Blutzellen sind scheibenförmig mit einer Vertiefung in der Mitte. → 1A Sie enthalten den roten Blutfarbstoff, das Hämoglobin. Dieses bindet Gase und kann somit Sauerstoff zu den Zellen und Kohlenstoffdioxid weg von den Zellen transportieren. Die roten Blutzellen nennt man auch Erythrozyten.

Weiße Blutzellen • Sie sind die größten Blutzellen und haben eine kugelförmige, verästelte Gestalt. → 1B Unter diese Gruppe fallen verschiedene Arten von Zellen, die bei der Abwehr von Krankheitserregern jeweils andere Funktionen haben. Zum Beispiel umschließt eine Art von Zellen die Erreger und löst sie dann auf. Die weißen Blutzellen nennt man auch Leukozyten.

Blutplättchen • Sie sind die kleinsten Blutzellen und unregelmäßig geformt. → 1C Die Blutplättchen sorgen dafür, dass sich Wunden schließen, indem sie sich aneinanderheften und zusammen mit roten Blutzellen und Eiweißfäden einen Blutpfropf bilden. Dies nennt man Blutgerinnung. Dadurch wird ein verletztes Blutgefäß verschlossen und der Blutverlust vermieden. Man nennt die Blutplättchen auch Thrombozyten.

Das Blut besteht aus dem Blutplasma, den Erythrozyten, den Leukozyten und den Thrombozyten. Die Blutzellen unterscheiden sich in der Struktur und Funktion. Die Leukozyten wirken bei der Abwehr von Krankheitserregern mit.

Basiskonzept

Struktur und Funktion

→ Umschlag hinten

Die Blutzellen sehen unterschiedlich aus und haben verschiedene Funktionen. Ihre Strukturen sind an die Funktionen angepasst.

Aufgaben

1 Beschreibe die Zusammensetzung des Bluts.

2 Beschreibe die verschiedenen Blutzellen im Hinblick auf ihre Struktur und Funktion.

das Blutplasma
der Erythrozyt
der Leukozyt
der Thrombozyt

Material A

Anzahl der Blutzellen

Bei einem gesunden Menschen befinden sich in einem einzigen Milliliter Blut etwa 4–10 Millionen Leukozyten, 4000–6000 Millionen Erythrozyten und 150–400 Millionen Thrombozyten. Man spricht hierbei vom Normalbereich. Liegt die Anzahl der Blutzellen außerhalb des Normalbereichs, kann das auf eine Krankheit hindeuten. In der Tabelle sind Werte für verschiedene Testpersonen dargestellt. → 2

	Leukozyten in Millionen	Erythrozyten in Millionen	Thrombozyten in Millionen
Person A	15,5	4900	280
Person B	6,0	5200	250
Person C	5,8	3100	270
Person D	7,5	5800	84

2 Anzahl von Blutzellen in Millionen pro Milliliter Blut

Anzahl der Leukozyten
In der Medizin wird oft zur Diagnose von Krankheiten die Anzahl an Leukozyten gemessen. Eine erhöhte Anzahl an Leukozyten deutet auf das Eindringen von Krankheitserregern hin.

3

Blutarmut
Bei einer verringerten Konzentration von Hämoglobin im Blut spricht man von Blutarmut. Oft ist die Anzahl der Erythrozyten verringert. Das Blut transportiert dann weniger Sauerstoff zu den Organen und Muskeln. Typische Anzeichen sind Müdigkeit und Atemnot bei körperlicher Belastung.

4

1 Gib für Person A die Anzahl der verschiedenen Blutzellen pro Milliliter Blut jeweils als ganze Zahl mit der vollständigen Anzahl an Nullen an. → 2

2 Ordne die Blutzellen von Person A nach ihrer Anzahl pro Milliliter Blut.

3 Ermittle aus den Werten der Tabelle die gesunde Person. Begründe deine Auswahl.

4 Ermittle bei den anderen drei Personen aus den Werten der Tabelle jeweils den Typ von Blutzellen, der nicht im Normalbereich liegt.

5 Ordne den drei Personen, deren Anzahl an Blutzellen außerhalb des Normalbereichs liegt, die folgenden Krankheitsbilder zu: Blutarmut, Blutgerinnungsstörung und Lungenentzündung. Begründe deine Entscheidung.

6 Erkläre, warum eine Person mit Blutarmut im Sport weniger leistungsfähig ist als eine gesunde Person.

7 Beschreibe mögliche Schwierigkeiten einer Person mit Blutgerinnungsstörung.

8 Erkläre, weshalb eine erhöhte Anzahl an Leukozyten im Blut auf das Eindringen von Krankheitserregern hindeutet.

Stark in der Abwehr – das Immunsystem

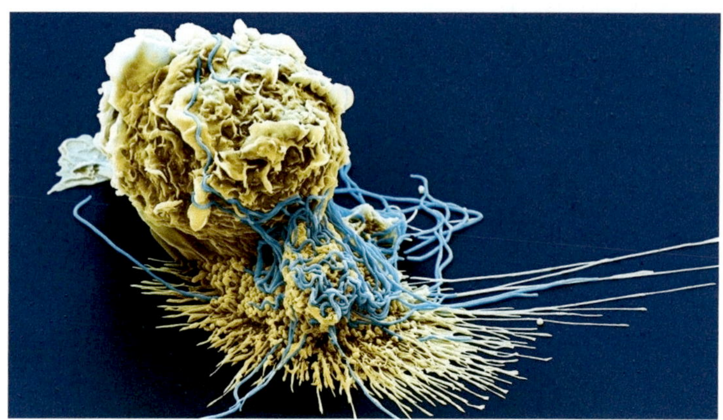

1 Eine Fresszelle (blau) bekämpft Bakterien.

Obwohl im Alltag unzählige Krankheitserreger lauern, sind wir trotzdem meistens gesund. Wie setzt sich der Körper zur Wehr?

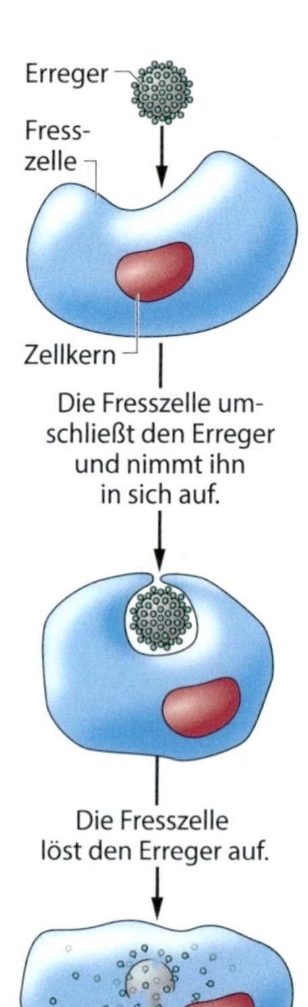

2 Fresszelle

Die erste Abwehr • Um in den Körper zu gelangen, müssen Erreger einige Barrieren überwinden: Die Schleimhäute an Körperöffnungen wie Mund und Nase produzieren eine feuchte Schutzschicht, die Abwehrstoffe enthält. Mit der Nahrung aufgenomme Erreger werden größtenteils von der Magensäure im Magen abgetötet. Zudem ist die menschliche Haut mit einem Säureschutzmantel überzogen, der die Ansiedlung und Vermehrung von Erregern verhindert. Trotzdem gelingt es Erregern wie Bakterien und Viren, die Barrieren zu durchbrechen.

Unspezifische Abwehr • Wenn Erreger in den Körper eindringen, wird eine Abwehrreaktion ausgelöst. Hierfür ist das Immunsystem zuständig. Die Hauptfunktion in der Abwehr übernehmen die Leukozyten. Zu ihnen gehören auch die Fresszellen. Sie erkennen die Erreger, nehmen sie in ihr Zellinneres auf und lösen sie dort auf. → 2 So werden die Erreger unschädlich gemacht. Die Fresszellen nehmen alle Arten von Erregern auf. Daher bezeichnet man diese Vorgänge auch als unspezifische Abwehr.

Von Geburt an • Unsere körpereigenen Barrieren gegen Krankheitserreger und unsere unspezifische Abwehr sind schon von Geburt an ausgebildet. Man fasst diese Vorgänge deswegen unter dem Begriff angeborene Abwehr zusammen.

Spezifische Abwehr • Wesentlich wirksamer gelingt eine Abwehr, wenn viele Zellen zusammenarbeiten, die jeweils bestimmte Erreger gezielt bekämpfen. Gelangen Erreger, zum Beispiel Viren, ins Blut, werden sie von Riesenfresszellen zerlegt. → 3 Die Riesenfresszellen präsentieren dann Bruchstücke der Viren auf ihrer Außenseite. Diese Bruchstücke nennt man Antigene. So informieren sie die T-Helferzellen über die Art des Erregers.
Daraufhin regen die T-Helferzellen die Plasmazellen an, bestimmte Abwehrstoffe gegen die Viren zu bilden. → 3A Diese Abwehrstoffe bezeichnet man als Antikörper. Die Antikörper sind so geformt, dass sie genau auf die Antigene der Viren passen. Die Antikörper verbinden sich mit den Antigenen, wodurch die Viren verklumpen. Riesenfresszellen vernichten dann die verklumpten Viren.

das Immunsystem
die unspezifische Abwehr
die spezifische Abwehr
die Immunität

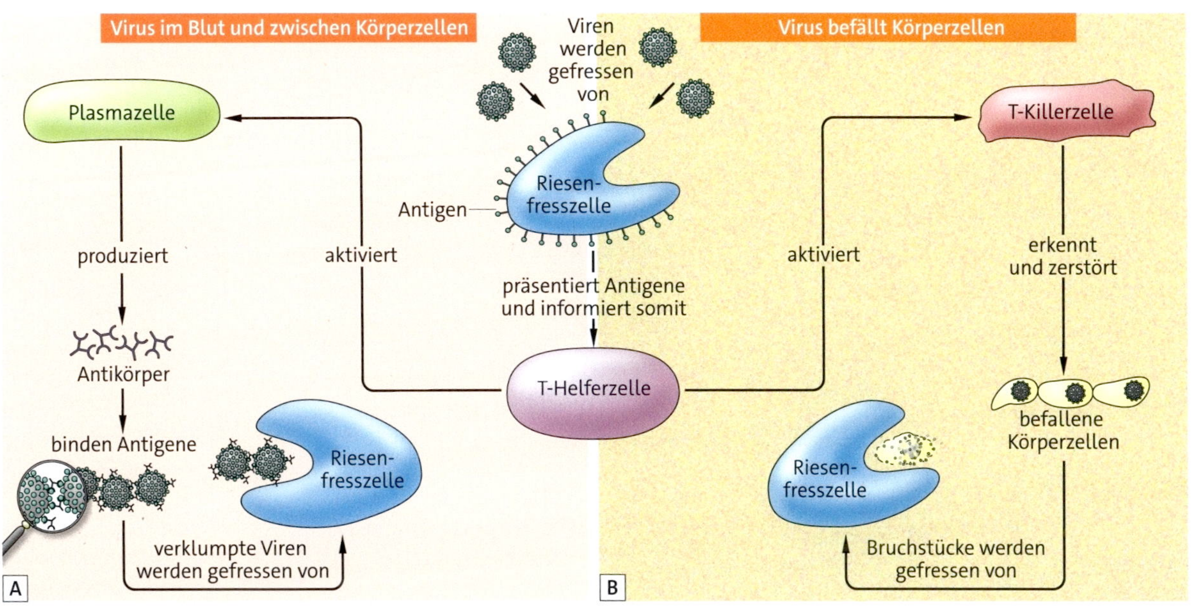

3 Ablauf der spezifischen Abwehr am Beispiel von Viren

Befallen Viren hingegen Körperzellen, aktivieren die T-Helferzellen bestimmte Zellen, die T-Killerzellen heißen. → 3B Diese erkennen befallene Körperzellen und töten sie ab. Die Körperzellen und die Virusbausteine werden dann von den Riesenfresszellen beseitigt.
Da die T-Killerzellen und die Antikörper gezielt nur eine bestimmte Art von Erregern abwehren, bezeichnet man diese Vorgänge als spezifische Abwehr.

Erreger bleiben im Gedächtnis • Einige T-Killerzellen und Plasmazellen wandeln sich in Gedächtniszellen um. Diese speichern Informationen über die Eigenschaften des bekannten Erregers. Kommt es zu einer erneuten Infektion mit dem gleichen Erreger, werden sofort sehr viele passende Antikörper und T-Killerzellen gebildet. Die Krankheit bricht in der Regel nicht wieder aus. Diese Unempfindlichkeit gegenüber bestimmten Erregern wird als Immunität bezeichnet. Weil die spezifische Abwehr durch einen früheren Kontakt mit einem Erreger verstärkt wird, spricht man auch von der erworbenen Abwehr.

Bei der unspezifischen Abwehr bekämpfen Fresszellen jede Art von Erreger. An der spezifischen Abwehr sind verschiedene Zellen beteiligt, die Erreger gezielt bekämpfen.

Aufgabe

1 ☑ Beschreibe die Funktion der Fresszellen bei der unspezifischen Abwehr.

2 ☒ Erstelle eine Tabelle zu den an der spezifischen Abwehr beteiligten Zellen und ihren Funktionen.

Stark in der Abwehr – das Immunsystem

Material A

Spezifische Abwehr

1 Ordne den Ziffern des Pfeilschemas die folgenden Zellen zu: Riesenfresszelle (2×), Plasmazelle, T-Helferzelle, Gedächtniszelle. → 1

2 Erkläre, wieso man von spezifischer Abwehr spricht.

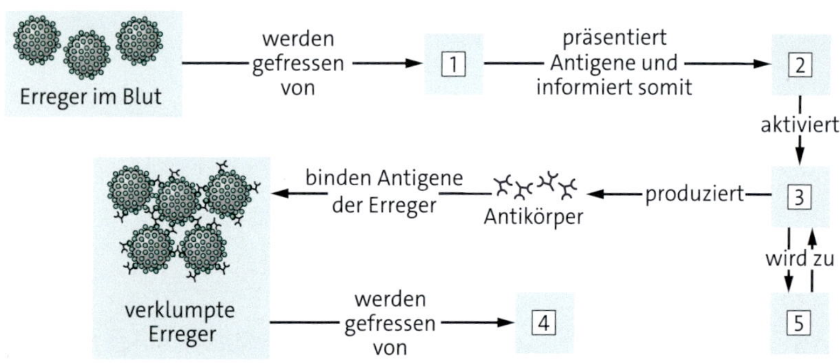

1 Spezifische Abwehr (Ausschnitt)

Material B

Entzündungsreaktion

Wenn man sich zum Beispiel einen Holzsplitter einfängt, kann es richtig schmerzen. Die Stelle kann sich entzünden. Was passiert bei einer Entzündung genau?

1 Lies den Text im grauen Kasten.

a Gib die fünf Symptome einer Entzüngung an.

b Beschreibe, woraus Eiter besteht.

2 Beschreibe den Ablauf einer Entzündungsreaktion. → 2

3 Begründe, ob die Entzündungsreaktion Teil der spezifischen oder Teil der unspezifischen Awehr ist.

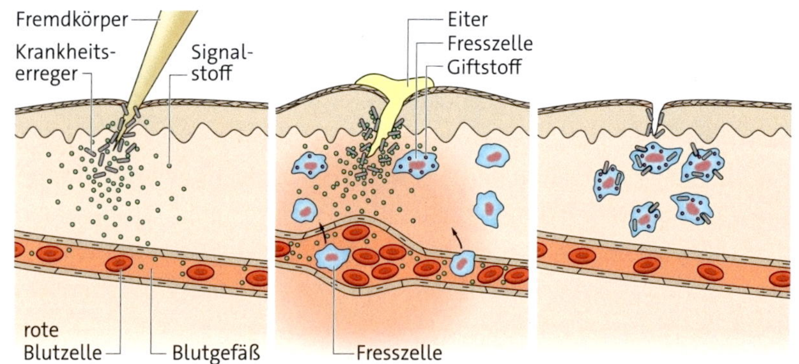

2 Entzündungsreaktion

Entzündungsreaktion Sie entsteht, wenn bei einer Verletzung viele Krankheitserreger in den Körper eindringen. Das Gewebe rötet sich und wird wärmer. Es schwillt an und schmerzt. Das führt zu Einschränkungen, man kann die betroffene Stelle zum Beispiel nicht mehr richtig bewegen. Diese Symptome entstehen dadurch, dass die Körperzellen Signalstoffe freisetzen. Diese lösen Abwehrreaktionen aus: Die Blutgefäße werden durchlässiger, sodass Fresszellen leichter ins geschädigte Gewebe gelangen. Die Fresszellen zerstören die eingedrungenen Erreger und sterben dann durch aufgenommene Giftstoffe ab. Körperzellen, Erreger und abgestorbene Fresszellen bilden eine gelbliche Flüssigkeit, den Eiter. Er wird nach außen abgegeben.

Material C

Antikörper und Antigene

Materialliste: farbige Pappe, Schere, Klebestreifen, Knete, Schwämme, Luftballons, usw.

1 ☒ Entwickle ein Modell von Viren mit Antigenen und den dazu passenden Antikörpern. Wähle Materialien aus, die sich für dein Modell eignen.

2 ☒ Stelle mit deinem Modell dar, wie Antikörper zur Verklumpung von Viren führen.

3 ☒ Erläutere anhand des Modells das Schlüssel-Schloss-Prinzip. → 4

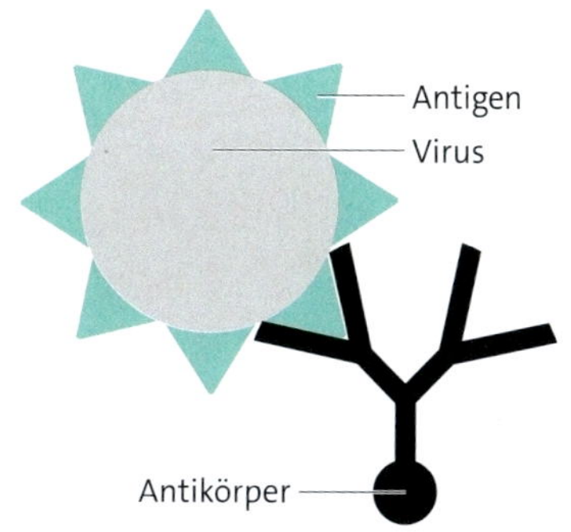

3 Beispiel für ein Modell

4 ☒ Vergleiche dein Modell mit der Wirklichkeit. Worin stimmt es mit der Wirklichkeit überein und worin unterscheidet es sich davon?

5 ☒ Erläutere, warum das Modell von der Wirklichkeit abweichen muss.

Schlüssel-Schloss-Prinzip Die Anlagerung eines Antikörpers an ein Antigen ist vergleichbar mit einem Schlüssel, der zu einem bestimmten Schloss passt. Diese Passgenauigkeit ist bei allen Antikörpern vorhanden und eine Voraussetzung dafür, dass sie ihre Funktion erfüllen. Dieses biologische Prinzip wird Schlüssel-Schloss-Prinzip genannt. Es lässt sich auch auf andere Vorgänge im Körper übertragen.

4

Material D

Immunität

Heute weiß man, dass die Infektionskrankheit Masern von Viren ausgelöst wird. Früher war es dagegen ein Rätsel, wieso Menschen an Masern erkrankten und warum manche Menschen davon verschont blieben.

Bei meiner Reise auf die Färöer-Inseln 1846 machte ich eine erstaunliche Beobachtung. In dem Jahr erkrankten über drei Viertel der Bevölkerung an Masern. Verschont blieben nur diejenigen, die 65 Jahre zuvor schon einmal an Masern erkrankt waren und wieder gesund wurden. Damals brachte ein Tischler, der aus einem anderen Land angereist war, diesen geheimnisvollen „Stoff" mit, der die Masern auslöst. Ich stellte mir die Frage: Wieso erkrankten manche Menschen, andere aber nicht?

5 Bericht eines Arztes von den Färöer-Inseln 1846

1 ☒ Beschreibe die Beobachtungen, die zum Ausbruch der Masern auf den Inseln gemacht wurden. → 5

2 ☒ Erkläre nach heutigem Wissensstand, wodurch die Masern auf den Inseln erstmals ausgelöst wurden.

3 ☒ Erkläre nach heutigem Wissensstand, weshalb die Menschen nicht ein weiteres Mal an Masern erkrankten.

Stark in der Abwehr – das Immunsystem

Erweitern und Vertiefen

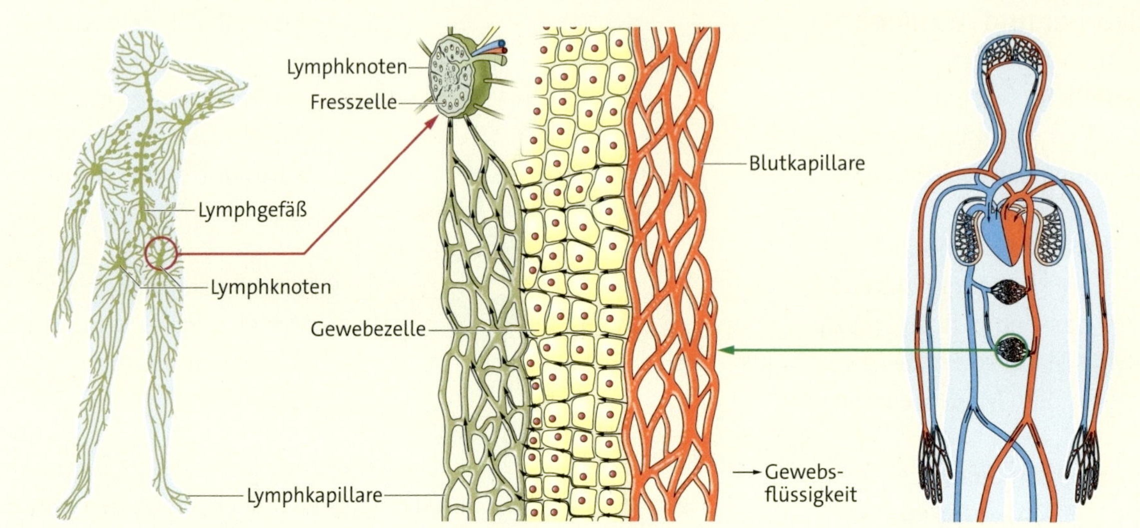

1 Lymphsystem und Blutgefäßsystem arbeiten zusammen.

Lymphsystem

Lymphsystem • Wie auch das Blutgefäßsystem durchzieht das Lymphsystem den gesamten Körper. → 1 An den kleinsten Blutgefäßen, den sogenannten Blutkapillaren, gelangt Blutplasma in umliegendes Gewebe und durchtränkt es wie einen Schwamm. Das Blutplasma versorgt die Zellen mit Nährstoffen und transportiert Abfallstoffe weg. Dann tritt die Gewebsflüssigkeit in die kleinsten Lymphgefäße ein, die Lymphkapillaren. Die Flüssigkeit in den Lymphkapillaren bezeichnet man als Lymphe.

Teil der Abwehr • Das Lymphsystem ist ein wichtiger Teil der körpereigenen Abwehr. In der Lymphe befinden sich besonders viele Fresszellen, so wie auch im Blut und Gewebe. Diese bauen Giftstoffe, abgestorbene Zellen und Krankheitserreger ab.

Lymphknoten • Entlang der größeren Lymphgefäße befinden sich Lymphknoten. → 1 Bei einer Infektion sammeln sich vermehrt Zellen des Immunsystems in den Lymphknoten, die der Infektion am nächsten liegen. Dadurch schwellen die Lymphknoten an und können schmerzen. Ärzte können die Schwellung der Lymphknoten durch Abtasten feststellen und so auf eine Infektion schließen.

Das Lymphsystem ist ein Teil der Abwehr. Die Lymphe enthält viele Fresszellen.

Aufgaben

1 ◩ Nenne die Aufgaben des Lymphsystems.

2 ⊠ Beschreibe den Zusammenhang zwischen Blutgefäß- und Lymphsystem.

3 ⊠ Erkläre die Funktion der Lymphknoten.

Erweitern und Vertiefen

Autoimmunerkrankungen

Autoimmunerkrankungen • Es gibt Krankheiten, bei denen das Immunsystem körpereigene Zellen als Fremdkörper deutet und angreift. Man nennt sie Autoimmunerkrankungen.

Multiple Sklerose • Bei dieser Krankheit greift das Immunsystem die Hüllzellen der Nervenzellen an. → 2 Dadurch werden elektrische Signale nur noch langsam weitergeleitet. Das kann zu Muskelschwäche, Lähmungen, Sprach- und Sehstörungen führen. Die Krankheit ist noch unheilbar. Medikamente verzögern den Krankheitsverlauf oder lindern die Symptome.

Morbus Crohn • Bei dieser Erkrankung ist die Schleimhaut des Verdauungstrakts dauerhaft entzündet. Dabei greift das Immunsystem vor allem Zellen der Speiseröhre, des Dünndarms und Dickdarms an. → 3 Die Erkrankten leiden häufig unter Durchfällen, Bauchkrämpfen und Gewichtsverlust. Eine Heilung ist derzeit nicht möglich. Medikamente können den Krankheitsverlauf verzögern oder die Symptome lindern.

Diabetes Typ 1 • Bei Diabetes Typ 1 greift das Immunsystem die Zellen der Bauchspeicheldrüse an, die das Hormon Insulin produzieren. Der Insulinmangel führt dazu, dass die Zellen keinen Zucker aus dem Blut aufnehmen. Dadurch ist der Blutzuckerspiegel dauerhaft hoch, was zu Schwindel, Müdigkeit und starkem Durst führt. Langfristig werden Gewebe und Organe geschädigt. Diese Form von Diabetes kann nicht geheilt werden. Erkrankte müssen sich das Insulin durch Spritzen zuführen.

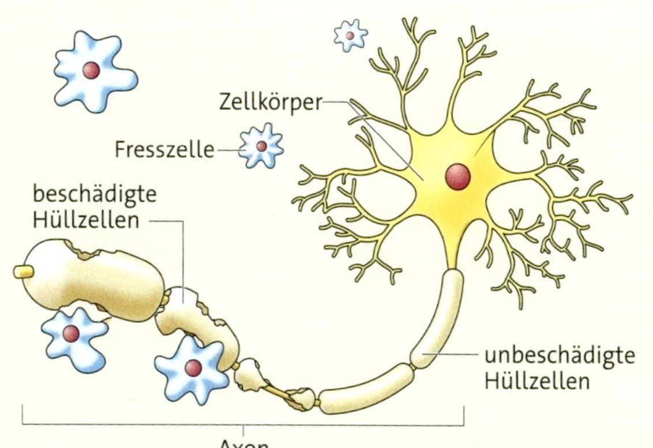

2 Beschädigte Nervenzelle (Multiple Sklerose)

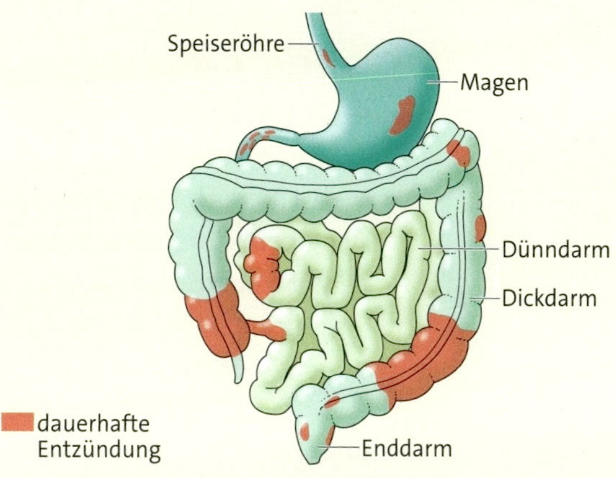

3 Entzündeter Verdauungstrakt (Morbus Crohn)

Bei Autoimmunerkrankungen greift das Immunsystem körpereigene Zellen an.

Aufgaben

1 Erkläre, was man unter einer Autoimmunerkrankung versteht.

2 Stelle die Eigenschaften der drei Krankheiten in einer Tabelle dar: betroffene Zellen, Symptome, Heilung, Behandlung.

Überreaktion des Immunsystems

1 Blühende Pflanzen – nicht immer eine Freude

Menschen mit Heuschnupfen können sich über blühende Pflanzen nicht so richtig freuen. Sie müssen dann niesen, ihre Nase läuft und ihre Augen jucken. Woran liegt das?

Allergie • Bei manchen Menschen ist der Körper empfindlich gegen die Pollenkörner, die Pflanzen abgeben. Diese Menschen haben Heuschnupfen.

Jeder Mensch atmet die mikroskopisch kleinen Pollenkörner mit der Luft ein. Der Kontakt ist somit ganz natürlich. Bei Menschen mit Heuschnupfen wird im Körper jedoch eine Abwehrreaktion ausgelöst, weil das Immunsystem die Pollenkörner als schädlich einstuft. Diese Überreaktion des Immunsystems auf einen harmlosen Stoff wird Allergie oder allergische Reaktion genannt.

Stoffe lösen Allergien aus • Ein Stoff, der für den Körper harmlos ist, aber bei manchen Menschen eine allergische Reaktion auslöst, nennt man Allergen. Allergene befinden sich in Pollenkörnern, Tierhaaren, verschiedenen Nahrungsmitteln, Insektengiften oder auch im Kot bestimmter Milben, der eine Hausstaub-Allergie auslösen kann. Auch Duftstoffe in Kosmetikprodukten oder Metalle, aus denen Schmuck hergestellt wird, können Allergene sein.

A Erstkontakt
Allergen → aktiviert → Plasmazelle → produziert → Antikörper → binden an → Mastzelle

B Zweitkontakt
Allergen → bindet an → Antikörper auf einer Mastzelle → schüttet aus → Histamin → verursacht → Symptome

2 Ablauf einer allergischen Reaktion

Allergische Reaktion • Beim ersten Kontakt mit einem Allergen wird das Immunsystem aktiviert. → 2A Die Plasmazellen stellen Antikörper her, die zum Allergen passen. Die Antikörper haften sich an bestimmte weiße Blutzellen, die Mastzellen. Diese befinden sich vor allem in der Haut und in den Geweben der Schleimhäute und des Darms. Bei einem Zweitkontakt verbindet sich das Allergen mit den Antikörpern auf den Mastzellen. → 2B Die Mastzellen schütten dann das Hormon Histamin aus. Dieses löst die Symptome der Allergie aus.

die Allergie
die allergische Reaktion
das Allergen
die Mastzelle
das Histamin

Hat man Heuschnupfen, schwellen die Schleimhäute an, die Nase läuft, die Augen brennen und tränen und die Luftröhre verengt sich, sodass man husten muss. Bei einer Allergie gegen bestimmte Nahrungsmittel, kommt es zu Verdauungsproblemen.

Diagnose • Ob der Körper empfindlich gegen verschiedene Stoffe ist und wie stark er darauf reagiert, wird durch einen Allergietest untersucht. → 4 Dafür tropft ein Arzt Flüssigkeiten mit verschiedenen Allergenen auf die Haut. Dann sticht er mit einer Nadel durch die Tropfen in die Haut. An einer Rötung und Schwellung erkennt man, welcher Stoff eine allergische Reaktion auslöst.

Mit einer Allergie leben • Hat man eine Allergie, sollte man den Kontakt mit dem Allergen möglichst vermeiden. Menschen mit Heuschnupfen sollten sich zu bestimmten Zeiten weniger im Freien aufhalten. In einem Pollenflugkalender erfährt man, wann Pflanzen ihre Pollenkörner abgeben. → 3 Bei einer Allergie gegen Nahrungsmittel kann man anhand der Verpackungen die Inhaltsstoffe überprüfen. Man kann die Symptome einer allergischen Reaktion auch durch Nasensprays, Tabletten oder Tropfen lindern. Diese bewirken, dass die Mastzellen kein Histamin mehr ausschütten. Dauerhaft kann eine Behandlung helfen, bei der man den Körper über einen längeren Zeitraum mit dem Allergen in Kontakt bringt. Dabei wird die Menge gesteigert, um den Körper daran zu gewöhnen.

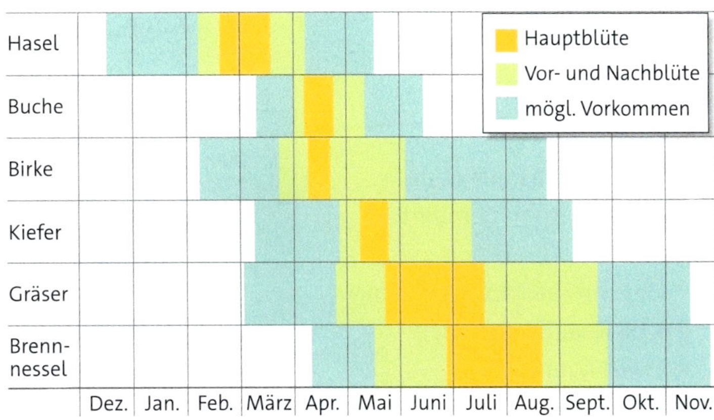

3 Pollenflugkalender

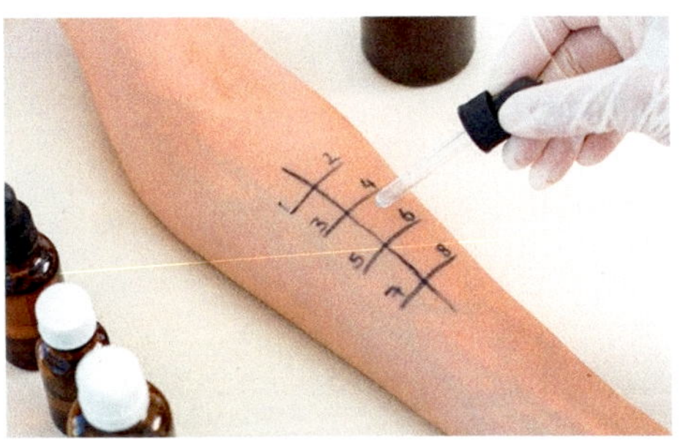

4 Allergietest

Eine Allergie ist eine übermäßige Abwehrreaktion des Immunsystems auf einen harmlosen Stoff. Diesen Stoff nennt man Allergen.

Aufgaben

1 Erkläre, was eine Allergie ist.

2 Max ist allergisch gegen die Pollenkörner der Haselnuss und der Birke. Beschreibe, was er tun kann, um seine Beschwerden zu lindern.

3 Erläutere, wie sich eine Allergie auf das Leben auswirken kann.

Überreaktion des Immunsystems

Material A

Abhilfe bei Allergien

1 Erkläre, was mit dem Begriff Allergen gemeint ist.

2 Beschreibe, wodurch allergische Reaktionen ausgelöst werden können. → 1 – 6

3 Hat man eine Allergie, sollte man den Kontakt mit dem Allergen vermeiden.
Ermittle für jedes Allergen Maßnahmen, mit denen sich allergische Personen schützen können. Lege dazu eine Tabelle an.

1 Wespe

2 Erdnüsse

3 Ringe mit Nickel

4 Parfüm

5 Hund

6 Hausstaubmilbe

Material B

Allergische Reaktion

Bild 7 zeigt den Ablauf einer allergischen Reaktion.

1 Benenne die mit den Zahlen 1–5 markierten Strukturen.

2 Bestimme passende Überschriften für die Vorgänge A–E.
Beispiel: **A** Kontakt mit einem Allergen

3 Beschreibe den Ablauf einer allergischen Reaktion mithilfe deiner Überschriften.

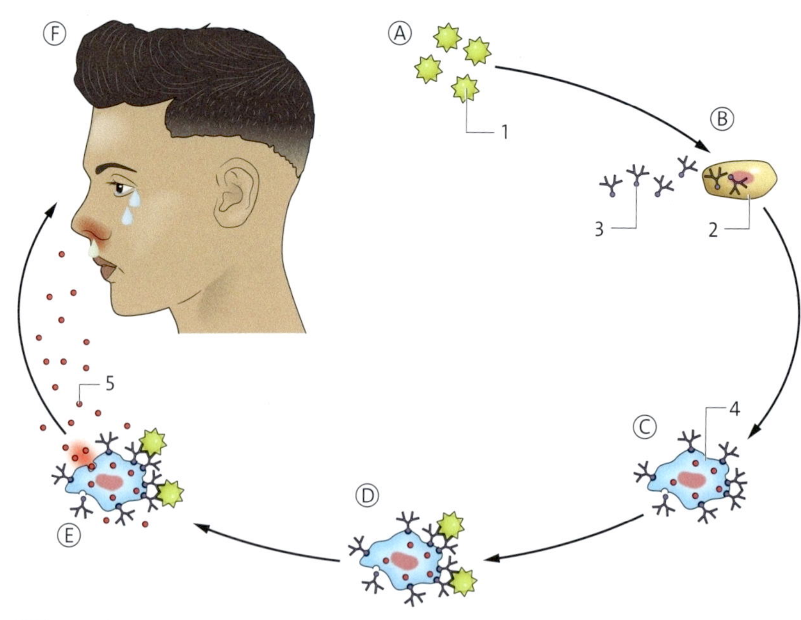

7 Ablauf einer allergischen Reaktion

Material C

Allergietest

Beim Pricktest (engl. prick: Stich) werden Flüssigkeiten mit Allergenen auf die Haut getropft und dann mit einer Nadel in die Haut gestochen. Bilden sich an den eingestochenen Hautstellen nach etwa 30 Minuten Rötungen oder Schwellungen, hat man eine Allergie gegen den Stoff. Je empfindlicher man dagegen ist, desto stärker zeigen sich die Symptome auf der Haut. Zwei Kontroll-Flüssigkeiten weisen nach, ob die Hautveränderungen tatsächlich durch das Allergen ausgelöst wurden.

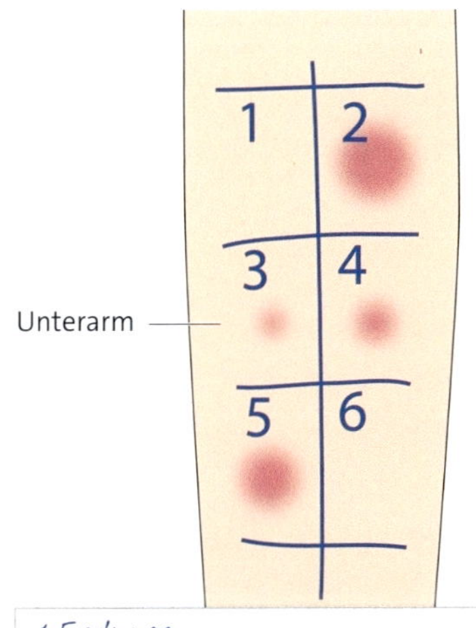

8 Ergebnis eines Pricktests

1 Bild 8 zeigt das Ergebnis eines Pricktests.
a Beschreibe, was auf dem Unterarm zu sehen ist.
b Werte das Ergebnis des Pricktests aus.

2 Erkläre, weshalb die Flüssigkeiten mit den Allergenen unter die Haut gestochen werden müssen.

3 Bei der Positiv-Kontrolle sollten immer Schwellungen auftreten. Dagegen sollte die Negativ-Kontrolle keine Hautveränderung auslösen.
Erkläre den Sachverhalt.

Material D

Allergien behandeln

Gegen bestimmte Allergien kann eine Behandlung helfen, die man Hyposensibilisierung nennt. Dabei wird dem Körper über Monate oder Jahre immer wieder ein Allergen in kleinen Mengen verabreicht und die Mengen werden langsam erhöht. Dadurch werden Zellen des Immunsystems angeregt, Antikörper zu bilden, die das Allergen binden. Dadurch schütten die Mastzellen weniger Histamin aus.

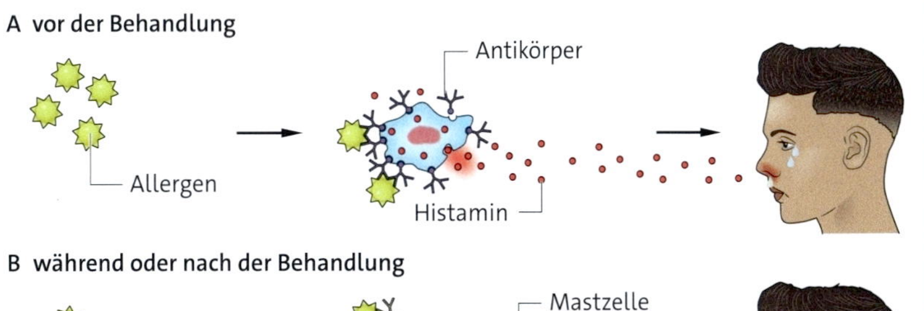

9 Ablauf einer allergischen Reaktion

1 Erkläre den Zweck einer Hyposensibilisierung.

2 Beschreibe den Vorgang im Körper. → 9

Impfen – Hilfe für das Immunsystem

1 Beim Skaten verletzt – und jetzt?

Hat man sich verletzt, können schnell Erreger in die Wunde eindringen. Ärzte fragen dann sofort nach dem Impfschutz. Wie wirkt eine Impfung?

Tetanus • Wenn man stürzt, gelangt meistens Dreck in die Wunde. → 1 Auch Krankheitserreger können über die Wunde in den Körper eindringen. Im Erdboden und im Straßenstaub leben Bakterien, die Tetanus auslösen können. Das ist eine Infektionskrankheit, die auch Wundstarrkrampf genannt wird. Die Bakterien produzieren Giftstoffe, die schwere Muskelkrämpfe auslösen. Ohne Behandlung verläuft die Krankheit tödlich.
Gegen Tetanus kann man sich durch eine Impfung schützen. Bei Impfungen unterscheidet man zwei Formen.

Basiskonzept

System
→ Umschlag hinten
Mit einer Impfung greift man in das Immunsystem ein, um die Abwehr zu stärken. Es hängt von der Form der Impfung ab, was im Immunsystem ausgelöst wird.

Aktive Immunisierung • Bei dieser Art der Impfung werden dem gesunden Körper abgeschwächte Erreger oder Teile davon verabreicht. → 2A Die Impfstoffe verursachen zwar keine Krankheit, lösen aber eine Abwehrreaktion im Körper aus. Dadurch werden passende Antikörper und dann auch Gedächtniszellen gebildet. Gelangen dann „echte" Erreger in den Körper, gegen die man zuvor geimpft wurde, wird die körpereigene Abwehr schneller ausgelöst. Die Gedächtniszellen vermehren sich schnell und es werden sofort passende Antikörper gebildet. So wird der Vermehrung der Erreger entgegengewirkt und die Krankheit bricht gar nicht oder nur schwach aus. Diese Form der Impfung nennt man aktive Immunisierung, weil der Körper Antikörper bildet und somit die Erreger aktiv bekämpft. Man spricht auch von Schutzimpfung.

Passive Immunisierung • Hat man sich bereits mit Erregern infiziert, werden direkt die passenden Antikörper verabreicht. Dies macht man auch, wenn unklar ist, ob schon ein Impfschutz besteht. Die Antikörper bekämpfen die Erreger dann unmittelbar und tragen somit zur Heilung bei.
Diese Form der Impfung nennt man passive Immunisierung, weil der Körper die Antikörper nicht selbst bildet. Man spricht auch von Heilimpfung.
Die Antikörper werden gewonnen, indem man größeren Säugetieren wie Pferden abgeschwächte Erreger ins Blut spritzt. → 2B

die **aktive Immunisierung**
die **Schutzimpfung**
die **passive Immunisierung**
die **Heilimpfung**
der **Impfausweis**

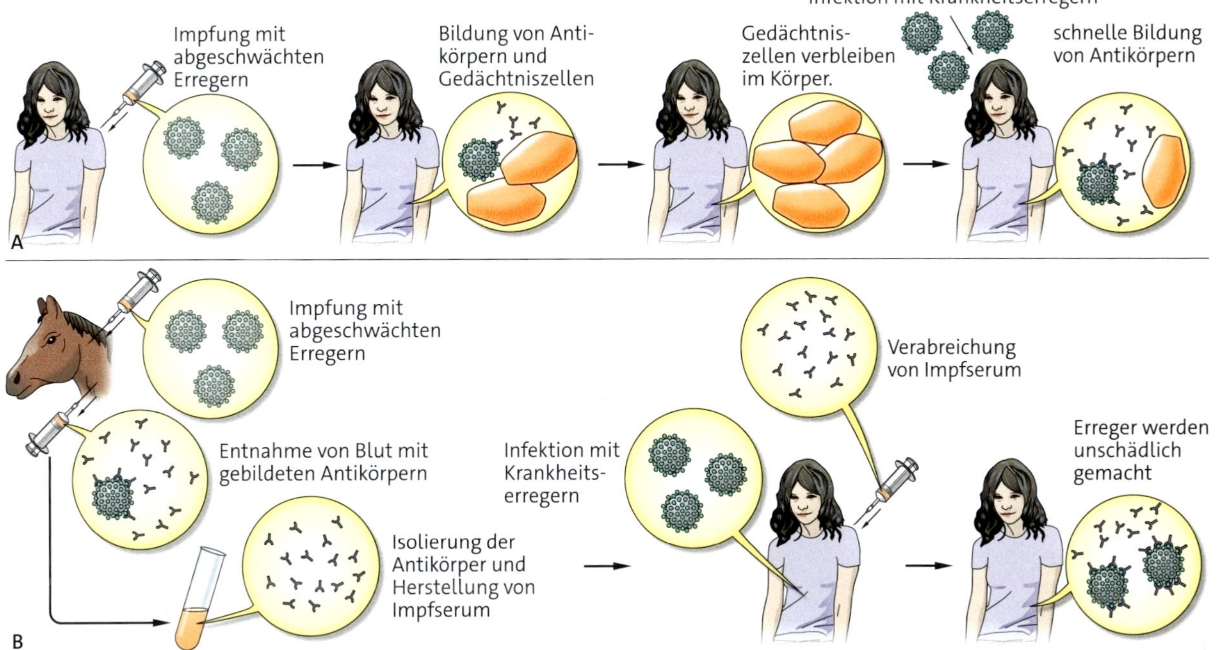

2 Impfung: **A** Aktive Immunisierung, **B** Passive Immunisierung

Im Körper der Säugetiere werden dann Antikörper gebildet, die man aus dem Blut entnimmt und zu einem Impfserum verarbeitet. Im Gegensatz zur aktiven Immunisierung besteht nach einer passiven Immunisierung kein Langzeitschutz, weil der Körper keine Gedächtniszellen bildet.

Impfungen auffrischen • Zum Schutz werden schon Säuglinge gegen verschiedene Infektionskrankheiten geimpft. Die Impfungen werden in einen Impfausweis eingetragen. Manche Impfungen müssen nach einiger Zeit wiederholt werden, weil die Menge der Antikörper und Gedächtniszellen im Körper wieder sinkt. Den Impfschutz gegen Tetanus soll man zum Beispiel alle zehn Jahre auffrischen.

Bei der aktiven Immunisierung werden dem Körper abgeschwächte Erreger verabreicht. Diese regen die körpereigene Abwehr an. Bei der passiven Immunisierung werden Antikörper verabreicht, die den Krankheitserreger direkt bekämpfen.

Aufgaben

1 Nenne Situationen, in denen man sich mit Tetanus infizieren kann.

2 Vergleiche die aktive und passive Immunisierung im Hinblick auf die verabreichte Substanz, die Vorgänge im Körper, die Wirkung und den Langzeitschutz. Lege für den Vergleich eine Tabelle an.

Impfen – Hilfe für das Immunsystem

Material A

Der Impfausweis

In Deutschland wird für jedes Neugeborene ein internationaler Impfausweis ausgestellt. → 1

1 Gib an, welche Angaben ein Impfausweis enthält.

2 Gib an, gegen welche Krankheiten geimpft wurde. Nutze den Spickzettel.

3 Begründe, warum mit zwei Impfstoffen gegen Tetanus geimpft wurde.

1 Auszug aus einem Impfausweis

Tetanus: Wundstarrkrampf

Poliomyelitis: Kinderlähmung

Petussis: Keuchhusten

Influenza: Virusgrippe

Tetagam: Impfstoff mit Antikörpern gegen die Giftstoffe des Ttetanus-Erregers

Tetanol: Impfstoff mit abgeschwächten Giftstoffen des Tetanus-Erregers

Material B

Historische Versuche

Zwei Forscher verhalfen dem Impfen zum Durchbruch.

1 Beschreibe die Versuche von Louis Pasteur und Emil von Behring.

2 Entscheide begründet anhand der Versuche, wer eine Schutzimpfung und wer eine Heilimpfung entdeckte.

3 Erkläre, warum der Junge länger gegen Tollwut geschützt blieb als die Kinder gegen Diphterie.

*1891 heilte **Emil von Behring** erstmals Kinder, die an Diphterie litten, einer Erkrankung der Atemwege. Zuvor hatte er herausgefunden, dass sich im Blutserum von erkrankten Tieren ein „Gegengift" gegen die Gifte der Erreger bildete. Er entnahm den Tieren Blut und stellte ein Impfserum mit dem „Gegengift" her. Dieses verabreichte er anderen erkrankten Tieren. Er stellte fest, dass das „Gegengift" auch hier zur Heilung führt. Heute weiß man, dass es sich bei dem „Gegengift" um Antikörper handelt.*

2

*1885 behandelte **Louis Pasteur** einen Jungen, der vom Hund gebissen wurde, um ihn vor Tollwut zu schützen. Pasteur hatte zuvor einen Impfstoff aus Tollwut-Erregern entwickelt. Er verabreichte dem Jungen zwei Wochen lang täglich eine Spritze, erst mit stark abgeschwächten Erregern und dann mit immer weniger abgeschwächten Erregern. Um zu prüfen, ob die Impfungen den Jungen wirklich immun machten, spritze er die weniger abgeschwächten Erreger einem Hund. Der Junge blieb gesund, der Hund starb.*

3

Material C

Impfen – ja oder nein?

Soll man sich – und vor allem den Nachwuchs – gegen alles impfen lassen? Darüber wird viel gestritten. Hier sind einige Argumente der Befürworter und Gegner des Impfens aufgeführt.

1 Fasse jedes Argument in einen kurzen Aussagesatz zusammen.

2 Ordne die Argumente den Befürwortern und den Gegnern des Impfens zu. Nutze dazu deine Aussagesätze aus Aufgabe 1.

3 Erstelle ein Werbeplakat eines Impfstoffe-Herstellers und ein Protestplakat eines Gegners über das Impfen.

4 Impfen – ja oder nein? Nimm persönlich aus deiner Sicht Stellung zu der Frage.

Manche Infektionskrankheiten sind besonders in der Schwangerschaft gefährlich, weil sie das ungeborene Kind schwer schädigen können. Sich impfen lassen heißt, für sein ungeborenes Kind Verantwortung zu übernehmen. A

Ein Impfstoff soll die körpereigene Abwehr anregen. Das kann Nebenwirkungen haben: An der Einstichstelle der Nadel kann es zur Rötung und Schwellung kommen. Auch Fieber kann auftreten. B

Infektionskrankheiten können sich in kurzer Zeit über sehr viele Menschen ausbreiten. Das betrifft auch gefährliche Krankheiten, die Menschenleben kosten können. Das lässt sich nur eindämmen, wenn ein Großteil der Bevölkerung geimpft ist. C

Erreger können sich in Menschen, die gegen sie geimpft sind, nicht ungehindert vermehren. Sind viele Menschen geimpft, können Erreger sogar aussterben. D

Viele Kinderkrankheiten sind zwar unangenehm, aber für gesunde Kinder ungefährlich. Das Immunsystem wird also durch Impfungen unterstützt, obwohl das gar nicht nötig wäre. E

Impfungen schützen den Menschen vor den Gefahren einer Krankheit. F

Ein Impfstoff ist viel günstiger als eine langwierige Behandlung eines erkrankten Menschen. G

Wenn ungeimpfte Menschen reisen, können sie Erreger in Regionen einschleppen, in denen es diese zuvor nicht gab und die Menschen nicht immun sind. H

Ist das Immunsystem einer geimpften Person geschwächt, kann die Impfung genau die Krankheit auslösen, gegen die sie eigentlich schützen soll. Man spricht dann von einer Impfkrankheit. Das betrifft vor allem alte Menschen und Menschen, die zum Zeitpunkt der Impfung krank waren. Meistens verläuft eine Impfkrankheit vergleichsweise schwach. I

In ganz seltenen Fällen hatten Impfungen bei Menschen schwere Nebenwirkungen, die zum Teil dauerhafte Schäden verursacht haben. J

Manche Menschen lehnen Impfungen aus religiösen Gründen ab. Sie glauben, wenn sie krank werden, ist das für ihren Lebensweg so vorgesehen. K

Infektionskrankheiten nehmen überhand

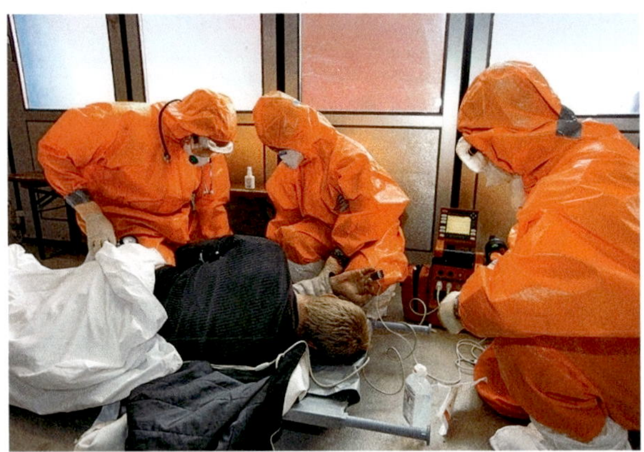

1 Behandelnde Ärzte in Schutzkleidung

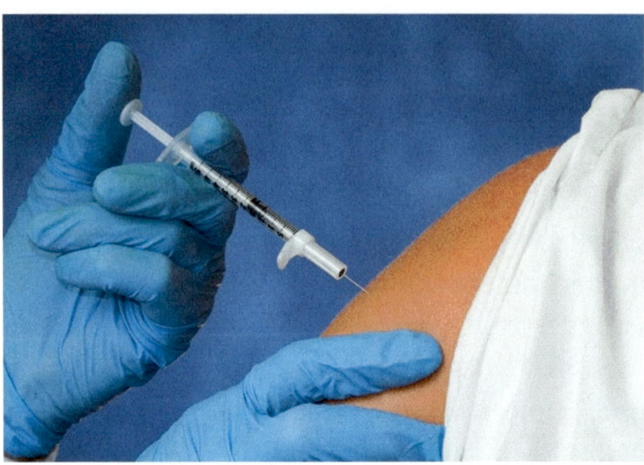

2 Impfen zum Schutz vor Ansteckung

Immer wieder breiteten sich bei uns und in anderen Regionen der Welt Infektionskrankheiten wie die Masern und Grippe-Erkrankungen schlagartig aus. Innerhalb weniger Wochen stecken sich dann hunderte von Menschen an. Wie können sich Infektionskrankheiten in kurzer Zeit so stark auszubreiten?

Epidemie • Nimmt die Anzahl von Erkrankungsfällen einer Infektionskrankheit in kurzer Zeit schlagartig zu, spricht man von einer Epidemie. Dabei ist das gehäufte Auftreten örtlich begrenzt und betrifft oft nur ein Land oder nur eine Stadt. Zu den heftigsten Epidemien der letzten Jahre zählen die Schweinegrippe in Deutschland 2009/2010, die Vogelgrippe in China 2013/14 und Ebola in Westafrika 2014.

Schnelle Ausbreitung • Epidemien entstehen meistens, wenn ein neuer Erreger oder eine neue Variante eines Erregers auftritt, weil darauf die Immunsysteme der Menschen nicht vorbereitet sind. Die Erreger werden häufig durch eine Tröpfchen- oder Schmierinfektion sehr schnell von Mensch zu Mensch übertragen. Die schnelle Übertragung der Erreger wird außerdem dadurch begünstigt, dass sich immer weniger Menschen impfen lassen. Man spricht von Impfmüdigkeit. Eine Verbreitung von Krankheitserregern und somit von Infektionskrankheiten über Grenzen hinaus ist auf die steigende Mobilität der Menschen zurückzuführen. Dabei breiten sich Erreger am schnellsten über Reisen mit der Bahn und dem Flugzeug aus.

Von einer Epidemie spricht man, wenn die Anzahl von Erkrankungsfällen einer Infektionskrankheit in kurzer Zeit in einer Region schlagartig zunimmt.

Aufgabe

1 ☑ Nenne Faktoren, die den Ausbruch einer Epidemie begünstigen.

die Epidemie
die Impfmüdigkeit

Material A

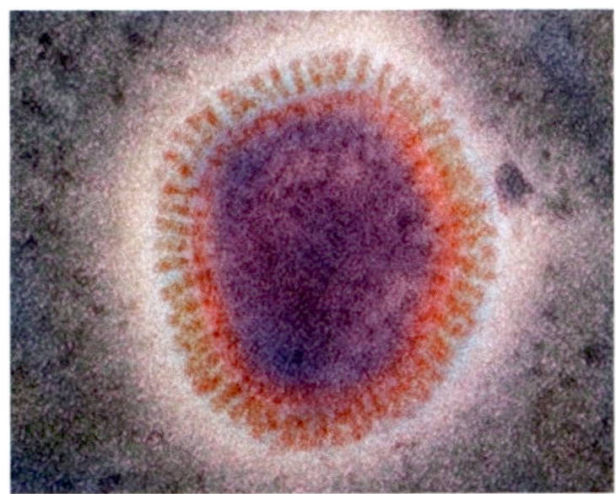

3 Grippevirus (elektronenmikroskopische Aufnahme)

Viren verändern sich

Viren tragen Antigene auf ihrer Oberfläche, an denen die Zellen des Immunsystems sie erkennen. Diese verändern sich häufig. So können zum Beispiel Grippeviren jedes Jahr anders sein.

1 Nenne die Symptome einer Virusgrippe. → 5

2 Beschreibe, wie sich das Grippevirus im Laufe der Jahre verändert hat. → 4

3 Eine überstandene Grippe führt zur Immunität. Begründe, warum diese nicht vor einer Grippe im nächsten Jahr schützt.

4 Begründe, warum die häufige Veränderung der Viren die Ausbreitung von Epidemien fördert.

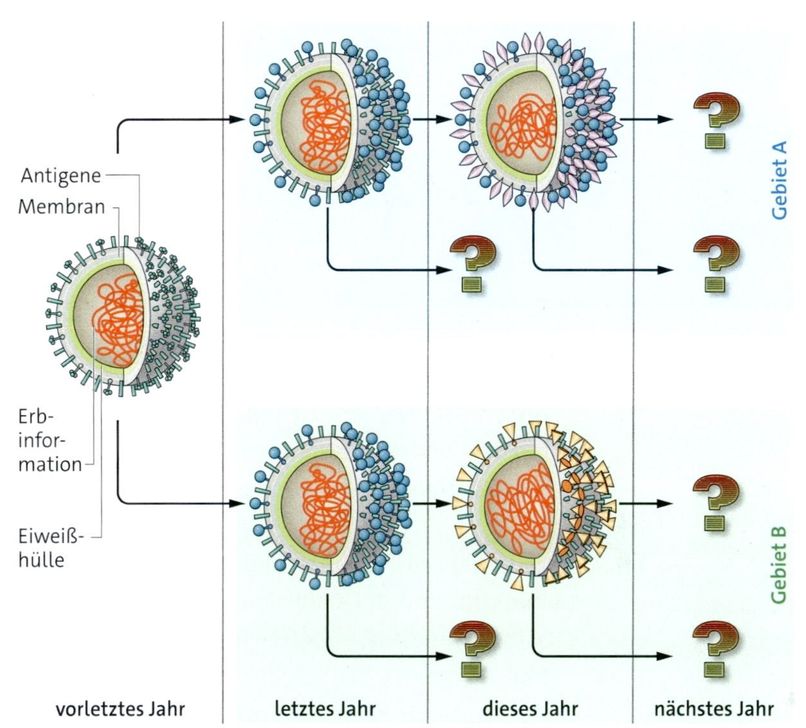

4 Veränderung der Grippeviren

Virusgrippe

Die Virusgrippe ist eine schwere Infektionskrankheit. Sie betrifft die Schleimhäute der Atmungsorgane und wird beim Menschen und bei Tieren durch Grippeviren ausgelöst. Die Übertragung der Viren erfolgt meistens durch eine Tröpfcheninfektion, also über Flüssigkeitströpfchen, die beim Atmen, Husten, Niesen oder Sprechen in die Luft abgegeben werden.

Eine Erkrankung führt zu hohem Fieber, Schüttelfrost, Kopf- und Gliederschmerzen. Eine nachfolgende bakterielle Infektion kann eine Lungenentzündung oder einer Hirnhautentzündung auslösen. Vor allem ältere und geschwächte Menschen können daran sterben.

Eine einmalige Impfung oder eine überstandene Grippe beugen einer erneuten Infektion nicht ausreichend vor. Die Vielfalt der Viren ist sehr groß. Zudem ändern sich die Antigene auf der Oberfläche der Grippeviren immer wieder.

5

HIV – Angriff auf das Immunsystem

1 Rote Schleife – Symbol für den Kampf gegen HIV und Aids

Aids zählt weltweit zu den bekanntesten und bedrohlichsten Infektionskrankheiten. Warum ist Aids so gefährlich?

lat. human: menschlich

HIV und Aids • Aids wird durch eine Infektion mit dem humanen Immunschwäche-Virus, kurz HI-Virus oder HIV, ausgelöst. Die englische Abkürzung Aids kann man mit „Beschwerden durch eine erworbene Immunschwäche" übersetzen. Aids ist also eine Infektionskrankheit, bei der das Immunsystem geschädigt wird. Menschen, die sich mit dem HI-Virus infiziert haben, sind HIV-positiv. Sie können jahrelang symptomfrei leben. Erst, wenn die Krankheit ausgebrochen ist, spricht man von Aids. Obwohl viel geforscht wird, ist Aids bislang (2019) nicht heilbar. Medikamente können den Ausbruch der Krankheit verzögern.

Ansteckung • HI-Viren kommen vor allem in Körperflüssigkeiten wie Blut, Sperma und Scheidenflüssigkeit von infizierten Menschen vor. Kommen die Körperflüssigkeiten mit Schleimhäuten oder Verletzungen gesunder Menschen in Kontakt, können HI-Viren übertragen werden. Außerhalb des Körpers bleiben HI-Viren nur kurze Zeit schädlich.

Schwächung des Immunsystems • HI-Viren befallen vor allem die T-Helferzellen und zerstören sie. → 2 Mit der Dauer der Infektion nimmt die Anzahl der T-Helferzellen im Körper ab. Dadurch werden bei einer Infektion mit anderen Erregern immer weniger Abwehrzellen aktiviert. So kommt es zu lebensbedrohlichen Infektionen und Krebs. Auch harmlosere Krankheiten können dann tödlich verlaufen.

Aids ist eine bis heute unheilbare Krankheit, bei der das Immunsystem durch HI-Viren geschwächt wird.

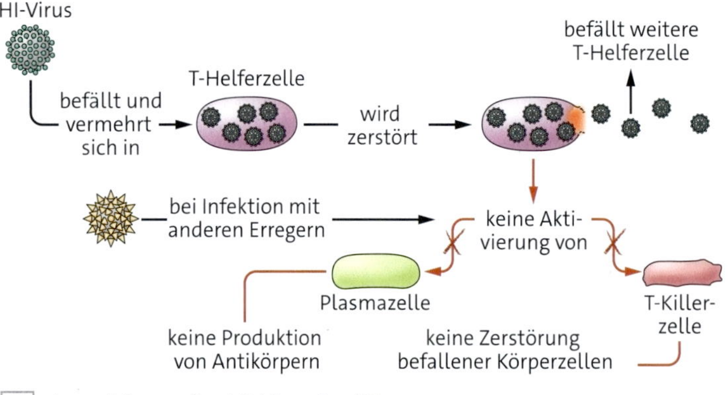

2 Auswirkung des HI-Virus im Körper

Aufgaben

1 Erläutere die Begriffe HIV und Aids.

2 Beschreibe die Auswirkung einer Infektion mit HI-Viren auf das Immunsystem. → 2

Material A

Infektionswege

Man kann sich mit HIV nur anstecken, wenn das Virus in ausreichender Menge in das Blut oder die Schleimhäute gelangt. Am häufigsten wird HIV beim Geschlechtsverkehr ohne Kondom übertragen. Speichel, Tränen oder Urin enthalten nur sehr wenige HI-Viren. Deshalb ist eine Ansteckung über diese Körperflüssigkeiten sehr unwahrscheinlich.

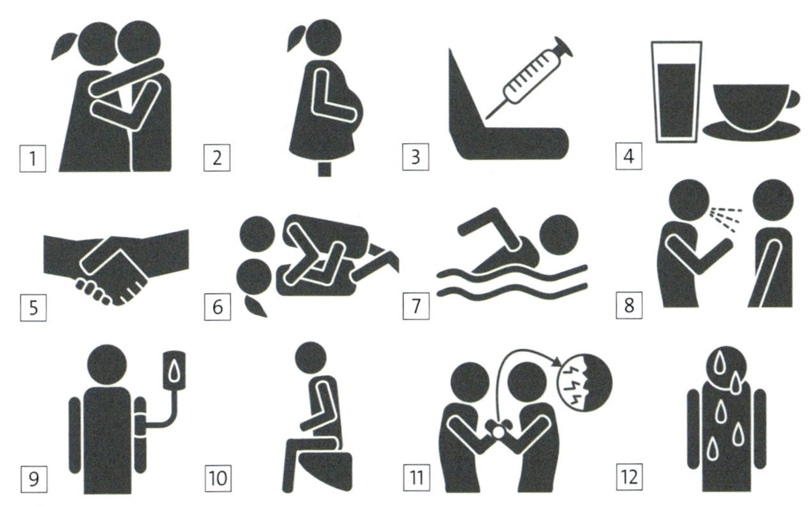

3 Übertragungswege von HIV

1 ☒ Gib Situationen aus Bild 3 an, in denen das Risiko einer Infektion mit HI-Viren sehr gering ist. Begründe jeweils deine Auswahl.

2 ☒ Nenne Situationen aus Bild 3, in denen das Risiko einer Infektion mit HI-Viren sehr hoch ist. Begründe jeweils deine Auswahl.

3 ☒ Erläutere anhand der riskanten Situationen, durch welche Maßnahmen man sich vor einer Ansteckung mit HIV schützen kann.

Material B

Vorurteile

1 ☒ Nenne Alltagssituationen, in denen HIV-Infizierte Vorurteilen und Zurückhaltung anderer Menschen begegnen.

2 ☒ Erkläre, woher Vorurteile kommen könnten.

3 ☒ Ermittle Möglichkeiten, wie man die Gesellschaft über HIV und Aids aufklären könnte.

„Ich dachte, dass sich die meisten Menschen ein bisschen mit HIV und Aids auskennen. Trotzdem bekam ich nach meinem Outing täglich zu spüren, dass mich die Menschen anders sahen als vorher. Auch meine Freunde entfernten sich von mir. Sie begrüßten mich nicht mehr per Handschlag oder Umarmung und fragten mich auch nicht mehr, ob ich mit ins Schwimmbad kommen will. Irgendwann erfuhr ich, dass sie Angst hatten, sich anzustecken. Meine Familie brach eher in Panik aus. Alle dachten, ich würde bald sterben. Ich zog mich immer mehr zurück und irgendwann glaubte ich selbst, dass ich für andere eine Gefahr bin. Als meine Mutter merkte, wie sehr mich das alles belastet, ließ sie sich in verschiedenen Einrichtungen über HIV und Aids informieren und las viel darüber. Sie trommelte den Rest der Familie und meine Freunde zusammen, klärte sie auf und versuchte ihnen die Angst zu nehmen. Seitdem ist es besser geworden. Meinen Freunden konnte ich verzeihen, weil ich denke, dass die meisten Menschen, ich auch wahrscheinlich, erstmal so reagieren."

Maxi, 23 Jahre, vor 5 Jahren mit HIV infiziert

Hepatitis

1 Infektionsgefahr im Urlaub?

Wer in andere Länder reist, sollte sich vorher informieren, ob dort Infektionskrankheiten verbreitet sind. Für viele Länder werden Impfungen empfohlen, zum Beispiel gegen Hepatitis A. Was ist eine Hepatitis-Erkrankung?

Leberentzündung • Bei einer Hepatitis handelt es sich um eine Entzündung der Leber, dem größten Stoffwechselorgan. Dabei werden die Leberzellen geschädigt oder zerstört, wodurch die Funktionen der Leber eingeschränkt werden oder ausfallen. Oft verspüren die Betroffenen anhaltende Schwäche, Müdigkeit oder Appetitlosigkeit. Auch grippeähnliche Symptome wie Fieber oder Kopfschmerzen sind nicht selten. Wegen der eingeschränkten Stoffwechselaktivität der Leber können sich im Körper Abbauprodukte ansammeln, die eine Gelbfärbung der Haut oder des Augenweißes bewirken. → 2

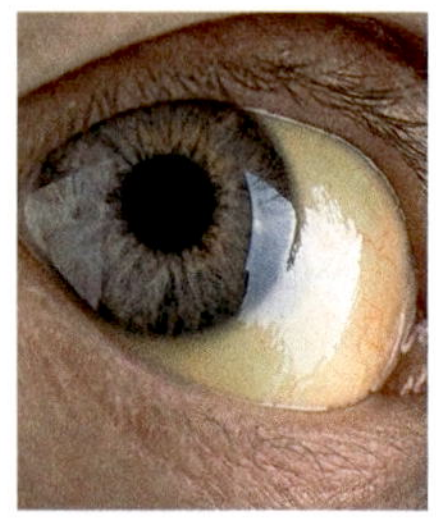

2 Gelbfärbung

Ursachen • Die häufigste Ursache für eine Hepatitis ist eine Infektion mit Viren. Auch ein starker Alkoholkonsum, leberschädigende Medikamente, eine fettreiche Ernährung oder auch eine Infektion mit Bakterien oder Parasiten können eine Hepatitis auslösen.

Hepatitis-Viren • Es gibt verschiedene Typen von Hepatitis-Viren, die man durch Buchstaben unterscheidet. Das Hepatitis-A-Virus wird meistens durch verunreinigte Lebensmittel und Trinkwasser übertragen. Das Infektionsrisiko ist besonders in Ländern mit geringen hygienischen Standards hoch.
Das Hepatitis-B-Virus wird über Körperflüssigkeiten wie Sperma und Blut übertragen. Eine Ansteckung erfolgt häufig beim Geschlechtsverkehr ohne Kondom. Hepatitis A und B heilen meistens ohne Medikamente. Für viele Länder wird jedoch eine Impfung empfohlen. Das Hepatitis-C-Virus wird vor allem über das Blut übertragen. Es gibt keinen Impfstoff gegen das Virus, aber dank neuer Medikamente ist auch Hepatitis C fast immer heilbar.

Hepatitis ist eine Leberentzündung, die häufig von Viren ausgelöst wird.

Aufgaben

1 Nenne Ursachen von Hepatitis.

2 Vergleiche Hepatitis A, B und C hinsichtlich der Kriterien: Erreger, Ansteckung, Behandlung, Impfung.

Material A

Vorbeugung

Einer Infektion mit Hepatitis-Viren kann man mit einfachen Maßnahmen vorbeugen.

1 ◪ Nenne Maßnahmen, mit denen man sich vor einer Hepatitis schützen kann. → 3

2 Hepatitis A, B oder C?

a ◪ Ordne zu, welchen Arten von Hepatitis die in Bild 3 gezeigten Maßnahmen jeweils vorbeugen können.

b ⊠ Begründe die Zuordnung bei zwei Maßnahmen.

3 Maßnahmen zum Schutz von Hepatitis

Material B

Infektionsrisiko

Vor allem auf Reisen kann man sich mit dem Hepatitis-A-Virus infizieren. Die Karte in Bild 4 zeigt, wie Hepatitis A weltweit verbreitet ist.

1 ⊠ Beschreibe die weltweite Verbreitung von Hepatitis A. → 4

2 Warum ist Hepatitis A in einigen Regionen so stark verbreitet?
⊠ Stelle Vermutungen an.

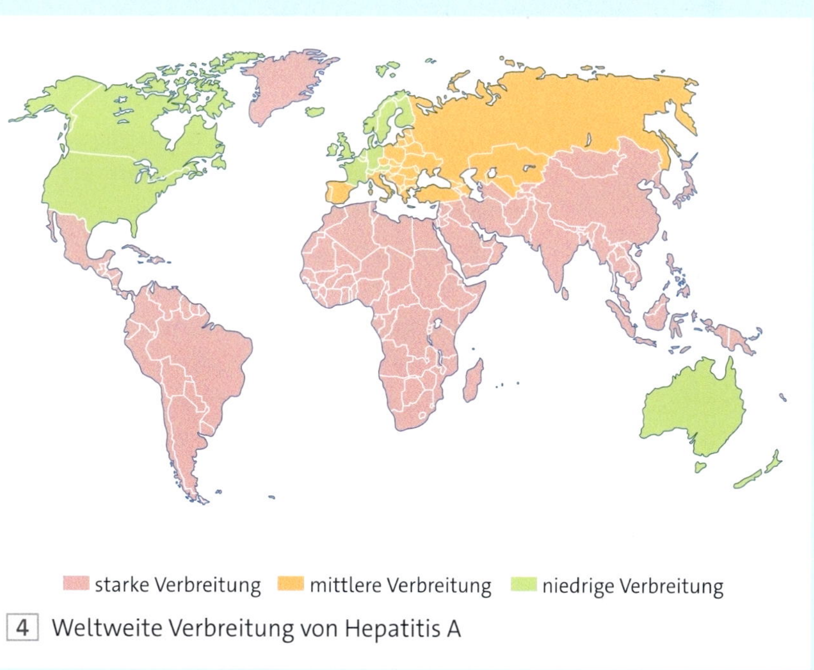

4 Weltweite Verbreitung von Hepatitis A

Zivilisationskrankheiten – ein Überblick

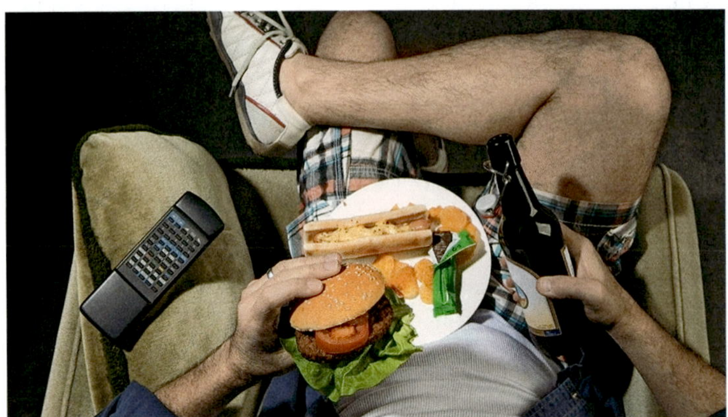

1 Lebensstil mit Folgen?

In Industrieländern wie Deutschland sind die Lebensstandards hoch: Es gibt reichlich zu essen, technische Fortschritte machen den Alltag bequemer und hohe Hygienestandards senken die Infektionsgefahr. Trotzdem haben viele Menschen gesundheitliche Probleme. Woran liegt das?

Lebensstil • Der moderne Lebensstil bringt nicht nur Vorteile. Die meisten Menschen verbringen täglich viel Zeit im Sitzen, zum Beispiel in der Schule oder im Büro. Auch in ihrer Freizeit sitzen viele Menschen bequem vor dem Fernseher oder Computer. Viele Wege werden mit dem Auto oder mit öffentlichen Verkehrsmitteln zurückgelegt. Zum Bewegungsmangel kommen häufig eine ungesunde Ernährung mit viel Fett und Zucker und der Konsum von Alkohol und Zigaretten. Außerdem leiden viele Menschen unter Stress, zum Beispiel durch Leistungsdruck in der Schule. In den Industrieländern ist auch die Belastung durch Lärm und Umweltgifte besonders hoch.

Zivilisationskrankheiten • Mangelnde Bewegung, ungesunde Ernährung und Stress schaden der Gesundheit enorm. Vor allem in den Industrieländern sind Erkrankungen wie Herzinfarkt, Karies, Diabetes und bestimmte Krebsarten wie Lungenkrebs häufig. Auch von Übergewicht, Allergien sowie Rücken- und Gelenkbeschwerden sind viele Menschen betroffen. Zudem treten hier auch psychische Erkrankungen wie Essstörungen und Depressionen öfter auf. Weil man die Entstehung solcher Erkrankungen mit dem Lebensstil in den Industrieländern erklärt, spricht man von Zivilisationskrankheiten. Davon auch viele schon junge Menschen betroffen.

Vorbeugung • Vielen ist nicht klar, dass sie durch ihren Lebensstil ihre Gesundheit gefährden. Wenn man sich viel bewegt, gesund ernährt, nicht raucht und negativen Stress vermeidet, vermindert man sein Erkrankungsrisiko.

Unter Zivilisationskrankheiten fasst man Krankheiten zusammen, die vor allem in den Industrieländern auftreten. Ihre Ursachen sind vor allem mangelnde Bewegung, ungesunde Ernährung und Stress.

Aufgaben

1 Nenne fünf Krankheiten, die vor allem in Industrieländern auftreten.

2 Beschreibe mögliche Ursachen vieler Zivilisationskrankheiten.

Material A

Bewegungsmangel

Viele Menschen verbringen den Großteil des Tages im Sitzen. Bewegungsmangel trägt maßgeblich zu vielen Zivilisationskrankheiten bei.

1 Bild 2 zeigt den Tagesablauf einer berufstätigen Person.

a ◩ Beschreibe den Tagesablauf.

b ⊠ Überlege, ob das Verhalten der Person förderlich für ihre Gesundheit ist.

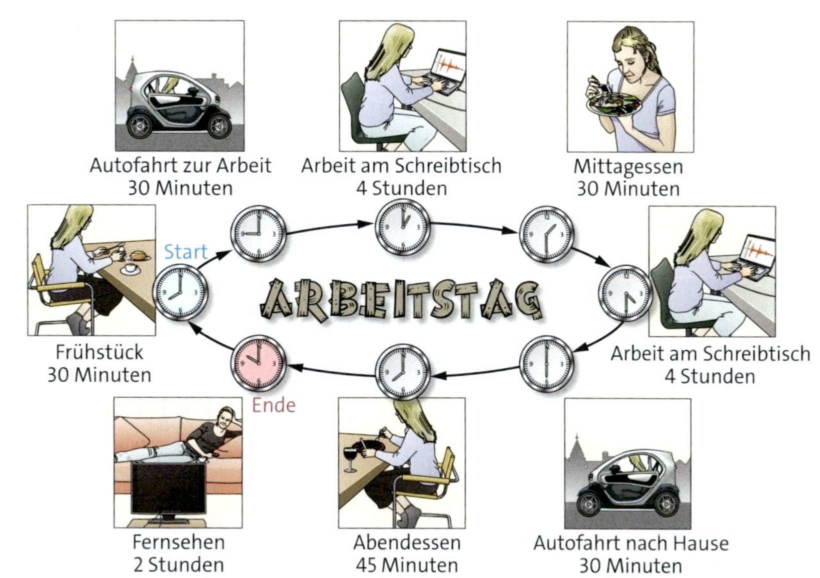

2 Typischer Arbeitsalltag

2 Wie viele Stunden sitzt du?

a ◩ Beschreibe, wie dein Alltag üblicherweise aussieht. Gib für alle Tätigkeiten die Anzahl der Stunden an.

b ⊠ Beurteile dein Verhalten im Alltag. Bewegst du dich ausreichend?

c ⊠ Überlege, wie du im Alltag für mehr Bewegung sorgen kannst.

Material B

Stress macht krank

Im Alltag begegnet man vielen Situationen, die stressig sein können – zum Beispiel, wenn es Streit mit den Eltern gibt oder man in der Schule überfordert ist. Auf Dauer kann Stress für die Gesundheit sehr schädlich sein. Das Immunsystem wird geschwächt, sodass man öfter krank wird. Stress kann auch zu Herz-Kreislauf-Erkrankungen wie einem Herzinfarkt führen.

Auch psychische Erkrankungen sind häufig. Wer sich dauerhaft gestresst fühlt, ist anfälliger für Depressionen oder Burn-Out. Daher ist es wichtig, Stress frühzeitig zu erkennen und Gegenmaßnahmen zu ergreifen.

1 ◩ Beschreibe Situationen, in denen du Stress empfindest.

2 ⊠ Überlege dir, wie du im Alltag Stress vermeiden kannst.

3 Die Schule kann stressig sein.

3 ⊠ Viele Menschen wollen nicht zugeben, dass sie Stress haben. Stelle Vermutungen zu den Ursachen an.

Zivilisationskrankheiten – ein Überblick

Erweitern und Vertiefen

Herz-Kreislauf-Erkrankungen

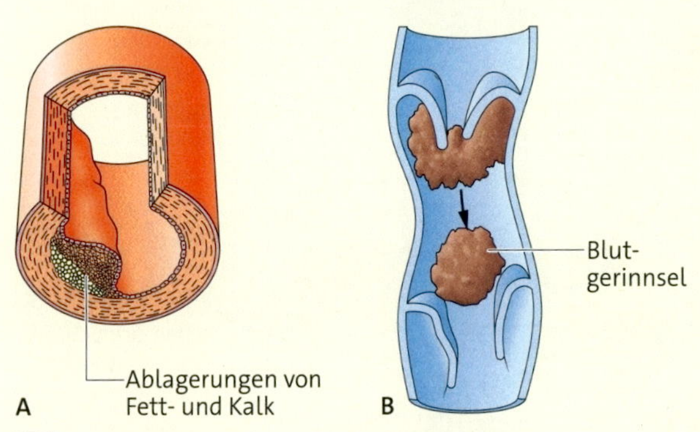

1 **A** Gefäßverengung, **B** Blutgerinnsel

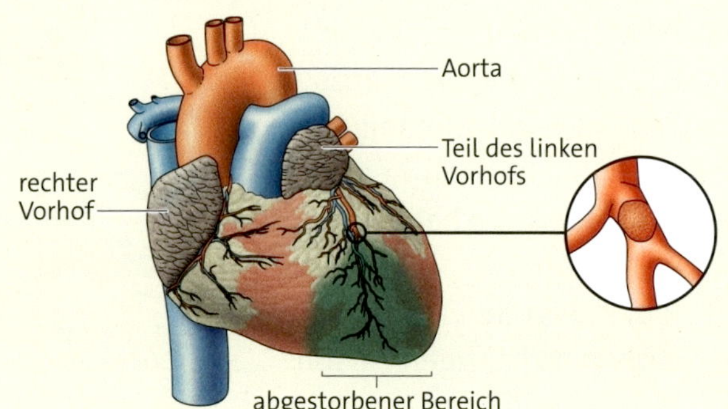

2 Herzinfarkt

Risikofaktoren • Fast die Hälfte aller Todesfälle in Deutschland geht auf Erkrankungen des Herz-Kreislauf-Systems zurück. Häufig liegen die Ursachen am Lebensstil. Zu den Risikofaktoren zählen Bewegungsmangel, eine ungesunde Ernährung, Übergewicht, Diabetes sowie Rauchen und ein hoher Alkoholkonsum. Auch Stress kann das Risiko erhöhen.

Verengte Blutgefäße • Führen Blutgefäße vom Herzen weg, werden sie Arterien genannt. Sie versorgen die Organe und Muskeln mit Blut und Sauerstoff. An den Wänden der Arterien können sich Fett und Kalk ablagern. Durch die Ablagerungen werden die Arterien verengt und verhärtet. → 1A
Aus den Ablagerungen können sich kleine Blutgerinnsel bilden. → 1B Das geschieht, wenn die Ablagerungen aufreißen und eine Entzündungsreaktion hervorrufen, bei der sich Blutplättchen anlagern. Ein Blutgerinnsel kann die Arterie dort verstopfen, wo es sich gebildet hat. Es kann sich aber auch ablösen und andere Blutgefäße verstopfen.

Bluthochdruck • Das Herz pumpt das Blut mit hohem Druck durch die Gefäße. Ist dieser Druck bei einem Menschen höher als normal, spricht man von Bluthochdruck. Dieser kann in den Blutgefäßen zu kleinen Verletzungen führen, die sich entzünden. Dies fördert die Entstehung von Ablagerungen. Ein zu hoher Blutdruck kann auch Schäden an Organen wie Herz, Gehirn und Augen verursachen. Bluthochdruck gilt als „Volkskrankheit", weil er weit verbreitet ist. Auch unter Kindern und Jugendlichen nimmt die Anzahl der Betroffenen zu.

Herzinfarkt und Schlaganfall • Gefährlich sind vor allem Ablagerungen in Gefäßen, die das Herz und das Gehirn mit Blut versorgen. Werden Gefäße am Herzen verstopft, wird ein Teil des Herzmuskels nicht mehr durchblutet und nicht mehr mit Sauerstoff versorgt. → 2 Innerhalb weniger Stunden sterben die Zellen in dem betroffenen Bereich ab. Dies wird als Herzinfarkt bezeichnet. Er kann dazu führen, dass der Herzmuskel nicht mehr richtig oder gar nicht mehr arbeitet.

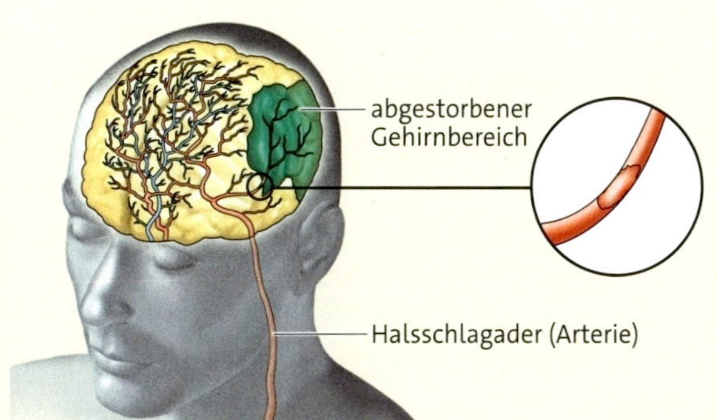

3 Schlaganfall

Zu den Symptomen zählen Atemnot, Übelkeit und Schmerzen in der Brust, die bis in Rücken, Bauch und Arme reichen können.
Bei einem Schlaganfall werden Blutgefäße im Gehirn verengt oder verstopft, sodass Teile des Gehirns nicht mehr mit Sauerstoff versorgt werden und absterben können. → 3 Das kann zu bleibenden Behinderungen wie Lähmungen, Seh- oder Sprachstörungen führen. Die Folgen hängen davon ab, welche Teile betroffen sind und wie lange der Blutfluss gestört war.

Behandlung • Bluthochdruck kann mit Medikamenten behandelt werden, die den Blutdruck senken. Bei einem Herzinfarkt oder Schlaganfall muss die Durchblutung so schnell wie möglich wiederhergestellt werden. Ein Medikament kann die Blutgerinnsel auflösen und die Blutgefäße somit wieder durchgängig machen. Bei einem Herzinfarkt werden zusätzlich oft kleine Metallgeflechte in die Gefäße eingesetzt, die man Stents nennt. Sie halten die Blutgefäße offen, damit das Herz wieder ausreichend durchblutet wird.
Ein verengtes Blutgefäß am Herzen wird oft auch mit einem anderen Blutgefäß überbrückt, das demselben Patienten entnommen wird. Personen, die einen Herzinfarkt oder Schlaganfall hatten, müssen oft ihr Leben lang Medikamente zur Blutverdünnung nehmen, um die Entstehung neuer Blutgerinnsel zu vermeiden.

Vorbeugung • Eine gesunde Lebensweise vermindert das Risiko von Herz-Kreislauf-Erkrankungen. Menschen, die sich viel bewegen, auf eine ausgewogene Ernährung mit wenig Fett und Zucker achten und nicht rauchen, sind davon deutlich seltener betroffen.

Viele Menschen in Deutschland leiden an Herz-Kreislauf-Erkrankungen wie Bluthochdruck, Herzinfarkt und Schlaganfall. Zu den Ursachen zählen eine ungesunde Ernährung, Bewegungsmangel und Rauchen.

Aufgaben

1 ◩ Begründe, warum man Herz-Kreislauf-Erkrankungen zu den Zivilisationskrankheiten zählt.

2 ◩ Nenne Maßnahmen zur Vorbeugung von Herz-Kreislauf-Erkrankungen.

3 ⊠ Beschreibe, wie es zum Herzinfarkt oder zum Schlaganfall kommen kann.

4 ⊠ Begründe, warum du schon jetzt Maßnahmen zur Vorbeugung ergreifen solltest.

Kampf gegen Krankheiten

Zusammenfassung

Gesundheit • Laut WHO umfasst Gesundheit das körperliche, seelische und soziale Wohlergehen. Für seine Gesundheit kann man sorgen, zum Beispiel durch eine gesunde Ernährung und Sport.

Infektionskrankheiten • Sie werden von Erregern wie Bakterien und Viren verursacht. Ein grippaler Infekt verläuft in vier Phasen: Das Eindringen der Erreger in den Körper wird als Ansteckung oder Infektion bezeichnet. In der Inkubationszeit vermehren sich die Erreger, ohne Symptome auszulösen. Mit dem Ausbruch der Krankheit treten Symptome wie Husten und Schnupfen auf, bis es zur Gesundung kommt.

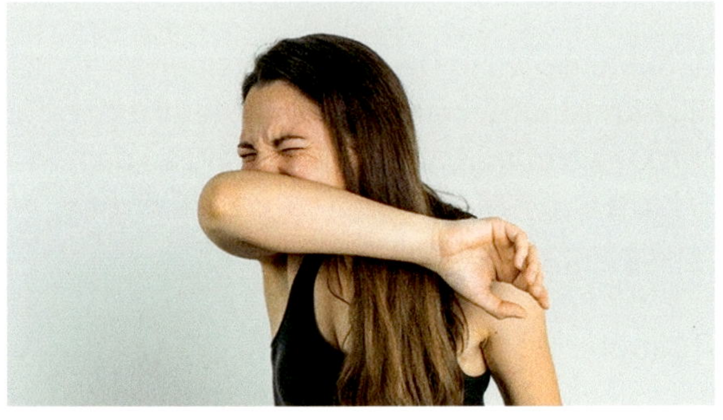

1 Niesende Frau

Bakterien, Viren und Parasiten • Bakterien sind kleine, einzellige Lebewesen. Viele Bakterien erfüllen wichtige Aufgaben, zum Beispiel bei der Verdauung. Als Erreger sind Bakterien aber auch für Krankheiten verantwortlich. Viren sind kleiner als Bakterien. Sie zählen nicht zu den Lebewesen, weil sie keinen eigenen Stoffwechsel haben und für ihre Vermehrung auf Wirtszellen angewiesen sind. Parasiten sind Lebewesen, die sich von anderen Lebewesen ernähren. Dabei schaden sie ihren Wirten und können Erreger übertragen.

Immunsystem • Das Immunsystem schützt uns vor Erregern und sorgt dafür, dass wir nach einer Infektion gesund werden. Bei der unspezifischen Abwehr bekämpfen Fresszellen jegliche Art von Erregern. Bei der spezifischen Abwehr werden Erreger durch verschiedene Zellen gezielt bekämpft. Durch die Bildung von Gedächtniszellen entsteht eine Immunität gegen eine Krankheit.

Allergie • Löst ein eigentlich harmloser Stoff eine übermäßige Reaktion des Immunsystems aus, hat man eine Allergie. Den Stoff, der die allergische Reaktion auslöst, nennt man Allergen.

Immunisierung • Durch eine Impfung kann man sich vor Krankheiten schützen. Bei der aktiven Immunisierung werden abgeschwächte Erreger verabreicht, die dann zur Bildung von Gedächtniszellen führen. Die passive Immunisierung wird bei bereits erkrankten Menschen eingesetzt. Es werden Antikörper verabreicht, die die Krankheitserreger bekämpfen.

Aids und Hepatitis • Die Krankheit Aids wird durch eine Infektion mit HI-Viren verursacht. Diese befallen die T-Helferzellen, wodurch das Immunsystem zunächst geschwächt und schließlich zerstört wird. Bei Hepatitis handelt es sich um eine Entzündung der Leber, die häufig durch eine Infektion mit Viren ausgelöst wird. Hepatitis ist heilbar, doch Aids bislang nicht.

Zivilisationskrankheiten • Unter diesem Begriff fasst man Krankheiten wie Herzinfarkt, Diabetes und Allergien zusammen, die vor allem in den Industrieländern auftreten. Zu den Ursachen zählen Bewegungsmangel und Stress.

Teste dich! (Lösungen im Anhang)

Infektionskrankheiten

1 ◩ Erkläre, was man unter einer Infektionskrankheit versteht.

2 ◩ Gib die vier Phasen einer Infektionskrankheit an. Beschreibe jeweils kurz, was dabei im Körper passiert.

3 ⊠ Erkläre, was die erhöhte Körpertemperatur bei einem grippalen Infekt bewirkt.

Bakterien, Viren und Parasiten

4 ◩ Beschreibe die Vermehrung von Bakterien mithilfe von Bild 2.

5 ⊠ Beschreibe, wie Antibiotika auf Bakterien wirken können.

6 ⊠ Erkläre, warum Viren auf eine Wirtszelle angewiesen sind.

7 ⊠ Erläutere an Beispielen den Unterschied zwischen Außenparasit und Innenparasit.

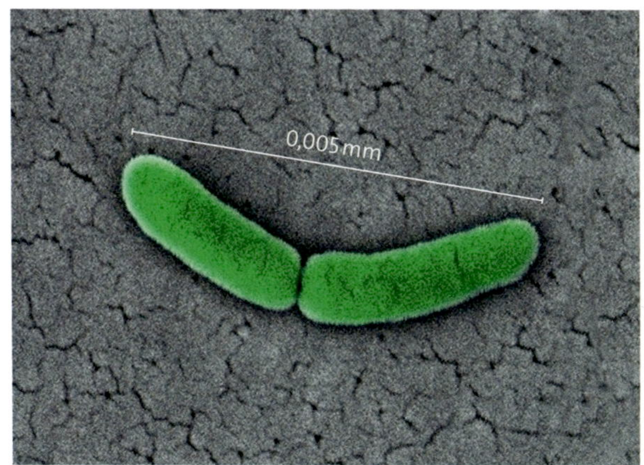

2 Bakterium während der Teilung

8 ⊠ Beschreibe, wie man sich vor den unterschiedlichen Erregern schützen kann.

Abwehr von Krankheitserregern

9 ◩ Beschreibe, wodurch der Körper gegen das Eindringen von Erregern geschützt ist.

10 ⊠ Beschreibe die unspezifische Abwehr.

11 ⊠ Nenne die Funktionen der folgenden Zellen bei der spezifischen Abwehr: T-Helferzelle, Riesenfresszelle, Plasmazelle, T-Killerzelle, Gedächtniszelle.

12 ⊠ Erläutere das Schlüssel-Schloss-Prinzip am Beispiel der spezifischen Abwehr.

13 Auf manchen Lebensmitteln steht der Hinweis: Kann Spuren von Nüssen enthalten.
⊠ Erkläre, für wen der Hinweis wichtig ist.

14 ⊠ Beschreibe, wie eine allergische Reaktion ausgelöst wird und wie sie verläuft.

15 ⊠ Erkläre, weshalb man die aktive Immunisierung als Schutzimpfung und die passive Immunisierung als Heilimpfung bezeichnet.

16 Aids wird von HI-Viren ausgelöst.
- a ◩ Begründe, warum Kondome vor einer HIV-Infektion schützen.
- b ⊠ Beschreibe, was die HI-Viren nach einer Infektion im Körper bewirken.
- c ⊠ Erkläre, ab wann man von Aids spricht.

17 ⊠ Erkläre, wie man sich vor einer Infektion mit Hepatitis-Viren schützen kann.

Sexualität des Menschen

In der Pubertät wächst das Verlangen nach Zärtlichkeit und Sexualität. Was ist Sexualität?

Kondome schützen vor einer ungewollten Schwangerschaft und vor Infektionen. Welche Verhütungsmethoden gibt es? Was sind ihre Vorteile und Nachteile?

Wie kommt eine Schwangerschaft zustande? Wie entwickelt sich ein Kind? Was ist während der Schwangerschaft zu beachten?

Liebe, Partnerschaft und Sexualität

1 Freunde kommen sich näher ...

Für Jugendliche sind Freunde oft wichtiger als die Familie. Aber auch im Freundeskreis verändern sich die Beziehungen zueinander. Erste Liebespaare bilden sich. Was heißt es, verliebt zu sein? Was ist Liebe? Was ist in einer Partnerschaft wichtig?

Rosarote Brille • Verliebtsein beginnt meistens mit einer Schwärmerei. Du musst oft an jemanden denken. Vielleicht bekommst du auch Herzklopfen, feuchte Hände, weiche Knie und wirst rot, wenn die Person dich nur ansieht. Alles scheint an der Person, für die du schwärmst, perfekt zu sein.

Anfang der Liebe? • Das Verliebtsein ist die Vorstufe zur Liebe. Diese Zeit ist von großen Gefühlen bestimmt. Du bist glücklich, hast aber auch Angst vor einer Enttäuschung.

In jemanden verliebt zu sein, der diese Gefühle nicht erwidert, tut weh. Aber Gefühle lassen sich nicht erzwingen. Liebeskummer ist oft schwer zu verkraften, aber er geht nach einiger Zeit auch wieder vorbei.

Was ist Liebe? • Liebe ist mehr als ein Gefühl. Sie bedeutet auch, die andere Person mit ihren Schwächen und Stärken anzunehmen. Menschen, die sich lieben, teilen gute und auch schlechte Zeiten miteinander. Dabei spielen Vertrauen, Ehrlichkeit, gegenseitiger Respekt und Treue eine sehr wichtige Rolle.

Sexualität • Liebe weckt auch das Verlangen nach Sexualität. Unter diesem Begriff versteht man nicht nur den Geschlechtsverkehr, sondern auch den Wunsch nach Nähe und Zärtlichkeit.

das Verliebtsein
die Liebe
die Sexualität
die sexuelle Selbstbestimmung

Eine Umfrage ergab, dass für Jungen Sex weniger mit Liebe zusammenhängt als für Mädchen. So konnten sich 12 % der Jungen und nur 6 % der Mädchen auch Sex ohne Liebe vorstellen. Für die Mehrheit der Jugendlichen gehören Sex und Liebe aber zusammen.

Sexuelle Selbstbestimmung • Wird man miteinander intim, ist eine Regel besonders wichtig: Jeder muss seine eigenen Vorlieben und Abneigungen und die der anderen Person kennen und respektieren. Nur du selbst darfst entscheiden, bei welchen sexuellen Handlungen du mitmachst. Niemand darf dich zu etwas zwingen, was du nicht willst. Das gleiche Recht hat auch die andere Person. Man spricht von sexueller Selbstbestimmung.

Partnerschaft • Ein vertrauensvoller Umgang ist eine wichtige Grundlage für eine Partnerschaft. Gemeinsames Entscheiden und Handeln ist für die meisten Paare sehr wichtig. → 2 Probleme lassen sich lösen, wenn man offen miteinander redet.

Sich trennen • In einer Partnerschaft lernt man sich im Laufe der Zeit besser kennen. Dabei entdeckt man an der anderen Person vielleicht auch Eigenschaften, die einem nicht gefallen und sogar stören. Manchmal merkt man, dass man nicht so gut zueinander passt. Eine Partnerschaft gelingt nur, wenn ihr euch beide wohlfühlt. Eine Trennung kann wehtun, bietet aber auch die Chance für neue Liebe.

2 Partner entscheiden gemeinsam.

gemeinsam Probleme lösen
offen miteinander reden
ehrlich miteinander sein
Rücksicht aufeinander nehmen
sich gegenseitig annehmen, wie man ist
gemeinsam Entscheidungen treffen

3 Grundsätze einer Partnerschaft

Aus dem Verliebtsein kann Liebe entstehen. Vertrauen und gegenseitiger Respekt sind in einer Partnerschaft wichtig.

Aufgaben

1 ☒ Erläutere die Redewendung „Verliebte sehen sich durch eine rosarote Brille".

2 ☒ Wähle drei Grundsätze aus Bild 3 aus, die dir besonders wichtig sind.

3 ☒ Begründe, was für dich in einer Partnerschaft wichtig ist.

Liebe, Partnerschaft und Sexualität

Material A

Liebe und Partnerschaft

Materialliste: Sammlung von Fotos aus Zeitschriften zu den Themen Verliebtsein, Liebe und Partnerschaft

1 Setzt euch in einen Stuhlkreis und legt die Fotos in der Mitte aus.

2 Bestimme drei Fotos, die dir gefallen.

3 Erkläre, warum dir die Fotos gefallen und welche Verbindung sie für dich zum Thema haben.

4 Die Fotos könnt ihr in einer Collage gestalten und im Klassenraum aushängen.

1

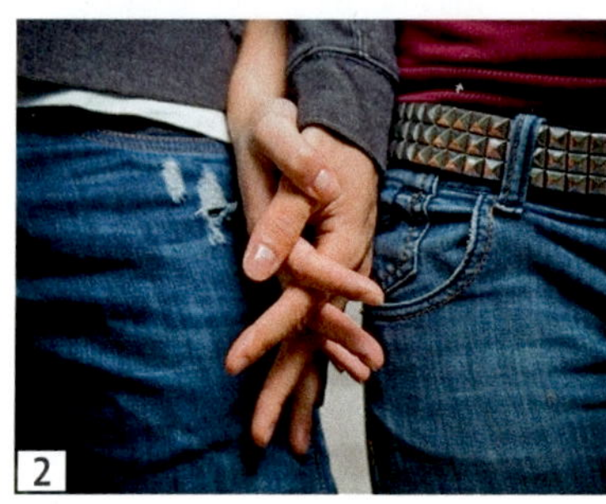
2

3

Material B

Liebe ist ...

1 Schreibe die Satzanfänge in dein Heft und ergänze die Sätze für dich. → 4

2 Vergleicht eure Sätze in Kleingruppen oder Partnerarbeit.

3 Wertet eure Ergebnisse in der Klasse aus.

- Ich habe Herzklopfen, wenn …
- Ich bin verliebt, wenn …
- Liebeskummer ist …
- Liebe bedeutet für mich …
- Vertrauen bedeutet …
- Respekt heißt für mich …
- Sexuelle Selbstbestimmung bedeutet …

4

Material C

Was ist mir wichtig?

5

1 Male ein großes Herz und unterteile es in zwei Hälften. Notiere in einer Hälfte Eigenschaften, die eine Person haben soll, mit der du dir eine Partnerschaft vorstellen kannst. Notiere in der anderen Hälfte Eigenschaften, die diese Person nach deiner Vorstellung nicht haben soll.

2 Ordne deine Einträge nach Äußerlichkeiten und Charaktereigenschaften.

3 Diskutiert in der Klasse, welche Eigenschaften für eine Beziehung wichtig sind.

4 Begründe, warum Vertrauen und Respekt für eine Partnerschaft wichtig sind.

Material D

Wenn die Liebe endet ...

Nicole und Mario waren ein Paar. Nun hat Nicole Schluss gemacht. Mario will sie zurückgewinnen. Er versucht es zunächst mit Anrufen und Textnachrichten, tagsüber und nachts. Weil sie darauf nicht reagiert, passt er sie ab, sobald sie das Haus verlässt. Nicole hat zunehmend Angst vor ihm. Mario merkt, dass er keine Chance mehr bei ihr hat. Nun beleidigt er sie und verbreitet Lügen über sie.

1 ◩ Beschreibe, was zwischen Nicole und Mario vorgefallen ist.

2 ⊠ Beschreibe die Situation, in denen sich Nicole und Mario jeweils befinden. Bedenke auch ihre Gefühle.

3 ⊠ Bewerte das Verhalten von Mario und begründe deine Bewertung.

4 ⊠ Ermittelt gemeinsam, was Nicole tun kann und wo sie sich Unterstützung holen kann.

6

5 ⊠ Überlegt gemeinsam, wie man eine Partnerschaft beenden soll, auch wenn damit Liebeskummer verbunden ist.

Material E

Liebe aus dem Internet?

Computer, Smartphone, Tablet – wir sind ständig online, chatten und senden Fotos. Viele Menschen suchen über das Internet auch nach einem Partner oder einer Partnerin. Das hat Vorteile, aber auch Nachteile.

1 ⊠ Beschreibe mögliche Vorteile und Nachteile der Online-Partnersuche. → 8

2 ⊠ Stelle Vermutungen an, mit welchem Interesse sich manche Erwachsene beim Chatten als Jugendliche ausgeben.

3 ⊠ Erkläre, wie du soziale Netzwerke nutzen solltest, um dich selbst zu schützen und andere User respektvoll zu behandeln.

4 ⊠ Begründe, weshalb man keine intimen Fotos, wie Nacktbilder, von sich posten oder versenden sollte.

7

Es kommt vor, dass sich Erwachsene als Jugendliche ausgeben.

Ich kann die andere Person erst im Chat kennenlernen und mich dann für oder gegen ein Treffen entscheiden.

Im Internet können Menschen viel über sich erzählen, was in Wirklichkeit gar nicht stimmt.

8 Ich lerne Menschen kennen, die ich offline nicht getroffen hätte.

Erweitern und Vertiefen

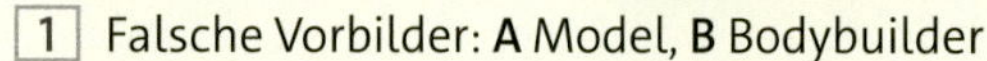

1 Falsche Vorbilder: **A** Model, **B** Bodybuilder

Scheinwelt und Körperkult

Bunt schillernde Medienwelt • Immer wieder sind wir verschiedenen Maßstäben und Trends zu Aussehen, Kleidung, Verhalten und Ernährung ausgesetzt. Es ist schwierig, sich den Einflüssen zu entziehen, die Internet, Fernsehen, Zeitschriften und Werbeplakate ausüben. Man vergleicht sich und empfindet sich dann vielleicht als mangelhaft. Viele Menschen versuchen sich an bestimmte Maßstäbe anzupassen, zum Beispiel durch Diäten oder durch Bodybuilding, ungeachtet der damit verbundenen Risiken. → 1

„Schönheitsideale“ • Soaps, Realityshows und Castingshows sind beliebt. Diese Sendungen wecken bei vielen Menschen den Wunsch nach dem „perfekten“ Erscheinungsbild. Doch solche Sendungen schaffen falsche Vorbilder. Perfekte Menschen in einem perfekten Leben, wie sie uns vorgespielt werden, gibt es nicht. Die Darsteller arbeiten ständig an ihrem Aussehen. Den Rest erledigen Maskenbildner und Bildbearbeitung.

Akzeptiere dich selbst! • Wenn du dich zwanghaft nach vermeintlichen „Schönheitsidealen“ verbiegst, verleugnest du deine eigene Persönlichkeit. Finde für dich selbst heraus, was dir gefällt und was zu dir passt. Richte dich dabei nicht nach den scheinbar „perfekten“ Vorbildern aus dem Internet oder Fernsehen, sondern nach deinen eigenen Vorlieben.

Statt dich mit scheinbar „perfekten“ Vorbildern zu vergleichen, solltest du deine Individualität behalten und dich akzeptieren.

Aufgaben

1 ☒ Beschreibe, wie die Medienwelt dich im Hinblick auf dein Aussehen oder Verhalten beeinflusst.

2 ☒ Nenne Risiken, die mit dem Streben nach dem „perfekten“ Körper verbunden sind.

3 ☒ Erläutere, was man tun kann, um mit sich selbst zufrieden zu sein, statt sich zu sehr nach falschen Vorbildern zu richten.

Erweitern und Vertiefen

Pornofilme im Internet

Sexualität zur Schau gestellt • Filme, in denen sexuelle Handlungen dargestellt werden, um die Zuschauer sexuell zu erregen, bezeichnet man als Pornofilme. Dabei sind meistens Schauspielerinnen und Schauspieler am Werk. Ihr Verhalten und ihre Handlungen werden vor der Aufnahme geplant und dann möglichst perfekt umgesetzt. Somit haben die Szenen mit der Wirklichkeit nicht viel gemeinsam.

Viel gesehen • Umfragen haben ergeben, dass ein Großteil der Jugendlichen im Internet bereits Erfahrungen mit Pornofilmen gemacht hat. Das durchschnittliche Alter beim ersten Kontakt ist 14 Jahre. Jede zweite Person berichtet, dass sie zufällig zu den Inhalten gelangt ist – zum Beispiel über soziale Kontakte oder Werbung. Jugendliche schauen Pornofilme nicht immer alleine. Manche schauen sie mit Freunden oder im Rahmen der Partnerschaft.

Nicht als Vorbild nehmen • Viele Menschen werden vor allem durch die Medien über Sex aufgeklärt. Doch was in Pornofilmen dargestellt wird, lässt sich oft nicht auf die eigenen sexuellen Erlebnisse übertragen. In den Filmen wird zum Beispiel oft ein besonders hoher Wert darauf gelegt, dass der Mann lange „durchhält". Außerdem spielen die Personen eine überaus große sexuelle Lust und Befriedigung vor, was aber mit ihren wahren Empfindungen meistens nichts zu tun hat. In viele Filmen ordnet sich zudem die Frau dem Willen des Mannes unter. Die Eindrücke können zu falschen Erwartungen und Verunsicherung führen.

2 Ein Suchbegriff – unzählige Treffer

Online-Sexsucht • Bei manchen Menschen wird der Konsum von Pornofilmen zu einer Sucht. Sie verspüren im Alltag einen starken Drang nach den Filmen, haben körperliche und seelische Entzugserscheinungen und können häufig kein befriedigendes Sexualleben führen. Wenn man von einer Sucht betroffen ist, kann man sich an eine Beratungsstelle wenden, um Hilfe zu bekommen. Man kann sie über die Onlinesuche finden.

Pornofilme stellen Sexualität zur Schau, um sexuelle Erregung zu erzeugen. Die Darstellungen lassen sich nicht auf die Wirklichkeit übertragen.

Aufgaben

1 Beschreibe die Umfrageergebnisse zu den Erfahrungen Jugendlicher mit Pornofilmen.

2 Beurteile, wie sich Pornofilme auf die eigene Sexualität auswirken können.

Vielfalt und Toleranz

1 Vielfältige Menschen – vielfältige Lebensweisen

In Deutschland treffen verschiedene Menschen aufeinander. Diese Vielfalt bietet die Chance, unterschiedliche Lebensweisen und Wertvorstellungen kennenzulernen – auch im Bezug auf Partnerschaften und Sexualität.

Persönliche Freiheiten • In unserer Gesellschaft genießen viele Jugendliche ein großes Maß an Freiheit. Sie gestalten zum Beispiel ihre Freizeit weitgehend selbstbestimmt, haben vielfältige Freundschaften und vielleicht auch die ersten Partnerschaften. Dabei spielt es gar keine Rolle, welches Geschlecht sie haben, weil alle Menschen gleichberechtigt sind. Es gibt auch Familien, in denen vorwiegend die männlichen Personen bestimmen und den Mädchen und Frauen weniger Rechte und Freiheiten zugestanden werden. Manchmal sind auch Freundschaften zwischen weiblichen und männlichen Personen nicht erlaubt. Mädchen und Frauen stehen jedoch grundsätzlich die gleichen Rechte und Freiheiten zu.

Sex vor der Ehe • Ihre ersten sexuellen Erfahrungen machen viele Menschen in der Jugend. Manche Religionen verbieten Sex vor der Ehe und viele Gläubige halten sich daran. Beide Lebensweisen sollten respektiert werden. Wichtig ist aber, dass sich jede Person frei entscheiden darf.

Kleidungsstil • In einer Gruppe von Menschen fallen oft verschiedene Kleidungsstile auf. Manche mögen enge oder knapp geschnittene Kleidung. Andere tragen weitere oder lange Kleidung, weil sie sich so wohler fühlen oder vielleicht, weil die Familie das vorgibt. Egal, wie sich jemand kleidet: Niemand darf daraus Urteile über die Person ableiten. Wichtig ist jedoch, dass niemand zu einem Kleidungsstil gezwungen wird. Ausnahmen bilden Uniformen, die in manchen Schulen und Berufen vorgeschrieben sind.

Menschen haben vielfältige Lebensweisen und Wertvorstellungen.

Aufgabe

1 ☒ Beschreibe, welche Herausforderungen es geben kann, wenn sich Menschen mit verschiedenen Wertvorstellungen ineinander verlieben.

Material A

Wertvorstellungen können sehr verschieden sein

1 Beschreibe deine persönlichen Ansichten zu den in Bild 2 genannten Punkten.

2 Beschreibe, welche Ansichten du aus deinem Freundeskreis oder deiner Familie zu den Punkten aus Bild 2 kennst.

3 Diskutiert eure verschiedenen Ansichten in der Klasse. Bleibt tolerant und respektvoll, auch wenn ihr nicht einer Meinung seid.

persönliche Freiheit
Partnerschaften unter Jugendlichen
Gleichberechtigung in der Familie
Freundschaften zwischen Frauen und Männern
Sex vor der Ehe
freizügiger Kleidungsstil

2 Menschen haben vielfältige Ansichten.

Material B

Gemeinsame Werte

Die Mitgliedsstaaten der Europäischen Union (EU) haben im EU-Vertrag gemeinsame Grundwerte festgelegt. Alle Mitgliedstaaten teilen diese Werte der EU – also auch Deutschland.

1 Lies den Auszug aus dem EU-Vertrag. → 3
Klärt unbekannte Begriffe in der Klasse.

2 Erläutere, was die im EU-Vertrag genannten Grundwerte für das Zusammenleben in der Gesellschaft bedeuten.

3 Vergleiche deine eigenen Wertvorstellungen im Bezug auf eine Partnerschaft und auf Sexualität mit den Grundwerten.

Die Werte (...) sind die Achtung der Menschenwürde, Freiheit, Demokratie, Gleichheit, Rechtsstaatlichkeit und die Wahrung der Menschenrechte (...). Diese Werte sind allen Mitgliedstaaten in einer Gesellschaft gemeinsam, die sich durch (...) Toleranz, Gerechtigkeit, Solidarität und die Gleichheit von Frauen und Männern auszeichnet.

3 Auszug aus Artikel 2 des EU-Vertrags

Sexuelle Orientierung

1 Eine Familie: Zwei Väter mit ihren Kindern

Wenn wir von Liebe, Partnerschaft und Sexualität sprechen, denken die meisten an eine Frau und einen Mann. Doch gibt es wirklich nur das?

Vielfalt • Die meisten Mädchen und Jungen, Frauen und Männer fühlen sich zu Menschen hingezogen, die ein anderes Geschlecht haben als sie selbst. Sie sind damit heterosexuell. Es gibt aber noch mehr Formen der sexuellen Orientierung. Viele Menschen fühlen sich von Personen desselben Geschlechts angezogen. Sie sind homosexuell. Homosexuelle Männer bezeichnet man als schwul und homosexuelle Frauen als lesbisch. Wenn man sich zu weiblichen und männlichen Personen hingezogen fühlt, ist man bisexuell. Für viele Menschen spielt das Geschlecht auch gar keine Rolle.

Ehe für alle • Homosexuelle Paare durften in Deutschland lange Zeit nicht heiraten. Das erlaubt das Gesetz erst seit 2017. Sie dürfen auch Kinder adoptieren, wenn dafür alle Voraussetzungen erfüllt sind. Das sind wichtige Schritte, auch wenn es noch keine komplette Gleichstellung mit heterosexuellen Paaren gibt.

Was fühle ich? • Die Suche nach der eigenen sexuellen Orientierung kann ein Gefühlschaos auslösen. In den Medien wird Heterosexualität oft als das „Normale" gezeigt. Dabei machen viele Menschen auch sexuelle Erfahrungen mit Personen, die das gleiche Geschlecht haben. Nicht jeder will akzeptieren, dass es vielfältige sexuelle Orientierungen gibt. Das kann verunsichern und oft gehört Mut dazu seine sexuelle Orientierung auszuleben.

Was wichtig ist • Entscheidend für alle Partnerschaften ist, dass sie den beteiligten Personen guttun. Formen der sexuellen Orientierung, die nicht der eigenen entsprechen, muss man akzeptieren.

Es gibt verschiedene sexuelle Orientierungen. Sie müssen alle akzeptiert werden.

Aufgabe

1 Beschreibe, zum wem sich heterosexuelle, homosexuelle und bisexuelle Menschen hingezogen fühlen.

heterosexuell
homosexuell
bisexuell

Material A

Sich „outen“

Experten schätzen, dass bis zu 10 Prozent der erwachsenen Bevölkerung homosexuell oder bisexuell sind. Viele leben dies jedoch nicht offen aus. Sie trauen sich nicht, ihre sexuelle Orientierung zu äußern, sich zu „outen“, weil sie sich vor Anfeindungen im privaten und beruflichen Umfeld fürchten.

1 Erläutere den Ausdruck „sich outen“.

2 Stelle dir vor, zwei Jungen oder Mädchen aus deinem Freundeskreis haben sich ineinander verliebt. Versetze dich in ihre Lage und stelle Vermutungen an, welche Bedenken sie haben könnten, sich zu outen.

3 Begründe, weshalb sich manche Prominente, zum Beispiel Fußballstars, nicht öffentlich outen oder erst, nachdem sie ihre Karriere beendet haben.

4 Heterosexuelle Menschen müssen sich nicht outen. Beurteile, was das über unsere Gesellschaft zeigt.

2 Lesbisches Paar

Material B

Homosexuelle Paare

Das Statistische Bundesamt erhebt verschiedene Daten aus der Bevölkerung. Auch zur Anzahl homosexueller Paare liegen Daten vor. Hierfür hat man Menschen nach ihren Partnerschaften befragt.

1 Beschreibe, welche Daten das Diagramm in Bild 3 darstellt.

2 Werte das Diagramm im Hinblick auf die Anzahl homosexueller Paare in Deutschland aus.

3 Stelle Vermutungen zu den Ursachen für die Veränderungen von 2006 bis 2018 an.

4 Die Daten wurden durch eine Befragung erhoben. Beurteile die Verlässlichkeit der Ergebnisse.

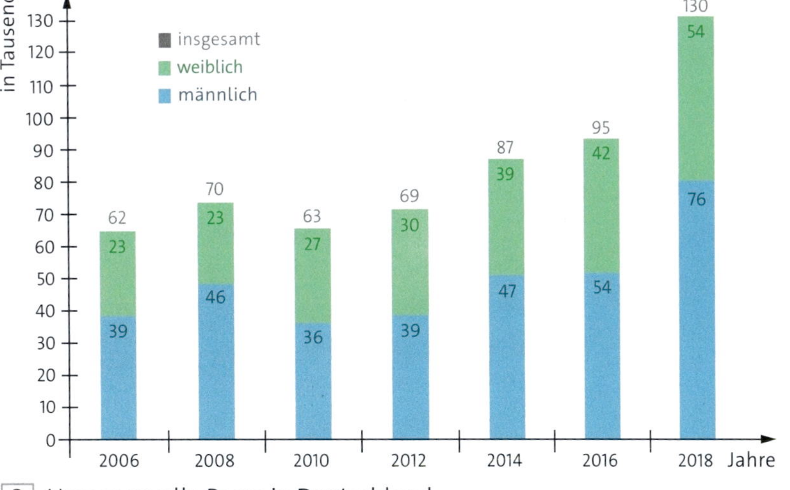

3 Homosexuelle Paare in Deutschland

Geschlecht – nicht immer eindeutig

1 Ein Konflikt: Welches Geschlecht habe ich?

Viele Menschen machen sich keine Gedanken über ihr Geschlecht. Das ist aber nicht immer so. Wieso ist das Geschlecht manchmal nicht eindeutig?

Identität • Wie man sich selbst wahrnimmt und erlebt, das bezeichnet man als Identität. Sie wird unter anderem beeinflusst durch die Herkunft, das Alter und das Geschlecht. Wie man sein eigenes Geschlecht wahrnimmt, also ob man sich zum Beispiel weiblich oder männlich fühlt, wird als geschlechtliche Identität bezeichnet.

Konflikt • Es gibt Menschen, bei denen das biologische Geschlecht, das an körperlichen Merkmalen bestimmt wird, nicht zu ihrer geschlechtlichen Identität passt. Manche lassen ihren Körper an das empfundene Geschlecht angleichen, zum Beispiel durch eine Hormon-Therapie und Operationen. Diese Menschen sind transsexuell.

Weiblich, männlich oder beides? • Manche Menschen haben sowohl männliche als auch weibliche Merkmale. Ihr biologisches Geschlecht ist also nicht eindeutig. Man bezeichnet diese Menschen als intersexuell.
In vielen Fällen wird dies schon nach der Geburt erkannt, wenn die Geschlechtsorgane nicht eindeutig ausgeprägt sind. Oft fällt es aber auch erst im Laufe der Entwicklung auf.
Häufig werden intersexuelle Kinder nach der Geburt operiert, um ihre Geschlechtsorgane eindeutig zu machen. Dieses Vorgehen wird stark kritisiert, weil die Kinder nicht einwilligen können und später oft massiv unter den Folgen leiden.

Nicht verwechseln • Transsexualität und Intersexualität werden in der Umgangssprache häufig verwechselt, obwohl die Unterschiede groß sind.

Transsexuelle Menschen empfinden ihr Geschlecht anders als es biologisch ausgeprägt ist. Bei intersexuellen Menschen ist das biologische Geschlecht nicht eindeutig.

Aufgaben

1 Erkläre, was man unter der geschlechtlichen Identität versteht.

2 Beschreibe die wesentlichen Unterschiede zwischen einem transsexuellen und einem intersexuellen Menschen.

die geschlechtliche Identität
transsexuell
intersexuell

Material A

Geschlechtsangleichung

Transsexuelle Menschen erleben oft einen großen Leidensdruck. Viele passen ihre Frisur und Kleidung an, um ihre geschlechtliche Identität äußerlich zu leben. Manche Menschen lassen sich durch medizinische Maßnahmen körperlich an ihr empfundenes Geschlecht angleichen. Dazu dienen Hormon-Therapien und Operationen. → 2

Aussehen
Frisur und Kleidung anpassen, ...

Namensänderung

Hormon-Therapie
stärkere Körperbehaarung, Muskelaufbau, Stimmbruch, ...

Brüste wachsen, Muskelabbau, Fettgewebe formt Rundungen, ...

Operationen
Angleichung der Geschlechtsorgane, Entfernung oder Nachbildung der Brüste, ...

2 Möglichkeiten zur Angleichung an das empfundene Geschlecht

1 ◩ Erkläre den Unterschied zwischen dem biologischen Geschlecht und der geschlechtlichen Identität.

2 ⊠ Beschreibe die Möglichkeiten, die es zur Angleichung an das empfundene Geschlecht gibt. → 2

3 ⊠ Beschreibe, welche Vorteile eine Geschlechtsangleichung für transsexuelle Menschen hat.

Material B

Das dritte Geschlecht

Bisher konnte man im Geburtenregister nur weiblich, männlich oder aber gar kein Geschlecht eintragen lassen. Seit 2018 gibt es ein drittes Geschlecht: divers.

1 ◩ Beschreibe, was sich am Geschlechtseintrag im Geburtenregister verändert hat.

2 ◩ Beschreibe die drei verschiedenen Geschlechtssymbole. → 3

3 ⊠ Erkläre, was das diverse Geschlechtssymbol über das Geschlecht einer Person zeigt. → 3C

4 ⊠ Beschreibe, wer bis 2018 im Geburtenregister nur „kein Geschlecht" angeben konnte.

5 Ein wichtiges Argument für die Einführung des dritten Geschlechts ist:
Auch Menschen, die nicht weiblich oder männlich sind, haben ein Geschlecht.
⊠ Erläutere das Argument in eigenen Worten.

3 Geschlechtssymbole: **A** weiblich, **B** männlich, **C** divers

Die Geschlechtsorgane

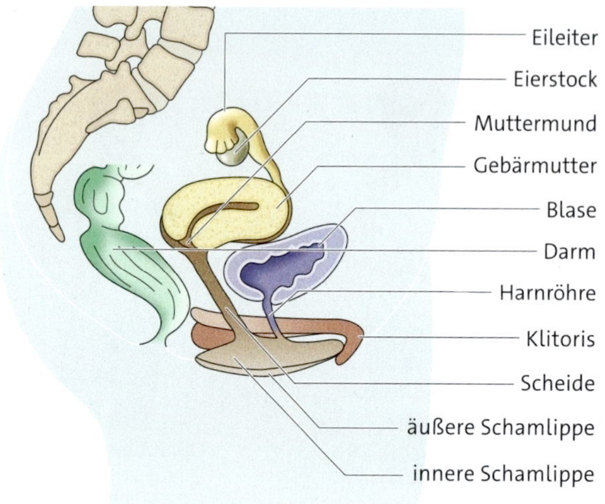

1 Die weiblichen Geschlechtsorgane (Seitenansicht)

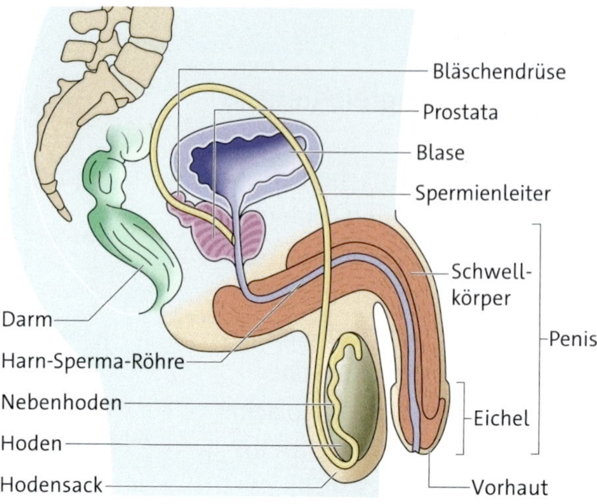

2 Die männlichen Geschlechtsorgane (Seitenansicht)

Frauen und Männer haben unterschiedliche Geschlechtsorgane.

Fortpflanzung • Die Organe, die vor allem der Fortpflanzung dienen, nennt man Geschlechtsorgane oder auch primäre Geschlechtsmerkmale. Sie sind schon bei der Geburt vorhanden.

Die weiblichen Geschlechtsorgane • Die äußeren und inneren Schamlippen umgeben die Öffnung der Scheide. → 1 Am vorderen Ende der inneren Schamlippen ist ein Teil der Klitoris sichtbar. Sie ist berührungsempfindlich und besteht im Inneren des Körpers aus Schwellkörpern. In ihnen wird Blut gestaut, wenn die Frau erregt ist. Am oberen Ende der Scheide schließt sich über dem Muttermund die Gebärmutter an. Diese ist über zwei Eileiter mit den beiden Eierstöcken verbunden. In jedem Eierstock befinden sich von Geburt an über 400 000 unreife Eizellen.

Die männlichen Geschlechtsorgane • Die berührungsempfindliche Eichel an der Spitze des Penis wird von der Vorhaut geschützt. → 2 Im Penis liegen Schwellkörper, in denen bei Erregung Blut gestaut wird. Dadurch richtet sich der Penis auf. Im Hodensack befinden sich die Hoden. Sie bilden täglich mehrere Millionen Spermienzellen, die in den Nebenhoden gesammelt werden. Sie bilden mit den Flüssigkeiten der Prostata und der Bläschendrüse das Sperma, das durch den Spermienleiter und die Harn-Sperma-Röhre nach außen abgegeben werden kann.

Die Geschlechtsorgane dienen der Fortpflanzung. Man nennt sie auch primäre Geschlechtsmerkmale.

Aufgabe

1 ☒ Beschreibe, wo sich die Eizellen und Spermienzellen befinden.

Material A

Geschlechtsorgane der Frau

1 Ordne den Zahlen 1–6 in deinem Heft die richtigen Fachwörter zu.

2 Beschreibe jeweils die Aufgaben der Schamlippen, der Scheide und der Eierstöcke.

3 Erkläre die Aussage: Man sieht von außen nur einen Teil der Klitoris.

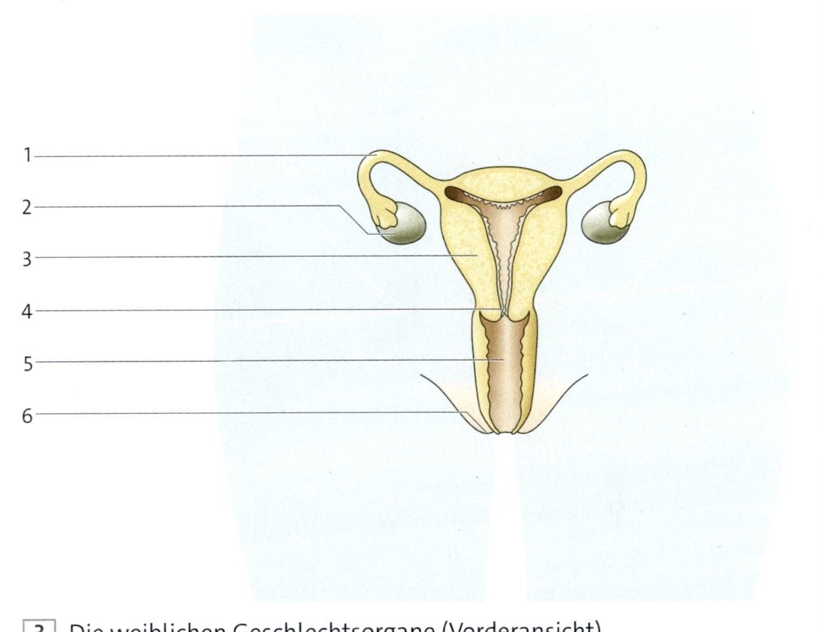

3 Die weiblichen Geschlechtsorgane (Vorderansicht)

Material B

Geschlechtsorgane des Mannes

1 Ordne den Zahlen 1–12 in deinem Heft die richtigen Fachwörter zu.

2 Beschreibe jeweils die Aufgaben der Schwellkörper, der Hoden und der Nebenhoden.

3 Beschreibe, woraus das Sperma gebildet wird, das beim Samenerguss aus dem Penis abgegeben wird.

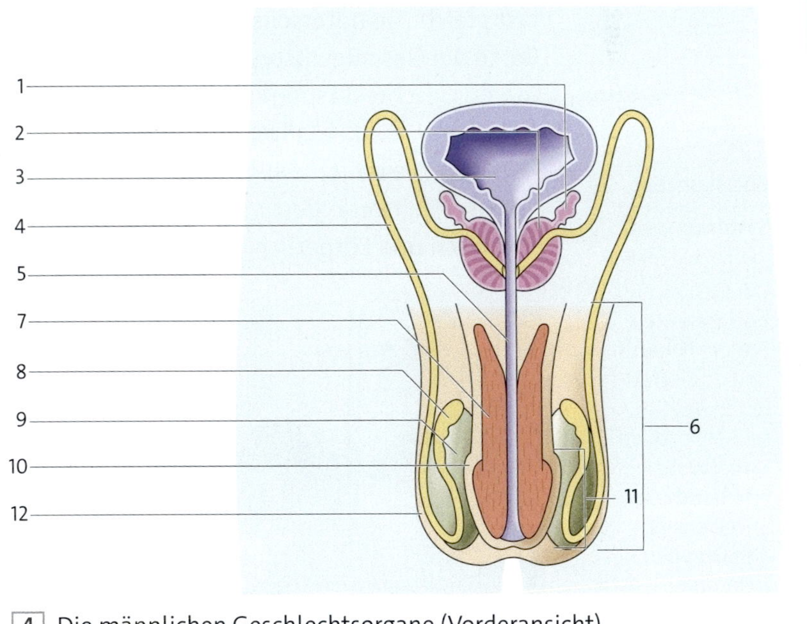

4 Die männlichen Geschlechtsorgane (Vorderansicht)

Geschlechtshormone

1 Pubertät – aufregende Zeit des Erwachsenwerdens

In der Pubertät nehmen wir bei uns Veränderungen wahr. Wie verändern wir uns und warum?

Pubertät • Während der Kindheit sind die Körper von Mädchen und Jungen fast gleich. Sie unterscheiden sich nur durch die Geschlechtsorgane, die primären Geschlechtsmerkmale. Im Alter zwischen 11 und 14 Jahren beginnt die Pubertät. Sie dauert einige Jahre an. In dieser Zeit verändert man sich psychisch und körperlich.

2 Streit zwischen Tochter und Mutter

Psychische Veränderungen • In der Pubertät verändert man sich psychisch. Man nimmt seine Gefühle stärker wahr und kann Stimmungsschwankungen erleben. Konflikte mit den Eltern und anderen Erwachsenen können nun häufiger auftreten. → 2 Freunde und Menschen im gleichen Alter werden wichtiger. Viele Jugendliche verlieben sich in der Pubertät zum ersten Mal und spüren Interesse an Sexualität.

Körperliche Veränderungen • Beim Mädchen wachsen Schamhaare und Achselhaare, die Brüste wachsen und das Becken wird runder und breiter. Auch beim Jungen wachsen Schamhaare und Achselhaare. Zudem setzt der Bartwuchs ein. Der Kehlkopf vergrößert sich und die Stimme wird tiefer. Das nennt man Stimmbruch. Die Muskulatur wird stärker und die Schultern werden breiter.

Basiskonzept

System
→ Umschlag hinten
Die Geschlechtshormone steuern die Pubertät und das Heranreifen der Geschlechtszellen. Dabei wirken Hormondrüsen in verschiedenen Organen zusammen.

die sekundären Geschlechtsmerkmale
das Östrogen
das Progesteron
das Testosteron

Diese Merkmale, die in der Pubertät ausgeprägt werden, bezeichnet man als sekundäre Geschlechtsmerkmale.

Geschlechtszellen werden reif • Auch in den Geschlechtsorganen kommt es mit der Pubertät zu Veränderungen: Die Geschlechtszellen beginnen zu reifen und sind funktionsfähig. Bei Mädchen wird die erste Eizelle reif. → 3 Danach setzt die erste Regelblutung ein. Bei Jungen entwickeln sich reife Spermienzellen in den Hoden. → 4 Mädchen und Jungen sind nun geschlechtsreif. Das heißt: Jungen können Kinder zeugen und Mädchen schwanger werden.

Wie „entsteht" die Pubertät? • Das Zwischenhirn regt die Hirnanhangsdrüse an, Hormone zu bilden. → 5 Das sind Botenstoffe, die in kleinen Mengen über das Blut im Körper verteilt werden und an ihren jeweiligen Zielorten, zum Beispiel den Hoden oder Eierstöcken, wirken. Dort bewirken sie die Bildung der weiblichen oder männlichen Geschlechtshormone. In den Eierstöcken werden die bei Frauen überwiegenden Hormone Östrogen und Progesteron gebildet. Die Hoden produzieren das bei Männern überwiegende Hormon Testosteron. Die Geschlechtshormone bewirken, dass Eizellen und Spermienzellen reifen. Sie beeinflussen auch das Gefühlsleben und die Ausprägung der sekundären Geschlechtsmerkmale.

In der Pubertät verändert man sich psychisch und körperlich. Dies lösen die Geschlechtshormone aus.

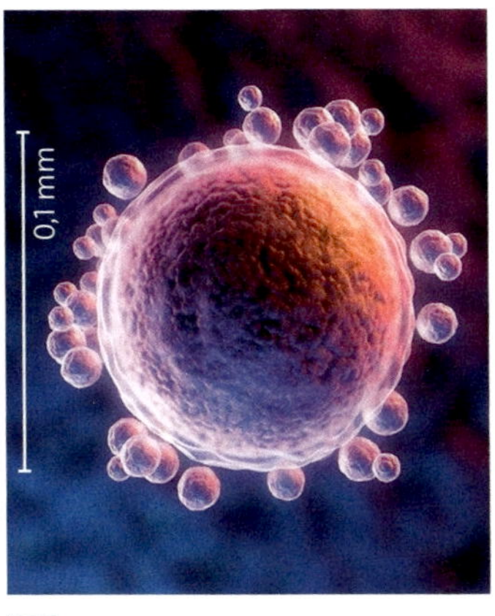

3 Eizelle

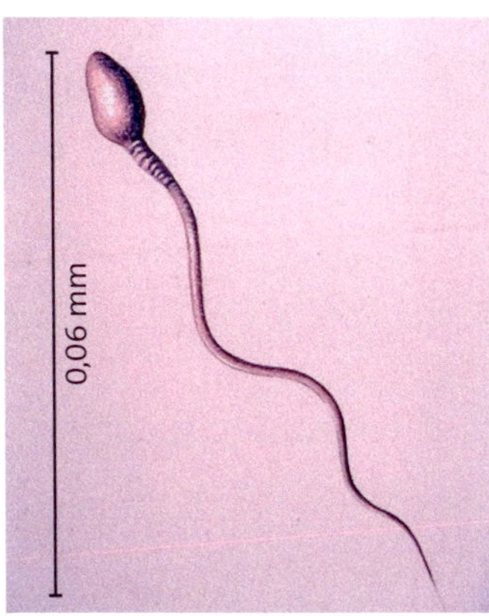

4 Spermienzelle

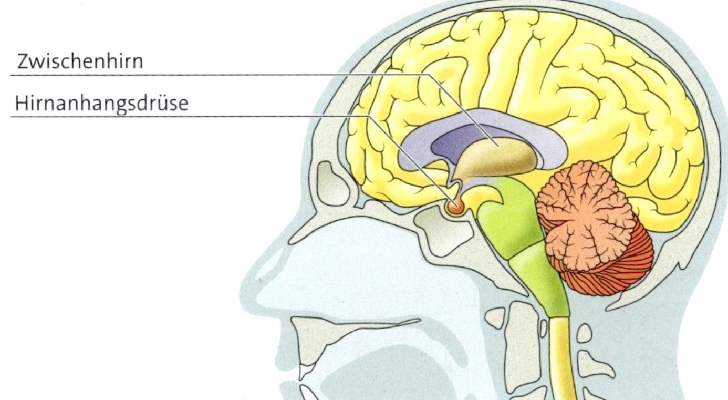

5 Gehirn mit Hirnanhangsdrüse

Aufgaben

1 Beschreibe die psychischen und körperlichen Veränderungen, die während der Pubertät auftreten.

2 Erläutere mit jeweils einem Beispiel, wodurch die primären und sekundäre Geschlechtsmerkmale unterschieden werden.

3 Erkläre, was die Veränderungen in der Pubertät auslöst.

Geschlechtshormone

Material A

Aufregende Zeiten

1 Beschreibe die Gefühle der Person. → 1

2 Erkläre der Person die Ursache ihrer Gefühle und gib ihr Tipps.

„Ich weiß echt nicht was los ist. In einem Moment fühle ich mich total gut und im nächsten geht es mir mies. Und ständig gibt es Stress zu Hause."

1

Material B

Bildung und Wirkung der Geschlechtshormone

Das Gehirn steuert die Bildung der weiblichen und männlichen Geschlechtshormone.

1 Beschreibe die Bildung der Geschlechtshormone anhand der Abbildung. → 2

2 Beschreibe die Wirkung der Geschlechtshormone auf die Geschlechtsorgane.

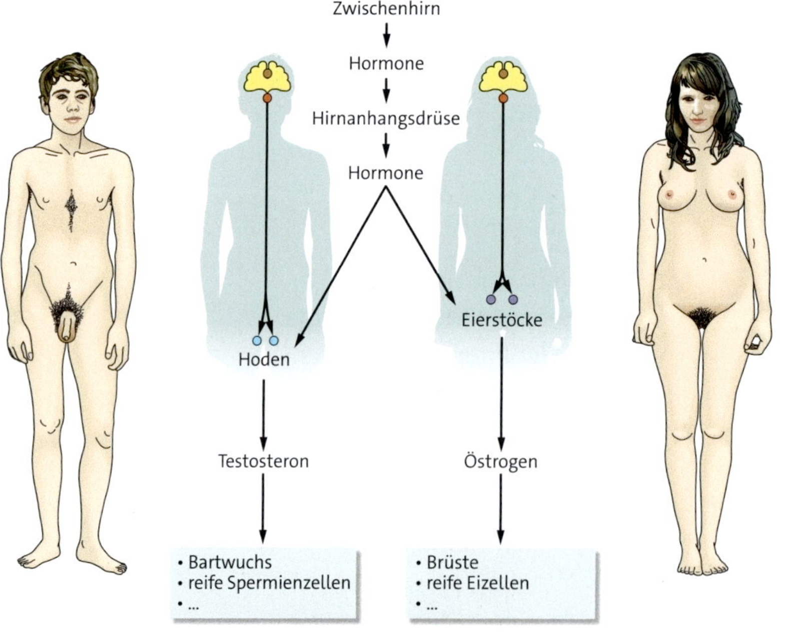

2 Bildung und Wirkung der Geschlechtshormone

Material C

Körperpflege

In der Pubertät ist Körperpflege besonders wichtig.

1 Lies den Text. → 3

a Erkläre, wieso in der Pubertät mehr Schweiß und Talg gebildet werden.

b Beschreibe, wie sich überschüssiger Schweiß und Talg auswirken.

c Leite Regeln für die Körperpflege ab.

Nebenwirkungen der Pubertät Die Geschlechtshormone regen verschiedene Drüsen im Körper an, vermehrt Schweiß und Talg zu bilden. Wenn Schweiß auf der Haut durch Bakterien abgebaut wird, riecht man unangenehm. Der überschüssige Talg macht die Haare schneller fettig. Wenn er die Poren der Haut verstopft, entstehen Pickel. An den Geschlechtsorganen können sich Talg, Urin und Bakterien sammeln. Das kann Entzündungen und üble Gerüche verursachen.

3

Material D

Regelkreis

Warum bilden die Geschlechtsorgane nicht pausenlos unendlich viele Geschlechtshormone?

1 ☒ Beschreibe, wie die Bildung der Geschlechtshormone in einem Regelkreis gesteuert wird. → 4 5 Dabei helfen dir die Textbausteine: Zwischenhirn, Hirnanhangsdrüse, Freisetzung von Hormonen, Geschlechtsorgane, Bildung von Geschlechtshormonen, negative Rückkopplung.

2 ☒ Ergänze die Sätze: *Ist viel Östrogen im Blut, dann... Ist wenig ..., dann...* Bilde ähnliche Sätze für die Bildung von Testosteron.

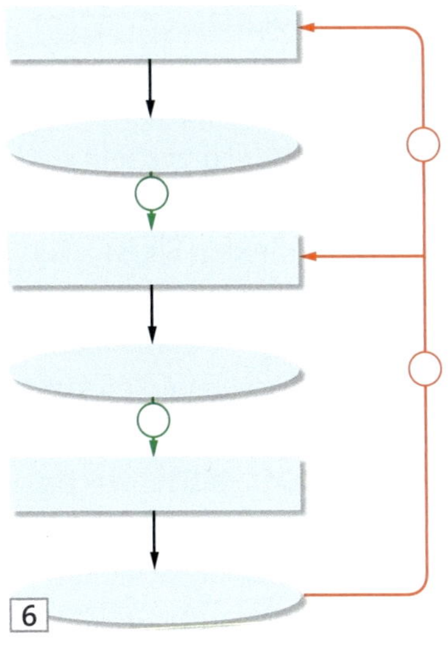

6

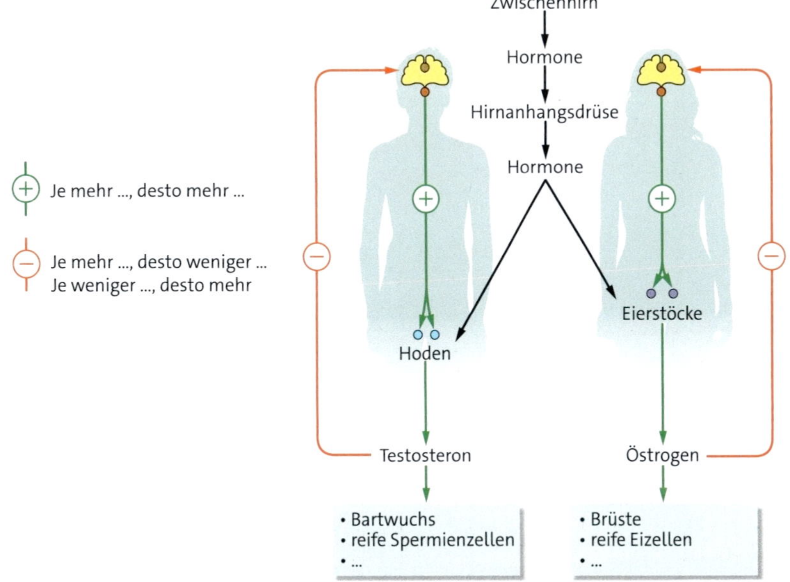

4 Regelkreis der Geschlechtshormone

Regelkreis Die Bildung der Geschlechtshormone wird durch einen Regelkreis gesteuert. Das Zwischenhirn bildet Hormone, die wiederum die Hirnanhangsdrüse anregen Hormone zu bilden. → 4 Diese Hormone regen die Hoden und die Eierstöcke an, Geschlechtshormone zu bilden. So gelangen beim Mann Testosteron und bei der Frau Östrogen ins Blut.

Wenn im Blut der Frau viel Östrogen oder im Blut des Mannes viel Testosteron vorhanden ist, bilden das Zwischenhirn und die Hirnanhangsdrüse weniger Hormone. Dadurch werden die Geschlechtsorgane weniger angeregt: Die Eierstöcke bilden weniger Östrogen, die Hoden bilden weniger Testosteron. Man spricht von einer negativen Rückkopplung.

5

3 ☒ Übertrage das Schema vom Regelkreis in dein Heft. Setze die fehlenden Begriffe und die Zeichen Plus und Minus passend ein. → 6

4 ☒ Erkläre die biologische Bedeutung der negativen Rückkopplung bei der Bildung der Geschlechtshormone.

Der weibliche Zyklus

1 Die erste Regelblutung – ein spannendes Thema

2 Hilfe bei Beschwerden

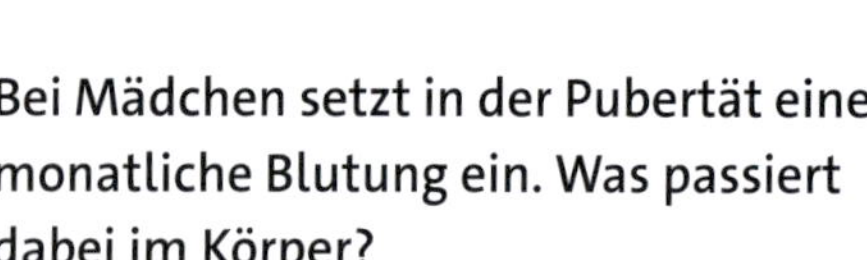

Bei Mädchen setzt in der Pubertät eine monatliche Blutung ein. Was passiert dabei im Körper?

Jeden „Monat" wieder ... • In den Eierstöcken von Mädchen liegen bei der Geburt etwa 400 000 unreife Eizellen vor. Ab der Pubertät bewirken verschiedene Geschlechtshormone, dass monatlich eine Eizelle reift.

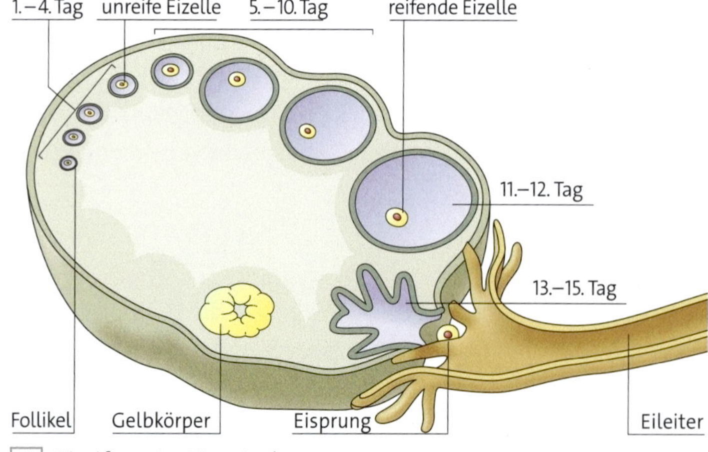

3 Eireifung im Eierstock

An die Reifung einer Eizelle schließt sich eine Blutung an. Bei den meisten Mädchen erfolgt die erste Eireifung mit anschließender Blutung zwischen dem 11. und 14. Lebensjahr. Daraufhin reift etwa 40 Jahre lang regelmäßig eine Eizelle. Die Blutung wird Regelblutung oder Menstruation genannt. Weil sich die Vorgänge im Körper von der Eireifung bis zur Menstruation wiederholen, spricht man von einem Kreislauf, einem Zyklus. Ein Zyklus dauert etwa 23 bis 35 Tage. Er kann aber auch länger oder kürzer sein.

Weiblicher Zyklus • In den Eierstöcken liegen unreife Eizellen in Bläschen vor, den Follikeln. → 3 Die Hormone der Hirnanhangsdrüse bewirken, dass in einem der beiden Eierstöcke eine Eizelle reift. → 4 Der Follikel wächst und produziert Östrogen. Dieses Hormon bewirkt, dass sich die Schleimhaut der Gebärmutter aufbaut.

die Regelblutung
die Menstruation
der Zyklus
der Eisprung

Nach etwa 14 Tagen platzt der Follikel und die reife Eizelle gelangt in den Eileiter. Diesen Vorgang nennt man Eisprung. Nun bewegt sich die Eizelle durch den Eileiter zur Gebärmutter. In dieser Zeitspanne könnte sie von einer Spermienzelle befruchtet werden. Nach dem Eisprung wird der geplatzte Follikel gelblich. Er wird daher Gelbkörper genannt. Der Gelbkörper bildet nur noch wenig Östrogen, dafür aber Progesteron. Das bewirkt den weiteren Aufbau und die stärkere Durchblutung der Gebärmutterschleimhaut. Eine befruchtete Eizelle könnte sich nun in der Gebärmutter weiterentwickeln. Falls die Eizelle nicht befruchtet wird, löst sich der Gelbkörper im Eierstock auf und es wird kein Progesteron mehr produziert. Die Gebärmutterschleimhaut löst sich ab und wird zusammen mit der Eizelle durch die Scheide ausgeschieden. Die Menstruation dauert meistens 4 bis 5 Tage.

Menstruationsbeschwerden • Viele Mädchen verspüren kurz vor Einsetzen der Menstruation ein Unwohlsein und ein Ziehen im Unterleib und Rücken. Mit Wärme, Ruhe und Kräutertees lassen sich die Beschwerden lindern. Reichen diese Mittel nicht, kann man seine Frauenärztin um Rat fragen.

Hygiene • Das Blut der Menstruation lässt sich mit Binden, Tampons oder einer Menstruationstasse auffangen. Wenn man sie richtig anwendet und regelmäßig wechselt, schützen sie sicher davor, dass Blut durchdringt.

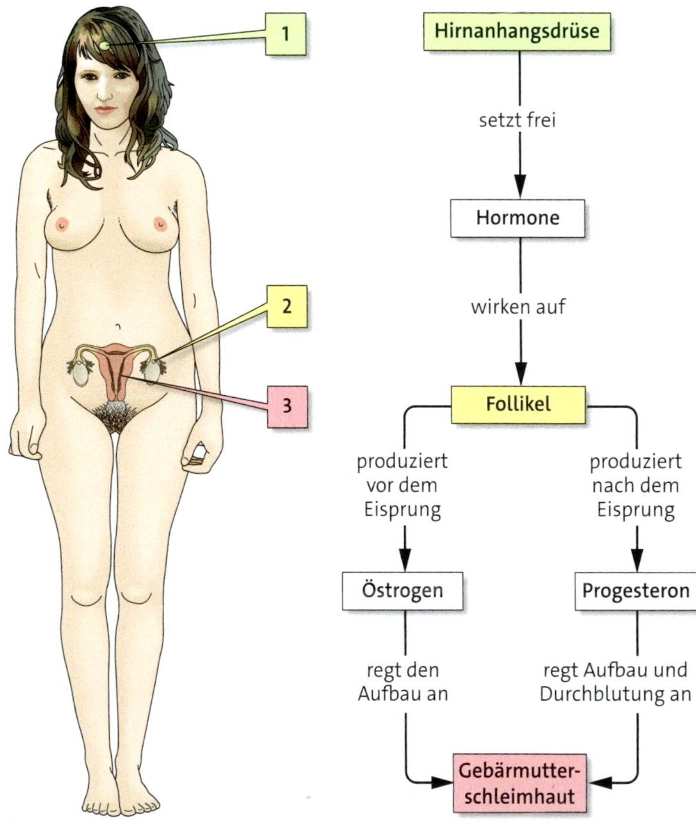

4 Der weibliche Zyklus wird durch Hormone gesteuert.

Der weibliche Zyklus wird durch Östrogen und Progesteron gesteuert. Wird die reife Eizelle nicht befruchtet, wird die aufgebaute Gebärmutterschleimhaut als Regelblutung ausgeschieden.

Aufgaben

1 ◩ Bringe die folgenden Vorgänge in die richtige Reihenfolge: Eisprung, Menstruation, Eireifung.

2 ☒ Erkläre, wieso man von einem weiblichen Zyklus spricht.

Der weibliche Zyklus

Material A

Zyklusverlauf

Der weibliche Zyklus wiederholt sich regelmäßig. Durch Hormone gesteuert baut sich die Gebärmutterschleimhaut jeden Monat einmal auf, um eine befruchtete Eizelle aufzunehmen. Wird die reife Eizelle nicht befruchtet, löst sich die Gebärmutterschleimhaut ab und wird bei der Menstruation durch die Scheide ausgeschieden.

1 ☒ Ordne die Bilder zum Verlauf des Zyklus in die richtige Reihenfolge. → 1

2 ☒ Beschreibe die jeweils abgebildeten Vorgänge in den weiblichen Geschlechtsorganen. Benutze die Fachwörter: Eizelle, Eierstock, Eileiter, Eisprung, Follikel, Gelbkörper, Gebärmutterschleimhaut, Menstruation.

3 ☒ Nenne die Zeitspanne, in der die Eizelle befruchtet werden kann.

4 ☒ Erkläre, welchen Unterschied es für die Entwicklung der Gebärmutterschleimhaut macht, ob die Eizelle befruchtet wird oder nicht.

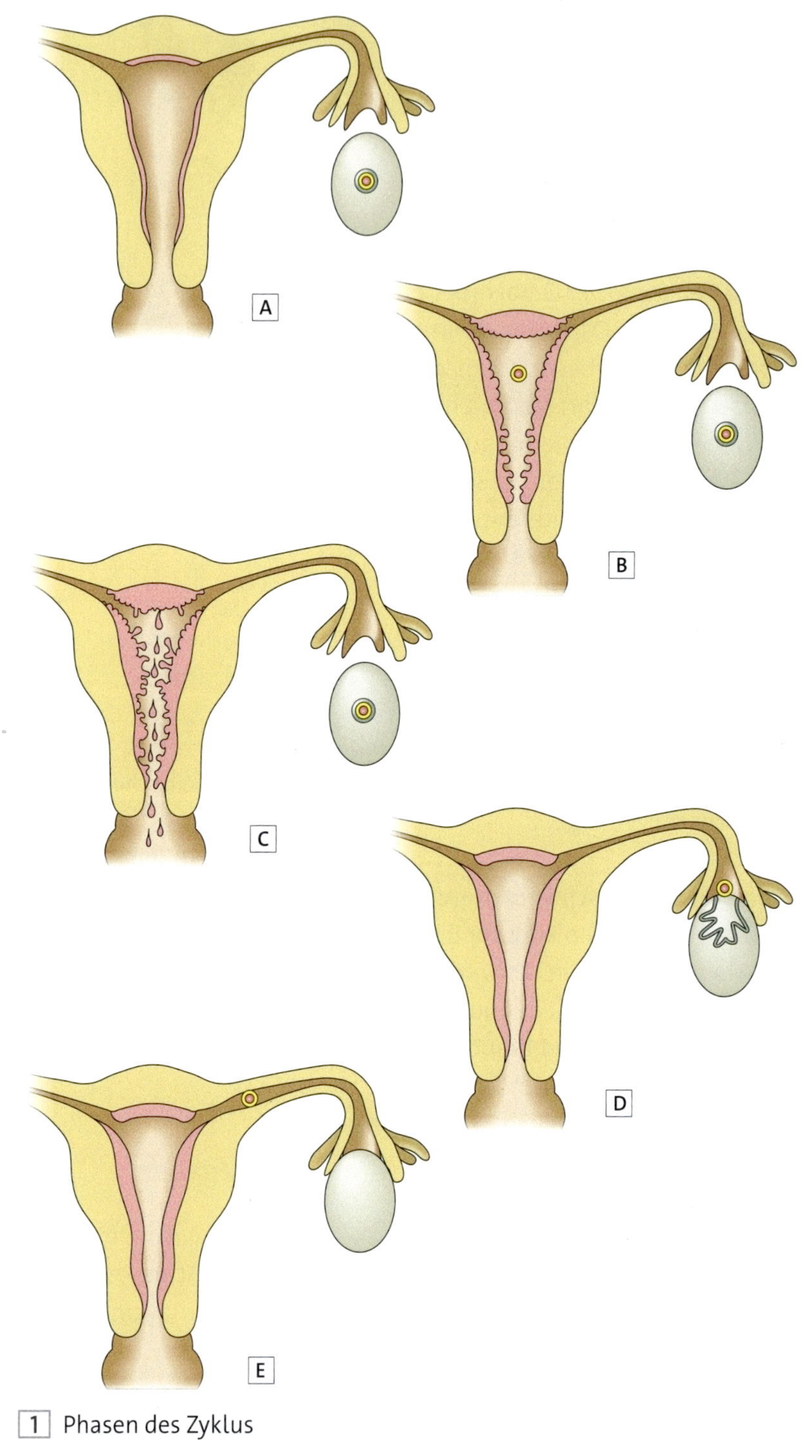

1 Phasen des Zyklus

Material B

Binden und Tampons

Viele Mädchen denken, dass sie während der Menstruation sehr viel Blut verlieren. Dabei sind es nur 50 bis 150 ml. Zudem befürchten sie, dass Binden oder Tampons das Blut nicht sicher auffangen.

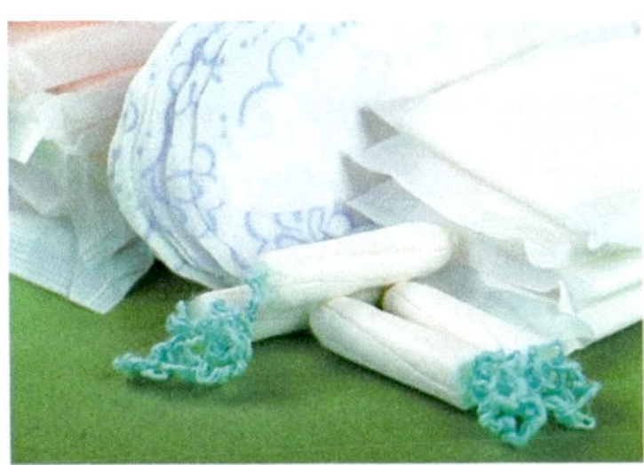

2 Binden und Tampons

Materialliste: Binden, Tampons, Becherglas, 200 ml Wasser

1 Untersuche die Binde.
a Beschreibe, wie die Binde verpackt ist. Erkläre.
b Nenne die Materialien, aus der die Binde besteht, in ihrer Abfolge von oben nach unten. Trage dafür Schicht für Schicht ab.
c Erkläre, wodurch die Binde einen Schutz gegen Durchbluten bietet.

2 Untersuche den Tampon.
a Beschreibe, wie der Tampon verpackt ist. Erkläre.
b Nenne die verwendeten Materialien.
c Erkläre, warum der Rückholfaden reißfest sein muss, und prüfe die Reißfestigkeit.

3 Schutz vor Durchbluten.
a Berechne, wie viel Blut täglich ausgeschieden wird, wenn eine Regelblutung 4 Tage anhält.
b Versetze eine Binde und einen Tampon mit der berechneten Wassermenge.
c Beurteile anhand deiner Untersuchung, ob Binden und Tampons vor Durchbluten schützen.

Material C

Steuerung des Zyklus

1 Beschreibe die Vorgänge im Eierstock.

2 Erkläre die Entwicklung der Konzentrationen von Östrogen und Progesteron im Laufe des Zyklus.

3 Beschreibe die Auswirkungen von Östrogen und Progesteron auf die Gebärmutterschleimhaut. Dabei hilft dir auch Bild 4 auf der Basisseite.

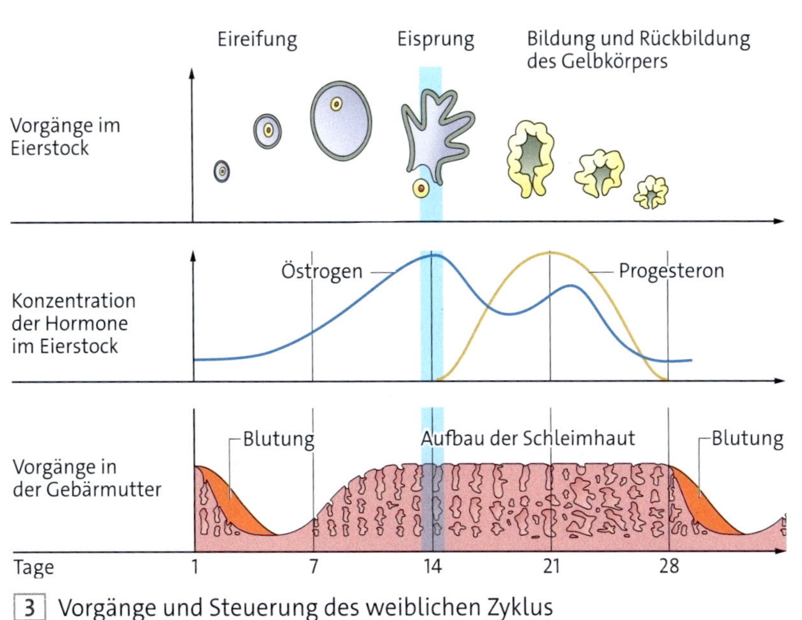

3 Vorgänge und Steuerung des weiblichen Zyklus

Geschlechtsverkehr

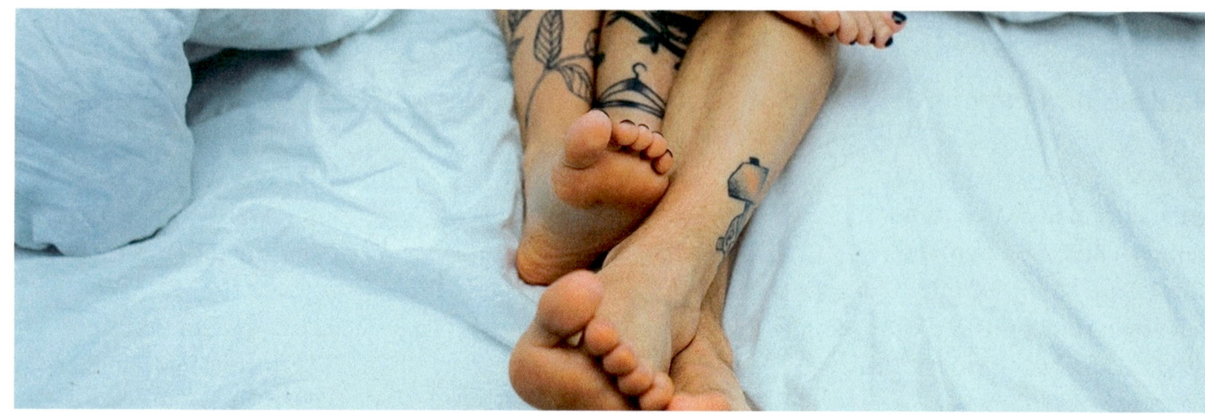

1 Verliebte genießen die Nähe zueinander.

Verliebte möchten sich nah sein. Daraus entsteht die Lust, sich zu berühren und miteinander zu schlafen.

Nähe und Lust • Aus dem Bedürfnis nach körperlicher Nähe kann sich mehr entwickeln. Das Küssen und Streicheln, auch an intimen Körperstellen, steigert die sexuelle Erregung. Man spricht dabei von Petting. Daraus kann die Lust entstehen, miteinander zu schlafen.

2 Unsicherheit vor dem ersten Mal – völlig normal

Sexuelle Erregung • Beim Mann führt die Erregung dazu, dass Blut in den Schwellkörpern des Penis gestaut wird. Der Penis wird steif und richtet sich auf. Dies nennt man Erektion. Schon dann werden über den Penis sogenannte Lusttropfen abgegeben, die Spermienzellen enthalten können. Bei der Frau führt die Erregung dazu, dass die Klitoris und die Schamlippen stärker durchblutet werden. Spezielle Drüsen sondern eine Flüssigkeit ab. Diese macht die Scheide feucht und gleitfähig. Dadurch kann der Penis leichter in die Scheide gleiten.

Das erste Mal • Hinter der Scheidenöffnung befindet sich ein dehnbares, löchriges Häutchen. Wird der Penis eingeführt, kann es so weit gedehnt werden, dass es einreißt. Das kann ein wenig bluten. Viele Mädchen fürchten sich beim ersten Mal vor dem Einreißen. Bei Unsicherheit hilft es, miteinander über seine Ängste zu reden. Wichtig ist, dass man sich in Ruhe aufeinander einlässt und entspannt ist.

das **Petting**
die **Erektion**
der **Orgasmus**
die **Ejakulation**

Orgasmus • Durch die Bewegungen beim Geschlechtsverkehr kann sich die sexuelle Erregung bis zum Höhepunkt, dem Orgasmus, steigern. Dabei ziehen sich die Muskeln in den Geschlechtsorganen rhythmisch zusammen und es entstehen Glücksgefühle. Beim Mann kommt es beim Orgasmus zum Ausstoßen des Spermas. Dies nennt man Ejakulation. Bei der Frau ziehen sich die Muskeln der Scheide und der Gebärmutter zusammen.
Oft müssen sich zwei Menschen erst aufeinander einstellen, damit beide einen Orgasmus erleben. Bei vielen Frauen dauert es länger, bis sie zum ersten Mal einen Orgasmus erleben. Sie müssen ihren Körper dafür erst besser kennenlernen.

Verschiedene Vorlieben • An welchen Körperstellen jemand berührt werden möchte und was als sexuell erregend empfunden wird, ist von Mensch zu Mensch unterschiedlich. Ein ehrlicher, vertrauensvoller Umgang miteinander hilft, sich aufeinander einzustellen. Man informiert sich gegenseitig über persönliche Vorlieben und darüber, was man nicht mag. → 3

Wichtig: Selbstbestimmung! • Ob man mit jemandem schlafen möchte und wann, entscheidet jeder Mensch selbst. Man sollte sich nicht drängen und überreden lassen, ebenso darf man selbst niemanden drängen oder überreden. Auch ein „liebevolles Überzeugen“ kann ein Drängen sein, das für die andere Person unangenehm ist.

3 Offen miteinander sprechen

Beim Geschlechtsverkehr wird der Penis in die Scheide eingeführt. Der Orgasmus führt zu angenehmen Gefühlen und beim Mann kommt es zur Ejakulation. Wichtig ist: Sexuelle Handlungen dürfen nur einvernehmlich erfolgen.

Aufgaben

1 Beschreibe die Vorgänge im Körper bei sexueller Erregung und beim Orgasmus.

2 Erkläre, warum es sehr wichtig ist, dass man sich zum Thema Geschlechtsverkehr ehrlich und vertrauensvoll miteinander austauscht. → 3

3 Deute die Aussage „Nein heißt Nein!“ im Hinblick auf Petting und Geschlechtsverkehr.

Geschlechtsverkehr

Material A

Unsicherheit und Ängste

Ob im Internet oder in Zeitschriften: überall bekommt man Informationen über Sex. Das weckt hohe Erwartungen und kann Unsicherheit und Ängste erzeugen.

1 ☒ Lies alle Aussagen in Bild 1. Wähle zwei Nachrichten aus. Schreibe eine kurze Antwort und mache darin Lösungsvorschläge.

2 In den Medien sieht und liest man viel darüber, wie Sex sein sollte und wie man sich dabei verhalten soll. ☒ Erläutere, welche persönlichen Probleme dadurch entstehen können.

Ich habe noch nie mit einem Jungen geschlafen. Ich habe Angst vor den Schmerzen. *A*

Wir haben jetzt schon öfter miteinander geschlafen. Wieso haben wir nicht immer einen Orgasmus miteinander? *B*

Ich habe eine neue Freundin, wir machen fast alles zusammen. Jetzt, nach zwei Wochen, möchte sie mit mir schlafen. Ich bin mir aber noch unsicher. *C*

Mein Freund will mit mir schlafen. Was ist, wenn ich ihm nackt nicht gefalle? *D*

Wir sind seit zwei Monaten zusammen, nun möchten wir miteinander schlafen. Wir haben aber Angst, uns doof anzustellen und etwas falsch zu machen. *E*

Ich bin total verliebt, meine Freundin ist megatoll. Ich habe Angst, keinen hochzukriegen. *F*

1

Material B

Okay oder nicht okay?

1 ☒ Beschreibe die Bilder 2–5.

2 ☒ Beschreibe mögliche Reaktionen auf die dargestellten Situationen.

3 ☒ Nenne Verhaltensweisen, die aus deiner Sicht nicht okay sind.

4 ☒ Nenne Möglichkeiten, um für dich unangenehme Situationen zu lösen.

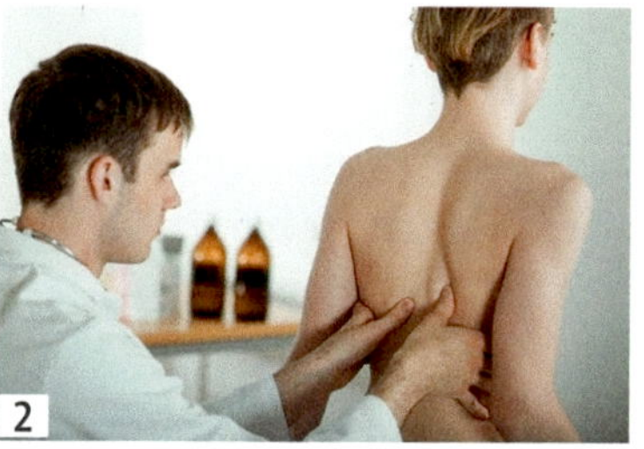
2

3

4

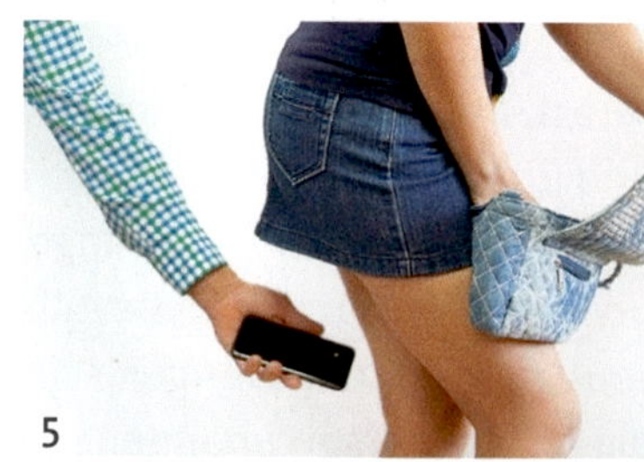
5

Erweitern und Vertiefen

Sexueller Missbrauch

6 Opfer von sexuellem Missbrauch fühlen sich häufig isoliert und hilflos.

Krimineller Akt • Es ist nach dem Strafgesetz verboten, eine Person gegen ihren Willen anzufassen oder sexuelle Handlungen an oder vor ihr vorzunehmen. Dieses Verbot gilt auch, wenn eine Person nicht zustimmen kann, weil sie dazu körperlich, geistig oder sprachlich nicht in der Lage ist.

Kinder und Jugendliche • Kinder bis 14 Jahre können rechtlich gesehen nicht in sexuelle Handlungen einwilligen. Das heißt, auch wenn ein Kind den Handlungen zustimmen würde, wären sie strafbar. Es ist außerdem verboten, Kindern Pornografie, zum Beispiel Nacktbilder, zu zeigen. An Jugendlichen sind sexuelle Handlungen verboten, wenn sie der sexuellen Selbstbestimmung widersprechen, wenn sie gegen eine Gegenleistung wie Geld erfolgen oder wenn ein Abhängigkeitsverhältnis ausgenutzt wird. Innerhalb der Familie, in der Schule, im Verein oder im Ausbildunsbetrieb gilt ein besonderer gesetzlicher Schutz vor sexuellem Missbrauch.

Hilfe • Täter drängen ihre Opfer meistens zur Geheimhaltung. Doch Menschen, denen sexuelle Gewalt widerfahren ist, sollten sich unbedingt an eine Person wenden, der sie vertrauen – auch wenn der Vorfall vielleicht schon länger zurückliegt. Möchte man anonym bleiben, kann man sich auch an das kostenlose Hilfe-Telefon wenden: 0800 22 55 530.

Sexuelle Handlungen sind unter verschiedenen Umständen strafbar, zum Beispiel wenn sie gegen den Willen einer Person oder an Kindern vorgenommen werden. Betroffene können sich anonym Hilfe holen.

Aufgaben

1 Erläutere, was § 177 aus dem Strafgesetzbuch über die Strafbarkeit von sexuellen Handlungen aussagt.

§ 177 StGB – Auszug aus dem Strafgesetzbuch
(1) Wer gegen den (...) Willen einer anderen Person sexuelle Handlungen an dieser Person vornimmt oder von ihr vornehmen lässt (...), wird (...) bestraft.
(2) Ebenso wird bestraft, wer sexuelle Handlungen an einer anderen Person vornimmt oder von ihr vornehmen lässt (...), wenn
1. der Täter ausnutzt, dass die Person nicht in der Lage ist, einen entgegenstehenden Willen zu bilden oder zu äußern, ...

2 Beschreibe, was als sexueller Missbrauch bei Kindern und bei Jugendlichen gilt.

3 Beschreibe, wo Opfer von sexuellem Missbrauch Hilfe finden können.

Verhütung

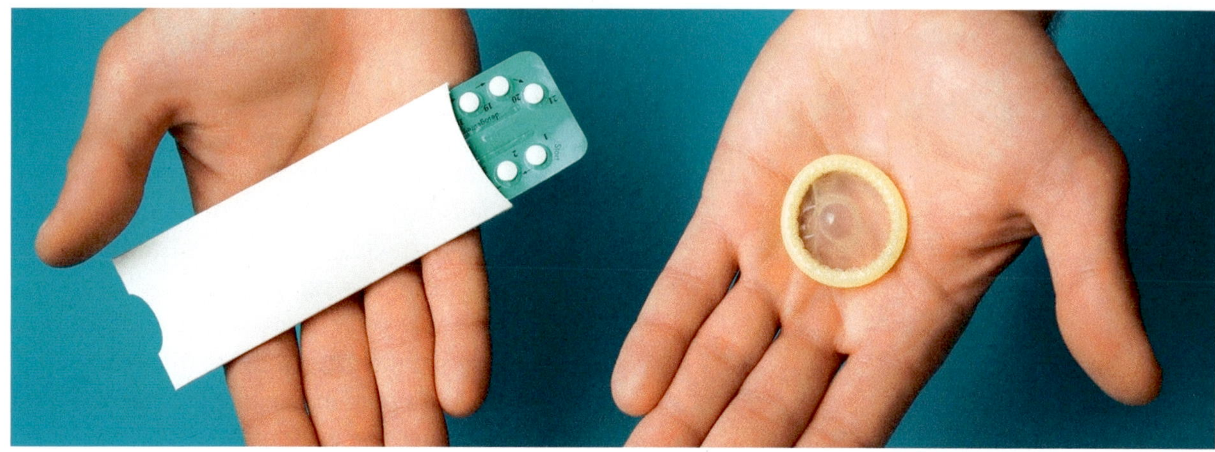

[1] Antibaby-Pille und Kondom

Beim Stichwort Verhütung denkst du vielleicht an das Kondom oder die Antibaby-Pille. Wie schützen sie vor einer ungewollten Schwangerschaft?

Verhüten – aber womit? • Es gibt viele Möglichkeiten, eine ungewollte Schwangerschaft zu verhindern. Beide Partner sollten sich darüber informieren und dann gemeinsam über ihre Verhütung entscheiden. → [1]

Kondom • Das Kondom besteht aus einer dünnen Gummihaut und wird vor dem Geschlechtsverkehr über den steifen Penis gerollt. Die Spermienzellen gelangen so nicht in die Scheide. Wenn sie richtig angewendet werden, sind Kondome ein sehr sicheres Verhütungsmittel. Sie schützen nicht nur vor einer ungewollten Schwangerschaft, sondern auch vor einer Ansteckung mit Krankheitserregern beim Geschlechtsverkehr. Sie können rezeptfrei in der Apotheke, in der Drogerie oder im Supermarkt gekauft werden.

Antibaby-Pille • Die Antibaby-Pille, kurz Pille, wird von der Frauenärztin verschrieben und enthält die weiblichen Geschlechtshormone Östrogen und Gestagen. Durch die Einnahme wird die Bildung von Hormonen im Zwischenhirn, in der Hirnanhangsdrüse und in den Eierstöcken beeinflusst. Dadurch wird die Reifung der Eizelle im Eierstock verhindert und es findet kein Eisprung statt. → [2] Zudem wird der Aufbau der Gebärmutterschleimhaut verhindert und der Schleim am Muttermund wird so verändert, dass keine Spermienzellen durchdringen können. Man muss die Antibaby-Pille täglich einnehmen. Wird sie richtig eingenommen, schützt sie sicher vor einer ungewollten Schwangerschaft.

Minipille • Es gibt auch eine Minipille, die nur das Hormon Gestagen enthält. Diese hat weniger Nebenwirkungen als die Antibaby-Pille, muss aber täglich zur gleichen Uhrzeit eingenommen werden.

das Kondom
die Antibaby-Pille
der Coitus interruptus
die „Pille danach“

Kalendermethode • Manche Frauen berechnen mithilfe eines Kalenders ihre fruchtbaren Tage. Dafür messen sie täglich ihre Körpertemperatur, denn mit dem Eisprung steigt diese leicht an. Zusätzlich beobachten sie weitere körperliche Anzeichen, die auf den Eisprung schließen lassen. Diese Methode erfordert Disziplin und einen regelmäßigen Zyklus, der oft in der Pubertät noch nicht vorhanden ist. Zudem beeinflussen viele andere Faktoren die Körpertemperatur, zum Beispiel Stress oder Alkohlkonsum. Daher ist die Kalendermethode für Jugendliche nicht gut geeignet.

„Ich passe schon auf“ • Beim Coitus interruptus, dem unterbrochenen Geschlechtsverkehr, zieht der Mann vor der Ejakulation den Penis aus der Scheide. Das ist jedoch keine sichere Verhütungsmethode, denn schon vor dem Orgasmus werden über den Penis Lusttropfen mit Spermienzellen abgegeben. Dies reicht aus, damit es zu einer ungewollten Schwangerschaft kommt. Daher eignet sich die Methode nicht zur Verhütung.

Die „Pille danach“ • Merkt man nach dem Geschlechtsverkehr, dass die Verhütung nicht sicher war, zum Beispiel weil das Kondom gerissen ist oder die Einnahme der Antibaby-Pille vergessen wurde, kann die „Pille danach“ helfen. Sie wird nur im Notfall einmalig genommen. Um eine Schwangerschaft zu verhindern, muss man sie zeitnah nach dem Geschlechtsverkehr nehmen.

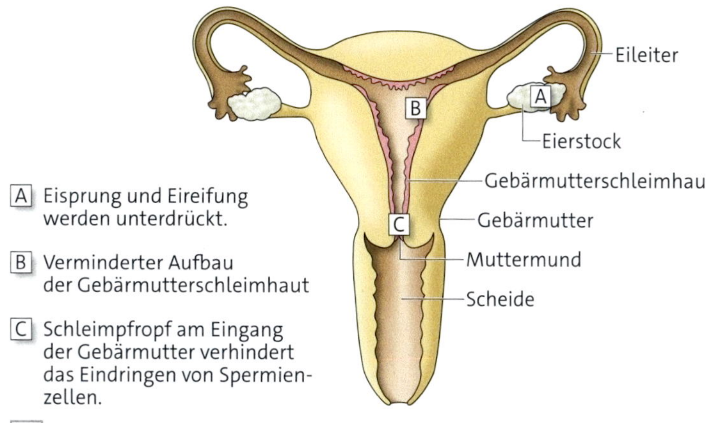

2 Wirkung der Antibaby-Pille

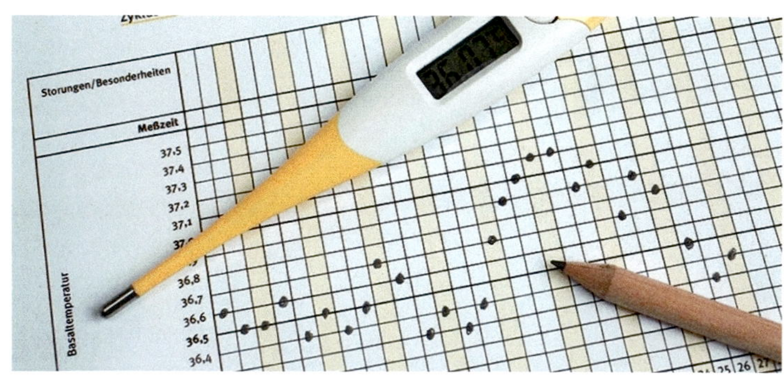

3 Temperaturkalender

Verhütung ist Aufgabe beider Partner. Der verantwortungsvolle Umgang mit Verhütungsmitteln schützt vor einer ungewollten Schwangerschaft.

Aufgaben

1 ◪ Nenne verschiedene Mittel und Methoden zur Verhütung.

2 ⊠ Begründe, welche Formen der Verhütung sich für Jugendliche eignen.

3 „Verhütung geht beide an!“
⊠ Beurteile die Aussage.

Verhütung

Material A

Verhütung – weshalb?

Verhütung ist wichtig, um die Sexualität zu genießen und den „richtigen" Zeitpunkt für Kinder planen zu können.

1

1 Bildet kleine Gruppen oder tut euch zu zweit zusammen.

a Notiere, was ein Paar vor und während des Geschlechtsverkehrs beachten sollte, wenn es keine Kinder haben möchte.

b Notiere, welche Methoden sich nicht eignen, um einer ungewollten Schwangerschaft vorzubeugen.

c Besprecht eure Notizen in der Gruppe.

2 Diskutiert in der Gruppe, wie man das Thema Verhütung gegenüber dem Partner ansprechen könnte.

Material B

Kondome – nur richtig angewendet schützen sie

Materialliste: Penismodelle, Kondome

Das Kondom wird vor dem Geschlechtsverkehr über den steifen Penis gerollt. Dabei hält die eine Hand es an der Spitze fest, die andere Hand rollt es ab. Das Kondom fängt die Spermienzellen in einem Reservoir an der Spitze auf. Der Penis wird vor dem Erschlaffen aus der Scheide gezogen. Dabei hält eine Hand das Kondom oben am Ring fest. Dann wird das Kondom vom Penis etwas abgerollt, bis es sich leicht abziehen lässt.

1 Übt in Kleingruppen mit je einem Penismodell nacheinander, wie das Kondom auf den Penis gerollt und wieder entfernt wird. → 2 Beschreibt, was bei der Anwendung zu beachten ist.

2 Erklärt, wann und wieso Kondome nicht mehr ausreichend schützen. → 3

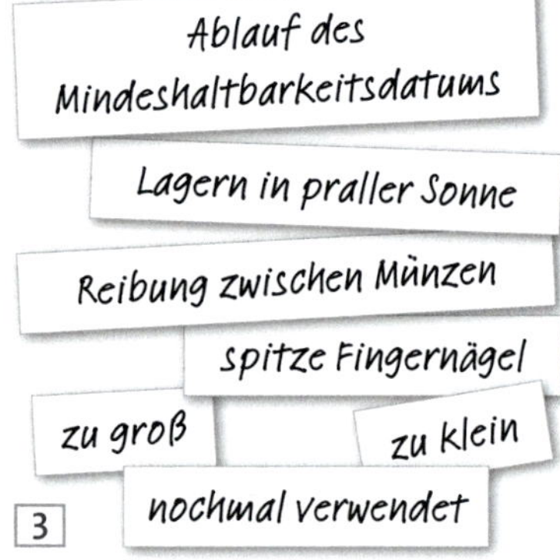

3

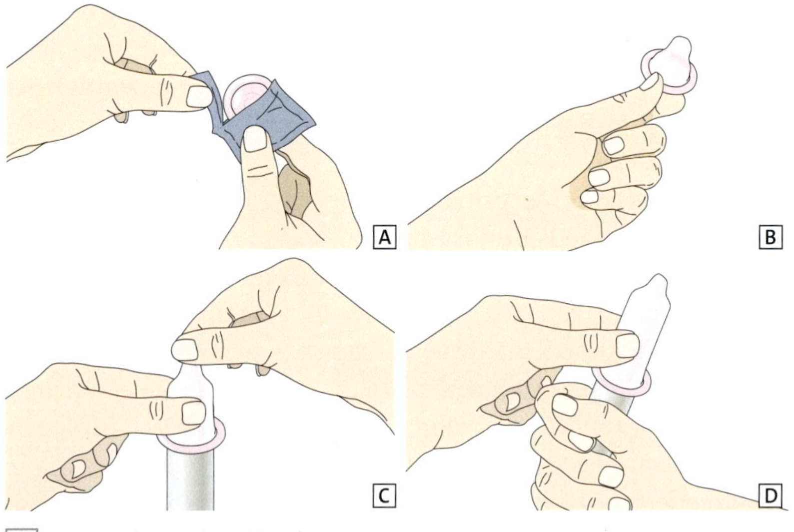

2 Anwendung eines Kondoms

Material C

Vielfalt der Verhütungsmittel

Neben dem Kondom und der Antibaby-Pille gibt noch eine Vielzahl anderer Verhütungsmittel, die auf verschiedene Weise wirken. → 4

1 Beschreibe anhand der Spickzettel die Anwendung und Wirkungsweise von zwei Verhütungsmitteln.

2 Stelle Vermutungen zu den jeweiligen Vorteilen und Nachteilen der Verhütungsmittel an. Dazu findest du auch Informationen im Internet.

Hormon-Pflaster: wird auf eine Hautstelle am Oberkörper geklebt, muss wöchentlich gewechselt werden, gibt Östrogen und Gestagen ab, Wirkung vergleichbar mit der Antibaby-Pille

Kupfer-Spirale: kleiner Kunststoff-Anker mit Kupferdraht, wird von der Frauenärztin in die Gebärmutter eingesetzt, gibt Kupfer-Ionen ab, verändert so die Gebärmutterschleimhaut und den Schleim am Muttermund und hemmt die Bewegung der Spermienzellen, wirkt bis zu 5 Jahre, jährliche Kontrollen

Diaphragma: biegsamer Ring mit Gummihaut, wird von der Frauenärztin an die Scheidenform angepasst, wird kurz vor dem Geschlechtsverkehr mit einem chemischen Verhütungsmittel in die Scheide vor dem Muttermund eingesetzt, verhindert so das Eindringen von Spermienzellen

Chemische Verhütungsmittel: als Zäpfchen, Gel, Creme oder Schaum erhältlich; machen die Spermienzellen bewegungsunfähig oder töten sie ab, schützen nur in Kombination mit einem Kondom oder Diaphragma

4 Verschiedene Verhütungsmittel

Material D

Pearl-Index

Verhütungsmethode	Pearl-Index
Hormon-Pflaster	0,7–0,9
Kalendermethode	9
Kupfer-Spirale	0,3–0,8
Coitus interruptus	4–18
Diaphragma	1–20
Kondom	2–12
Antibaby-Pille	0,1–0,9

5 Pearl-Index

Der Pearl-Index gibt an, wie zuverlässig eine Verhütungsmethode ist. Der Wert sagt aus wie viele Frauen von 100 Frauen schwanger wurden, die mit der entsprechenden Methode ein Jahr lang verhütet hatten. Je niedriger der Pearl-Index ist, desto höher ist die Zuverlässigkeit einer Verhütungsmethode.

1 Ordne die Verhütungsmethoden nach ihrer Zuverlässigkeit.

2 Stelle Vermutungen an, weshalb der Pearl-Index bei einigen Methoden unterschiedlich große Spannen angibt.

Sexuell übertragbare Krankheiten

1 Wie im Rausch: Verlangen zwischen zwei Jugendlichen

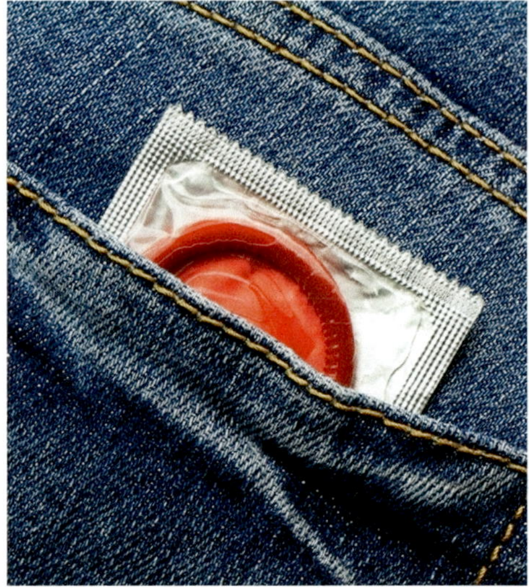

2 Kondome bieten Schutz.

Sex lässt sich nicht immer planen. Doch das Risiko, sich beim Geschlechtsverkehr mit Krankheiten anzustecken, ist hoch. Wie kann man sich schützen?

Ansteckung • Bei sexuellen Kontakten wie Geschlechtsverkehr und Oralverkehr kann man sich mit Erregern wie Bakterien, Viren, einzelligen Pilzen und Parasiten anstecken. Die Erreger befinden sich in Körperflüssigkeiten wie Sperma, Scheidenflüssigkeit, Blut oder Speichel. Sie können über kleine Verletzungen oder über die Schleimhäute, die sich im Mund, am Penis, in der Scheide und im Darm befinden, in den Körper gelangen. Manche Erreger werden auch beim Küssen oder beim Petting übertragen. Die Erreger lösen verschiedene Krankheiten aus, die man als sexuell übertragbare Krankheiten oder auch STD (engl.: sexually transmitted diseases) bezeichnet. → 3 Das Risiko der Ansteckung besteht bei heterosexuellen und homosexuellen Kontakten.

Symptome • Brennen, Jucken, Hautausschläge und Rötungen im Intimbereich, schlecht riechender Ausfluss aus der Scheide oder aus dem Penis und Schmerzen im Unterleib sowie beim Wasserlassen können Anzeichen für eine Ansteckung sein.

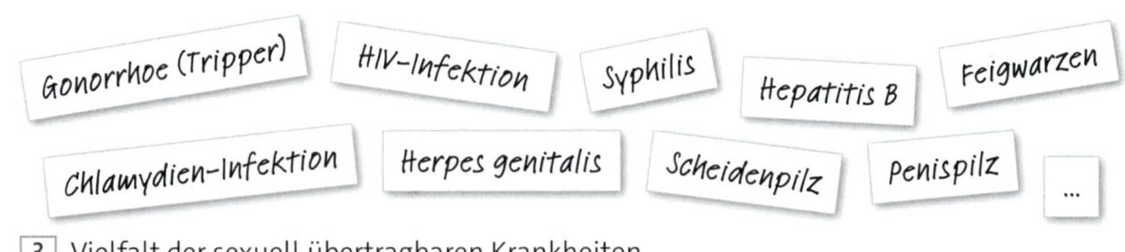

3 Vielfalt der sexuell übertragbaren Krankheiten

die sexuell übertragbare Krankheit
STD
Safer Sex

Auch Hautveränderungen an anderen Körperstellen, Abgeschlagenheit und Fieber können auf eine Ansteckung hinweisen. Schon beim ersten Anzeichen einer Ansteckung muss man sexuelle Handlungen mit anderen unterlassen, da man sie anstecken kann. Manche Krankheiten verlaufen zunächst ohne Anzeichen.

Behandlung • Viele der sexuell übertragbaren Krankheiten lassen sich mit Medikamenten gut heilen, wenn sie frühzeitig behandelt werden. Deshalb sollte man beim Verdacht auf eine mögliche Ansteckung schnell eine Arztpraxis aufsuchen. Dort wird der Befund durch einen Abstrich, eine Urinprobe oder einen Bluttest abgeklärt. → 4 Ist eine Person erkrankt, mit der man Sexualkontakt hat oder hatte, muss man sich ebenfalls untersuchen lassen. Nur so kann man sicherstellen, dass man gesund ist oder wieder gesund wird und dass es nicht zu einer weiteren Ansteckung kommt.

Schutz durch Safer Sex • Es gibt viele Maßnahmen, durch die man das Risiko einer Ansteckung mit sexuell übertragbaren Krankheiten verringern kann. Man fasst sie unter dem Begriff Safer Sex zusammen. Dazu zählt unter anderem die Verwendung eines Kondoms beim Geschlechtsverkehr. Auch beim Oralverkehr beim Mann sollte ein Kondom über den Penis gerollt werden. Für den Oralverkehr bei einer Frau gibt es Schutztücher, die über die Scheide gelegt werden.

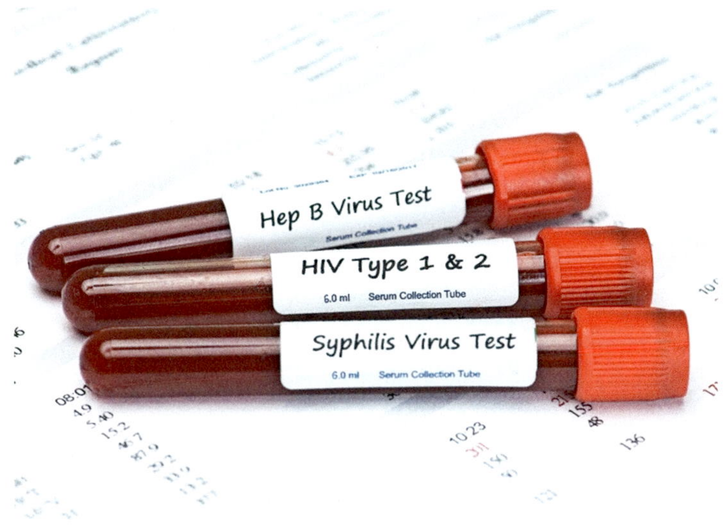

4 Bluttests zur Abklärung einer möglichen Ansteckung

Safer Sex ist nicht nur wichtig, wenn man die andere Person nicht gut kennt. Auch in längeren Beziehungen sind Schutzmaßnahmen sinnvoll, weil manche Krankheiten zunächst ohne Symptome verlaufen, aber trotzdem ansteckend sind.

Bei sexuellen Handlungen kann man sich mit Krankheitserregern anstecken. Das Risiko kann durch Maßnahmen wie die Verwendung eines Kondoms verringert werden.

Aufgaben

1 Erkläre, was man unter einer sexuell übertragbaren Krankheit versteht.

2 Beschreibe zwei mögliche Wege, wie man sich anstecken kann.

3 Beschreibe Schutzmaßnahmen.

Sexuell übertragbare Krankheiten

Material A

Chlamydien-Infektion • Chlamydien sind Bakterien, die zu Entzündungen in den Geschlechtsorganen, in der Harnröhre und im Darm führen können. Sie werden über Schleimhäute, Sperma oder Scheidenflüssigkeit übertragen. Nach einer Ansteckung treten häufig keine oder nur leichte Symptome auf. Dazu zählen Ausfluss aus der Scheide oder dem Penis, Schmerzen beim Sex und Brennen beim Wasserlassen. Zur Behandlung werden Antibiotika eingesetzt. Diese hemmen oder töten die Bakterien. Ohne Behandlung können die Entzündungen zur Unfruchtbarkeit führen. Bei schwangeren Frauen kann eine Ansteckung zu Früh- oder Fehlgeburten führen.

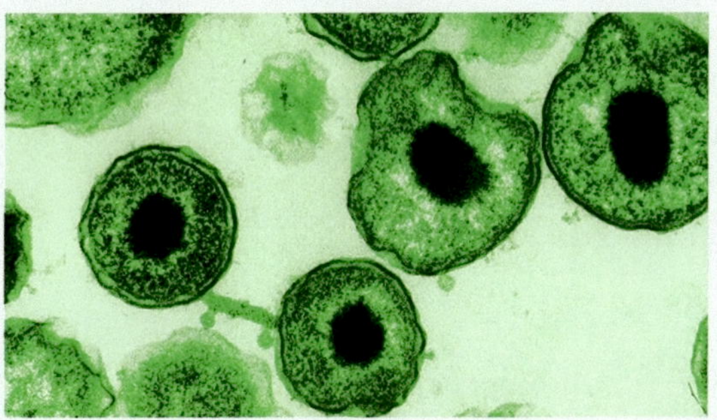

1 Chlamydien im Elektronenmikroskop

Humane Papillom-Viren (HPV) • Zu dieser Gruppe zählen verschiedene Virustypen. Sie vermehren sich in den Zellen der Haut und Schleimhäute und werden beim Kontakt übertragen. Oft bleibt eine Ansteckung unbemerkt, heilt von selbst und hat keine Folgen. Manche Viren führen zur Bildung von Warzen im Intimbereich, die sich mit Salben behandeln lassen. Bestimmte Viren erhöhen das Krebsrisiko, vor allem an der Gebärmutter, aber auch am Penis, im Mund und im Rachen. Gegen die gefährlichsten Virustypen schützt eine Impfung. Sie wird für alle Jugendlichen empfohlen und sollte möglichst vor dem ersten Sexualkontakt erfolgen.

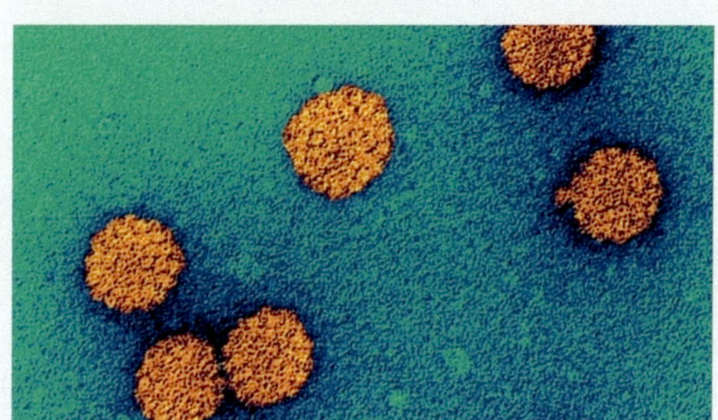

2 HPV im Elektronenmikroskop

Bakterien und Viren – sexuell übertragbar

Viele sexuell übertragbare Krankheiten werden durch Bakterien oder durch Viren ausgelöst. Die häufigsten Erkrankungsfälle weltweit und in Deutschland werden durch eine Ansteckung mit Chlamydien oder Humanen Papillom-Viren verursacht. → 1 2

Name der Krankheit:
Erreger:
Übertragung:
Symptome:
Behandlung:
Folgen ohne Behandlung:
Schutzmaßnahmen:

3

1 Fertige zu den sexuell übertragbaren Krankheiten Steckbriefe an. → 1 2
Übernimm die Oberbegriffe aus Bild 3.

2 Erkläre, wieso sich in einer Beziehung beide Partner untersuchen lassen müssen, wenn eine Person Symptome feststellt.

Material B

Hilfe, angesteckt!

Hepatitis B zählt zu den weltweit häufigsten Infektionskrankheiten. Eine Impfung bietet Schutz, doch viele Menschen sind nicht geimpft.

1 ◩ Beschreibe die Krankheitsgeschichte der Person im Hinblick auf die Übertragung, die Symptome und die Heilung von Hepatitis B.

2 ⊠ Beschreibe, wie die Person beim Arzt behandelt und aufgeklärt wurde.

„Ich dachte ich hätte mir eine Grippe eingefangen, als ich mich schlapp fühlte und Fieber bekam. Doch einige Tage später kam der Schock: Meine Augen wirkten plötzlich gelblich. Ich bin dann sofort zum Arzt gegangen. Der hatte direkt einen Verdacht, den er durch einen Bluttest prüfte. Dann stand der Befund fest: In meinem Blut wurden Hepatitis-B-Viren und dazu passende Antikörper festgestellt. Die Viren führen zu einer Entzündung der Leber, wodurch die Abfallstoffe im Körper nicht mehr richtig abgebaut werden – daher die gelben Augen. Der Arzt fragte mich, wann ich zuletzt Geschlechtsverkehr hatte. Mir war es echt peinlich zu erzählen, dass ich letztens jemanden spontan mit nach Hause genommen habe. Der Arzt war aber total verständnisvoll und erklärte mir, dass die Viren meistens sexuell übertragen werden, und zwar über Sperma, Scheidenflüssigkeit oder Speichel. Ich bekam erstmal keine Medikamente, weil die Krankheit fast immer von selbst heilt. Tatsächlich gingen die Symptome zurück und bei der Kontrolluntersuchung gab es Entwarnung. Ich hatte nochmal Glück, aber der Arzt sagte, dass die Erkrankung auch schlimmer verlaufen und zu Leberschäden und Leberkrebs führen kann. Er warnte mich, dass es außerdem viele weitere Krankheiten gibt, die sexuell übertragbar sind. Eines steht für mich fest: Ab jetzt mache ich es nur noch mit Kondom!"

Charlie, 19 Jahre

Material C

HI-Viren lösen Aids aus

Die Krankheit Aids wird durch HI-Viren ausgelöst, die Zellen des Immunsystems zerstören. Diese werden am häufigsten bei Vaginalverkehr und Analverkehr übertragen. Nach der Ansteckung treten oft grippeähnliche Symptome auf. → 4 Darauf folgt eine Phase ohne Symptome, in der das Immunsystem die Vermehrung der Viren kontrollieren kann. Daher kommt es vor, dass Personen HI-Viren in sich tragen, ohne davon zu wissen.

1 ⊠ Erkläre mithilfe von Bild 5 die Gefährlichkeit einer Ansteckung mit dem HI-Virus.

2 ⊠ Begründe, in welchen Fällen man sich auf den HI-Virus testen lassen sollte.

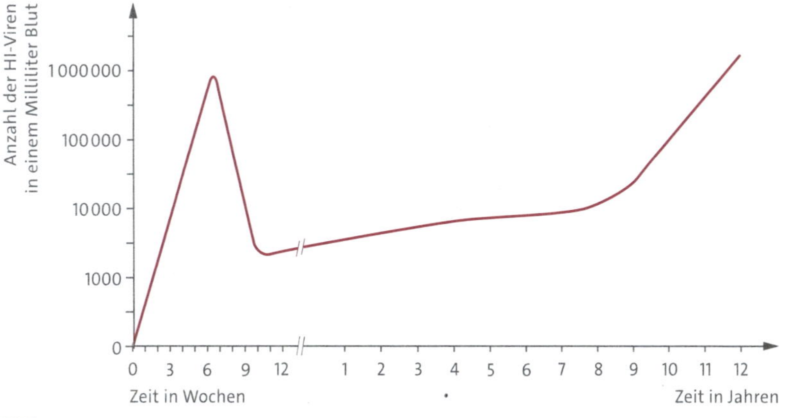

4 Verlauf nach einer Ansteckung mit HI-Viren

Schwangerschaft und Geburt

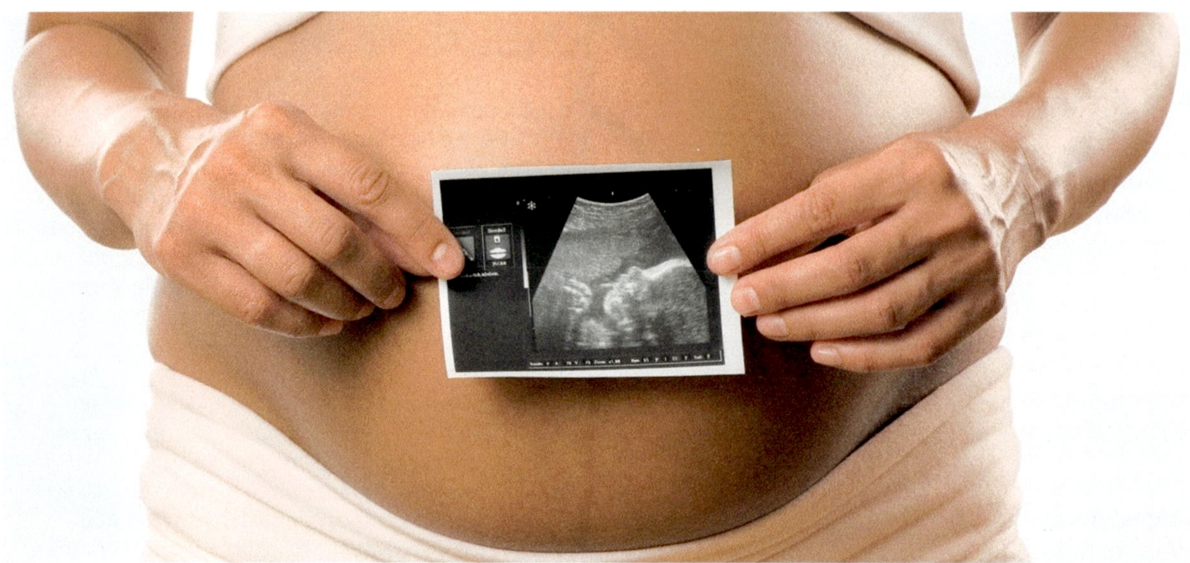

1 Im Bauch der schwangeren Frau wächst ein Kind heran, das man auf dem Ultraschallbild sehen kann.

Es wirkt wie ein Wunder, dass aus einer Eizelle und einer Spermienzelle innerhalb von 9 Monaten ein neuer Mensch entsteht. Wie entwickelt sich ein Kind im Bauch einer schwangeren Frau?

Befruchtung • Nach dem Eisprung wandert die Eizelle durch den Eileiter. → 2 Verschmilzt sie im Eileiter mit einer Spermienzelle, kann es zu einer Schwangerschaft kommen.
Bei der Verschmelzung von Eizelle und Spermienzelle entsteht die Zygote. Den Vorgang nennt man Befruchtung. Noch im Eileiter teilt sich die Zygote mehrfach, bis ein vielzelliger Keim entstanden ist. Die Flimmerhärchen des Eileiters transportieren ihn zur Gebärmutter. Der Keim entwickelt sich weiter zu einer hohlen Zellkugel, dem Bläschenkeim. Der Bläschenkeim setzt sich in der Gebärmutterschleimhaut fest. Das nennt man Einnistung.

Der Embryo • Der Bläschenkeim entwickelt sich weiter zum Embryo. Der Embryo entwickelt sich in der Gebärmutter gut geschützt im Fruchtwasser der Fruchtblase. Vier Wochen nach der Befruchtung ist er wenige Millimeter groß, doch sein Herz schlägt schon. Nach acht Wochen sind alle Organe und die Gliedmaßen angelegt. → 3 Das Gesicht beginnt sich zu formen. Man erkennt den Mund, die Nase und die Augenhöhlen. Der Embryo ist nun etwa so groß wie eine Weintraube.

Der Fetus • Ab der 9. Woche spricht man vom Fetus. In den kommenden Wochen entwickeln sich die Organe weiter. Die Knochen und Gliedmaßen bilden sich aus. Nun kann die Mutter erstmals die Bewegungen des Fetus spüren. Er wächst schnell und nimmt zu. Das Geschlecht lässt sich über ein Ultraschallbild feststellen. → 1

Basiskonzept

Entwicklung
→ Umschlag hinten
Im Bauch einer schwangeren Frau entwickelt sich ein Kind. Es verändert sich im Verlauf der Schwangerschaft enorm.

die Zygote
die Befruchtung
die Einnistung
der Embryo
der Fetus

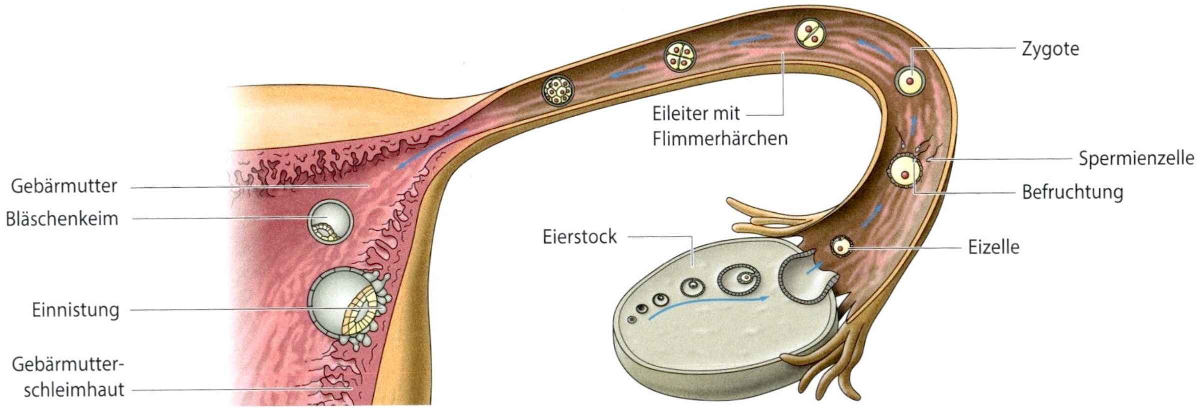

2 Von der Befruchtung bis zur Einnistung

Mit etwas Glück kann man sehen, wie der Fetus strampelt, am Daumen lutscht, gähnt oder schluckt. Etwa ab der 23. Woche ist das Gehör so weit ausgebildet, dass der Fetus Geräusche wahrnimmt, zum Beispiel die Stimme der Mutter. → 4

Geburt • Etwa 38 Wochen nach der Befruchtung lösen Hormone bei der Frau Wehen aus. Dabei zieht sich die Muskulatur der Gebärmutter in kürzer werdenden Abständen zusammen und der Muttermund öffnet sich. Die Fruchtblase platzt und der Kopf des Kindes wird in die Scheide gedrückt. Wehen schieben das Kind durch den Geburtskanal nach außen.
Einige Kinder werden auch durch eine Operation aus dem Bauch der Mutter geholt. Dies nennt man Kaiserschnitt.

Nach der Befruchtung und der Einnistung entwickelt sich das Kind in der Gebärmutter. Etwa 38 Wochen nach der Befruchtung wird die Geburt durch Wehen eingeleitet.

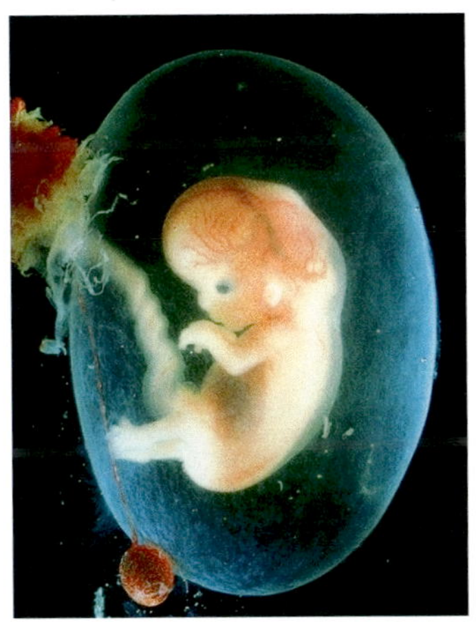

3 Embryo in der 8. Woche

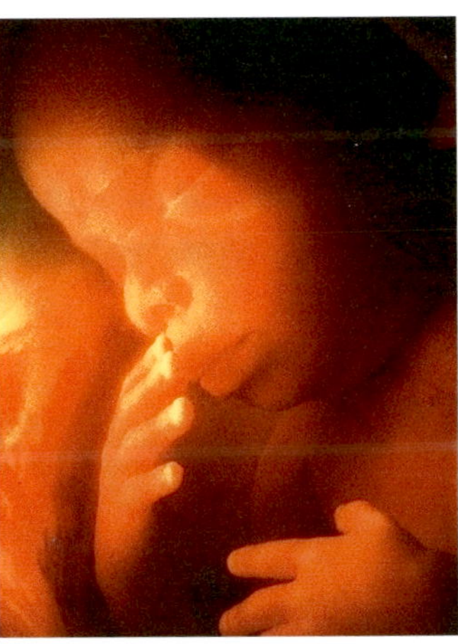

4 Fetus in der 23. Woche

Aufgaben

1 Erläutere die Begriffe Befruchtung und Einnistung.

2 Beschreibe, in welchem Zeitraum eine Eizelle befruchtet werden kann.

3 Beschreibe den Ablauf der Geburt.

4 Erkläre den Unterschied zwischen natürlicher Geburt und Kaiserschnitt.

Schwangerschaft und Geburt

Material A

Entwicklung des Kindes

1 Gib an, in welchen Zeiträumen man von Embryo oder von Fetus spricht.

2 Beschreibe, wie sich das Aussehen und die Körperlänge des Kindes im Laufe der Schwangerschaft verändern. → 1

3 Beschreibe die Entwicklungszeiträume der verschiedenen Organe und Organsysteme. → 1

4 Leite ab, wieso die ersten 12 Wochen der Schwangerschaft die empfindlichste Zeit für die Entwicklung des Kindes sind. → 1

5 Erkläre, was eine Frühgeburt ist. → 2

6 Gib an, ab wann ein Kind als Frühgeburt mit der entsprechenden medizinischen Versorgung überlebensfähig ist. Erkläre, warum es in der Regel bei einer früheren Geburt nicht lebensfähig ist.

Frühgeburt Kommt ein Kind auf die Welt, obwohl seit der Befruchtung weniger als 35 Wochen vergangen sind, spricht man von einer Frühgeburt. Kinder, die früher als 20 Wochen nach der Befruchtung geboren werden, sind in der Regel nicht lebensfähig. Danach steigt die Überlebenswahrscheinlichkeit mit der Schwangerschaftsdauer. Dabei spielt die bereits erreichte Lungenreife eine wichtige Rolle.

2

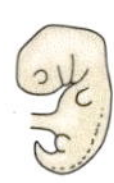
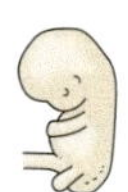
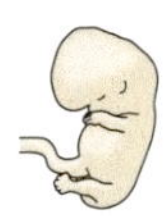

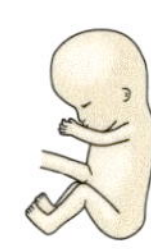

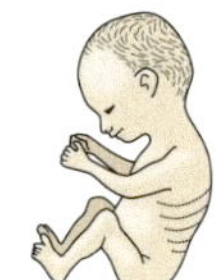

Wochen nach der Befruchtung	1–4	5–8	9–12	13–17	18–21	22–25	26–38			
Bezeichnung	Embryo		Fetus							
Körperlänge in cm	<1	2	9	16	25	30	35	40	45	52
Körperliche Entwicklung	Anlage der Organe		weitere Entwicklung und Wachstum der Organe							
Gliedmaßen										
Herz										
Nervensystem										
Lunge										
Augen										
Ohren										
Genitalien										

1 Entwicklung des Kindes

Erweitern und Vertiefen

Zwillinge

3 Zwillinge (**A** und **B** eineiig, **C** und **D** zweieiig)

Eineiige Zwillinge • Wenn sich die Zygote nach der Befruchtung vollständig teilt, entstehen eineiige Zwillinge. → 3B Sie haben das gleiche Geschlecht und sehen sich sehr ähnlich, denn ihre Erbinformationen sind identisch. Teilt sich die Zygote früh nach der Befruchtung, entstehen getrennte Fruchtblasen. Teilt sie sich erst einige Tage nach der Befruchtung, teilen sich die Kinder eine Fruchtblase. In seltenen Fällen erfolgt die Teilung unvollständig. Dann sind die Körper der Kinder nach der Geburt miteinander verbunden. Man spricht dann von siamesischen Zwillingen.

Zweieiige Zwillinge • Manchmal werden zwei Eizellen gleichzeitig reif, die dann von zwei Spermienzellen befruchtet werden. → 3D So entstehen zweieiige Zwillinge. Die Kinder entwickeln sich in getrennten Fruchtblasen. Ihre Erbinformationen sind verschieden. Deshalb können sie sich im Geschlecht und Aussehen so unterscheiden wie andere Geschwister.

Eineiige Zwillinge entwickeln sich aus derselben Zygote. Zweieiige Zwillinge entwickeln sich aus zwei Zygoten.

Aufgaben

1 ☒ Gib Gemeinsamkeiten und Unterschiede von eineiigen und zweieiigen Zwillingen an.

2 ☒ Begründe, weshalb sich Zwillinge nicht immer zum Verwechseln ähnlich sehen.

Einflüsse im Bauch der Mutter

1 Symbol: nicht für Schwangere geeignet

Auf bestimmten Lebensmitteln und Genussmitteln zeigt ein Symbol: nicht für Schwangere geeignet. Sie enthalten Stoffe, die für das Kind schädlich sind. Wie können solche Stoffe zum Kind gelangen und welche Folgen hat das?

Versorgung in der Fruchtblase • Am Anfang der Schwangerschaft entwickelt sich in der Gebärmutter ein Gewebe, das man Mutterkuchen oder auch Plazenta nennt. Es ist über die Nabelschnur mit dem Kind verbunden. → 2 In der Plazenta liegen die Blutgefäße von der Mutter und dem Kind dicht nebeneinander. So gelangen Sauerstoff sowie Nährstoffe, Vitamine und Mineralstoffe aus dem Blut der Mutter in das Blut des Kindes. Auch Hormone und Antikörper gelangen so zum Kind. Umgekehrt werden Abfallstoffe und Kohlenstoffdioxid aus dem Blut des Kindes über das Blut der Mutter abtransportiert.

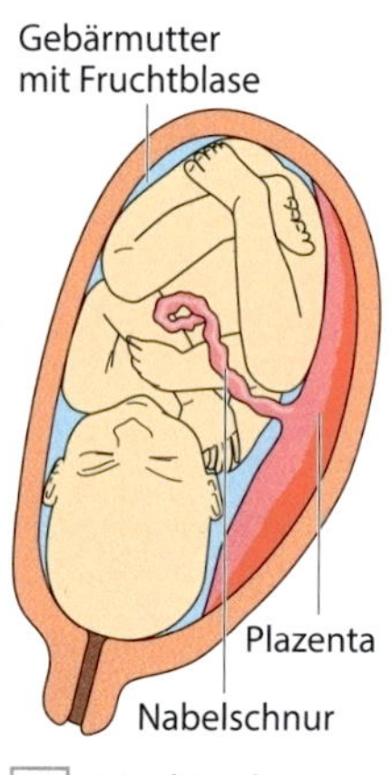

2 Kind in der Gebärmutter

Schadstoffe • Auch schädliche Stoffe wie Alkohol und Nikotin werden über die Plazenta an das Kind abgegeben. Besonders in den ersten drei Monaten der Schwangerschaft können diese Stoffe beim Kind schwere Schäden hervorrufen, weil in dieser Zeit die Organe angelegt werden. Besonders für das Gehirn und das Nervensystem ist Alkohol schädlich. Er kann beim Kind zu schweren körperlichen und geistigen Schäden führen. Nikotin bewirkt unter anderem eine Verengung der Blutgefäße, wodurch das Kind nicht mehr ausreichend mit Sauerstoff versorgt wird. Auch die Wirkstoffe von Medikamenten können die Entwicklung des Kindes beeinflussen.

Verantwortung • Das Kind ist abhängig von der Lebensführung der Mutter. Um eine gesunde Entwicklung des Kindes zu unterstützen, sollte eine schwangere Frau sich ausgewogen ernähren, ausreichend schlafen und an der frischen Luft bewegen. Stress schadet dem Kind und sollte somit vermieden werden.

Während der Schwangerschaft wird das Kind über die Plazenta durch das mütterliche Blut versorgt. Es ist abhängig von der gesunden Lebensführung der Mutter.

Aufgabe

1 Beschreibe, welche Funktion die Plazenta erfüllt.

die Plazenta
die Nabelschnur

Material A

Verantwortungsvolles Verhalten

1 Beschreibe, was eine Frau während der Schwangerschaft tun und lassen sollte, um die Entwicklung des Kindes zu unterstützen. → 3

2 Es gibt Frauen, die Alkohol trinken oder rauchen, obwohl sie wissen, dass sie schwanger sind.
Bewerte das Verhalten.

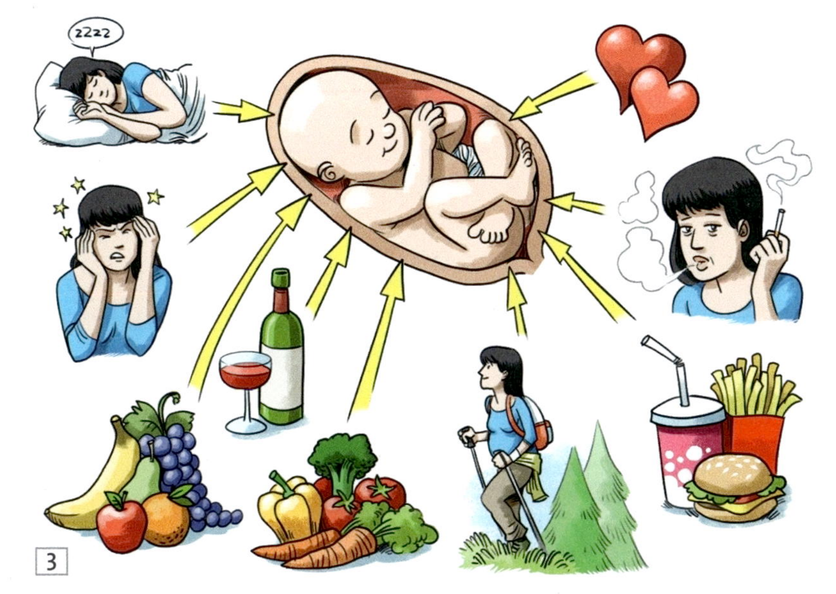

3

Material B

Plazenta-Schranke

Das Gewebe der Plazenta ist so aufgebaut, dass es wie ein Filter wirkt: Nicht alle Stoffe können es durchdringen. So gelangen manche Stoffe wegen ihrer Größe oder Struktur nicht hindurch. Man spricht von der Plazenta-Schranke.

1 Erkläre, was die Plazenta-Schranke ist.

2 Beschreibe, welche Stoffe zwischen dem mütterlichen und dem kindlichen Blut ausgetauscht werden und welche nicht. → 4

3 Erkläre, warum es wichtig ist, dass Nährstoffe und Sauerstoff von der Mutter zum Kind gelangen.

4 Manche Bakterien und Viren passen durch die Plazenta-Schranke.
Erläutere die Folgen.

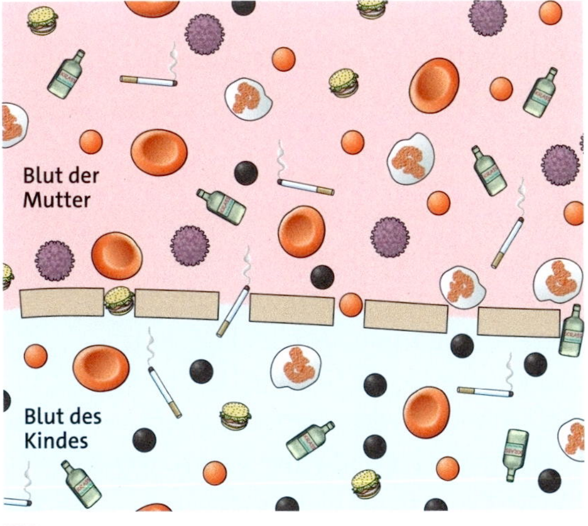

4 Plazenta-Schranke

Ein Leben mit Kind

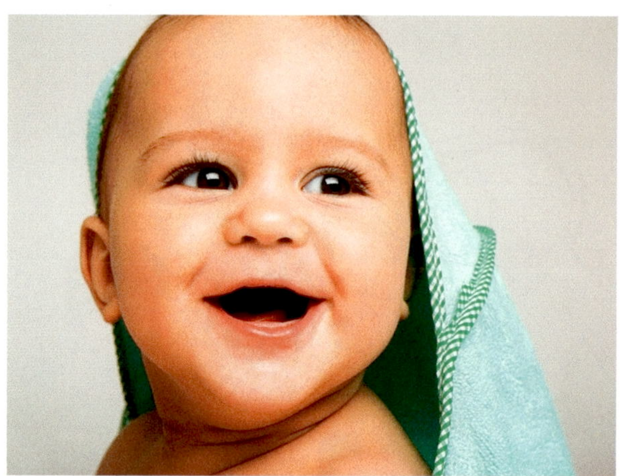

1 Ein Leben mit Kind kann wunderschön sein ...

2 ... und zugleich ganz schön anstrengend.

Mit der Geburt beginnt ein neuer Lebensabschnitt für den Säugling, aber auch für die Eltern. Wie verändert sich das Leben für alle?

Nach der Geburt • Nach der Geburt kommt es bei vielen Frauen noch regelmäßig zu Blutungen. Dies kann etwa sechs Wochen andauern. Einige Frauen erleben ein Stimmungstief. Dies ist meistens nach wenigen Stunden oder Tagen wieder vorbei. Sind junge Eltern mit dem Kind zuhause, kommen oft viele Fragen auf. Eine Hebamme kann sie beraten. Sie macht Hausbesuche.

Auszeit • Mütter werden sechs Wochen vor und acht Wochen nach der Geburt ihres Kindes von ihrem Beruf oder ihrer Ausbildung freigestellt und trotzdem bezahlt. Wenn sie noch in die Schule gehen, werden sie für eine bestimmte Zeit vom Unterricht befreit. Zudem können Mütter und Väter eine längere Auszeit vom Beruf beantragen, um sich um ihr Kind zu kümmern.

Familienleben • Beim Begriff Familie denken viele an Vater, Mutter und Kind. Doch das ist nur eine von vielen Möglichkeiten. Es gibt alleinerziehende Mütter und Väter, Patchwork-Familien, bei denen die Eltern Kinder von ihren früheren Partnern mitbringen sowie Regenbogen-Familien, in denen die Eltern das gleiche Geschlecht haben.

Verantwortung • Die Geburt eines Kindes bedeutet für die meisten Eltern großes Glück. Gleichzeitig entstehen neue körperliche und seelische Herausforderungen. In dieser Situation ist es wichtig, die Rechte und Pflichten gerecht aufzuteilen. Kinder sind auf ihre Eltern angewiesen. Sie müssen versorgt und gepflegt werden. Außerdem brauchen sie Nähe und Zuwendung. Alle Kinder haben Grundrechte, die erfüllt werden müssen. Dazu zählen das Recht auf Nahrung, Kleidung, Bildung und Freizeit. Es ist verboten, Kindern körperlichen oder seelischen Schaden zuzufügen.

das Stillen
die Muttermilch
das Untersuchungsheft

Das erste Lebensjahr • Die ersten drei Monate verbringen Kinder vor allem mit Schlafen und Trinken. Viele Mütter füttern ihr Kind in den ersten Monaten ausschließlich mit Muttermilch. Das nennt man Stillen. Die Muttermilch enthält wichtige Nährstoffe und Antikörper. Kleine Kinder schreien öfter, zum Beispiel bei Hunger, Schmerzen oder Langeweile. Zwischen dem 3. und 6. Monat beginnen sie durch Blicke oder Töne Kontakt aufzunehmen. Der Tastsinn bildet sich heraus und alles wird mit Händen und Mund erforscht. Nun können Kinder den Kopf heben und sich umdrehen. Ab dem 6. Monat beginnen viele Kinder eigenständig zu sitzen und über den Boden zu robben. Manche Kinder krabbeln oder ziehen sich hoch. Sie können jetzt bekannte von fremden Menschen unterscheiden und entwickeln eine natürliche Distanz gegenüber Unbekannten. Zwischen dem 9. und 12. Monat „brabbeln“ sie erstmals, indem sie Laute ausprobieren wie Da-Da oder Ma-Ma.

Vom Säugling zum Kleinkind • Kinder erweitern im zweiten Lebensjahr ihren Wortschatz und beginnen in kurzen Sätzen zu sprechen. Sie lernen Laufen. Dafür müssen sie sich zunächst hochziehen und festhalten, bis sie sich schließlich frei bewegen können. Im dritten Lebensjahr wird das Denken komplexer. Die Kinder bilden Sätze mit mehreren Wörtern, unterscheiden einfache Formen und nehmen sich selbst als eigenständige Personen wahr. Sie lernen zu rennen und zu klettern.

3 Terminplan im Untersuchungsheft

Kontrolle • Kinder entwickeln sich unterschiedlich schnell. Sie müssen bis zum 14. Lebensjahr regelmäßig vom Kinderarzt untersucht werden. Die Ergebnisse werden im Untersuchungsheft dokumentiert. → 3 So erhalten die Eltern eine Rückmeldung zur Entwicklung des Kindes und man kann auf Schwierigkeiten früh reagieren.

Kinder entwickeln in den ersten Lebensjahren viele Fähigkeiten. Für ihre körperliche und geistige Entwicklung brauchen sie Pflege und Zuneigung. Eltern tragen dafür eine große Verantwortung.

Aufgaben

1 Beschreibe die Entwicklung eines Kindes in den ersten Lebensjahren. Lege dazu einen Zeitstrahl an.

2 Beurteile die Aussage: Elternsein ist mit großer Verantwortung verbunden.

Ein Leben mit Kind

Material A

Junge Eltern

1 Betrachte Bild 1. Notiere spontan, was du in einer ähnlichen Situation denken würdest.

2 In Internetforen tauschen sich viele junge Eltern aus.
a Lies die Kommentare. → 1
b Lege eine Tabelle mit zwei Spalten für positive und negative Gedanken an.
c Trage die positiven und negativen Gedanken aus den Kommentaren in die Tabelle ein.
d Ergänze deine eigenen positiven und negativen Gedanken in der Tabelle.
e Formuliere Lösungsmöglichkeiten für die Sorgen und Probleme, die du in deiner Tabelle aufgelistet hast.

3 Stelle Vermutungen an, wie sich dein jetziges Leben mit einem Kind im Hinblick auf die Schule, deine Freizeit, deine Wohnsituation und deine Pläne nach dem Schulabschluss verändern würde.

1 Jetzt ein Baby?

Atesia_oO 24.08., 18:16	Ich freue mich total über mein Kind. Ich bin jetzt 16 und junge Eltern zu haben ist doch cool für ein Kind. 😍
lamaB 01.09., 12:45	Ich habe noch ein Jahr bis zum Abschluss, vielleicht sollte ich aber erstmal Pause machen. Schaffe ich dann meinen Abschluss? Den will ich unbedingt!
XKid 15.09., 14:03	Mit meinen Freunden abhängen und feiern kann ich jetzt wohl knicken.
BoaO-18 18.09., 19:34	Lieber vor als während der Ausbildung. Jetzt kann ich mich erstmal in Ruhe um mein Kind kümmern und in zwei Jahren dann beruflich durchstarten.
Eldan 02.10., 08:21	Wie sollen wir das nur geregelt bekommen – besonders finanziell?
Skyou 09.10., 20:01	Ich fühle mich noch gar nicht bereit dafür die Verantwortung für ein Kind zu tragen. 😟
MeniX 15.10., 16:56	Wir sind noch gar nicht lange zusammen und müssen nun für immer einen auf glückliche Familie machen. Ob das klappt?

2 Kommentare aus einem Forum für junge Eltern

Material B

Bedürfnisse eines Kindes

Der Psychologe Abraham H. Maslow hat ein Modell zu den menschlichen Bedürfnissen entwickelt. Es wird oft angewandt, um die Bedürfnisse von Kindern zu beschreiben.

1 ☒ Erkläre, was man unter einem Bedürfnis versteht.

2 ☒ Nenne die menschlichen Bedürfnisse nach Maslow. → 3

3 Modell zu den menschlichen Bedürfnissen

3 ☒ Beschreibe anhand des Modells von Maslow die Bedürfnisse von Kindern in eigenen Worten.

4 ☒ Erkläre, was es bedeutet, dass die Bedürfnisse als Stufen in einer Pyramide veranschaulicht werden.

5 ☒ Erläutere, warum die Erfüllung der Bedürfnisse notwendig für die Entwicklung eines Kindes ist.

Material C

Untersuchungsheft

In Deutschland bekommen Eltern nach der Geburt ihres Kindes ein Untersuchungsheft. Darin werden bei den regelmäßigen Kontrolluntersuchungen Informationen zur Entwicklung und Gesundheit des Kindes eingetragen.

Materialliste: Untersuchungshefte (entweder mit oder ohne Eintragungen)

1 ☒ Beschreibe den Aufbau des Untersuchungshefts.

2 ☒ Gib an, in welchem Alter die Untersuchungen U1 bis U9 stattfinden und welche Informationen dabei jeweils abgefragt werden. Lege dazu eine Tabelle an.

4

3 ☒ Notiere Vorteile des Untersuchungshefts für die Eltern und für das Kind selbst.

4 ☒ Begründe, warum es in den ersten Monaten sehr viele Untersuchungen gibt und später weniger.

Zusammenfassung

Liebe, Partnerschaft und Sexualität • Aus Verliebtsein kann Liebe entstehen. Das weckt das Verlangen nach Nähe und Zärtlichkeit. In einer Partnerschaft sind Vertrauen und Respekt sehr wichtig. Wird man intim miteinander, muss die sexuelle Selbstbestimmung respektiert werden.

Sexuelle Orientierung • Es gibt heterosexuelle, homosexuelle und bisexuelle Menschen. Es ist sehr wichtig, dass alle Formen der sexuellen Orientierung akzeptiert werden.

Geschlechtliche Identität • Bei transsexuellen Menschen stimmt das empfundene Geschlecht nicht mit dem biologischen Geschlecht überein. Bei intersexuellen Menschen ist das biologische Geschlecht nicht eindeutig ausgeprägt.

Geschlechtsverkehr und Verhütung • Beim Geschlechtsverkehr wird der Penis in die Scheide eingeführt. Der Orgasmus löst angenehme Gefühle aus und führt beim Mann zur Ejakulation. Spermienzellen, die in die Scheide gelangen, können die Eizelle befruchten.
Schutz vor einer ungewollten Schwangerschaft bieten unter anderem die Antibaby-Pille und das Kondom. Das Herausziehen des Penis vor dem Orgasmus schützt nicht, weil schon vorher Lusttropfen mit Spermienzellen abgegeben werden.

Sexuell übertragbare Krankheiten • Beim Geschlechtsverkehr können Erreger wie Bakterien und Viren übertragen werden. Diese lösen Krankheiten aus, die ärztlich behandelt werden müssen. Kondome bieten Schutz.

Geschlechtsorgane und Geschlechtshormone • Die Geschlechtsorgane, die primären Geschlechtsmerkmale, dienen der Fortpflanzung. In der Pubertät verändern sich das Gefühlsleben, das Verhalten und der Körper. Die körperlichen Merkmale, wie die Scharmhaare, nennt man sekundäre Geschlechtsmerkmale. Daran wirken die Geschlechtshormone mit. Bei Jungen ist das vor allem Testosteron und bei Mädchen sind es Östrogen und Progesteron.

Der weibliche Zyklus • Unter dem Einfluss von Hormonen reift in den Eierstöcken regelmäßig eine Eizelle, die nach dem Eisprung durch den Eileiter zur Gebärmutter geleitet wird. Östrogen und Progesteron bewirken den Aufbau der Gebärmutterschleimhaut. Diese wird mit der Menstruation ausgeschieden, wenn keine Schwangerschaft vorliegt.

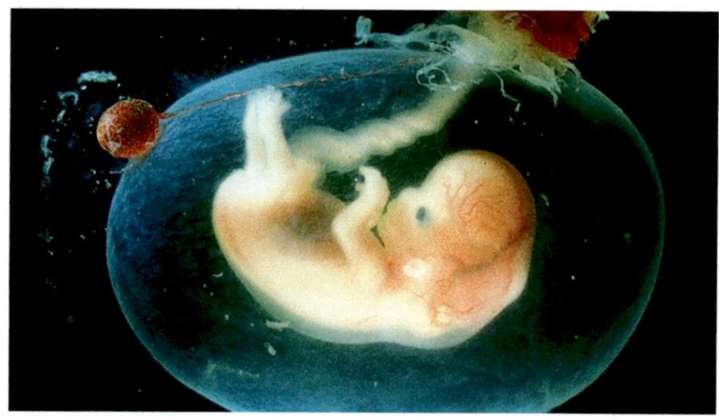

1 Embryo mit Nabelschnur in der Fruchtblase

Schwangerschaft und Geburt • Die Zygote nistet sich in der Gebärmutterschleimhaut ein und entwickelt sich zum Embryo. In der Fruchtblase versorgt die Plazenta den Embryo über die Nabelschnur. Schädliche Stoffe wie Nikotin und Alkohol werden ebenfalls weitergegeben. Der Embryo entwickelt sich weiter zum Fetus. Nach etwa 38 Wochen lösen Hormone die Geburt aus.

Teste dich! (Lösungen im Anhang)

Sexualität

1 ☐ Erläutere die Begriffe Heterosexualität, Homosexualität und Bisexualität.

Geschlechtshormone

2 ☐ Nenne drei Geschlechtshormone.

3 ☒ Beschreibe die Wirkung der Geschlechtshormone auf die Geschlechtsorgane.

Der weibliche Zyklus

4 ☒ Gib die fehlenden Begriffe an. → 2

5 ☒ Erkläre die Steuerung des weiblichen Zyklus mithilfe von Bild 2.

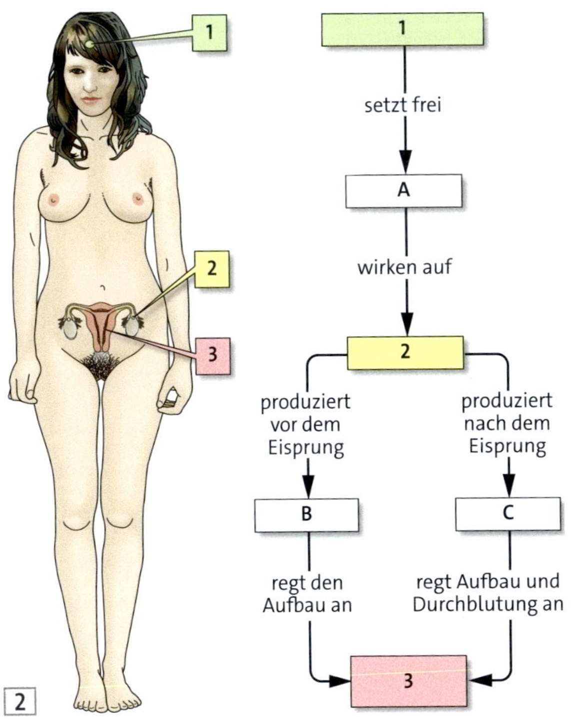

2

Geschützt beim Geschlechtsverkehr

6 ☒ Erläutere die Wirkung der Antibaby-Pille anhand der Vorgänge A–C. → 3

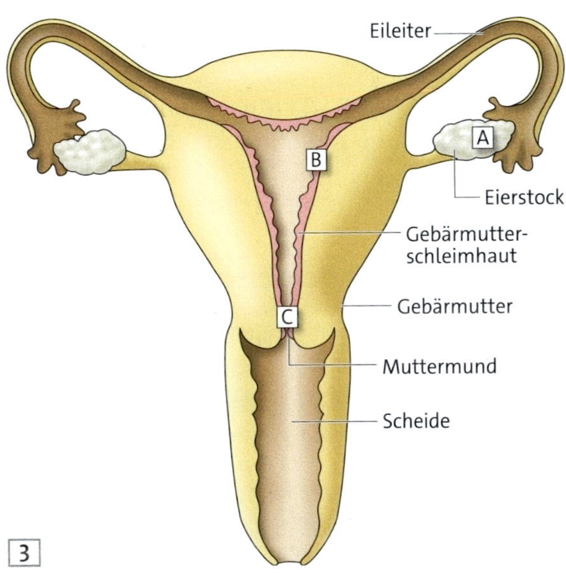

3

7 ☒ Nenne Vorteile des Kondoms.

8 ☒ Bewerte den Coitus interruptus im Hinblick auf den Verhütungsschutz.

9 ☒ Erkläre, wie man sich mit sexuell übertragbaren Krankheiten anstecken kann.

Schwangerschaft und Geburt

10 ☒ Beschreibe die Vorgänge von der Befruchtung bis zur Einnistung.

11 ☒ Erkläre, wie die Lebensweise der Mutter die Entwicklung des Kindes beeinflusst.

12 ☒ Beschreibe den Vorgang der Geburt.

Zum Nachschlagen

Operatoren

Keine Missverständnisse bei Aufgaben

Die Aufgaben beginnen mit einem Verb:
- Nenne die ...
- Beschreibe die ...
- ...

Diese Verben heißen Operatoren und geben an, welche Tätigkeiten zu berücksichtigen sollst, wenn du eine Aufgabe löst.

Beschreibe

Gib einen Sachverhalt genau (mit Fachwörtern) und strukturiert wieder.

Aufgabe: Beschreibe die Vermehrung eines Virus.

Lösung: Zur Vermehrung haftet sich ein Virus an eine Wirtszelle und gibt seine Erbinformation ab. Dadurch wird der Stoffwechsel der Wirtszelle so umgestellt, dass sie Virusbausteine bildet. Diese setzen sich zu neuen Viren zusammen. Dann platzt die Wirtszelle und setzt die Viren frei.

Ordne

Teile in Gruppen ein. Lege z. B. Listen an.

Aufgabe: Ordne den Wirbeltiergruppen die Tiere Grünspecht, Buntbarsch, Schimpanse, Rotbauchunke und Zauneidechse zu.

Lösung:
Fische: Buntbarsch
Amphibien: Rotbauchunke
Reptilien: Zauneidechse
Säugetiere: Schimpanse
Vögel: Grünspecht

Ermittle

Leite aus einem Sachverhalt einen Zusammenhang oder Ergebnisse her.

Aufgabe: Ermittle für ein Allergen Maßnahmen zum Schutz von allergischen Personen.

Lösung: Personen, die gegen Erdnüsse allergisch sind, dürfen keine Erdnüsse essen. Sie müssen auf die Inhaltsstoffe von Lebensmitteln achten und im Restaurant nachfragen, ob ein Gericht Erdnüsse enthält.

Erläutere

Erkläre ausführlich, anschaulich und verdeutliche mit Beispielen.

Aufgabe: Erläutere das Schlüssel-Schloss-Prinzip.

Lösung: Ein Antikörper passt zu einem bestimmten Antigen, wie ein Schlüssel zu einem bestimmten Schloss passt. Das heißt: Ein Antikörper bindet nur an ein Antigen, wenn seine Struktur zur Struktur des Antigens passt.

Nenne

Notiere Namen oder Begriffe.

Aufgabe: Nenne verschiedene Gewässertypen.

Lösung: Fluss, Bach, Kanal, Stausee, See, Teich, Pfütze, Tümpel, Weiher

Erkläre – Begründe

Notiere eine oder mehrere Ursachen.

Aufgabe: Begründe, weshalb die körperliche Leistungsfähigkeit kurz nach einer Erythrozytenspende herabgesetzt ist.

Lösung: Wenn Erythrozyten entnommen werden, ist die Sauerstoffversorgung des Körpers entsprechend geringer. Das ist der Grund für die herabgesetzte körperliche Leistungsfähigkeit.

Stelle Vermutungen an

Überlege mögliche Gründe oder Auswirkungen. Begründe deine Antwort.

Aufgabe: Stelle Vermutungen an, weshalb Amphibien besonders gefährdet sind.

*Lösung: Amphibien sind zur Fortpflanzung auf Gewässer angewiesen. Diese werden immer seltener. Außerdem werden Amphibien bei ihren Wanderungen häufig überfahren.
Dies könnten Gründe für die Gefährdung von Amphibien sein.*

Vergleiche

Stelle Gemeinsamkeiten und Unterschiede dar.

Aufgabe: Vergleiche die Laubblätter der Seerose, der Wasserpest und der Buche im Hinblick auf ihre Spaltöffnungen, die Kutikula und die Hohlräume. Lege dazu eine Tabelle mit geeigneten Kriterien an.

Lösung:

	Seerose	Wasserpest	Buche
Spaltöffnungen	Blattoberseite	nicht vorhanden	Blattunterseite
Kutikula	vorhanden	nicht vorhanden	vorhanden
Hohlräume	viele	wenige	einige

Zeichne

Fertige eine möglichst exakte grafische Darstellung an, die du beschriftest.

Aufgabe: Zeichne eine Nervenzelle und beschrifte deine Zeichnung.

Lösung:

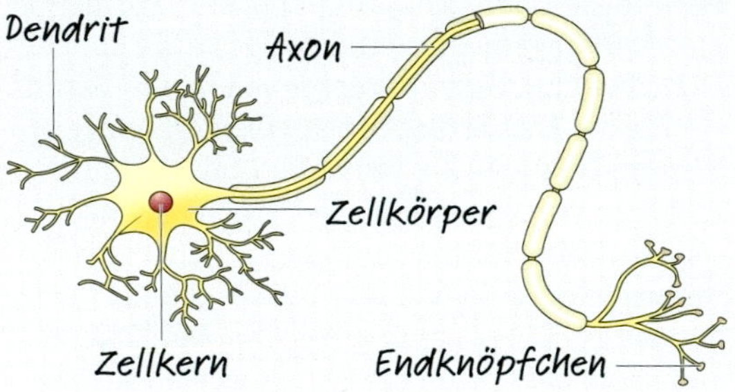

Ökosysteme und ihre Veränderung – S. 98/99

1 Alle abiotischen Umweltfaktoren an einem Standort ergeben einen Lebensraum, ein Biotop. Alle Lebewesen, die im selben Lebensraum leben, bilden eine Lebensgemeinschaft, eine Biozönose. Die Einheit aus einem Biotop und der dort lebenden Biozönose nennt man Ökosystem. Alle Ökosysteme der Welt bilden zusammen die Biosphäre.

2 Beispiele für abiotische Umweltfaktoren:
Sonnenlicht, Temperatur, Niederschlag, Wind, Neigung eines Hanges oder Berges
Beispiele für biotische Umweltfaktoren:
Fressfeinde, Beutetiere, Konkurrenten

3 Die ökologische Nische einer Art wird durch die Gesamtheit der abiotischen und biotischen Umweltfaktoren gebildet, die das Überleben der Art beeinflussen. Die Arten haben unterschiedliche Ansprüche an die Umweltfaktoren, unter denen sie leben können. Jede Art hat also eine eigene ökologische Nische.

4 Konkurrenz entsteht, wenn Arten auf ähnliche oder gleiche Umweltfaktoren angewiesen sind. Sie wird oft durch unterschiedliche Angepasstheiten der Arten vermieden, zum Beispiel durch die Nutzung verschiedener Nahrungsquellen oder unterschiedliche Jagdzeiten.

5 Beispiele für Nahrungsketten:
(1) Blätter → Eichenwicklerraupe → Ameise → Spitzmaus → Baummarder → Habicht
(2) Baumpilz → Rindenwanze → Waldeidechse → Ringelnatter → Fuchs
Baumpilze werden von Rindenwanzen gefressen. Diese werden von Waldeidechsen gefressen werden. Diese werden wiederum von Ringelnattern gefressen und diese werden von Füchsen gefressen.

6 Eichenwicklerraupen sind für viele Lebewesen, zum Beispiel für Ringeltauben, eine wichtige Nahrungsgrundlage. Diese Lebewesen würden eine Nahrungsquelle verlieren, wenn die Zahl der Eichenwicklerraupen zurückgehen würde. Somit könnte die Anzahl dieser Tiere ebenfalls sinken. Weitere Tiere, wie Baummarder und Habichte, ernähren sich wiederum von Tieren wie Ringeltauben. Daher würden auch diese Tiere eine Nahrungsquelle verlieren. Es kann also einen Einfluss auf das gesamte Nahrungsnetz im Wald haben, wenn sich die Anzahl der Eichenwicklerraupen verringert.

7 a Der Waldkauz ernährt sich unter anderem von Spitzmäusen. Er ist der Räuber und die Spitzmäuse sind die Beute.
b Wenn es in einem Wald viele Spitzmäuse gibt, steht den Waldkäuzen viel Nahrung zur Verfügung. Deshalb steigt die Anzahl der Waldkäuze. Wenn es mehr Waldkäuze gibt, die Spitzmäuse jagen, sinkt die Anzahl der Spitzmäuse. Dadurch haben die Waldkäuze weniger zu fressen, weshalb ihre Anzahl sinkt. Dadurch werden wieder weniger Spitzmäuse gefressen. In dieser Modellvorstellung, in der Waldkäuze nur eine Nahrungsquelle nutzen und Spitzmäuse nur einen Fressfeind haben, gilt: Je mehr Waldkäuze es gibt, desto weniger Spitzmäuse gibt es. Je weniger Spitzmäuse es gibt, desto weniger Waldkäuze gibt es. Je weniger Waldkäuze es gibt, desto mehr Spitzmäuse gibt es wieder. Je mehr Spitzmäuse es gibt, desto mehr Waldkäuze gibt es.

8 Wortgleichung der Fotosynthese:
Wasser + Kohlenstoffdioxid → Glukose + Sauerstoff

9 Pflanzen nutzen die Glukose zum Aufbau neuer Gewebe. Ein Teil der Glukose wird in Stärke umgewandelt, die in den Knollen und Samen gespeichert wird. Ein weiterer Teil wird in der Zellatmung abgebaut, um Energie für Lebensvorgänge wie die Keimung freizusetzen.

10 Wortgleichung der Zellatmung:
Glukose + Sauerstoff → Wasser + Kohlenstoffdioxid

11 Während bei der Fotosynthese mithilfe von Lichtenergie aus Kohlenstoffdioxid und Wasser Glukose und Sauerstoff entstehen, ist es bei der Zellatmung umgekehrt: aus Sauerstoff und Glukose werden unter Freisetzung von Energie Wasser und Kohlenstoffdioxid gebildet.

12 Grüne Pflanzen stellen in der Fotosynthese energiereiche Glukose her, die sie zum Teil zum Aufbau ihrer Biomasse verwenden. Tiere und Menschen müssen dagegen zur Aufnahme von Energie und zum Aufbau körpereigener Stoffe die Biomasse anderer Lebewesen als Nahrung aufnehmen. Daher bilden Pflanzen die Grundlage in jedem Nahrungsnetz.

13 a 1 – Produzenten, 2 – Konsumenten 1. Ordnung,
3 – Konsumenten 2. Ordnung,
4 – Konsumenten 3. Ordnung,
5 – Destruenten
b A – energiereiche Stoffe, B – Sauerstoff,
C – Kohlenstoffdioxid, D – Mineralstoffe

14 Beispiel zum Energiefluss im Wald:
Grüne Pflanzen wie die Eiche wandeln bei der Fotosynthese die Lichtenergie der Sonne in chemische Energie in Form von Glukose um. Diese wird in der pflanzlichen Biomasse. Wenn eine Eichenwicklerraupe die Blätter der Eiche frisst, nimmt sie chemische Energie auf. Wenn dann die Spitzmaus die Eichenwicklerraupe frisst, nimmt sie ebenfalls chemische Energie auf und wenn die Spitzmaus zur Beute des Waldkauzes wird, nimmt der Waldkauz chemische Energie auf. Wenn der Waldkauz stirbt, wird er durch Destruenten zersetzt, die dabei chemische Energie aufnehmen. So wird die chemische Energie von den Produzenten über die Konsumenten bis zu den Destruenten weitergegeben. Die jeweils aufgenommene Energie wird in den Lebewesen aber nicht vollständig in neue Biomasse umgewandelt. Ein Teil der Energie wird für Lebensvorgänge genutzt und der Rest wird in Form von Kot, Harn oder Wärmeenergie an die Umgebung abgegeben.

15 Die abiotischen Umweltfaktoren im Wald verändern sich im Verlauf des Jahres. Dies betrifft vor allem die Temperatur, die Lichtverhältnisse und die Niederschlagsmengen. Im Frühjahr beginnen die Bäume erst ihre Blätter auszubilden, sodass Licht und Wärme bis zum Waldboden vordringen. Die Pflanzen beginnen daher auszukeimen. Die Zugvögel kehren aus dem Süden zurück und Tiere beenden ihren Winterschlaf, ihre Winterruhe oder ihre Winterstarre. Sie beginnen Nachkommen zu zeugen. Im warmen, oft trockenen Sommer sind die Baumkronen dicht geschlossen und es dringt weniger Licht bis zum Waldboden durch. In der Krautschicht und Strauchschicht finden die Tiere Nahrung und Verstecke. Ihre Jungtiere entwickeln sich. Im Herbst fallen die Temperaturen wieder. Die Pflanzen verlieren ihre Blätter. Im Winter verlassen die Zugvögel erneut ihr Brutgebiet. Die Tiere begeben sich in Winterruhe, Winterschlaf oder Winterstarre. Wenn sie aktiv überwintern, bilden sie ein Winterfell oder dichtes Gefieder aus.

16 In einem naturnahen Ökosystem wie einem Mischwald sind alle Stockwerke stärker ausgeprägt und die Artenvielfalt ist größer als in einem Forst. In einem Forst gibt es keine Strauchschicht und nur eine wenig ausgeprägte Krautschicht und Moosschicht. Hier finden Tiere keine geeigneten Verstecke und kaum Nahrung. Ähnlich ist es bei Flüssen und Kanälen. Ein naturnaher Fluss bietet einer größeren Anzahl von Lebewesen und Arten einen Lebensraum als ein künstlich angelegter Kanal. Nur wenige Tiere sind an die erhöhte Fließgeschwindigkeit im Kanal angepasst.

17 a Bild 3A zeigt den ursprünglichen Flussverlauf. Man erkennt einen gewundenen Flusslauf und viele Pflanzen am Ufer.
b Die Begradigung hat einen großen Einfluss auf das Ökosystem. Durch den veränderten Flusslauf verändern sich auch einige Umweltfaktoren. Zum Beispiel fließt ein begradigter Fluss schneller. Nicht alle Lebewesen kommen mit den veränderten Bedingungen ihres Lebensraums zurecht. Die Lebensgemeinschaft, die an einem begradigten Fluss vorkommt, unterscheidet sich daher von der Lebensgemeinschaft eines naturnahen Flusses.

18 Neobionten können absichtlich, zum Beispiel durch die Einführung exotischer Arten in Gärten und Parks, oder unabsichtlich durch den weltweiten Warentransport in ein Ökosystem gelangen.

19 Neobionten werden als invasive Arten bezeichnet, wenn sie negative Auswirkungen auf andere Arten, Ökosysteme oder den Menschen haben.

20 Die steigende Temperatur führt zum Abschmelzen der Eisschichten am Nordpol und Südpol. Dadurch verlieren Lebewesen ihren Lebensraum und der Meeresspiegel steigt. Die Meere werden wärmer und der pH-Wert des Wassers sinkt. Wetterextreme wie Hurrikans und Dürren nehmen zu. Die Folgen des Klimawandels bedrohen unzählige Menschen, Tiere und Pflanzen.

21 Eine nachhaltige Entwicklung schont Ressourcen und sichert langfristig deren Verfügbarkeit. Zum Beispiel sollte für eine nachhaltige Forstwirtschaft nur so viel Wald abgeholzt werden, wie auch wieder nachwachsen kann. Somit steht auch in Zukunft noch genügend Holz zur Verfügung. Es müssen aber auch die Interessen von Wirtschaft und für die Menschen beachtet werden. So schafft die Holzindustrie Arbeitsplätze, der Wald dient den Menschen aber auch der Erholung und Freizeitgestaltung.

22 Zum Beispiel: keinen Müll in der Natur entsorgen, Plastik vermeiden, schadstoffarme Produkte nutzen, auf einen sparsamen Konsum achten, möglichst häufig öffentliche Verkehrsmittel oder das Fahrrad nutzen, Müll trennen, regional und saisonal produzierte Lebensmittel bevorzugen

Information und Regulation – S. 151

1 Beispiele für Sinne: Sehsinn, Geruchssinn, Geschmackssinn, Tastsinn, Gehörsinn

2 Sinneszellen nehmen Reize auf und wandeln sie in elektrische Signale um, die zum Gehirn weitergeleitet werden.

3 Die Sinneszellen der verschiedenen Sinnesorgane sind auf bestimmte Reize spezialisiert. Ein Reiz, für den eine Sinneszelle empfindlich ist, wird als adäquater Reiz bezeichnet.

4 Ein Reiz, zum Beispiel der Geruch einer Pizza, geht von einer Reizquelle, der Pizza, aus. Er trifft auf unsere Nase. Die Sinneszellen der Nase wandeln den Reiz in elektrische Signale um. Diese werden über Nervenbahnen zum Gehirn weitergeleitet und dort verarbeitet. Das Zusammenspiel von Reizaufnahme und Reizverarbeitung nennt man Wahrnehmung. Anschließend sendet das Gehirn elektrische Signale über Nervenbahnen an Erfolgsorgane, zum Beispiel an Muskeln. Dann erfolgt eine Reaktion, wie das Greifen nach der Pizza.

5 1 – Dendrit, 2 – Zellkörper, 3 – Zellkern, 4 – Axon, 5 – Hüllzelle, 6 – Schnürring, 7 — Endknöpfchen, 8 – Synapse

6 Das zentrale Nervensystem verarbeitet alle Informationen, die als Reize aus der Umwelt auf uns einwirken. Es steuert alle wichtigen Vorgänge im Körper wie die Körperbewegung und die Organtätigkeit. Das periphere Nervensystem leitet alle elektrischen Signale von den Sinneszellen der Sinnesorgane zum zentralen Nervensystem sowie vom zentralen Nervensystem zu den Erfolgsorganen. Dazu zählen unter anderem die Zellen in Muskeln, Organen und Drüsen.

7 Wenn die Sinneszellen durch Reize angeregt werden, geben sie elektrische Signale an Nervenzellen weiter. Die Nervenzellen nehmen die elektrischen Signale über die Dendriten auf. Dies bezeichnet man als Erregung der Nervenzellen. Dann erfolgt die Weiterleitung der elektrischen Signale vom Zellkörper über das Axon bis zum Endknöpfchen einer Nervenzelle. Dabei springen die elektrischen Signale von Schnürring zu Schnürring, wodurch sie schneller weitergeleitet werden. Die Übertragung der Signale von einer Nervenzelle auf die nächste Nervenzelle erfolgt über chemische Botenstoffe, die Transmitter. Diese werden aus dem Endknöpfchen in den synaptischen Spalt freigesetzt und lagern sich an den Rezeptoren der Zielzelle an. Dadurch werden in der Zielzelle elektrische Signale ausgelöst.

8 Das vegetative Nervensystem steuert alle Vorgänge im Körper, die wir nicht willentlich beeinflussen. Dazu zählen alle Vorgänge, die die inneren Organe, die Blutgefäße und die Drüsen betreffen. Auch der Herzschlag und die Atmung werden von ihm gesteuert. Das ist zum Beispiel bei einem Wettkampf wichtig. Der Sympathikus sorgt dafür, dass das Herz schneller schlägt und wir schneller atmen. So gelangt mehr Sauerstoff zu den Muskelzellen, wo Energie gewonnen wird. Nach dem Wettkampf sorgt der Parasympathikus für die Entspannung des Körpers, zum Beispiel indem er den Herzschlag und die Atmung verlangsamt.

9 Informationen werden im Langzeitgedächtnis abgespeichert, wenn wir uns tiefgründiger mit ihnen beschäftigen oder sie an unser vorhandenes Wissen, unsere Erinnerungen oder unsere Vorlieben anknüpfen.

10 Lernen bedeutet Informationen aus der Umwelt aufzunehmen, zu verarbeiten und abrufbar im Gedächtnis zu speichern. Informationen, mit denen wir uns tiefgründiger beschäftigen oder die an schon vorhandenes Wissen, Erinnerungen oder Vorlieben anknüpfen, gelangen ins Langzeitgedächtnis. Von dort kann man sie über Wochen oder Jahre abrufen. Man hat sie gelernt. Der Lernvorgang beruht darauf, dass im Gehirn neue Synapsen gebildet und die Flächen der Synapsen vergrößert werden. So werden die Verbindungen zwischen den Nervenzellen gestärkt, sodass sich die Signalweiterleitung verbessert.

11 Hormone sind chemische Botenstoffe. Sie werden in kleinen Mengen von Hormondrüsen abgegeben und über den Blutkreislauf im Körper verteilt werden. Die verschiedenen Hormone lagern sich jeweils an bestimmte Zielzellen an. Diese tragen Rezeptoren, an die nur das jeweilige Hormon binden kann. Das Hormon und der Rezeptor der Zielzelle passen zusammen wie ein Schlüssel und ein Schloss.

12 Das Hormon Insulin bindet an die Rezeptoren der Körperzellen. Dadurch wird die Zellmembran durchlässiger für Glukose. Die Glukose aus dem Blut wird von den Zellen aufgenommen und als Glykogen gespeichert. Dadurch sinkt der Blutzuckerspiegel. Das Hormon Glukagon bewirkt den Abbau des Glykogens, das in der Leber gespeicherten ist. Dabei entsteht Glukose, die dann ins Blut abgegeben wird. Der Blutzuckerspiegel steigt.

13 In Stresssituationen sendet der Hypothalamus Signale, die bewirken, dass das Herz schneller schlägt und Hormondrüsen angeregt werden. Die Nebennieren geben die Hormone Adrenalin und Noradrenalin in das Blut ab.
Diese beschleunigen den Herzschlag, fördern den Abbau von Glykogen und erweitern die Bronchien der Lunge. So werden die Zellen besser mit Glukose und Sauerstoff versorgt und können mehr Energie produzieren. Man ist leistungsfähiger, aufmerksamer und reagiert schneller. Das ist zum Beispiel in Prüfungssituationen nützlich und kann bei Gefahr sogar das Überleben sichern.
Langzeitstress ist dagegen schädlich. Er führt dazu, dass die Nebennieren angeregt werden, zu viel Cortisol auszuschütten. Das Hormon schwächt unter anderem die körpereigene Abwehr, sodass man öfter krank wird.

14 Eine Achterbahn setzt den Körper extremen Reizen aus. Hohe Geschwindigkeiten, große Beschleunigungen und Kräfte bewirken, dass der Körper die Fahrt als Gefahrensituation wahrnimmt. Der Hypothalamus sendet daher Signale aus, die die Produktion von Adrenalin in den Nebennieren anregen.

15 Wir erkennen an verbalen und non-verbalen Signalen zum Beispiel, ob uns eine lustige Geschichte erzählt wird. Verbale Signale sind die Worte, die dabei verwendet werden. Diese nehmen wir als Schallwellen über die Ohren auf. Die Reize werden in den Sinneszellen zu elektrischen Signalen umgewandelt, die über Nervenbahnen an das Gehirn weitergeleitet und dort verarbeitet werden. Mithilfe unserer Erfahrungen bewerten wir die Situation und erkennen, dass die Geschichte lustig gemeint ist. Um zu der Erkenntnis zu gelangen, helfen uns auch non-verbale Signale, die wir zum Beispiel über die Augen aufnehmen. Dass uns jemand eine lustige Geschichte erzählt, können wir zum Beispiel auch an einer entspannten Körperhaltung und einem Lächeln erkennen.

16 Schlüsselreize lösen bei uns ganz bestimmte Reaktionen aus. Das wird in der Werbung genutzt. Dort werden gezielt Schlüsselreize eingesetzt, die bei uns positive Gefühle auslösen und deshalb unsere Kaufbereitschaft wecken.

17 Pheromone sind Botenstoffe, die in vielen Duftspuren enthalten sind. Sie sind chemische Signale, die Tiere zur Kommunikation nutzen.

Kampf gegen Krankheiten – S. 205

1 Eine Infektionskrankheit ist eine Krankheit, die durch Erreger wie Bakterien oder Viren hervorgerufen wird.

2 Von einer Infektion spricht man, wenn Erreger in den Körper gelangt sind. In der Inkubationszeit vermehren sich die Erreger im Körper. Die Erkrankung ist die Phase, in der Symptome wie der Anstieg der Körpertemperatur auftreten. Bei der Gesundung klingen die Symptome ab und der Körper erholt sich.

3 Bei einem grippalen Infekt steigt die Körpertemperatur auf über 38°C. Dadurch kann das Immunsystem des Körpers die Erreger schneller bekämpfen.

4 Bakterien vermehren sich durch Zellteilung. Unter günstigen Bedingungen wie Feuchtigkeit, Wärme und ausreichend Nahrung vermehren sie sich explosionsartig. Ihre Anzahl verdoppelt sich dann alle 20 bis 30 Minuten.

5 Antibiotika zerstören die Zellwand oder die Zellmembran der Bakterien, stören wichtige Stoffwechselvorgänge, hemmen die Vermehrung oder schädigen die Erbinformation. Breitband-Antibiotika wirken gegen mehrere Arten von Bakterien. Andere Antibiotika wirken nur gegen eine bestimmte Art von Bakterien.

6 Viren sind nicht in der Lage sich eigenständig zu vermehren. Sie müssen zur Vermehrung den Stoffwechsel von Wirtszellen nutzen.

7 Parasiten, die auf ihrem Wirt leben, nennt man Außenparasiten. Beispiele sind Flöhe, Läuse und Zecken. Parasiten, die innerhalb des Wirtes leben, werden Innenparasiten genannt. Das trifft zum Beispiel auf Plasmodien zu, die Erreger von Malaria.

8 Gegen Mücken, Flöhe und Zecken helfen lange Kleidung sowie verschiedene Mittel zum Einreiben oder Einsprühen der Haut. Außerdem sollte man hohes Gras meiden. Mückenstiche kann man mit Moskitonetzen vermeiden. Für Haustiere gibt es Flohhalsbänder und Zeckenhalsbänder. Gegen Flöhe und Läuse hilft es, Kleidung und Bettwäsche heiß zu waschen. Für die Bekämpfung von Läusen gibt es Shampoos und Läusekämme. Auch gründliches Waschen der Haare und der Kopfhaut können vor dem Befall schützen. Gegen bestimmte Erreger gibt es auch Tabletten, die man zur Vorbeugung einnehmen kann.

9 In der Magensäure werden Erreger abgetötet. Die Haut wehrt das Eindringen von Erregern ab und ihr Säureschutzmantel verhindert die Vermehrung. Die Schleimhäute im Mund, in der Nase und in den Geschlechtsorganen bilden eine feuchte Schutzschicht mit Abwehrstoffen gegen Erreger.

10 Bei der unspezifischen Abwehr übernehmen die Leukozyten verschiedene Aufgaben. Fresszellen machen die Erreger unschädlich, indem sie diese ins Zellinnere aufnehmen. Dabei werden jegliche Arten von Erregern bekämpft.

11 T-Helferzellen aktivieren die Plasmazellen und die T-Killerzellen. Riesenfresszellen nehmen Erreger und zerstörte Körperzellen auf.
Gedächtniszellen speichern Informationen über einen Erreger, sodass dieser bei einer erneuten Infektion schneller abgewehrt wird.
T-Killerzellen erkennen und zerstören Körperzellen, die vom Erreger befallen sind.

12 Antigen und Antikörper passen so zusammen, wie vom Schlüssel-Schloss-Prinzip beschrieben wird. Der Antikörper ist der „Schlüssel", der genau zu einem „Schloss", einem Antigen, passt. Es gibt folglich für jeden Erreger einen spezifischen Antikörper.

13 Personen, die auf Nüsse allergisch sind, sollten den Kontakt zu dem Allergen vermeiden. Für sie ist der Hinweis wichtig.

14 Kommt der Körper zum ersten Mal mit einem Allergen in Kontakt, tritt meistens keine allergische Reaktion auf. Bei diesem Erstkontakt werden im Körper Antikörper gebildet, die zum Allergen passen. Die Antikörper heften sich an bestimmte weiße Blutzellen, die Mastzellen. Der Vorgang wird Sensibilisierung genannt. Wenn es zu einem Zweitkontakt kommt, verbindet sich das Allergen mit den Antikörpern auf den Mastzellen. Daraufhin schütten die Mastzellen das Hormon Histamin aus, das die Symptome der Allergie verursacht.

15 Die aktive Immunisierung nennt man Schutzimpfung, weil der Körper vorsorglich zu seinem Schutz behandelt wird. Durch die Impfung mit abgeschwächten Erregern werden im Körper Gedächtniszellen gebildet. Sie rufen bei einer Infektion mit „echten" Erregern eine schnelle Abwehr hervor. Die passive Immunisierung erfolgt dagegen erst, wenn man schon mit den Erregern infiziert ist. Durch die Impfung mit Antikörpern wird der Körper geheilt, ohne dass er erst selbst Antikörper bilden muss.

16 a Das Sperma oder die Scheidenflüssigkeit einer infizierten Person kann HI-Viren in großen Mengen enthalten. Wenn diese Körperflüssigkeiten mit Schleimhäuten oder Verletzungen einer gesunden Person in Kontakt kommen, können HI-Viren übertragen werden. Davor schützt ein Kondom beim Geschlechtsverkehr.
b Das Immunsystem der betroffenen Person kann die HI-Viren manchmal jahrelang unter Kontrolle halten. Dann treten keine Symptome auf. Bricht die Krankheit aus, vermehren sich die HI-Viren im Körper und die Person leidet zunächst unter grippeähnlichen Symptomen. HI-Viren befallen vor allem die T-Helferzellen und zerstören sie. Wenn die Anzahl der T-Helferzellen im Körper abnimmt, werden bei einer Infektion mit anderen Erregern immer weniger Abwehrzellen aktiviert. Dann können selbst harmlose Krankheiten tödlich verlaufen.
c Von Aids spricht man, wenn die Krankheit ausgebrochen ist und die dafür typischen Beschwerden auftreten.

17 Maßnahmen zum Schutz vor Hepatitis-Viren: Obst und Gemüse waschen, Kondom beim Geschlechtsverkehr nutzen, Hände waschen und desinfizieren, sich impfen lassen, Handschuhe tragen bei der Wundversorgung

Sexualität des Menschen – S. 253

1 Fühlt man sich zu Menschen des anderen Geschlechts hingezogen, lebt man heterosexuell. Fühlt man sich zu Menschen desselben Geschlechts hingezogen, lebt man homosexuell. Wenn man eine Anziehung zu Menschen beider Geschlechter verspürt, lebt man bisexuell.

2 Geschlechtshormone: Östrogen, Progesteron, Testosteron

3 Das Geschlechtshormon Testosteron bewirkt bei Jungen und Männern, dass Spermienzellen in den Hoden reifen. Die Geschlechtshormone Östrogen und Progesteron steuern den Zyklus bei Mädchen und Frauen, in dem regelmäßig eine Eizelle im Eierstock reift und der Eisprung und die Regelblutung ausgelöst werden.

4 1 – Hirnanhangsdrüse, 2 – Follikel,
3 – Gebärmutterschleimhaut, A – Hormone,
B – Östrogen, C – Progesteron

5 Der weibliche Zyklus wird durch verschiedene Hormone gesteuert. Die Hirnanhangsdrüse im Gehirn

setzt Hormone frei, die bewirken, dass im Eierstock eine Eizelle in einem Follikel heranreift. Der wachsende Follikel produziert das Hormon Östrogen. Dieses bewirkt, dass sich die Gebärmutterschleimhaut aufbaut. Nach dem Eisprung produziert der Follikel dann das Hormon Progesteron, das den weiteren Aufbau und die stärkere Durchblutung der Gebärmutterschleimhaut bewirkt. Wird die Eizelle in der Gebärmutter nicht befruchtet, löst sich der Follikel auf und es wird kein Progesteron mehr gebildet. Dadurch löst sich die Gebärmutterschleimhaut und wird ausgeschieden.

6 Die Antibaby-Pille enthält die beiden Hormone Östrogen und Gestagen. Wenn man sie einnimmt, erkennt die Hirnanhangsdrüse, dass genügend Hormone im Blut vorhanden sind, und setzt keine Hormone mehr frei. Somit werden in den Eierstöcken keine Geschlechtshormone mehr gebildet. Dadurch werden die Reifung der Eizelle im Eierstock und der Eisprung verhindert (A). Zudem wird der Aufbau der Gebärmutterschleimhaut verhindert (B) und der Schleim am Muttermund bildet einen Schleimpfropf, sodass keine Spermienzellen durchdringen können (C).

7 Wenn Kondome richtig angewendet werden, schützen sie sicher vor einer ungewollten Schwangerschaft und vor einer Ansteckung mit sexuell übertragbaren Krankheiten. Sie haben keine Nebenwirkungen und sind überall erhältlich.

8 Das Herausziehen des Penis aus der Scheide kurz vor dem Orgasmus ist keine sichere Verhütungsmethode. Bereits vor dem Orgasmus treten Spermienzellen aus dem Penis aus und können die Eizelle befruchten.

9 Zu einer Ansteckung mit einer sexuell übertragbaren Krankheit kann es kommen, wenn eine infizierte Person und eine gesunde Person ungeschützten Geschlechtsverkehr haben. Auch beim Petting mit einer infizierten Person können Erreger über das Sperma oder die Scheidenflüssigkeit übertragen werden.

10 Bei der Befruchtung verschmilzt die Eizelle mit der Spermienzelle. Dabei entsteht die Zygote. Diese teilt sich mehrfach bis ein vielzelliger Kern entstanden ist. Die Flimmerhärchen des Eileiters transportieren ihn zur Gebärmutter. Er entwickelt sich weiter zu einem Bläschenkeim, der sich in der Gebärmutterschleimhaut festsetzt. Das nennt man Einnistung.

11 Die Blutgefäße von Mutter und Kind liegen in der Plazenta nah beieinander. Aus dem Blut der Mutter gehen Vitamine, Nährstoffe und Sauerstoff in das Blut des Kindes über. Auch Schadstoffe wie Alkohol und Nikotin werden über die Plazenta an das Kind abgegeben. Besonders in den ersten drei Monaten der Schwangerschaft können solche Schadstoffe schwere körperliche und geistige Schäden beim Kind hervorrufen, weil in dieser Zeit die Organe angelegt werden. Um eine gesunde Entwicklung des Kindes zu unterstützen, sollte eine schwangere Frau sich gesund ernähren, ausreichend schlafen, sich an der frischen Luft bewegen und Stress vermeiden.

12 Vor der Geburt lösen Hormone die Wehen aus. Die Gebärmuttermuskulatur zieht sich in kürzer werdenden Abständen zusammen und der Muttermund öffnet sich. Die Fruchtblase platzt und der Kopf des Kindes wird in die Scheide gedrückt. Dann schieben die Wehen das Kind durch den Geburtskanal nach außen.

Bildquellenverzeichnis

Titelbild: Sofarobotnik GbR; Shutterstock.com/Gabi Wolf; dpa Picture-Alliance/blickwinkel/W. Layer;

Fotos:
Adobe Stock: .shock S. 106/1; A_Bruno S. 26/1/B; Africa Studio S. 158/F, S. 199/3/B; Alexander Raths S. 158/B; alexei_tm S. 188/5; Andris T S. 30/1; Anna Om S. 6/ob.li., S. 100/mi.; AZP Worldwide S. 194/2; benjaminnolte S. 52/2; berkut_34 S. 188/3; bukhta79 S. 12/1; Carola Vahldiek S. 60/3; choucashoot S. 246/1; Christian Schwier S. 12/3, S. 120/1/ob.; Daisy Daisy S. 211/6; donatas1205 S. 238/2; DWP S. 104/2; fabianaponzi S. 142/1; farbkombinat S. 176/G; Gabriele Rohde S. 92/1/C; Ganesh Namasivayam S. 88/1/F; Gina Sanders S. 199/3/C; Golubev Dmitrii S. 21/5; Gouraud Studio S. 210/3; grafikplusfoto S. 222/1; hanseat S. 55/2; Herbert Esser S. 55/5; Horst S. 199/3/F; hwtravel S. 50/2; iHaMoo S. 89/3/A; iLUXimage S. 81/4; ipapina S. 50/1; Jan S. 148/3; jarun011 S. 166/2; John Anderson S. 148/4; jozsitoeroe S. 198/1; JPC-PROD S. 176/H; Jürgen Fälchle S. 158/4; Kara S. 92/1/D; karepa S. 188/2; Karlos Lomsky S. 66/1; kate S. 9/mi.re., S. 90/1, S. 97/3; Klaus Eppele S. 21/7; Kunstzeug S. 167/4, S. 199/3/E; lenetsnikolai S. 158/H; LIGHTFIELD STUDIOS S. 222/2; lucag_g S. 52/6; Martin S. 89/3/B; micro_photo S. 62/2/B; missbobbit S. 237/4; Moritz Wussow S. 116/1, S. 150/1; motortion S. 211/7; Ocskay Bence S. 229/2; Ottmar Kittel S. 199/3/D; perfectmatch S. 158/E; Peter Atkins S. 104/3, S. VI/mi.; photka S. 91/2; Photographee.eu S. 122/1, S. 158/D; photophonie S. 199/3/A; pixfly S. 105/8; psdesign1 S. 188/6; pure-life-pictures S. 92/1/A; Ralf Kalytta S. 192/1; RedUmbrella&Donkey S. 217/2; Richard S. 88/1/C; Sathaporn S. 224/3; schapinskaja S. 219/3; Schlierner S. 113/5; Shane Cotee S. 114/1; Sherry Young S. 239/4; smuki S. 55/9; Stefan S. 35/4; Stephen S. 104/7; studio023 S. 87/3/C; Syda Productions S. 145/2; TanyaJoy S. 234/1; WavebreakMediaMicro S. 201/3; Westwind S. 188/1; wkbilder S. 56/1; Худеть нездорово 3a6 S. 102/1;
ClipDealer GmbH: Tiplyashina S. 154/1/li.; Wavebreak Media LTD S. 209/2;
dpa Picture-Alliance: McPHOTO/H.Helwig S. 35/6; Ulf Mauder S. 87/3/D; Horst Ossinger S. 146/1/C; Photoshot S. 146/1/D; dpa - Bildarchiv S. 192/2; Frank May S. 249/3;
Imago Stock & People: Peter Widmann S. 18/1; imagebroker S. 34/1; Panthermedia S. 101/mi.re., S. 140/1/A; blickwinkel S. 156/3; Ralph Peters S. 158/C, S. 176/C; Westend61 S. 200/1; Niehoff S. 251/4;
INTERFOTO: Terry Whittaker S. 146/1/B;
Marit Kastaun: S. 133/2;
mauritius images GmbH: age S. 158/2; Alamy/Jochen Tack S. 194/1; Alamy S. 176/2; alamy stock photo S. 245/3/A; alamy stock photo/Â© mauritius images/mauritius images S. 161/3 (Bazillen); All mauritius images S. 10/1/B, S. 51/5, S. 60/2; Christina Krutz S. 36/1, S. 97/2; David & Micha Sheldon S. 16/1; Frank Hecker S. 60/4; Gado Images S. 174/2; Hans Blossey S. 77/2/B; Horst Jegen S. 10/1/A; Hympi S. 134/1; imageBroker/Movementway S. 58/1; Juice Images S. 7/mi.li., S. 206/mi.; Margaret Welby S. 60/5; Minden Pictures S. 153/mi.li.; Nature Photographers Ltd S. 61/6/B (li.); nature picture library S. 146/1/A; Nikky S. 235/3; Only Horses Tbk S. 148/5; Photo Researchers S. 170/1/B; Phototake S. 164/2; Prostock-studio S. 140/1/B; Science Photos Library/All mauritius images S. 131/5; Science Photo Library/photoquest S. 178/1/C; Science Source S. 159/7, S. 223/4, S. 240/1; Scott Camazine S. 205/2; Sebastian Rothe S. 77/2/A; SuperStock S. 159/8; Vadym Drobot S. 226/2; Westend61 S. 242/1, S. 245/3/C; WorldPhotos S. 192/3;
Panther Media GmbH: Arne Trautmann S. 188/4;
Science Photo Library: DENNIS KUNKEL MICROSCOPY S. VII/un., DR JEREMY BURGESS S. 31/4, DR. PETER SIVER, VISUALS UNLIMITED S. 62/2/A, Eye Of Science S. VI/un.;
Shutterstock GmbH: 2xSamara.com S. 248/1; Adriano Frisanco S. 39/3; Africa Studio S. 163/4; akf ffm S. 104/6; Al McGlashan S. 88/1/D; Aleksandra Suzi S. 92/1/B; alexei_tm S. 176/A, S. VII/ob.; Alexis C S. 160/1/li.; Barry Paterson S. 57/6; Benevolente82 S. 52/1; Bildagentur Zoonar GmbH S. 87/3/A; Blackzheep S. 158/3; Blackzheep S. 160/1/2.v.re.; Bobkov Evgeniy S. 198/2; Brian E Kushner S. 65/3; Claire Lucia S. 196/1; Coatesy S. 26/1/A; CokaPoka S. 104/1; COULANGES S. 72/3; Creatopic S. 215/2; D. Kucharski K. Kucharska S. 174/1/A; D. Kucharski K. Kucharska S. 51/4; Daisy Daisy S. 136/2; David Pereiras S. 160/1/2.v.li.; Dean Drobot S. 120/1/2.v.ob.; Deborah Kolb S. 104/4; Denis Kuvaev S. 126/1; DeStefano S. 55/7; devil79sd S. 174/3 (Laus); didesign021 S. 6/mi.li., S. 152/mi.; Dmitry Galaganov S. 250/1; Dmitry Lobanov S. 131/6; Dmitry Polonskiy S. 55/4; dotshock S. 44/1; Dream79 S. 160/1/re.; dugdax S. 22/1/A; dugdax S. 96/1/A; Ehrman Photographic S. 148/2; Elizaveta Galitckaia S. 147/3; Emilio100 S. 10/1/C; epioxi S. 35/5; Eva Foreman S. 48/1; Evgeni Stefanov S. 34/2; fizkes S. 155/6; FloridaStock S. 82/1/A; FotoRequest S. 80/1; Fotos593 S. 105/10; Frenchwildlifephotograher S. 5/ob.li., S. 8/mi.; Geza Farkas S. 72/2; Glayan S. 155/2; Goran Bogicevic S. 214/1; Guenter Albers S. 14/1/B, S. 16/2, S. 29/6; Hanna Knutsson S. 26/1/C; Holly Kuchera S. 38/1; Hrecheniuk Oleksii S. 230/1; Iryna Dobrovynska S. 176/B; James Douglas Stewart S. 124/1; Jan H Andersen S. 232/2; Jet Cat Studio S. 123/2 (Lola); jimcatlinphotography.com S. 70/1/C, S. 96/1/B; Jiri Prochazka S. 174/3 (Floh); Julia Senkevich S. 28/1; Julian Popov S. 23/2; Julija Ogrodowski S. 125/5; Kalcutta S. 176/E; kizuuuneko S. 80/2/A; Kletr S. 176/3, S. 186/1; KPG_Payless S. 12/2; Kseniya Lanzarote S. 147/2/B; kuriaki1 S. 54/1/B; Leya Selenia S. 65/2; Lisa-S S. 259/5; Lukasz Pawel Szczepanski S. 87/3/B; lunopark S. 232/5; M. Schuppich S. 25/2/C; Manfred Ruckszio S. 147/2/A; Maridav S. 176/D; Marinodenisenko S. 61/6/A (li.); Martin Hejzlar S. 62/1; michaeljung S. 212/1/B; Michele Ricucci S. 57/5; MinDof S. 210/2; Monkey Business Images S. 216/1; Montypeter S. 14/1/A, S. 29/5; Motortion Films S. 230/2; Nate Allred S. 52/3; Nathape S. 88/1/A; NCKAHDEP S. 25/2/B; Noam Armonn S. 155/5; nokkaew S. 76/1/B; NosamA S. 55/3; Oleg Elkov S. 164/1; Olena Simko S. 61/6/C (li.); olga_gl S. 88/1/E; Ondrej Prosicky S. 32/1; overcrew S. 76/1/A; Pavel Ignatov S. 213/2; Peter J. Kovacs S. 57/2; Petr Jilek S. 174/1/B; Petrenko Andriy S. 238/1; phichet chaiyabin S. 159/6; Photobank gallery S. 158/C; PhotoSGH S. 55/6; Pinkcandy S. 155/3; PKpix S. 155/7;Prostock-studio S. 136/3, S. 232/4; Protasov AN S. 176/1; r.classen S. 207/mi.li.; Rawpixel.com S. 208/1; Ray Hsiao S. 54/1/C; Red Confidential S. 76/1/C; reptiles4all S. 148/1;Ricardo Romero S. 123/2 (Emoji), S. 250/2 (Emoji); Rich Carey S. 95/3; Robert Lessmann S. 15/3; Roman Demkiv S. 80/2/B; Sabphoto S. 155/4, S. 156/1; sahua d S. 25/2/A; schankz S. 25/2/D; Sebastian Kaulitzki S. 101/mi.li.; Sergii Chepulskyi S. 173/4; Shairaa S. 54/1/A, S. VI/un.; siamionau pavel S. 128/1; Smileus S. 70/1/B; songpholt S. 233/6; sportpoint S. 52/4; Standret S. 22/1/B; Stefan Schurr S. 70/1/A; Stepanenko Lera S. 57/7; Stephane Bidouze S. 55/8; stephane106 S. 158/A, S. 176/F; Stephanie Frey S. 210/1; Stock-Asso S. 168/1; Stokkete S. 226/1; Subcomandantemarcos S. 30/2; Svyatoslava Vladzimirska S. 212/1/A; Tatiana Gnezdilova S. 57/4; Tatyana Dzemileva S. 218/1; TierneyMJ S. 40/1; Timur Laykov S. 154/1/re.; tommaso79 S. 232/3; Troyan S. 156/2, S. 158/1, S. 204/1; txking S. 248/2; Vera Larina S. 176/4; Viacheslav Lopatin S. 207/mi.re.; Vitek Tajzich S. 57/3, S. 9/mi.li.; Vladimir_ Sotnichenko S. 190/1; wavebreakmedia S. 187/4; WoodysPhotos S. 136/1; Zick Svift S. 26/1/D; Zuzana Gabrielova S. 88/1/B;
StockFood GmbH: A. DOWSETT, PUBLIC HEALTH ENGLAND S. 170/1/A, S. 195/3; AMI IMAGES S. 161/3 (Spirochät); DAVID MCCARTHY S. 110/1; DR G. MOSCOSO S. 243/3, S. 252/1; DR KLAUS BOLLER S. 240/2; DR. STANLEY FLEGLER, VISUALS U S. 178/1/A; Eye Of Science S. 153/mi.re., S. 161/2/li., S. 178/1/B, S. 180/1; NEIL BROMHALL S. 243/4; SCIENCE PHOTO LIBRARY S. 161/3 (Kokken); SCIEPRO S. 223/3;

Illustrationen:
Cornelsen/Atelier G: S. 266/un.li;
Cornelsen/Atelier tigercolor/Tom Menzel: S. 255/un.re.;
Cornelsen/Bernhard A. Peter, newVision! GmbH: S. 103/3, S. 108/1, S. 116/2, S. 118/1, S. 119/2, S. 119/3, S. 121/2, S. 130/1, S. 137/5, S. 162/1, S. 165/4, S. 166/1, S. 167/3, S. 173/3, S. 183 3 u.5, S. 188/7, S. 189/8 u. 9, S. 192/2 u. 3 (Texte), S. 225/6, S. 244/mi.mi., S. 168/2, S. 69/4, S. 210/5;
Cornelsen/Detlef Seidensticker: S. 21/6, S. 21/4, S. 23/3, S. 24/1, S. 53/7 u. 8, S. 66/2, S. 73/5, S. 78/1, S. 81/3, S. 86/2, S. 125/2, 3. u. 4, S. 132/1, S. 142/3, S. 149/8, S. 231/3, S. 251/3;
Cornelsen/Esther Welzel: S. 42/1, S. 46/1, S. 91/3, S. 92/2, S. 93/4, S. 94/2, S. 106/2 (beide), S. 130/3, S. 130/2, S. 162/2, S. 197/3, S. 217/3, S. 236/2,S. 241/4;
Cornelsen/Maryse Forget & Robert Fontner-Forget: S. 254/ob.re.;
Cornelsen/Matthias Pflügner: S. 123/2, S. 137/6, S. 141/2, S. 142/2, S. 143/4-7 (alle), S. 144/1, S. 219/2, S. 236/1, S. 247/3;
Cornelsen/Rainer Götze: S. 246/2;
Cornelsen/Tom Menzel: S. 11/2, S. 12/4 u. 5, S. 13/7, S. 14/2/A u. B, S. 16/3, S. 17/5, S. 19/2, S. 20/1, S. 20/3, S. 20/2, S. 23/4, S. 26/2, S. 27/3, S. 28/2, S. 29/3, S. 31/3, S. 33/2 (Waldohreule), S. 33/2 (Habicht), S. 34/3, S. 37/3, S. 37/2, S. 41/2 u. 3, S. 43/2, S. 43/5, S. 44/2, S. 45/3, S. 46/2, S. 47/3 u. 4, S. 49/2 u. 3, S. 51/3, S. 53/9, S. 57/8, S. 59/2 u. 3, S. 60/1, S. 61/6/C (re.), S. 61/6/A (re.), S. 61/6/B (re.), S. 63/3, S. 64/1, S. 65/5, S. 67/3, S. 68/2, S. 69/3, S. 71/2, S. 72/1, S. 73/4, S. 75/1 u. 3, S. 78/2 u. 3, S. 79/4 u. 6, S. 82/1/C u. 2, S. 83/3, S. 84/1 u. 2, S. 85/3, S. 89/2, S. 93/3, S. 93/5, S. 98/1, S. 99/2 u. 3, S. 102/2, S. 105/9, S. 107/3, S. 109/3 u. 4, S. 110/2, S. 111/3, S. 112/1, S. 113/1, S. 115/2, S. 117/3, S. 127/2, S. 128/2, S. 129/3, S. 135/2, S. 138/1, S. 139/2, S. 157/4, S. 161/2/re., S. 163/3, S. 165/3, S. 170/2, S. 171/3, S. 172/1/A u. B, S. 175/4, S. 180/2, S. 181/3, S. 182/1 u. 2, S. 184/1, S. 185/2 u.3, S. 186/2, S. 187/3, S. 191/2, S. 195/4, S. 196/2, S. 199/4, S. 201/2, S. 202/1 u. 2, S. 203/3, S. 220/1 u. 2, S. 221/3 u. 4, S. 223/5, S. 224/2, S. 226/3, S. 228/1, S. 229/3, S. 235/2, S. 243/2, S. 245/3/B u. D, S. 247/4, S. 253/2 u. 3;
Cornelsen/Tom Menzel bearbeitet durch Bernhard A. Peter/newVision! GmbH: S. 227/4, S. 68/1, S. 109/2, S. 112/2, S. 151/2, S. 172/2, S. 173/5, S. 177/5, S. 225/4;
Cornelsen/Tom Menzel, bearbeitet von Esther Welzel: S. 33/3;

Sachregister

Hinweis: Fett gedruckte Begriffe sind Lernwörter und grün gedruckte Begriffe sind Basiskonzepte.

G

H

I

J

K

L

M

N

O

P

Q

R

S

Einstufung von Gefahrstoffen nach der GHS-Verordnung

Gefahrenpiktogramm und Piktogrammcode	Mit dem Gefahrenpiktogramm gekennzeichnete Stoffe und Gemische	Signalwort
GHS02	entzündbare, selbsterhitzungsfähige und gefährliche selbstzersetzliche Stoffe und Gemische, pyrophore Stoffe sowie Stoffe und Gemische, die bei Berührung mit Wasser entzündbare Gase entwickeln	Gefahr oder Achtung

Sicherheitsvorkehrung:  Schutzbrille tragen!

Biologie verstehen: Die Basiskonzepte

In vielen Bereichen der Biologie sind ähnliche Regeln und Prinzipien erkennbar. Sie werden von den Basiskonzepten beschrieben. Mithilfe der Basiskonzepte kann man viele Themen der Biologie im Zusammenhang betrachten und so besser verstehen.

System

Ein System ist eine Einheit aus verschiedenen Teilen, die sich beeinflussen und voneinander abhängig sind. Wenn Teile verlorengehen, wird das System gestört. Beispiele in diesem Buch:

Die Einheit aus einem Lebensraum und den dort vorkommenden Lebewesen ist ein System, ein Ökosystem. Die Lebewesen stehen untereinander in Beziehungen. Sie tauschen Informationen, Stoffe und Energie aus. Wenn wir in ein Ökosystem eingreifen, kann es aus dem Gleichgewicht geraten.
Seiten: 10–11, 14–15, 32, 36, 40–41, 44–45, 50–51, 56, 62–63, 66–67, 76–77, 80, 82–83, 88

Im Nervensystem arbeiten Nervenbahnen im gesamten Körper zusammen. Nur so ist die Weiterleitung und Verarbeitung von Informationen möglich.
Seiten: 106–107, 110–111, 116–117

Vorgänge im Körper werden gesteuert und geregelt. Dafür sorgen unter anderem chemische Botenstoffe, die Hormone. Durch das enge Zusammenspiel von verschiedenen Hormonen werden der Blutzuckerspiegel, die Stressreaktion, die körperlichen Veränderungen in der Pubertät und der weibliche Zyklus geregelt.
Seiten: 128–129, 134–135, 222–223, 226–227

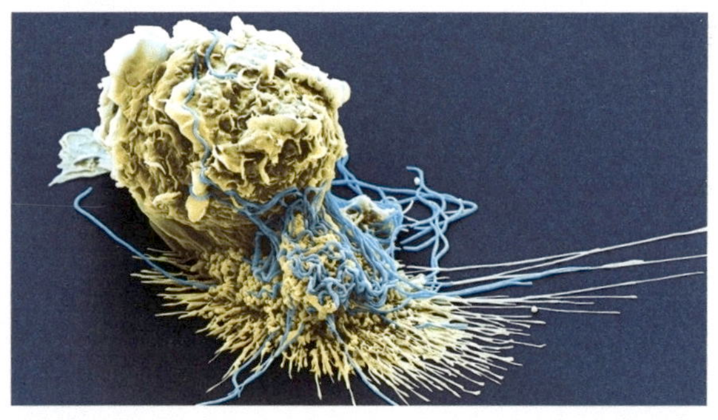

Zellen mit verschiedenen Funktionen arbeiten bei der Abwehr von Krankheitserregern zusammen. Sie bilden gemeinsam das Immunsystem. Bei einer Allergie gerät das Immunsystem aus dem Gleichgewicht. Impfungen bewirken Veränderungen im Immunsystem.
Seiten: 180–181, 186–187, 190–191